장영란의

그리스 신화

살림 세계신화·고대문명총서

장영란의

그리스

신화

상징과 이미지 읽기

살림

왜 다시 그리스 신화인가

처음에는 그리스 신화 책을 쓰는 것에 그다지 부담이 없었다. 그럼에도 무언가 계속 마음에 걸려 현기증이 났다. 왜 그럴까? 잠깐 생각해보니 별것 아니었다. 이미 그리스 신화 책이 '너무 많이' 나왔다는 사실 때문이었다.

실제로 그리스 신화 책의 수는 '너무 많지만', 그리스 신화 책의 종류는 생각보다 많지 않다. 현재 나와 있는 그리스 신화 책들은 대부분 '줄거리'에 초점이 맞춰져 있다. 좀더 세부적으로 구별해보자면 단지 줄거리 위주로 설명을 하는 책들과 줄거리에다 자신의 생각이나 느낌을 덧붙인 책들 및 줄거리에다 문학적 배경과 영향들을 소개한 책들로 구성된다. 그런데 이러한 책들의 주요 부분을 이루는 '줄거리'에 상당한 문제가 있다.

국내에서 출판된 그리스 신화 책들 대부분은 불핀치가 엮은 그리스 로마 신화의 줄거리에 기초하고 있다. 그러나 그것은 그리스 신화를 아주 단순하고 통속적으로 만든 대중적인 책에 불과하다. 불핀치는 그리스 신화 전문가가 아니었다. 단지 예전부터 내려오던 그리스 신화의 줄거리 중에서 임의로 넣을 것은 넣고 뺄 것은 빼고 쓴 사람일 뿐이다. 불핀치 책을 중탕하여 만든 책이 대다수라는 사실은 바로 신화에 대한 본격적인 관심이나 연구를 막는 요인이라 할 것이다. 왜냐하면 지나치게 흥미 위주로 나가거나 교훈 중심으로 나가기 때문에 그리스 신화가 가지는 다양하고 심층적인 의미들을 놓치기 쉽다.

우리가 그리스 신화에 대해 보다 정확하고 심층적인 이해를 하려 한다면 최소한 그리스 신화의 원전을 읽어볼 필요가 있다. 그렇다면 일단 그리스어를 알아야 하지 않을까? 그러나 그리스어를 모른다고 해서 절망할 필요는 없다. 대부분의 사람이 그리스 신화의 원전에 별로 관심을 기울이지 않았지만 생각보다 국내에 원전 번역이 많이 나와 있다. 물론 아직 번역되어야 할 것들이 훨씬 더 많지만 말이다.

그리스 신화의 '줄거리' 는 그리스 서사시와 서정시와 비극 및 철학에서 나왔다. 현재 우리나라에는 호메로스와 헤시오도스의 작품들 및 그리스의 대표적인 비극작가인 아이스킬로스, 에우리피데스, 소포클레스의 작품들이 원전으로부터 번역되어 있다.

그리스 신화는 호메로스부터 시작하여 오비디우스에 이르기까지 거의 700-800년간에 걸쳐서 쓰였다. 수많은 그리스, 로마의 작가가 그리스 신화를 소재로 다양한 이야기를 만들어냈고 그 결과 수많은 판본이 탄생했다. 그것들은 한 가지 이야기를 다양한 방식으로 전달하고 있다. 따라서 우리가 어떻게 보느냐에 따라 아주 다른 관점에서 이야기를 엮어낼 수 있다. 그리스 시대조차도 초기, 중기, 후기 등 시기에 따라 신들과 인간들을 설명하는 방식이 많이 달랐다. 더욱이 로마 시대에 이르면 훨씬 더 많은 변화가 있게 된다. 이 세계를 살아가는 인간의 사유와 의식이 정치와 역사 및 철학적 배경과 함께 변화되기 때문이다.

내게 그리스 신화를 듣는 학생들은 한결같이 "재미있는데 어려워요."라고 말한다. 아주 이상적인 대답이 아닌가! 그렇지만 한 가지 궁금한 점이 생겼다. 왜 학생들이 신화를 어렵다고 생각할까? 당연한 말이지만 그리스 신화를 막연히 너무 '쉽다' 고 생각해왔기 때문일 것이다. 그래서 대학에서 전략 과목으로 신청하는 경우도 많다. 말하자면 별로 신경 쓰지 않고 편하게 듣는 과목이다. 단순히 그렇게 생각하고 들어오는 학생들은 처음에 당황하게 된다. 대부분 한 학기만 들으면 충분히 그리스 신화를 정복할 수 있으리라 생각한다. 그러나 막상 그리스 신화라는 작은 섬에 들어와서 끝없이 펼쳐져 있는 대지와 신비로운 숲을 보고 놀라워한다. 신화에는 뭔가 특별한 것이 있다. 수세기에 걸쳐 인간이 이 세계에서 체험했던 삶의 체험과 통찰이 묻어 있기 때문이다.

사실 신화 자체가 원래 어려운 것은 아니다. 신화라는 말이 곧 '이야기'를 의미하지 않는가? 처음 신화를 접할지라도 알아듣지 못하는 사람은 없다. 그렇지만 신화는 단순한 이야기가 아니다. 신화를 알려고 하면 할수록 아주 복잡해지기 시작한다.

사람들이 그리스 신화를 너무 쉽다고 생각하는 이유는 무엇일까? 아무래도 수많은 그리스 원전들에 기초한 신화를 읽을 수가 없었기 때문이 아니겠는가? 우리에게 소개된 이야기들은 '빼기'와 '덧붙이기' 방식에 능숙하다. 그리하여 아주 복잡하고 재미없는 부분들이나 너무 비도덕적인 부분들을 빼고 아주 통속적이고 대중적인 이야기로 화려하게 변신한다. 당연히 이러한 신화를 읽으면 쉬울 수밖에 없다. '해석'도 별것 아니기 때문이다.

그러나 그것은 신화를 제대로 읽는 방법이 아니다. 더욱이 아무런 배경 지식도 없이 제멋대로 이야기를 덧붙여서 어디까지가 신화 본래의 이야기이고 어디까지가 작가의 상상력이 만들어낸 이야기인지 전혀 구별이 가지 않는 경우에는 문제가 심각해진다. 사람들은 작가가 마음대로 말한 내용까지도 원래 신화에 포함되는 것으로 오해하기 때문이다. 그것은 단지 사람들의 눈길을 끌기 위해 오랜 세월 동안 점차 희미해진 그림에다 아주 강렬한 원색을 마구 칠하는 것과 같다. 레오나르도 다빈치의 「최후의 만찬」이나 미켈란젤로의 「천지창조」를 새로 복원한다고 하면서 원래의 색깔을 철저한 고증을 통해 되살려내기는커녕 단지 비슷한 색깔일 거라고 추측하여 비전문가가 제 마음대로 색칠한다면 어떻게 되겠는가? 그것은 더 이상 레오나르도 다빈치의 「최후의 만찬」이나 미켈란젤로의 「천지창조」가 될 수 없다.

그렇다고 신화를 현대적인 관점에서 재해석하는 것을 부정하는 것은 아니다. 궁극적으로 신화를 읽는 목적은 시간을 넘어서 우리의 삶의 진리를 읽어내기 위해서가 아닌가? 그렇지만 아예 그리스 신화라는 말을 하지 않고 새로운 신화를 만들어내는 것과, 그리스 신화라고 말하면서 정확하지 않거나 전혀 다른 줄거리를 소개하고 마음대로 해석하는 것은 다르다.

그리스 신화를 해석하기 위해서는 최소한 어떻게 신화가 만들어졌는지를 알아야 한다. 우선 예전부터 신화를 말하고 듣던 사람들이 살았던 시대의 역사적, 문화적, 정치적, 철학적 배경을 살펴볼 필요가 있다. 서양에서는 다양한 학문을 통해 그리스에 대한 연구가 행해져왔다. 다만 우리에게 별로 소개되지 않았을 뿐이다. 그리스와 그리스인에 대해 전혀 알지 못하고 신화를 자기 마음대로 해석한다면, 전혀 모르는 사실에 대해 다른 사람이 전하는 말만 듣고 마음대로 이러쿵저러쿵 이야기하는 것이나 마찬가지이다.

그리스 신화를 제대로 알 수 있는 방법에도 주목해야 한다. 우리는 고대 그리스인들처럼 느끼고 생각하는 법을 익혀야 한다. 그래야만 그리스 신화 속에 무수히 끊어져 있는 의미의 그물망을 엮어나갈 수 있는 것이다. 나아가 그리스 신화가 표상하고 있는 인간 정신의 보편적인 원형을 찾아낼 수 있을 것이다. 그렇지만 우리가 그리스 신화를 알려고 하는 목적은 이것만이 아니다. 현대를 살아가는 우리에게 이 신화가 어떻게 체험되고 적용될 수 있는가는 더욱 중요하다. 언뜻 보기에 무엇을 말하려고 하는지 정확히 알 수 없는 경우에도 신화는 나름대로 의미의 법칙을 가지고 있다. 다만 현재의 우리에게 익숙하지 않고 때로는 낯설기조차 하기 때문에 알아내기 어려울 뿐이다.

신화와 친구가 되기는 아주 쉬워 보인다. 아무 것도 모르고 만나더라도 무언가 마음을 빼앗아 버리는 것이 있기 때문이다. 신화가 가진 특별한 재주는 일상적인 삶 속에서 일어날 법한 이야기로 우리 자신과 세계에 대해 수많은 생각을 떠올리게 한다는 것이다. 그래서인지 그리스 신화를 연구하다 보면 토끼 굴에 빠진 앨리스와 같은 느낌이 든다. 우리는 전혀 다른 세계에서 이상한 체험을 하게 된다. 그러나 점차 익숙해지면 별로 낯설지 않다는 생각이 든다. 모든 것이 언젠가 어디선가 한 번쯤은 봄직한 것이기 때문이다. 이상한 나라의 앨리스와 같이 신화의 세계를 탐험하는 것은 아주 흥미로울 것이다. 신화처럼 사는 것은 어렵지만 신화를 따라 가는 것은 생각보다 어렵지 않다. 그러나 처음에는 쉽지만 점차 어려워지는 것은 인생이나 신화나 마찬가지이다.

이 책은 그리스 신화를 이해하려고 하는 사람들에게 필요한 이야기들로 이루어져 있다. 신화의 줄거리를 소개하거나 작가의 상상력에 의해 약간의 설명을 덧붙인 기존의 신화 책들을 뒤로 하고, 이제는 그리스 신화를 정확하게 이해하고 독자적으로 해석할 수 있도록 해주는 책이 필요하지 않겠는가! 우리는 그리스 신화를 읽으면서 갖게 되는 문제들을 아무렇게나 내버려두는 경우가 많다. 신화는 철학과 같은 학문과 달리 단순히 이야기라 생각하는 경향이 있기 때문이다. 그냥 신화는 신화일 뿐이라고 말이다.

　신화는 근본적으로 인간과 세계에 대한 깊은 통찰에서 출발한다. 따라서 우리가 평소에 한 번쯤 가졌던 또는 가질 만한 의문들에 대해 말하고 있다. '신들은 누구인지', '인간이란 무엇인지', '죽음이란 무엇인지', '왜 사는지' 등과 같은 진지하고 심각한 질문들이 너무나 가볍고 경쾌하게 이야기되고 있다. 그렇지만 그리스 신화를 읽다 보면 자연스럽게 여러 가지 의문이 속출한다. '왜 그리스 신들은 많을 수밖에 없는지', '왜 그리스 신들은 몸을 가졌는지', '어떻게 그리스 신들은 먹고 마실 수 있는지', '왜 그리스 신들은 전쟁을 하는지', '왜 그리스 신들은 결혼을 하는지', '왜 제우스는 바람을 피울 수밖에 없는지', '왜 우라노스는 거세되는지', '그리스 신화는 어디서 유래되었는지', '누가 그리스 신화를 만들었는지' 등과 같은 문제들이 꼬리에 꼬리를 문다. 그리스 신화에 대해 일반적으로 갖게 되는 오해도 많다. '그리스 신들은 정말 인간들과 비슷한지', '왜 그리스 로마 신화라고 불리는지', '그리스 신들은 정말 비도덕적인지', '그리스인들은 그리스 신들을 믿었는지', '제우스는 과연 정의로운 신인지' 등과 같은 질문들을 해결해야 할 필요가 있다.

　그리스 신화를 해석하기 위해 무엇보다도 중요한 것은 기초적인 배경 지식이다. 우리가 일차적으로 관심을 가져야 할 문제는 이미 알고 있는 듯한 문제이다. '올림포스 12신은 과연 누구인가', '올림포스 신들과 크토니오스 신들은 어떻게 구별되는가', '그리스 신들의 이름은 어떻게 만들어졌는가', '그리스 신들의 상징과 별칭들은 어떠한 의미가 있는가', '그리스 신화는 어떻게 구성되었는가', '헬레네 민족은 누구의 후손인가', '그리스 최초의 신과 신화는 무엇인가', '인간은 어떻게 태어났는가', '인간은 어떻게 살아가야 하는가', '인간은 죽으면 어디로 가는가', '인간은 어떠한 운명을 가졌는가' 등을 살펴볼 수 있다. 신화는 철학과 함께 갈 수밖에 없다. 신화가 던지는 질문을 철학이 함께 풀어나가고 있기 때문이다. 신화는 단지 너무 가볍게 말하는 듯 보이고 철학은 너무나 무겁게 말하는 듯 보인다.

마지막으로 트로이 전쟁에 관한 '이야기'를 넣었다. 아무래도 신화 책에 이야기가 없을 수는 없다. 그러나 단순한 이야기만이 아닌 문제 중심의 이야기들로 이루어져 있다. 그리스 신화를 다룬 많은 문헌이 트로이 전쟁 전후에 일어난 사건들을 소재로 삼고 있다. 호메로스의 『일리아스』와 『오뒷세이아』 같은 대서사시와 그리스 비극작가들의 작품 중 「아가멤논」, 「제주를 붓는 여인들」, 「자비로운 여신들」, 「오레스테스」, 「타우리스의 이피게네이아」, 「엘렉트라」, 「트로이의 여인들」, 「헬레네」 등이 트로이 전쟁의 주요 인물들을 등장인물로 삼고 있다. 그러나 트로이 전쟁에 대한 문헌들은 흩어져 있어 전체 이야기를 개괄하기는 쉽지 않다. 그리하여 '트로이는 과연 존재하는가', '트로이 전쟁은 왜 일어났는가', '무엇이 트로이 전쟁을 승리로 이끌었는가', '어떻게 트로이 목마는 만들어졌는가', '트로이 전쟁은 무엇을 남겼는가', '그리스는 과연 진정한 승자인가' 등을 역사적, 고고학적, 철학적 관점에서 다루어보았다.

자! 이제 어떻게 신화와 친구가 될 수 있는지 알아보자.

신화의 숲은 늘 열려 있다.

2005년 1월

장 영 란

장영란의 그리스 신화

차 례 contents

II _ 상징의 세계에 들어서다

III _ 호메로스에게 그리스 정신을 듣다

IV_올림포스에서 신들을 내려다보다

V_신들에게 인간의 도덕을 묻다

VIII_트로이에서 영원을 꿈꾸다

| 고대 그리스 세계와 영웅들의 주요 활동지 |

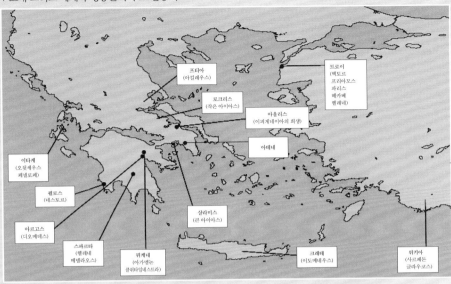

트로이
(헥토르
프리아모스
파리스
헤카베
헬레네)

프티아
(아킬레우스)

로크리스
(작은 아이아스)

아울리스
(이피게네이아의 희생)

아테네

이타케
(오뒷세우스
페넬로페)

퓔로스
(네스토르)

아르고스
(디오메데스)

스파르타
(헬레네
메넬라오스)

뮈케네
(아가멤논
클뤼타임네스트라)

살라미스
(큰 아이아스)

크레테
(이도메네우스)

뤼키아
(사르페돈
글라우코스)

일 러 두 기

1. 이 책에 쓰인 지명이나 인명, 신 이름 등은 대부분 고대 그리스어 발음에 따라 표기하였다. 현재 영미권이나 프랑스 또는 독일 등 각 지역마다 다르게 발음되어 혼란을 일으키기 때문에 가능한 원어 발음을 사용하였다. 그렇지만 너무 익숙한 스파르타(스파르테)와 같은 지명은 예외적으로 표기하였다. 그리스 지명 가운데 지역권을 표시하기 위해 아테나이와 뮈케나이 및 테바이 등 복수형으로 사용된 경우에도 잘 알려진 단수형 지명을 사용하여 아테네, 뮈케네, 테베로 표기하였다.

2. 이 책에 쓰인 도판은 미술사학자 노성두가 제공했고 철저한 고증을 거쳐 직접 그림설명을 달았다. 그리스 신화의 인물과 신의 이름이 들어간 도판 제목도 작품 소장처에서 표기한 이름이 아니라 그리스식으로 표기하였다. 예를 들어 비너스나 베누스를 아프로디테로, 큐피드나 아모르를 모두 에로스로 표기하였다. 단 이 책 3장의 로마 신과 그리스 신의 비교 부분은 예외를 두어 해당되는 신들은 각각 로마식과 그리스식으로 구분하여 표기하였다. 예를 들어 유피테르와 제우스, 케레스와 데메테르, 메르쿠리우스와 헤르메스 등 본문 내용에 맞는 명칭의 도판 제목을 달았다.

불멸의 존재를
불러내다

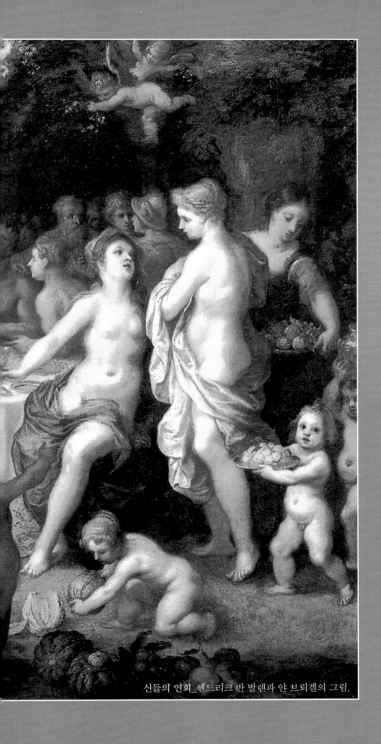

신들의 연회_헨드리크 반 발렌과 얀 브뢰겔의 그림.

Greek Mythology

I

사냥을 떠나는 아르테미스

이탈리아 르네상스의 3대 거장으로부터 명암법과 구성을 배운 코레조는 파르마에서 주로 활동하면서 초기 바로크의 문을 열었다. 아르테미스 여신은 마리아에게 기쁜 소식을 전하는 천사의 전형적인 자세를 취하고 있다. 생동감 있는 운동성과 옷주름의 효과를 통하여 구성에 생기를 불어넣고, 주인공의 시선을 통해 보는 이에게 설득력을 더하고 있다. 파르마 산 파올로 수도원의 벽난로 장식 벽화. 코레조의 그림. 1519년.

신들은 왜 인간적일까 1

Greek Mythology

인간적인, 너무나 인간적인

그리스 신화를 좋아하는 이유에 대해 사람들은 '재미있다'고 말한다. 그것은 마치 한 편의 드라마와 같다. 그리스 신들이 살아가는 모습은 인간들보다 훨씬 더 드라마틱하다. 어느 인간들보다도 더 강렬한 감정과 욕구를 가진 존재들이기 때문이다. 사실 그리스 신들의 이야기를 듣다 보면 인간들과 너무 비슷하여 마치 우리와 비슷한 다른 종류의 존재들이 살아가는 듯한 느낌이 든다. 그리스 신들은 서로 질투하고 투쟁하고 사랑한다. 때로는 너무나 인간적이어서 누가 신이고 누가 인간인지 모를 지경이다. 그리스인들은 신들이 자신들과 아주 비슷한 존재라는 사실을 아주 자연스럽게 받아들인다. 그들은 오히려 인간적인, 아니 가장 인간적인 존재를 '신'으로 생각하는 듯싶다. 이것은 현대를 살아가는 우리가 인간과 가장 다른 존재를 '신'으로 생각하는 것과는 많이 다르다. 왜냐하면 일반적으로 신은 인간과 전혀 다른 초월적인 존재로 그려지지 않는가?

그리스 신들의 인간적인 모습은 호메로스의 『일리아스 *Ilias*』에서 절정을 이룬다. 트로이 전쟁을 보면 인간들의 전쟁인지, 신들의 전쟁인지를 알 수 없을 정도로 신은 신대로 인간은 인간대로 서로 싸우는 데 골몰하고 있다. 그렇다고 전쟁을 하는 명분이 '신의 정의를 위해서' 라든지 혹은 '인간의 평화를 위해서'와 같이 대단한 것도 아니다. 세상에서 '가장 아름다운 여인' (스파르타의 왕비 헬레네)이라고는 하지만 단지 한 여인 때문에 수많은 사람이 상처입고 죽어나가는 혈투를 벌인다. 물론 그것은 단순히 한 여인이 아니라 '여인'으로 상징되는 인간의 욕망일 것이다. 더욱이 전쟁으로 말미암아 수많은 인간이 고통받으며 죽는 것은 신들의 관심의 대상이 아니다. 인간은 어차피 죽을 수밖에 없는 존재이기 때문이다. 인간 스스로 열심히 죽음을 앞당기고 있을 뿐이다. 언뜻 보기에 전쟁은 아주 개인적이거나 혹은 아주 사소한 사건으로부터 우연히 시작된다. 그러나 이 세계에 진정으로 우연이란 있는 것일까?

그리스 신들은 이웃집 싸움에 참견하듯이 인간사에 개입한다. 트로이 전쟁에 등장하는 신들은 인간 못지않게 서로 미워하고 증오한다. 그들은 인간들과 마찬가지로 창을 들고 피를 흘리며 격렬하게 싸운다. 트로이를 지원하는 아레스Ares 신이 그리스를 지원하는 아테나Athena 여신과 싸우다가 창에 찔려 피를 흘리며 아버지 제우스Zeus 신에게 달려가 징징대며 우는 모습은 가관이라 아니 할 수 없다.

"아버지 제우스여, 이런 난폭한 짓을 보시고도 노엽지 않습니까?
우리 신들은 인간들에게 호의를 베풀려다가
서로 상대방의 계략에 의해 늘 무서운 고통을 당하곤 합니다.
우리 모두가 그대의 적입니다. 그대가 언제나 못된 짓만
꾀하는 파괴적이고 분별없는 딸을 낳으셨기 때문입니다.
올림포스에 사는 다른 신들은 모두 그대의 말을 듣고

또 우리는 누구나 그대에게 순종합니다. 하지만 아테나만은
그대가 말이나 행동으로 벌주지 않고 너그럽게 봐주십니다.
그 파괴적인 딸을 그대가 몸소 낳으셨기 때문입니다."
—호메로스, 『일리아스』, 5.872-880

아레스는 제우스가 아테나만 귀여워하니 아테나가 천방지
축으로 날뛰며 난폭한 짓을 일삼는다고 불평불만을 늘어놓
고 있다. 그러나 제우스는 오히려 그런 아레스가 밉다고
말한다.

"이 배신자여, 내 곁에 앉아 징징대지 말아라.
나는 올림포스에 사는 모든 신들 중에서 네가 가장 밉다.
너는 밤낮 말다툼과 전쟁과 싸움질만 좋아하니 말이다."
—호메로스, 『일리아스』, 5.889-891

아버지가 자식에게 할 말은 아닐 성싶은데도 제우스
는 아레스를 낳은 헤라까지 비난하면서 자신의 아들만
아니었으면 벌써 하데스Hades의 가장 깊은 곳 타르타로
스Tartaros에 보냈을 것이라 말한다. 그래도 제우스는 자
신이 낳은 아들이라 할 수 없이 아레스를 치료 받게 해
준다.
또한 『일리아스』를 보면 아르테미스Artemis가 헤라Hera
에게 맞서지 않는 아폴론Apollon을 비겁하다고 조롱하니,
헤라가 분노하여 아르테미스를 혼쭐내버린다.

아테나 렘니아__그리스 신
들은 이웃집 싸움에 참견하
듯이 인간사에 개입한다.
트로이 전쟁에서 아테나는
그리스를 지원하며 아레스
와 격렬하게 싸운다.
기원전 450년경 피디
아스의 청동 원작을 로
마 제정 초기에 모각.

"헤라가 왼손으로 아르테미스의 양 손목을 움켜잡고
오른손으로는 그녀의 어깨에서 활을 벗겨
미소지으며 그것으로 요리조리 피하는 그녀의
귀 옆을 후려치니 날랜 화살들이 화살 통에서 떨어졌다.
그리하여 아르테미스가 울면서 달아나니, 매를 피해
속이 빈 바위틈으로 날아 들어가는 비둘기와 같았다."
— 호메로스, 『일리아스』, 21.489-494

아르테미스의 양 손목을 아주 가볍게 한 손으로 잡은 헤라의 미묘한 얼굴 표정이 떠오른다. 헤라는 무슨 생각을 하고 있을까? 그녀는 '미소 짓고' 있다. 사냥의 여신으로 피의 제물을 받는 아르테미스를 손아귀에 틀어쥐고 발버둥치는 것을 보면서 말이다. 아르테미스의 어깨에서 활을 벗겨내 귓가를 후려치니 마치 어린 소녀처럼 아르테미스는 화살 통을 떨어뜨린 채 울면서 달려가 아버지 제우스에게 일러바친다. 그리스인들은 이복형제가 서로 싸움질을 하고 조강지처가 후처의 딸을 후려치는 난장판을 아무렇지도 않게, 아니 신이 나서 말해댄다.

신들의 친구 인간들의 친구

우리는 '신'이라는 말을 떠올리면 무언가 경건하고 엄숙해야 할 것 같은 느낌을 받는다. 그런데 그리스 신들을 보면 때로는 우리 자신을 보는 것같이 친밀하고 익숙하다. 히브리 신화에 나오는 야훼의 모습과는 달리 그리스 신들은 전혀 공포나 두려움을 일으키지 않는다. 왜냐하면 그들은 우리 자신과 별 차이가 없어 보이며, 그들의 삶은 우리의 일상과 별로 달라 보이지 않기 때문이다. 그리스인들은 신들을 마치 이웃집 사람이나 동네 사람처럼 묘사하고 있다. 질투심 많은 헤라가 바람기 많은 제우스를 늘 감시하는 모습, 헤라의 눈을 피해 틈만 나면 다른 여신이나 여인들의 꽁무니를 줄기차게 쫓아다니는 제우스는 여염집 아내와 남편과 같다. 제우스는 바람피운 사실을 감추기에 여념이 없고, 헤라는 남편의 여인들을 골탕먹이기에 여념이 없다. 또한 헤파이스토스Hephaistos는 아내인 아프로디테Aphrodite가 아레스와 바람피우는 현장을 잡고 올림포스에 사는 신들을 모두 불러들여 신세타령을 한다.

바다의 여신 테티스를 뒤쫓는 펠레우스_네레우스의 50명이나 되는 딸 가운데 테티스가 프티아Phthia의 전설적인 왕 펠레우스에게 붙잡혔다. 흰색으로 처리된 알몸의 테티스는 바닥에 주저앉은 자세이다. 도기 뒷면에는 디오뉘소스와 마이나데스가 재현되었다. 마르시아스의 그림. 기원전 350년경.

그리스 신들은 인간의 삶에 늘 함께 한다. 어떤 때는 인간이 없으면 오히려 심심하겠다는 생각마저 든다. 마치 주위에 이웃집이나 동네 사람들이 없으면 외롭고 쓸쓸한 것처럼 말이다.

신들은 저 높은 곳에서 홀로 존재하지 않는다. 인간의 삶 깊숙이 들어와 인간과 함께 분노하고 슬퍼한다. 아폴론은 인간 세계에서 목자 노릇을 하고 있을 때 사랑하는 아드메토스Admetos에게 죽음이 다가오자 슬퍼하며 어떻게 하든지 그의 생명을 연장하기 위해 동분서주한다. 또한 아프로디테는 자신을 비웃으며 아르테미스만을 숭배하는 히폴뤼토스Hippolytos를 죽음으로 몰아넣는다. 신들은 인간들의 삶에 끊임없이 관심을 갖고 영향을 미친다.

더욱이 신들이 인간을 생각하는 마음까지도 인간적이다. 때로는 인간을 미워하며 때로는 인간을 동정한다. 나아가 사랑하는 인간을 위해서는 어떠한 희생과 고통도 마다하지 않는다. 특히 자식에 대한 어머니의 사랑은 인간의 경우나 신의 경우나 마찬가지다. 트로이 전쟁에서 아프로디테는 인간 앙키세스Anchises와의 사이에서 낳은 아들 아이네이아스Aineias가 죽을 지경에 처하자 아들을 살리기 위해 나섰다가 창에 찔리게 된다.[1] 또한 트로이 전쟁의 배경이 된 결혼식의 주인공인, 인간 펠레우스Peleus와 결혼한 테티스Thetis 여신도 자신이 낳은 아킬레우스Achilleus의 명예를 위해 제우스에게 굴욕적인 모습으로 간절히 청하기를 마다하지 않는다.[2] 그녀는 제우스 앞에서 '왼손으로 그의 무릎을 잡고 오른손으로는 그의 턱을 만지며' 부탁을 한다. 제우스가 아무 대답을 하지 않자 테티스는 다시 매달려 간청하여 겨우 허락을 얻는다.

사랑하고 미워하고 화해하는 신

왜 그리스인들은 신들을 인간적으로 묘사하였을까? 우리는 그리스 신들이 너무 인간적이라고 비아냥거리기도 한다. 그런데 신은 인간을 닮으면 안 되는가? 아니면 인간이 신을 닮으면 안 되는가? 신들이 인간과 닮은 것이 그토록 이상한 일인가? 물론 인간과 다른 모습을 한 신도 있다. 가령 이집트 신화에 등장하는 신들은 인간이나 동물의 특정 부분을 서로 결합한 모습을 지니고 있다. 오시리스의 아들 호루스는 매의 머리를 가졌고 아누비스는 자칼의 머리를 가졌으며 하토르는 암소 머리를 가졌다.

그렇지만 인간의 문명이 발달되면서 대부분의 신은 점점 더 인간을 닮아갔다. 인간이야말로 신화와 종교의 중심에 있는 존재이기 때문이다. 세계의 신화와 종교에 등장하는 많은 신이 인간처럼 묘사되었다. 신이 인간을 닮았든 그렇지 않든 그리 중요한 것이 아니다. 신들이 본성적으로 초월적인 존재라면 아무리 인간의 모든 감각을 총동원할지라도 그들의 세계를 알 수 없을 것이다.

실제로 중요한 것은 우리가 신을 인간처럼 이해한다는 점이다. 그렇지 않다면 우리는 신에 대해 아무 것도 말할 수 없을 것이다. 신의 초월적인 특성은 인간이 지닌 유한한 개념으로 표현되기 어렵다. 가장 이해하기 쉽게 신에 대해 말하는 법은 인간에 비유하여 설명하는 것이다. 심지어 예수도 신에 대해 설명할 때 인간의 삶에 비유하여 설명한다. 구약의 야훼(여호와) 신도 인간처럼 '질투하는 신'이며 신약에서 신은 인간들의 죄를 속죄하기 위해 스스로 인간이 된다. 따라서 그리스 신들이 인간을 닮았다고 너무 타박할 필요는 없다. 신에 따라 정도의 차이는 있지만 인간과 비슷한 측면이 없는 신은 없기 때문이다. 신이 무엇에 비유되든 인간이 얼마큼 이해하느냐가 더 중요한 것이다.

신들의 집과 제5원소

그리스인들의 세계는 신과 인간이 함께 어우러져 살아가는 세계이다. 그리스 신들은 인간들과 지속적으로 관계를 가지며 끊임없이 인간들의 세계에 뛰어든다. 그들은 인간들과 사는 방법이 비슷하다. 인간처럼 집도 갖고 있다. 인간들이 특정한 지역에 자신의 집을 갖고 있듯이, 그리스 신들도 특정한 지역에 자신의 집을 갖고 있다. 흔히 알고 있듯이 그리스 신들의 집은 올림포스Olympos이다. 올림포스는 테살리아Thessaly와 마케도니아Macedonia를 가로지르고 있는 산이다. 그리스에는 크고 작은 수많은 산이 있다. 더욱이 올림포스(해발 2,918m)는 그리스 전체에서 가장 높은 산은 아니다.

그럼에도 불구하고 왜 그리스인들은 올림포스를 신들의 집으로 생각하였을까? 그 이유는 올림포스가 만들어내는 독특하고 신비로운 장관 때문일 것이다. 올림포스는 구름이 완전히 걷히는 경우도 있지만 대개는 산허리 부분에 두터운 구름층이 형성되어 윗부분과 아랫부분이 구분되어 보인다.

그리스인들은 보통 구름층 아래에 있는 것을 아에르aer라 부르고, 구름층 위에 있는 것을 아이테르aither라 부르는데 아에르는 '공기'를 의미하며 습기, 바람, 안개 등과 관련되어 있다. 그리스인들은 4요소 혹은 4원소로 불, 공기, 물, 흙을 얘기한다. 아에르가 4원소 중에 공기를 말하는 것이라면 아이테르는 이러한 원소들과는 전혀 다른 물질을 말한다. 즉, 4원소가 초기에 생성·소멸하는 물질이었다면 아이테르는 이와 달리 '영원불멸하는 물질'을 가리켰다.

그리스인들은 아이테르를 '제5원소'라 불렀다. 그렇지만 어찌 '물질'이면서 영원불멸할 수 있는가? 일반적으로 물질은 생성·소멸하는 것이지 않는가? 그리스인들은 물질이 가진 특성을 가지고 있으면서도 영원불멸하는 것이 있다고 상상하였다. 그들은 태양이나 달뿐만 아니라 다른 여러 항성과 행성들이 아이테르로 만들어졌다고 생각하였다. 왜냐하면 그것들은 우리 눈에 보이는 물질의 특성을 가지고 있지만 절대로 소멸하지 않는다고 생각했다. 태양과 달과 별들은 언제까지나 사라지지 않는다. 이러한 믿음 때문에 아이테르와 같은 새로운 차원의 물질 개념을 생각해낼 수 있었다. 따라서 그리스인들은 그리스 신들이 바로 올림포스의 상층부에 있는 아이테르 속에 머문다고 생각했다.

대부분의 고대인은 신들의 집으로 '산'을 생각하는 경우가 많았다. 크레테의 크놋소스 궁전에서 나온 인장을 보면 산 정상의 두 마리의 사자 사이에 여신이 서 있다. 수메르의 닌후르쌍 여신이나 가나안의 바알Baal 신도 산에서 숭배되었다. 산은 땅에 뿌리를 박고 있으면서도 하늘로 치솟아 있다. 하늘에 닿을 듯한 산 정상은 신성한 장소로 생각되기에 손색이 없다. 그리스인들이 올림포스를 신들의 집이라 생각한 이유도 마찬가지일 것이다. 그런데 우리는 올림포스에 대한 그리스인들의 설명 방식에서 아주 특이한 점을 발견할 수 있다. 그것은 바로 올림포스의 '아이테르'에 살고 있는 신들의 모습이다. 영원불멸하는 본성을 가진 아이테르가 있는 곳은 비록 인간이 볼 수 있을지는 모르지만 인간이 접근할 수는 없는 곳이다. 즉, 우리 눈에는 보이지만 근본적으로 아주 다른 차원의 세계를 말하고 있는 것이다. 즉, '올림포스는 산이되 엄밀히 말하면 산이 아니다.' 그리스인들은 신들의 집으로 눈에 보이는 올림포스를 말하면서 동시에 눈에 보이지 않는 올림포스를 말하고 있기 때문이다. 그런 의미에서 이제 우리는 그리스인들의 언어 놀이에 익숙해져야 한다.

신전과 종교적 제의

신들이 항상 올림포스에만 사는 것은 아니다. 그들은 올림포스에 커다란 집을 갖고 있지만, 인간들이 사는 곳에도 집을 갖고 있다. 인간들이 신들을 위해 만든 집, 즉 신전이다. 인간은 항상 신과 함께 하기를 바란다. 신들은 인간 속에 머무르며 인간을 축복해준다. 그래서 인간이 모여 사는 곳에는 신전과 성역 및 제단이 있다. 그리스 전역에 흩어져 있는 수많은 신전은 신이 인간과 얼마나 가까이 존재하는가를 보여준다. 그리스인은 각 지역마다 여러 신을 숭배하며 신전을 지어놓았다. 각 지역에 따라 특별히 더 숭배되던 신도 있었다.

신들은 과연 인간들이 만든 집에 머물고 있는가? 인간은 단지 스스로를 위하여 신전을 지은 것은 아닐까?

제우스는 올림피아Olymphia와 아테네Athene에서 주로 숭배되었다. 본래 올림피아에서 가장 오래된 신전은 헤라 신전이다. 제우스는 처음에 헤라 신전에 함께 모셔졌다가 나중에 따로 자신의 신전을 갖게 된다. 이것은 제우스가 헤라보다 나중에 그리스에 들어온 젊은 신이며, 점차 더 많은 숭배를 받게 되면서 독립되었다는 사실을 추측케 한다. 이후 올림피아는 제우스에 대한 종교적 축제가 발달하면서 유명한 올림픽 경기가 시작된 장소로 기억되었다. 헤라는 아르고스Argos와 사모스Samos에서 주로 숭배되었다. 아주 초기부터 아르고스는 그리스의 비옥한 평야 지대로 헤라 여신의 숭배 지역으로 유명하였다. 이 도시의 이름과 관련하여 제우스가 암소로 변신시킨 이오를 감시하던 백 개의 눈을 가진 아르고스에 관한 이야기가 있다. 사모스는 헤라 여신이 제우스와 결혼한 후 삼백 년 동안 비밀리에 신혼생활을 한 장소로 알려져 있다.

아테나는 자신의 이름과 유사한 도시 아테네에서 주로 숭배되었다. 아테네의 아크로폴리스에는 '처녀의 집'을 의미하는 파르테논Parthenon이 있다. 아테나는 전쟁의 여신이자 도시국가를 수호하는 여신이기 때문에 다른 많은 도시에서도 숭배되었다. 헤파이스토스는 고대의 대장장이 신으로 주로 렘노스Lemnos 섬에서 숭배를 받았으나, 아테나와 관련하여 아테네에서도 숭배를 받았다. 헤파이스토스는 한때 아테나 여신에게 욕망을 품고 덤벼든 적이 있다.[3] 그때 아테나 여신이 밀치는 바람에 헤파이스토스의 정액

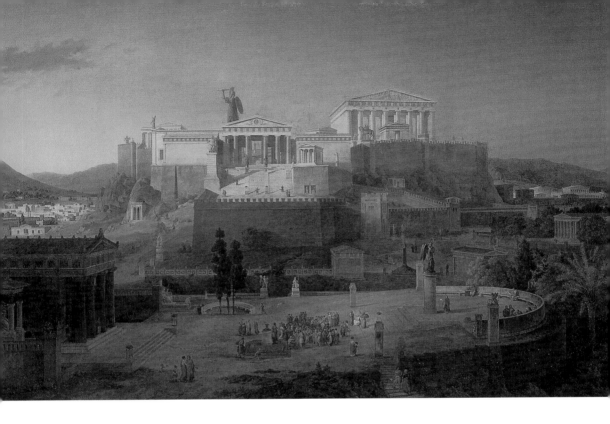

이 그녀의 다리에 묻었는데 무심한 아테나 여신은 아무렇지도 않은 듯이 양모를 가지고 닦아낸 다음에 땅에 버렸다. 대지의 여신 가이아Gaia는 땅속에 떨어진 정액으로 한 아이를 낳아 아테나 여신에게 주었다. 아이는 '양모'를 의미하는 에리온erion(혹은 '싸움'을 의미하는 에리스eris)과 '땅'을 의미하는 크톤chthon이 결합되어 에리크토니오스라 불렸다. 아테나가 올림포스 신들 몰래 양육한 에리크토니오스는 아테네인의 시조가 되었다. 그러므로 헤파이스토스는 아테네인의 기원과 밀접한 연관이 있다. 현재 아테네의 아크로폴리스 아래쪽에는 헤파이스토스 신전이 보존되어 있다.

아프로디테는 퀴테라Kythera 섬과 퀴프로스Kypros 섬에서 주로 숭배되었다. 그녀는 바다의 거품으로부터 태어나 처음에는 퀴테라 섬으로 떠내려갔다가 나중에는 퀴프로스 섬으로 떠내려갔다. 그래서 두 섬에서 모두 숭배

아테네 아크로폴리스 복원도__프로필레이아와 아테나 프로마코스 신상, 그리고 파르테논 신전의 채색부분을 복원해서 재현했다. 레오 폰 클렌체의 그림. 1846년.

퓌그말리온의 조각에 생명을 불어넣는 아프로디테_퓌그말리온은 자신이 만든 조각상을 깊이 사랑하게 되었다. 그의 간절한 청에 아프로디테는 조각상을 인간으로 변화시켜준다. 에드워드 번 존스의 그림. 1868~1878년.

를 받았다. 특히 퀴프로스의 파포스Paphos는 아프로디테 숭배의 최대 중심
지였다. 퓌그말리온Pygmalion 신화는 이 파포스라는 도시를 배경으로 삼고
있다. 퀴프로스의 왕이자 조각가인 퓌그말리온은 자신이 만든 아름다운 조
각상을 깊이 사랑하게 되었다고 한다.[4] 아프로디테 여신은 너무나 간절하
게 도움을 청하는 퓌그말리온에게 연민을 느껴 조각상을 인간으로 변화시
켜준다. 퓌그말리온은 그녀와 결혼하여 파포스라는 자식을 낳았다. 여기에
서 파포스라는 도시의 이름이 유래되었다.

  아폴론은 자신이 태어난 섬인 델로스Delos 지역과 유명한 신탁소가 있는
델포이Delphoi 및 소아시아 등에서 주로 숭배되었다. 델로스는 원래 아무
것도 자라지 않는 작은 바위섬이었다. 레토Leto 여신은 아폴론을 낳기 위해
여러 지역을 유랑하였지만 아무도 여신을 받아들이지 않았다고 한다.[5] 다

들 헤라의 분노를 두려워했기 때문이다. 레토 여
신은 아폴론이 델로스에 자신의 첫 번째 신전을
세워줄 것이라 맹세를 한 후에야 아폴론을 낳을
수 있었다. 그리하여 델로스는 아폴론의 탄생지로
많은 종교 제의의 중심지가 되었다. 델포이라는
이름은 델퓌네Delphyne라는 암컷 용龍과 밀접한
관계가 있다. 델퓌네는 델퓌네스(혹은 퓌톤Phyton)
라고 불리기도 하였다.[6] 델퓌네는 그리스어로 '자
궁'을 의미한다. 따라서 델포이라는 지명은 여신
과 밀접한 관련이 있다. 실제로 델포이 신전은 원
래 테미스 여신이 지배했으나 아폴론에게 넘겨주
었다고 한다. 아폴론은 레토 여신의 팔에 안겨 델
포이로 와서 거대한 용을 쏘아 죽였다. 그리하여
용의 몸이 부패pythein된 장소는 퓌토라고 불렸고

그때부터 아폴론도 퓌티오스Pythios라고 불렸다.

소아시아 연안 지역을 따라 아폴론은 점차 광범위하게 숭배되었다. 특히 레토가 제우스의 자식을 낳기 위해 유랑하는 이야기들은 모두 소아시아에서 시작된다. 레토가 제우스에 의해 아폴론을 임신하게 되는 밀레토스 근처의 디뒤마Didyma에는 거대한 아폴론 신전이 남아 있다. 헤라는 제우스의 자식을 임신한 레토에게 앙심을 품고 태양이 결코 비추지 않는 곳에서만 아이를 낳을 수 있게 한다. 그래서 레토는 아이를 낳을 수 있는 곳을 찾아 유랑하다가 우연히 뤼키아에 왔다고 한다. 뤼키아Lykia는 그리스어로 '늑대'를 의미한다. 여기서 아폴론은 뤼케이오스Apollon Lykeios라는 유명한 별칭을 얻는다. 레토와 아폴론과 아르테미스는 그리스보다 소아시아에서 먼저 숭배되었던 것으로 보인다.[7] 이러한 이유로 『일리아스』에서 아폴론은 아르테미스와 함께 그리스 동맹군에 적대적인 소아시아의 트로이를 보호하는 신으로 등장하는 것이다.

아르테미스 역시 소아시아의 뤼디아와 뤼키아 지역에서 유래한다.[8] 특히 그녀는 소아시아의 에페소스Ephesos에서 주로 숭배를 받았던 것으로 나타난다. 현재 에페소스에는 거대한 아르테미스 신전의 일부와 근동의 위대한 어머니 여신과 관련된 유물이 많이 발굴되어 있다. 아르테미스는 어린 소녀와 관련된 제의들로 유명하다.

『일리아스』에 나타난 아르테미스는 영락없는 어린 소녀의 모습이다. 어린 소녀들은 아홉 살부터 결혼할 때까지 아르테미스를 섬겼다. 그래서 혼기에 이른 소녀들이 있는 곳에는 어디서나 아르테미스 축제가 있었다. 아르테미스는 카뤼아이Karyai 지역과 아테네 근처의 브라우론Brauron 및 스파르타Sparta 등에서 많이 숭배되었다.

카뤼아이 지역에는 아르테미스 여신을 기념하는 축제에서 소녀들이 집단으로 춤을 추는 의식이 남아 있으며, 브라우론과 스파르타 지역에서는

소녀들의 입문 의식과 관련된 특이한 행사들이 있었다.

포세이돈Poseidon은 주로 바다 인근 지역에서 숭배되었다. 포세이돈을 숭배하던 도시들은 칼키디아 반도에서는 포테이다이아Poteidaia라 불렸고, 남부 이탈리아에서는 포세이도니아 또는 파이스툼Paestum이라 불렀다.

선형문자 B로 남겨진 문헌을 보면 포세이돈은 퓔로스Pylos의 주요 신으로 나온다. 포세이돈은 이올코스의 왕 펠리아스와 퓔로스의 왕 넬레우스의 신적인 아버지로 등장하면서 퓔로스와 밀접한 관련을 갖는다. 『일리아스』에 나오는 아가멤논이 가장 신뢰하는 인물인 네스토르Nestor는 넬레우스의 아들로 퓔로스 출신이었다. 나아가 트로이젠Troizen에서 태어나 아테네의 위대한 왕이 된 테세우스Theseus의 신적인 아버지도 포세이돈이다. 포세이돈은 아테네라는 도시를 두고 아테나 여신과 경쟁을 한 적도 있을 만큼 중요한

델포이 아폴론 신전_델포이라는 이름은 델퓌네라는 암컷 용과 관계가 있다. 아폴론은 레토 여신의 팔에 안겨 델포이로 와서 거대한 용을 쏘아 죽였다.

수니온 곶의 포세이돈 신전
＿"아티카의 해안, 수니온 곶
의 성스러운 끄트머리에······"
라는 『오뒷세이아』, 3. 278의
구절처럼 이곳은 포세이돈 신
전이 들어서기 오래 전부터
성역이 자리잡았던 장소였다.

에페소스의 아르테미스 신전__에페소스에 첫 제의용 신전이 건립된 것은 기원전 7세기 중반으로 보인다. 기원전 460년에 완공된 마지막 신전은 신전 바닥면의 가로와 세로가 55x115m에 달했고, 지붕까지 완전히 대리석으로 덮은 최초의 신전이었다. 규모와 뛰어난 아름다움으로 고대 7대 불가사의의 하나로 꼽혔던 이 신전은 경회루처럼 연못 위에 떠 있어서 아름다운 실루엣을 연출했다고 한다.

위치를 차지하고 있다. 제우스가 주로 올륌포스에 머물렀다면 포세이돈은 에게 해 근방의 깊은 바다 속에 있는 빛나는 황금 궁전에서 머물렀다. 그리하여 에게 해 인근의 많은 도시가 포세이돈을 숭배하였다. 특히 유명한 수니온Sunion의 포세이돈 신전은 아테네로 향하는 모든 배가 먼 바다에서도 바라볼 수 있었다.

데메테르는 신비 의식이 열리는 엘레우시스Eleusis와 메갈로폴리스Megalopolis에서 주로 숭배를 받았다. 엘레우시스는 데메테르가 하데스에게 납치된 페르세포네를 찾아 헤매다가 만나게 된 곳이자 인간들에게 농경기술과 관련된 신비 의식을 가르쳐준 곳이다. 여기서 유래된 엘레우시스 신비 의식은 그리스에서 가장 오래 지속된 종교 제의였다.

그리스 전역에 가장 광범위하게 이루어졌던 데메테르 숭배 의식은 테스모포리아Thesmophoria 제전이다. 이 제전은 농경생활을 하는 많은 지역에서 여성 공동체의 축제로 발전되었다. 주요 특징은 페르세포네 납치와 관련하여 돼지를 희생 제물로 사용한다는 점이다. 이것은 데메테르의 딸 페르세포네가 지하 세계로 납치될 때 돼지치기 에우불레우스Eubuleus의 돼지들이 지하로 떨어져 땅 속에 함께 삼켜졌다는 데서 유래된다.[9] 테스모포리아에서는 데메테르, 페르세포네(코레), 제우스가 함께 숭배되었다.

디오뉘소스Dionysos와 관련된 그리스 전통은 프뤼기아와 뤼디아 지역과 아주 밀접한 연관이 있다. 그리스에서 디오뉘소스 숭배는 초기에는 간혹 저항을 받았으나 나중에는 대중적으로 변모되었다. 그리스 전역에 걸쳐 수많은 디오뉘소스 신전이 있는 것도 이런 이유에서다.

디오뉘소스 숭배는 네 가지 축제와 관련되어 발전되었다.[10]

첫째, 유명한 안테스테리아Anthesteria 축제는 이오니아와 아티카 지역에서 주로 이루어졌으며 포도주를 마시는 행사와 직접적으로 연관되어 있다. 그것은 테세우스에게서 버림받은 아리아드네Ariadne가 디오뉘소스와 결혼하

아테네 디오뉘소스 극장_
아크로폴리스 남쪽 경사지에 자리잡은 극장으로 원형이 기원전 4세기 중반에 완성되었다. 가로와 세로 길이는 106x112m. 무대장막이 없어서 배우, 코러스, 관객이 한 호흡을 이루었다. 1765년 리처드 챈들러가 옛 극장의 폐허를 처음으로 찾아냈고, 1862년부터 30년이 넘게 걸린 발굴 끝에 오늘날의 모습을 갖췄다. 수용관객 17,000명. 객석의 세로열 85열.

는 이야기와도 관련되어 있다.

둘째, 아그리오니아Agrionia 축제는 도리아 지역과 아이올로스 지역에서 주로 이루어졌는데 여성의 광기와 카니발 형태의 해체와 전복의 축제였다. 그것은 오르코메노스Orchomenos 지역의 미뉘아스Minyas의 세 명의 딸이 디오뉘소스 축제에 참여하기를 거부하자 분노한 디오뉘소스의 경고를 받고 두려운 나머지 한 아들을 찢어 죽여 희생 제물로 바치는 이야기에 토대를 두고 있다. 이 제전은 주로 보이오티아, 아르고스, 티륀스 지역 등에서 발전되었다.

셋째, 지방풍의 디오뉘소스 축제the rustic Dionysia는 수많은 작은 소도시에서 열렸는데 염소 희생과 남근 행렬이 특징이다. 디오뉘소스를 따라다니는 행렬에는 염소 발굽과 말 꼬리를 가진 사튀로스나 실레노스가 자주 등장하며 거대한 남근이 포함되기도 한다. 넷째, 대 디오뉘소스 축제the Great

Dionysia는 기원전 6세기에 아테네에 도입되었다. 그리스인들은 디오뉘소스 의식을 치른 후에는 드라마로 연출하는 행사를 만들었기 때문에 비극의 형태가 발전되면서 더욱 대중에게 호응을 얻었다. 수많은 지역에 디오뉘소스 극장이 있었고 여기서 디오뉘소스 숭배 의식이 함께 이루어졌다.

크로노스와 계절의 여신들

그리스인은 사유에 의해 이 세계를 분할하고 통합함으로써 신의 종족을 다양하게 만들었다. 니콜라 푸생의 그림. 1638-1640년.

신들은 왜 많을까 2

Greek Mythology

모든 것은 신들로 가득 차 있다

그리스인들은 신들에 대해 불안과 공포 및 전율이라는 위압적인 감정을 갖지 않았다. 신들은 단지 '놀라움'을 안겨주는 존재로 다가온다. 우리는 이 세계를 통해 인간이 느끼는 다양한 경험 가운데 신神과 관련하여 특히 '놀라움'과 '두려움'이라는 감정에 주목할 필요가 있다. 이것들은 신화의 출발점이자 철학의 출발점이 된다. 플라톤과 아리스토텔레스는 철학은 '경이' 혹은 '놀라움'으로부터 출발한다고 했다. 인간은 세계 속에서 이해할 수 없는 사건이나 현상을 경험함으로써 놀라움과 두려움을 느끼게 된다. 그것은 인간의 이성으로서는 설명하기 어려운 특성을 지니고 있다.

우리는 알 수 없는 것에 대해 두 가지 태도를 가질 수 있다. 그것이 우리에게 아무런 영향을 미칠 수 없는 것이라면 무관심하게 별다른 감정을 느끼지 않을 것이다. 그러나 이 세계와 우리 자신에게 어떠한 영향을 미치는 것이라면 놀라움이나 두려움을 갖게 된다. 가령 우리는 우리의 일상적인 삶에 특별한 영향을 미치지 않는 한 관심을 갖지 않는다. 그러나 그것이 어떻게 생겨났는지에 대해 궁금해하면 우리에게 아주 새로운 세계가 드러난다. 다시 말해 이 세계에 존재하는 대상이 어떻게 존재하게 되었으며, 이 세계가 어떻게 변화하는가에 대해 관심을 갖게 되면서 놀라움을 느끼게 되는 것이다. 따라서 '놀라움'이라는 경험은 단순히 감각적인 것만은 아니며 지극히 이성적인 것이다. 물론 우리는 '깜짝 놀랐다'라는 식의 표현에서 볼 수 있듯이, 그것은 일차적으로 감각 기관이 나타내는 물리적인 반응을 나타낼 수도 있다. 그렇지만 이성적으로 아무 것도 예측하거나 추측하지 못했기 때문에 놀랄 수도 있다. 누군가 또는 어떤 것이 갑자기 출현하거나 나타났을 때를 상상해보자. 결국 놀라움은 단순히 감각적 반사 작용만은 아니며 이성적인 계기가 포함되어 있다.

그리스인들은 놀라운 일이 벌어졌을 때 '신적theos'이라는 말을 한다. 단지 자연의 법칙을 벗어난 초월적인 현상에 대해서만 말하는 것이 아니라 항상 일정한 법칙에 따라 변하는 자연의 현상에 대해서도 그렇게 말한다. 또한 그들은 남다른 능력을 발휘하는 인간들에 대해서도 놀라움을 갖고 바라본다. 신화에서 헤라클레스Herakles나 테세우스와 같은 영웅들이 반신반인으로 설명되는 것도 이런 이유다.

그리스인들은 끊임없이 인간이 살고 있는 이 세계에 대해 놀라워하였다. 해가 바뀌어도 변함없이 다시 피어나는 들꽃과 풀 한 포기와 같은 자연의 현상조차 그들에겐 놀라움의 대상이었다. 일찍이 탈레스Thales는 "모든 것이 신들로 가득 차 있다."고 말했다.[11] 그것은 다른 말로 이 세계는 경이로움으로 가득하다는 의미이다.

헤시오도스Hesiodos는 『신통기 *Theogonia*』에서 신들의 계보를 정리해나가면서 약 300명가량의 이름을 제시한다. 그러나 이름이 불리지 않은 신이 훨씬 더 많다. 이처럼 그리스인에게 이 세계는 신들로 가득한 놀라운 세계였다. 따라서 그리스인들은 수많은 것에 신성을 부여하였다. 그리스인들의

갈림길의 헤라클레스 _ 그리스인들은 남다른 능력을 발휘하는 인간들에 대해서 놀라움을 갖고 바라본다. 헤라클레스가 반신반인으로 설명되는 것도 이런 이유다. 폼페오 지롤라모 바토니의 그림, 1748년.

의식이 분화되고 발전되면서 다양한 기능과 역할을 맡는 신들이 생겨났다. 이와 함께 그리스 사회가 점차 사회적 · 정치적 계급을 형성해나가면서 신들의 사회에도 기능을 분담할 여러 신이 생겨났고 위계질서도 형성되었다.

다이몬은 악령이 아니다

그리스 신들은 많기도 하지만 몇 가지 종류로 구별된다. 테오스theos말고도 다이몬daimon과 케르ker 및 님페nymphe 등 다양한 종류가 있다. 다이몬은 현대적인 용어 데몬demon으로는 악한 존재나 부정적인 가치를 가진 존재로 이해된다. 그러나 그리스에서 다이몬은 초기에 이러한 특성을 갖고 있지 않았다. 오히려 올림포스에 모인 신들을 다이모네스daimones라 불렀고, 아프로디테는 다이몬으로서 스파르타의 헬레네의 앞장을 서서 갔다.[12] 또한 영웅에 대해서도 흔히 '신과 같이isotheos' 라는 표현을 쓰는 것과 똑같이 '다이몬과 같이' 라는 말을 사용하기도 했다. 즉, 초기에는 '신들' 이나 '다이몬들' 이란 말을 구별하지 않고 사용한 것으로 보인다.

신들theoi이라는 말은 때로는 죽음을 가져오는 파괴적인 케르들keres에 대해서도 사용되었다.[13] 케르들은 질병, 노화, 죽음 등과 관련 있다. 초기에는 에로스Eros도 케르의 한 부류로 생각되었다. 아마도 사랑이 인간에게 치명적인 어떤 것으로 생각되었던 걸로 보인다. 케르들은 인간의 관점에서 보면 매우 부정적인 특성을 지닌 것으로 오늘날 악령이라 할 만하다. 그런데도 그리스어로 '신들' 을 의미하는 테오이theoi가 케르들에 대해서도 사용되었다는 사실은 초기에 케르들도 신들이나 다이몬들과 특별히 구별되지 않고 사용되었다는 것을 알 수 있다.

그러나 점차 다이몬은 '신' 이라는 용어와 다른 의미로 사용되었다. 다이몬은 아무런 이미지도 갖고 있지 않으며 어떠한 제의나 의례도 없다. 다이

사두마차를 타고 하늘로 떠오르는 태양신 헬리오스 _ 헬리오스는 바다의 물살을 박차고 하늘로 솟구친다. 태양신의 머리에 쓰고 있는 불꽃관은 훗
날 자유의 여신상에서도 되풀이된다. 네 필 말들의 사선 구성과 펄럭이는 헬리오스의 옷주름은 헬레니즘 미술의 역동성을 잘 드러낸다. 트로이의
아테나 신전의 모서리 판 부조. 기원전 300년 이후.

몬은 개별적인 인격적 존재로 묘사된 호메로스의 신에 대한 보완적인 존재라 할 수 있다. 그것은 개별적으로 특성화되었거나 혹은 이름 불려지지 않은 나머지 신적인 존재들을 포괄한다.[14] 모든 다이몬이 좋다고 하거나 혹은 나쁘다고 할 수는 없다. 좋은 다이몬도 있고 나쁜 다이몬도 있다. 호메로스에서 다이몬은 처음에는 신theos과 동일하게 사용되다가 점차 특별하게 인격화되지 않은 다른 신들을 총괄하는 이름이 된다.

그렇지만 헤시오도스에 이르면 다이몬이 어떠한 존재인가를 새롭게 규정하기 시작한다. 그는 인류의 다섯 종족 신화를 구별하며 인간의 타락과 쇠망에 대해 말하면서 다이몬의 기원에 관해 말한다. 최초의 인류 종족인 황금 종족은 이 세계에 악이 존재하지 않았던 시대에 살았던 아주 선한 존재들로 죽어서 인간 종족들을 수호하는 다이모네스가 되었다고 한다. 헤시오도스는 기존에 다이몬이 본래 신과 동격으로 사용되던 것과는 달리 가장 좋은 인간 종족이 죽어 다이몬이 되었다는 것이다. 그리하여 이제 다이몬의 기원은 신이 아닌 인간이 된다. 이로써 다이몬은 '신' 과는 아주 다른 종류의 것이 되었다. 그러나 헤시오도스 역시 다이몬이 신과는 다른 차원의 것이라는 사실 외에 부정적인 의미를 함축하고 있지는 않다.

다이몬 이 외에도 그리스 신화에는 흔히 영어권에서 님프라 불리는 뉨페Nymphe 가 등장한다. 님프들은 주로 산이나 나무 및 동굴에서 살며 불멸하는 존재가 아니다. 가령 어떤 참나무가 말라 죽게 되면 그 나무의 님프도 수명을 다하는 걸로 생각되었다. 만일 우리가 그리스 신들의 고유한 특성을 '불멸' 이라 한다면 님프는 엄밀한 의미에서 포함되지 않을 것이다. 님프는 영원불멸하는 존재가 아니기 때문이다. 사실 '불멸' 이라는 기준을 엄격하게 적용한다면 그리스의 신성한 존재 가운데 신과 인간의 경계에 모호하게 서성거릴 존재가 상당수 있다.

이방의 신들을 사랑하라

그리스에는 다양한 신이 존재하지만 원래부터 그리스 지역에서 생겨났던 신들 외에도 다른 지역에서 건너온 신도 많았다. 우리가 그리스 신이라 생각하고 있는 많은 신이 사실은 다른 지역에서 유래되었다. 그리스 신들이 어느 정도 확정되기 시작한 때는 기원전 8세기경, 서사시 시대가 한창 무르익을 때였을 것이다. 그리스인들은 초기에 자신들이 숭배하는 신들이 다른 지역에도 퍼져 있다고 생각했다. 트로이 전쟁을 다루는 호메로스 작품들을 보면 제우스나 아폴론 혹은 아테나 같은 그리스의 신들은 그리스인에 의해서만 숭배된 것이 아니고 소아시아의 트로이인에 의해서도 똑같이 숭배되었다.

호메로스 이후 들어온 신들은 그리스의 신들과 별로 비슷하지도 않고 이질적인 특성을 유지하고 있었다. 그래서 대부분 그리스 신화에 대중적인 방식으로 통합되어 원형과 다른 형태로 되거나 또는 원형대로 남아 있는 경우는 이방의 신의 모습과 제의를 그대로 갖추고 있다.

가령 아프로디테 신화에 등장하는 아도니스Adonis 신화는 셈족 유민들로부터 들어온 것으로 뷔블로스Byblos와 퀴프로스에서 유래한다. 아도니스의 이름은 셈족어로 아돈adon, 즉 '주님'이라는 말이다. 아도니스 신화는 죽었다가 다시 살아나는 신에 대한 제의와 관련되어 있으며 메소포타미아의 두무지-탐무즈Dumuzi-Tammuz 신화와 가나안의 바알 신화와도 유사하다. 아나톨리아Anatolia의 퀴벨레Kybele라는 어머니 여신은 흔히 프뤼기아의 여신으로 알려져 있다. 퀴벨레에 대한 숭배는 그리스 지역에 어머니 여신의 숭배가 성행하면서 본격화되었다. 아르테미스와 유사하게 생각되었던 트라케의 여신 벤디스Bendis에 대한 숭배도 펠로폰네소스 전쟁 중에 아테네로 들어왔다.

도대체 그리스인들만큼 신을 좋아하는 민족이 어디 있을까? 문명의 밭을 일궈오는 동안 그들은 수많은 신을 사랑하였다. 그들은 신들로 가득 찬 세계에서 함께 즐거워하고 슬퍼하며 살아갔던 것이다.

디오뉘소스로 분한 망자

스파르타 인근 크뤼사파Chrysapha의 묘지 부조에서 망자는 디오뉘소스로 분하고 있다. 사자 다리를 붙인 보좌에 앉아서 큰 술잔 칸타로스를 든 부부에게 두 남녀가 제물을 바치기 위해 다가온다. 보좌 뒤쪽에 몸을 세운 큰 뱀은 이곳이 죽음의 영토라는 사실을 말한다. 기원전 550-530년.

신들은 왜 죽지 않을까 3

Greek Mythology

모든 신이 불멸하는가

그리스 신화를 읽다 보면 신과 인간이 하나로 어우러져 누가 신이고 누가 인간인지 가늠할 수 없을 정도로 경계가 모호하다. 신과 인간의 차이점이란 무엇인가? 이런 질문은 매우 도전적으로 보일 수 있다. 현대 종교적 관점에서 본다면 신과 인간은 명확하게 구별될 뿐만 아니라 다른 차원의 존재라고 생각되기 때문이다. 그러나 그리스 신화에서 신과 인간은 아주 비슷하게 나타난다. 신들은 말과 행동에 있어서 한결같이 인간과 닮았다. 다만 그들은 평범한 인간보다 훨씬 더 아름답고 고귀할 뿐이다. 바로 이러한 이유 때문에 우리는 그리스 신들에 대해 끊임없이 의구심을 품어왔다. 그런데 우리만 이러한 문제를 제기하고 있는 것은 아니다. 이미 그리스인들도 신들에 대해 말하는 방식에 대해 진지하게 반성하고 있었다.

그럼에도 불구하고 그리스 신들은 '우리에게' 때로는 강력한 무기를 휘두르는 무서운 어린아이와 같고, 때로는 우리의 삶에 늘 끼어들고 싶어하는 이웃집 아저씨나 아낙네와 같은 느낌을 준다. 그래서 우리가 그리스 신화에 대해 "도대체 신과 인간의 차이가 무엇일까?"라는 돌출적인 질문을 해도 별로 이상하지 않게 느껴지는 것이다. 신과 인간의 차이를 얘기할 때 일반적으로 "신은 불멸하고 인간은 죽을 운명을 가졌다."고 대답한다. 즉, '죽느냐' '죽지 않느냐'가 신과 인간을 구분하는 가장 큰 특징이 될 수 있다. 그러나 과연 단순히 '죽지 않는 것'만이 신의 본질을 말해주는 것인가? 도대체 '죽는다'는 것은 무엇인가?

죽음이란 무엇인가

인간에게 죽음은 자연스러운 것이다. 인간은 죽을 운명을 타고난 존재이기 때문이다. 영원히 죽지 않는 인간이란 불가능하다. 인간이면 누구나 죽음에 대한 두려움을 갖고 있다. 아무도 예측할 수 없는 죽음과 전혀 알 수 없는 죽음 이후의 세계는 공포를 불러일으킨다. 죽음은 인간이 살아 있는 동안에 마치 그림자처럼 따라다닌다. 우리는 죽음을 친구로 삼을 것인지, 혹은 적으로 삼을 것인지 선택할 수 있을 뿐이다.

그리스 신화에서 인간은 살아 있을 때만 신에게 의존할 수 있다. 인간이 죽음에 이르면 신도 어찌할 수 없다. 죽음에 대한 공포심 때문에 신을 믿는 경우도 많다는 사실을 감안한다면 그리스인들의 죽음관은 매우 특이하다고 할 것이다. 때로 우리는 신의 강력한 힘이 죽음의 세계에서 온다고 생각하기 때문이다. 그리스인들은 산 자는 신들의 선물과 은총을 받지만, 죽은 자는 단지 하데스의 지배만을 받는다고 여겼다. 누구든 산 자의 세계와 죽은 자의 세계를 넘나들 수 없다. 헤라클레스와 테세우스 혹은 오르페우스와 같은 몇 명의 영웅을 제외하고는 산 자가 죽은 자의 세계로 가거나 죽은 자가 산 자의 세계로 돌아오는 것은 일종의 금기이며 법칙이었다.

죽음은 인간의 삶의 끝이다. 인간이 인간인 까닭은 죽기 때문이다. 만일 죽지 않는다면 인간이 아니라 신일 것이다. 인간이 죽지 않으려고 하는 것은 신에 대한 도전이다. 그것은 결코 이룰 수 없는 욕망이며 한갓 꿈이다. 이룰 수 없는 걸 이루려고 하는 인간의 지나친 욕망은 신의 처벌을 낳는다. 특히 죽음의 금기를 깨뜨린 자는 지하 세계의 가장 깊은 곳인 타르타로스에서 결코 끝낼 수 없는 형벌을 받는다.

바위를 굴려 올리는 시쉬포스 _ 까뮈에게는 산꼭대기의 순간 정지한 듯한 바위 옆에서 괴로워하는 시쉬포스의 모습이 바로 부조리한 현실을 절실하게 의식하는 영웅의 전형이었다. 티치아노의 그림. 1548–1549년.

알베르 까뮈의 시쉬포스Sisyphos를 기억할 것이다. 까뮈는 『시지프의 신화』에서 시쉬포스를 '부조리의 영웅'이라 불렀다.[15] 시쉬포스는 타르타로스에서 산꼭대기로 바위 하나를 굴려 올리는 형벌을 받고 있다. 바위는 산꼭대기에 올려놓으면 다시 떨어지기 때문에 끝없이 반복하여 굴려 올릴 수밖에 없다. 영원한 형벌이었다. 까뮈에게는 산꼭대기에서 순간 정지된 듯한 바위 옆에서 괴로워하는 시쉬포스의 모습이 바로 부조리한 현실을 절실하게 의식하는 영웅의 전형이었다. 그렇지만 그리스인들에게 시쉬포스는 단지 인간의 한계를 넘는 오만hybris을 부린 인물에 불과하다. 시쉬포스는 죽음이라는 인간의 운명을 거부한 자이다. 그는 죽음의 신 타나토스Thanatos가 자신을 데리러 오자 술을 먹여 지상에 잡아놓았다. 타나토스가 묶여 있는 동안에 아무도 지하 세계로 가지 못하자 지상에는 죽은 자가 없

게 되었다. 그래서 제우스는 헤르메스를 시켜 시쉬포스를 지하 세계로 데려가게 만든다. 더 이상 죽음을 피할 수 없게 된 시쉬포스는 다시 계략을 세워 아내에게 장례와 매장을 치르지 못하게 하였다. 지하 세계로 내려간 후에 시쉬포스는 아내의 불경함을 질책하면서 하데스에게 허락을 받아내 이 세상으로 돌아와서 수명대로 살았다. 그러나 결국 죽은 후 지하 세계의 가장 깊은 곳이라 일컬어지는 타르타로스에서 결코 끝나지 않는 형벌을 받는다.

신들은 왜 죽음을 피하나

그리스 신화에서 우리는 죽음과 관련하여 아주 흥미로운 사실을 발견할 수 있다. 인간만이 죽음을 피하려 하는 것이 아니라 신들도 죽음을 피하고 있다는 것이다. 신들은 아무리 사랑했던 인간일지라도 죽음이 다가오면 재빨리 그들의 곁을 떠나버린다. 아폴론은 트로이 전쟁에서 헥토르Hektor를 지원하는 도중에 제우스가 헥토르와 아킬레우스의 운명을 황금 저울로 측정하여 헥토르의 것이 하데스로 기울어지자 즉각 헥토르를 포기하고 떠나버렸다.[16] 또한 아폴론이 인간 세계에 유배되어 아드메토스의 집에 머물 때 아드메토스의 아내 알케스티스Alkestis가 죽음에 이르자 얼른 사랑하는 아드메토스의 집을 떠나버리는 걸로 나온다. 아르테미스도 테세우스의 아들 히폴뤼토스를 너무나 아꼈지만 히폴뤼토스가 아프로디테의 노여움을 얻어 죽게 되자 아무런 도움도 주지 않고 재빨리 작별 인사를 하고 사라진다.

신들이 왜 죽음을 피하려 할까? 신들은 불멸하는 존재이기 때문에 죽음을 무서워할 이유가 없다. 따라서 어떤 측면에서 이것은 인간이 죽음을 싫어하는 감정을 단순히 신에게 이입시킨 것이라 할 수도 있다. 즉, 인간과 마찬가지로 신들도 '죽음을 싫어하여' 피한다는 것이다. 그리스인들은 보다 명확하게 신들이 죽음을 피하려는 이유를 말하고 있다. 그것은 죽음이 두려워서도 무서워서도 아니다. 에우리피데스의 『알케스티스』에서 아폴론은 자신이 죽음이 깃든 아드메토스의 집을 떠나야 하는 이유를 다음과 같이 분명히 말한다. "나는 집에 있다가 죽음에 오염되지 않도록 내가 사랑하는 이 집을 떠나가는 것이오."[17] 신들이 죽음을 피하려는 이유는 죽음에 '오염'될까 걱정하기 때문이다. 신들에게 죽음은 두려움의 원인이 아니라 더러움의 원인이기 때문이다. 우리 식으로 말하자면 죽음으로 인해 부정탄다는 의미와 같을 것이다. 이것은 신들이 부정탈까봐 죽음을 피한다기보다는 죽음에 대한 인간의 심리를 투영한 것으로 해석할 수 있을 것이다.

신들도 때로는 죽는구나

인간은 불멸을 꿈꾼다. 그러나 죽지 않는다는 것이 항상 좋은 것일까? 물론 어떤 상태로 불멸하는가에 따라 다를 것이다. 그리스 신화에는 죽고 싶어도 죽지 못하는 신들이 있다. 올림포스 신들이 아닌 다른 신 가운데 견디기 힘든 고통을 받는 존재들이 있다. 제우스에게 패한 티탄족은 대부분 땅 밑 가장 깊은 곳에 있는 타르타로스에 갇혔지만, 예외적으로 아틀라스 Atlas는 헤스페리데스Hesperides가 지키는 정원 옆 서쪽 땅 끝에서 거대한 하늘을 머리와 손으로 받치는 벌을 받았다. 또한 불을 훔친 죄로 제우스에 의해 카우카소스 산에 있는 바위에 묶여 독수리에 의해 매일 간을 쪼아 먹

소녀의 묘비 부조__고대 그리스인들은 여자들이 죽어서 하데스와 첫날밤을 보낸다고 믿었다. 묘비 부조에서 여자들이 새신부로 치장하는 장면이 흔한 것은 그 때문이다. 붓으로 그렸을 것이다. 또 가죽신발의 끈과 머리장식도 채색을 했을 것이다. 기원전 460년경.

히는 벌을 받은 프로메테우스Prometheus는 다시 풀려나기까지 때로는 13세대, 때로는 삼만 년이라 말해지는 동안에 똑같은 고통을 반복해서 받은 걸로 나온다.[18]

신은 인간과 달리 죽을 수가 없기 때문에 고통도 피할 수 없다. 프로메테우스는 매일 독수리에 의해 간을 다 쪼아 먹히지만 죽지 않는다. 오히려 다음날 아침이 되면 간이 재생되어 다시 독수리에게 간을 쪼아 먹히는 고통을 당하는 것이다. 수없이 반복되는 고통 속에서도 프로메테우스는 제우스와 타협하지 않는 불굴의 정신을 보여준다. 프로메테우스는 유일하게 인류를 위해 고통을 당한 신이었다. 프로메테우스는 수많은 세월 동안 말로 다할 수 없는 고통을 겪다가 결국 제우스의 비밀을 알려주는 대가로 풀려난다. 그것은 제우스가 결혼하려던 테티스 여신이 아버지보다도 더 강력한 자식을 낳으리라는 신탁이었다. 만약 제우스가 이 사실을 알지 못하고 테티스 여신과 결혼했다면 최고신으로서 제우스의 지위는 한순간에 몰락할 것이었다.

프로메테우스는 비록 제우스로부터 풀려났지만 자신의 죄를 대신할 신적인 존재가 필요했다. 우연히 헤라클레스의 독화살에 불치의 상처를 입었던 켄타우로스 케이론Cheiron이 프로메테우스의 고통과 죽음을 대신하겠다고 자청했다.

케이론은 비록 영웅들에게 의약술을 가르쳐준 현자였지만 정작 자신은 치유할 수 없는 상처로 고통받고 있었다. 케이론은 크로노스Kronos가 말의 모습으로 오케아노스의 딸인 필뤼라Philyra와 결합하여 낳은 자식이다. 어머니와 아버지가 모두 신이라면 자식인 케이론도 신일 수밖에 없다. 그럼에도 불구하고 케이론은 죽는다. 불멸의 존재인 신이 죽는다는 것은 분명히 모순이다. 이 문제를 케이론은 다른 방식으로 해결하였다. 극심한 고통을 받던 케이론이 프로메테우스의 충고에 따라 자신을 죽을 운명을 가진 존재로 만든 후에 죽을 수 있게 된 것이다.

이런 방법이 아닐지라도 그리스 신화에서는 아주 드물지만 신들도 때로는 죽는다. 디오뉘소스도 신이지만 죽은 적이 있다. 오르페우스교의 신화에 따르면 헤라는 제우스가 남몰래 낳은 자식 때문에 분노하여 어린 디오뉘소스에게 티탄들을 보낸다. 헤라의 사주를 받은 티탄들은 장난감을 갖고 노는 어린 디오뉘소스를 공격하여 일곱 조각으로 잘라 가마솥에 넣어 삶은 후에 불로 구워 먹었다.[19] 이것은 고대 그리스의 다양한 종교 축제 가운데 희생 제물을 준비하는 방식과 유사하다. 나중에 제우스가 뒤늦게 나타나 티탄들이 저지른 끔찍한 행위를 처단하고 디오뉘소스를 다시 살려낸다. 그러나 디오뉘소스는 이미 한 번 죽은 것이다. 그리스 신들과 인간들의 가장 기본적인 차이를 '불멸성'에 둘 때 디오뉘소스의 죽음은 파격이다.

디오뉘소스는 분명 특이한 신이다. 올륌포스 신화에서 디오뉘소스는 제우스가 테베의 카드모스Kadmos의 딸 세멜레Semele와 결합하여 낳은 자식으로 나온다. 만일 그렇다면 디오뉘소스는 본래 인간이어야 하지 않겠는가? 다른 모든 영웅과 마찬가지로 신과 인간 사이에 태어난 자식은 영웅이며 동시에 인간이다. 그러나 디오뉘소스는 예외적으로 신과 인간에게서 태어났지만 유일하게 인간이 아닌 '신'으로 태어났다. 이것은 그리스 신화에서 설명하기 어려운 몇 가지 문제 중의 하나이다. 아마도 디오뉘소스에 대한 전승들이 나중에 미묘하게 뒤섞인 경우라 할 수 있다. 왜냐하면 올륌포스 신화에 등장하는 디오뉘소스 탄생에 관하여 앞의 이야기 외에도 다른 전승들이 있다. 오르페우스 종교에 따르면 제우스가 동굴 속에 있던 페르세포네와 결합하여 낳은 자식이 바로 디오뉘소스라고 한다. 만약 그렇다면 여기서 디오뉘소스는 신과 신 사이에 태어난 자식이기 때문에 '신'이라는 자격을 얻는 데 아무런 결격 사유가 없다.

인간도 불멸할 수 있는가

그런데 신이 죽을 수 있는 것과 같은 방식으로 인간도 불멸할 수 있는 가? 그리스 신화를 보면 신과 마찬가지로 아주 드물기는 하지만 인간도 불멸한 경우가 있다. 단, 특별한 조건이 있다. 그것은 죽어야 한다는 것이다. 말하자면 불멸하기 위해 반드시 죽어야 한다. 도대체 무슨 의미인가?

그리스 신화에는 아주 특별한 신이자 영웅인 존재들이 있다. 그들은 인간으로 태어났지만 신이 되었다. 왜 신이 되었고, 어떻게 신이 되었는가를 묻는다면 아무런 답변을 들을 수 없다. 다만, 수많은 영웅 가운데 단 몇 명은 인간들의 특별한 사랑을 받아 신격화되었다고 말할 수 있을 뿐이다.

그리스 신화에서 가장 대표적인 영웅은 헤라클레스이다. 헤라클레스는 제우스가 알크메네Alkmene 왕비와 결합하여 낳은 자식으로 인간이었다. 그는 인간으로서 극복할 수 없는 시련과 고난을 겪은 영웅이었다. 그러나 아무리 그가 뛰어난 영웅이라 할지라도 인간이기 때문에 언젠가는 죽을 수밖에 없다. 결국 어처구니없게도 넷소스Nessos에게 속은 아내 데이아네이라Deianeira가 보낸, 휘드라의 독이 묻은 옷을 입고 죽는다. 그는 지독히 아픈 몸을 이끌고 장작더미를 쌓고는 그 위에 올라가 스스로를 불태웠다. 독이 퍼진 온 몸이 불꽃처럼 타올랐고 회색빛 재로 떨어졌다. 그러나 헤라클레스는 사라졌지만 진정한 의미에서 죽지 않았다. 인간 어머니에게 받은 육체는 불타올랐지만 신 아버지에게 받은 영혼은 살아남았다. 그리스 신화는 헤라클레스가 인간으로서 죽은 후에 올림포스로 올라갔다고 말한다. 헤라클레스는 신이 되어 영원히 불멸한 것이다. 인간으로 태어나 신이 된 헤라클레스는 아주 예외적인 경우라 할 수 있다. 따라서 이것을 일반화시키기는 어려울 것이다. 아마 나중에 신격화된 경우가 틀림없다. 아무리 헤라클레스가 신이 되었다고 하더라도 죽음 자체를 피할 수는 없다. 그는 인간으로서 죽음을 체험하였다.

불화를 누르는 덕목의 수호자 헤라클레스_헤라클레스는 사라졌지만 진정한 의미에서 죽지 않았다. 인간 어머니에게 받은 육체는 불타올랐지만 신 아버지에게 받은 영혼은 살아남았다. 그리스 신화는 헤라클레스가 인간으로서 죽은 후에 올림포스로 올라갔다고 말한다. 헤라클레스는 신이 되어 영원히 불멸한 것이다. 페터 파울 루벤스의 그림. 1632-1633년.

아스클레피오스 봉헌 부조
_아스클레피오스는 산 자는 물론 죽은 자까지 살려낼 정도로 뛰어난 의사였다. 아스클레피오스가 왼쪽에 앉아 있고 그의 뒤에 딸 휘기에이아(보건의 여신)가 서 있다. 기원전 325년.

그리스 신화에는 헤라클레스 외에도 아스클레피오스Asklepios와 디오스쿠로이Dioskouroi와 같은 다른 몇 가지 경우가 더 있다. 아스클레피오스는 아폴론이 테살리아의 공주 코로니스Koronis와 결합하여 낳은 자식이다. 그는 켄타우로스 케이론에게 의술을 배워 산 자는 물론 죽은 자까지 살려낼 정도로 뛰어난 의사였다. 그러다 보니 지상에서 죽은 자들의 수는 자꾸 줄어들었다. 결국 하데스가 불평을 하고 제우스가 이 신적인 의사를 죽일 수밖에 없었다.

아스클레피오스는 자연과 우주의 질서와 법칙을 어기는 일을 했다. 억지로 산 자의 목숨을 연장하고 죽은 자까지 불러냈기 때문이다. 결국 그는 제우스의 벼락에 맞아 죽었다. 그러나 후대에 아스클레피오스는 다시 살아나 신이 되었다고 한다.

    헤라클레스와 아스클레피오스는 다시 살아났지만 인간으로서 살아 있는 동안에 한 번의 죽음을 피할 수 없었다. 인간은 본성적으로 죽을 운명을 가지고 태어난다. 신과 인간의 근본적인 차이점을 얘기할 때 우리는 여전히 '불멸성'을 말할 수 있다.

키타라 연주자들

그리스인들은 술자리를 심포시온이라고 불렀다. 남자들이 포도주에 취하고 환담을 나누는 동안, 헤타이라들이 음악이나
가무로 주흥을 돋우었다. 기원후 1세기 중반.

신들은 어떻게 먹고 마실까 4

Greek Mythology

신들도 몸을 가지는가

그리스 신들은 인간처럼 몸을 가지고 있다. 그래서 먹고 마실 수 있고 고통과 즐거움을 느낀다. 그러나 그리스 신들과 인간들은 유사한 것만큼 차이도 많다. 그리스인들은 신들을 인간들에 비유하여 자주 말했지만, 신과 인간이 얼마나 다른 존재인가를 분명하게 인식하고 있었다.

그리스의 신들은 인간처럼 몸을 가지지만 인간과 아주 다른 몸을 가지고 있다. 인간의 몸은 태어나서 성장하고 늙어가다가 죽는다. 영원한 시간 중에 삶이라는 이름으로 잠시 덧없는 순간을 보낼 뿐이다. 그것은 마치 한때 피어났다 금세 시들어버리는 꽃과 같다. 신들은 다르다. 인간의 몸이 가진 한계를 극복하고 있다. 신들의 몸은 인간의 몸을 이상화시킨 가장 완벽한 몸으로 그려지고 있다. 늙지 않으며 병들지 않고 썩지 않는다. 인간처럼 상처를 입을 수는 있지만 놀라우리만큼 단시간에 완벽하게 회복된다.

더욱이 신들의 몸은 인간의 눈으로는 볼 수가 없다. '볼 수 없는 몸'이란 무엇을 말하는 것인가? 우리는 근본적으로 '몸'이라 할 때 감각에 의해 지각될 수 있는 것으로 생각한다. '몸' 혹은 물체는 바로 생성 · 소멸이 가능한 요소들로 만들어져 있다. 그렇지만 그리스 신들의 '몸'은 신들 자신들에게는 어떨지 모르지만 인간들에게는 지각될 수 없다. 물론 예외는 있다. 『일리아스』의 첫 장면에서 트로이 전쟁의 영웅 아킬레우스가 아가멤논과 언쟁을 벌이다가 분노하여 아가멤논을 죽일 것인가, 아니면 참을 것인가를 고민하고 있을 때 아테나 여신이 나타난다.

> "아킬레우스가 마음속으로 이런 일들을 곰곰이 생각하며 칼집에서
> 큰칼을 빼고 있는 동안 하늘에서 아테나 여신이 내려왔다.
> 아가멤논과 아킬레우스를 똑같이 마음속으로 사랑하고
> 염려하는 흰 팔의 여신 헤라가 그녀를 보냈던 것이다.
> 아테나는 펠레우스의 아들 뒤에 서서 그의 금발을 잡아당겼다.
> 그러나 그에게만 보이지 다른 사람은 아무도 그녀를 보지 못했다.
> 아킬레우스는 깜짝 놀라 뒤돌아섰고, 곧 팔라스 아테나를
> 알아보았다. 그녀의 두 눈이 무섭게 빛났다."
> — 호메로스, 『일리아스』, 1.193-200

아테나 여신은 아가멤논에 대한 분노 때문에 냉정을 잃고 칼을 뽑으려 했던 아킬레우스를 진정시키기 위해 등장한다. 그러나 아킬레우스만이 아테나를 볼 수 있을 뿐 다른 사람은 볼 수 없었다.

호메로스는 신들이 인간과 비슷하며 인간과 함께 살아가는 것처럼 보이지만 신과 인간은 엄연히 다른 존재라고 생각한다. 죽을 운명을 가진 인간들은 신들을 직접 볼 수 없다. 오직 아킬레우스나 디오메데스Diomedes와 같은 특별한 소수의 영웅만이 신을 볼 수 있다. 그것도 특정한 순간에 허용

된다. 아테나 여신은 그리스의 장군 디오메데스의 눈에서 안개를 잠시 걷어내어 신들을 볼 수 있게 만들어준다. 그래서 디오메데스는 트로이의 아이네이아스를 구하려는 아프로디테를 찌를 수 있었다.[20] 그러나 그 다음 날에는 디오메데스도 다른 사람들과 마찬가지로 신들을 직접 볼 수 없게 된다. 그리스인들은 신을 직접 보는 사람은 죽거나 수명이 단축된다고 생각하였다. 그래서 아프로디테의 진짜 모습을 보게 된 앙키세스가 두려움에 떨며 얼굴을 가리며 살려달라고 애원한 것이다.[21] 또한 제우스에게 사랑을 받아 디오뉘소스를 임신하였던 세멜레는 헤라의 계략에 말려들어 제우스의 참모습을 보여달라고 하다가 벼락에 맞아 죽는다.

그렇다면 소수의 영웅들 외에 인간이 신을 볼 수 있는 방법은 없는가? 고대 그리스에 신은 인간의 세계에 자주 나타났다. 그러나 신은 본래의 모습으로 나타나기보다는 인간이나 다른 동물의 모습으로 나타나는 경우가 대부분이다. 제우스는 연인들에게 나타날 때 보통 황소나 백조 및 독수리 등과 같은 동물이나 인간의 모습으로 나타난다. 인간은 그들이 신인지 아닌지를 알아채지 못하는 경우가 많다. 또한 우리가 인간이나 동물로 변신한 신의 모습을 볼 수 있다고 할지라도, 과연 그가 신인지 아닌지를 알 수 있는 방법은 없다. 더욱이 그것이 신의 진짜 모습이 아니기 때문에 실제로 신 또는 신의 몸을 본 것이라고 할 수 없다.

그리스 신들은 '몸'을 가지고 있지만 그것은 인간의 몸과 다른 종류의 것이다. 그리스 신들은 인간의 눈에 보이지 않았다. 트로이 전쟁에서도 알 수 있듯이 신들은 자신이 선택한 인간에게만 자신의 참 모습을 보여주었다.

신들도 피를 흘리는가

그리스 신들은 '몸'을 가졌기 때문에 그리스인들은 인간이 몸을 가졌을 때 갖게 되는 현상들을 신들에게도 유비적으로 적용시켜 묘사하고 있다. 인간이 몸을 가졌기 때문에 생명을 유지하기 위해 음식을 먹어야 하는 것처럼 신들도 생명을 유지하기 위해서는 아니지만 음식을 먹는다. 또한 인간이 전쟁에서 창이나 칼에 찔려 상처를 입는 것처럼 신들도 상처를 입고, 나아가 비명을 지르며 피까지 흘린다. 고통으로 일그러져 피를 흘리며 신음하는 신을 상상해보자. 호메로스의 『일리아스』에서 아레스는 그리스 동맹군의 영웅 디오메데스를 죽이려고 달려오다가 하데스의 투구를 쓴 아테나 여신에 의해 창을 빗나가게 던진다. 오히려 그는 아테나가 조종한 디오메데스의 창에 찔려서 큰 상처를 입는다. 아레스는 아랫배를 정통으로 찔렸지만 스스로 창을 뽑아버린다. 그러나 너무나 심한 고통으로 커다란 비명을 지르는데 마치 구천 명 혹은 일만 명의 병사들이 함성을 지르는 것 같았다. 아레스는 올림포스로 돌아와 제우스에게 자신의 상처에서 흘러내리는 '불멸의 피 ambroton haima'를 보여준다.[22] 또한 나중에 아레스를 찔렀던 그리스군의 장수 디오메데스가 트로이군의 아이네이아스에게 엄청나게 커다란 돌을 던져 사경을 헤매게 만들었다. 그러자 아프로디테는 얼른 자신의 아들을 감싸안고 전쟁터에서 빠져나가다가 추격하던 디오메데스의 창에 손을 찔린다. 아프로디테의 손에서도 '불멸의 피'가 흘러내렸다.[23] 그녀는 올림포스로 돌아와 고통스러워했다.

신도 인간과 마찬가지로 피를 흘린다. 그러나 그것은 인간의 피와 다르다. 신의 피는 바로 '불멸의 피'이기 때문이다. 신의 '피'가 피이긴 하지만 인간의 사멸하는 피와는 다른 종류의 것이다. 그것은 신들의 몸 안에 흐르는 영액 ichor이다. 그래서 "신들은 피가 없고 anaimones 불멸하는 자들 athanatoi이라 불리는 것"[24]이다. 호메로스는 신들의 몸에는 '불멸의 피'가

흐른다고 말한 뒤, 곧 바로 신들은 '피가 없다'고 말한다. 이것은 서로 상충되는 말을 하는 것이 아니다. 호메로스가 신들에게 '피'가 없다고 말할 때 그것은 인간과 같은 피를 말한다. 반면에 신들이 불멸하는 피를 가졌다고 말할 때 우리가 말하는 '피'라는 단어는 본래 '불멸하는'이라는 단어와 결합될 수 없다. 인간의 피는 모두 썩기 마련이기 때문이다. 여기서 불멸하는 피는 인간의 피와는 본성적으로 다른 종류의 것을 가리킨다.

마지막으로 한 가지 더 주의할 것은 신들의 몸에 난 상처이다. 호메로스는 신들도 상처를 입으면 인간과 마찬가지로 '신적인' 의사에게 치료를 받는다고 표현한다. 아테나가 조정하는 디오메데스의 창에 찔린 아레스의 상처는 파이에온 Paieon에 의해 치료된다.[25] 파이에온은 아레스의 상처에 고통을 멎게 하는 약을 붙여 치료해주었다. 아프로디테의 경우 올림포스 신화에서 아프로디테의 어머니로 불리는 디오네Dione 여신이 딸의 상처에서 나오는 영액을 닦아내자 바로 아픔도 사라지고 손도 낫는 걸로 나온다.[26] 그리스인들은 신들도 인간처럼 상처를 입고 고통을 받는다고 생각했다. 그렇지만 신들은 인간과 다른 차원의 존재이기 때문에 상처가 아무는 속도나 방식이 다르다. 인간들에게 한 번 생긴 상처는 오랜 시간이 지나야 아물기 시작하는 데 반해, 신들의 상처는 순식간에 낫는다. 마치 영화 「터미네이터 2」에 나오는 새로운 물질로 만들어진 사이보그처럼 상처를 입자마자 바로 아물어버리

전쟁의 신 아레스_아레스는 올림포스의 주요 신이지만 많이 다루어지지 않았으며 별다른 상징물이 없다. 단지 전쟁의 신이기 때문에 투구를 쓰고 방패와 창을 들고 있지만 다른 전쟁 영웅들도 비슷한 모습이기 때문에 구별하기 어렵다. 항상 승리를 하는 아테나와 달리 아레스는 승리와는 거리가 멀다.

아프로디테와 디오네 _ 왼쪽부터 헤스티아, 디오네, 아프로디테가 한 블록으로 제작되었다. 아프로디테와 어머니 디오네 대신에 설득의 여신 페이토로 보아야 한다는 주장도 제기되었다. 파르테논 동쪽 박공부. 432년 완성.

는 것과 비슷하다.

그리스인들은 신들도 상처를 입고 피를 흘리며 고통을 겪는 것처럼 말하지만 그것은 인간과 비슷하다기보다는 오히려 인간적인 것을 넘어서는 다른 차원의 것을 설명하려고 했다. 그러다 보니 인간이 가진 언어나 일상용어로 신이 가진 이러한 특징을 설명하려는 데서 약간의 혼란이 일어나기도 했다.

신들은 왜 음식을 먹는가

인간이 음식을 먹는 이유는 끝없는 식욕 때문이거나 주린 배를 채우기 위해서이거나 생존하기 위해서이다. 즉, 인간은 무언가 결핍되어 있기 때문에 음식을 먹을 필요가 있는 것이다. 그러나 신들은 어떤가? 그들은 축복받은 존재들이기 때문에 당연히 먹어야 하고 마셔야 하는 필연성은 없다. 그리스인들은 인간이 배고픔 때문이 아니라 음식 자체를 즐기는 것처럼 신들도 음식을 즐기는 걸로 표현한다. 그들은 신들이 향연을 즐길 때 음식을 먹는 걸로 생각하였다.

그러나 단순히 신들이 즐거워하는 모습을 그리기 위해 음식을 먹고 마시는 걸로 말하는 것은 아니다. 그리고 신들은 음식을 반드시 먹어야 살아남을 수 있는 것은 아니다. 그런데 때로는 그것이 부수적으로 생기를 불어 넣어주기도 한다. 가령 제우스가 백 개의 팔을 가진 헤카톤케이레스Hecatoncheires를 타르타로스로부터 구한 후에 신들의 음식을 주자 그들은 생기를 되찾아 티탄족과의 전쟁을 승리로 이끄는 역할을 하여 보답한다. 대부분의 경우에 올륌포스 신들이 자신들의 음식을 다른 신이나 인간에게 줄 때는 일시적으로 원기를 되찾거나 제 기능을 회복한 것을 표현한다. 그렇다면 신들의 ‘음식’이란 무엇일까? 그것은 분명히 인간이 먹고 마시는 것과 다른 것이 틀림없다. 그리스어로 신들이 먹는 것을 ‘암브로시아ambrosia’라 말하며 신들이 마시는 것을 ‘넥타르nektar’라고 말한다. 암브로시아는 말 그대로 ‘불멸하는 것’을 의미한다. 암브로시아는 그것을 먹고 마시는 신들과 동일한 본성을 가지고 있다. 신들은 암브로시아를 마셔서 불멸하는가? 반드시 그렇지는 않다. 신들이 불멸하는 존재이기 때문에 불멸하는 음식을 먹는 것일 뿐이다. 우리가 자신의 몸의 성분과 비슷한 음식물들, 가령 콩나물, 김치, 고등어조림 등을 먹는 것처럼 신들은 암브로시아와 넥타르를 먹고 마신다.

그리스 신화에 신들의 음식과 관련하여 유명한 탄탈로스Tantalos 이야기가 나온다. 신들과 인간들이 서로 친밀하였던 시대에 프뤼기아(혹은 뤼디아)에 탄탈로스라는 왕이 살았다. 탄탈로스는 제우스가 아틀라스의 딸인 플루토라는 여신과 관계를 맺어 낳은 아들로 신들에게 많은 사랑을 받아 신들의 향연에도 초대받았다. 그러나 탄탈로스는 신들의 사랑을 이용해 무서운 계략을 생각해냈다. 그는 신들의 향연에 참여하여 수시로 신들의 음

타르타로스에서 형벌을 받는 탄탈로스_탄탈로스는 신과 인간 세계의 질서를 어지럽힌 죄로 영원한 형벌을 받는다. 줄리오 사무토의 그림. 1565년.

식인 암브로시아와 넥타르를 빼돌려 다른 인간들에게 주었다.[27] 나아가 신들을 초대해 자신의 아들 펠롭스를 요리해 신들에게 대접했다.[28] 물론 신들에 대한 경외심으로 가장 사랑하는 아들을 희생물로 바쳤던 것은 아니다. 탄탈로스는 신들을 시험하려는 아주 불순한 의도를 가지고 아들을 죽여 요리했던 것이다. 결국 그는 신들로부터 영원히 끝낼 수 없는 형벌을 받는 걸로 나온다.

탄탈로스가 영원한 형벌을 받은 것은 단순히 인간이 자신의 한계를 잊고 신들을 시험하려는 오만을 부렸기 때문만은 아니다. 그것은 신과 인간 세계의 질서를 어지럽힌 죄와도 관련 있다. 그는 신들로부터 음식을 훔쳐서 인간들에게 먹였을 뿐만 아니라 신들에게 인간의 음식을 먹였다. 신들의 음식은 신들의 본성과 직접적으로 연관이 있다. 신들이 암브로시아와 넥타르를 먹고 마시기 때문에 불멸하는 것은 아니지만 이 음식은 신의 본성과 직접적으로 연관된다. 즉, 신들의 몸은 신들이 먹고 마시는 것과 동일시된다. 인간은 신들과 다른 음식을 먹고 마시고 신들과 다른 존재가 되는 것이다. 만약 신들이 사멸하는 인간의 음식을 먹는다면 신들의 본성에 치명적인 요소가 된다. 불멸하는 신들의 몸에 사멸하는 요소가 들어가는 것이기 때문에 신들의 본성을 해치는 일이다. 탄탈로스가 신들에게 사멸하는 아들의 몸을 먹이는 것은 신성을 약화시키려는 불경스러운 의도를 가진 것이라 할 수 있다. 또한 인간들이 신들의 음식을 먹는다고 신이 될 수는 없지만 신들의 본성과 유사한 특성을 가지게 될 것이다. 따라서 그것은 신과 인간의 경계를 허무는 엄청난 죄를 저지른 것이라 할 수 있다.

1장 주석

1. Homeros, *Ilias*, 5.330.

2. *ibid.*, 1.493.

3. Apollodoros, *Bibliotheca*, 3.14.6.

4. Ovidius, *Metamorphoses*, 10.243.

5. *Homeric Hymn to Apollo*, 25.

6. 케레니, 『그리스 신화: Ⅰ. 신들의 시대』, 239-241면.

7. 같은 책, 234면.

8. Burkert, W., *Greek Religion,* Basil Blackwell, 1985, p.149.

9. *Orphicorum fragmenta*, 50.

10. Burkert, W., *ibid.*, p.163.

11. Aristotle, *De Anima*, 405a19.

12. Homeros, *Ilias*, 1. 222; 3. 420.

13. Hesiodos, *Theogonia*, 221.

14. Burkert, W., *ibid.*, p.180.

15. 알베르 까뮈, 『시지프의 신화』, 이가림 옮김, 문예출판사, 1987, 157면.

16. Homeros, *Ilias*, 209-214.

17. Euripides, *Alcestis*, 22-23.

18. Aeschylos, *Prometheus Desmotes*, 774.

19. *Orphicorum fragmenta* 35.

20. Homeros, *Ilias*, 5.334.

21. *Homeric Hymn to Aphrodite*, 180.

22. Homeros, *Ilias*, 5.840-871.

23. *ibid.*, 5.330-340.

24. *ibid.*, 5.342.

25. *ibid.*, 5.899-901.

26. *ibid.*, 5.416-417.

27. Pindaros, *Olympia*, 1. 60.

28. *ibid.*, 1.48.

상징의 세계에 들어서다

페르세포네를 납치하는 하데스__장 프랑수아 드 트루아의 그림.

Greek Mythology

II

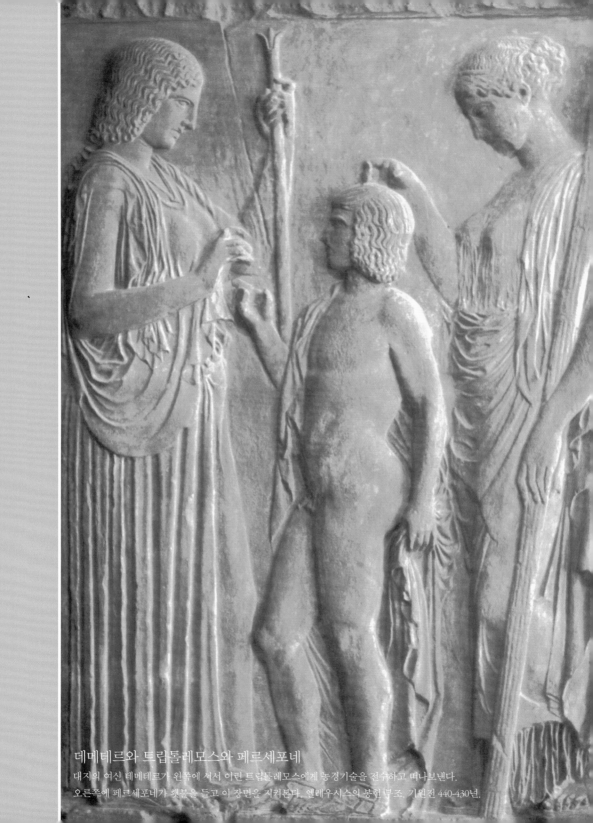

데메테르와 트립톨레모스와 페르세포네

대지의 여신 데메테르가 왼쪽에 서서 어린 트립톨레모스에게 농경기술을 전수하고 떠나보낸다.
오른쪽에 페르세포네가 횃불을 들고 이 장면을 지켜본다. 엘레우시스의 봉헌부조. 기원전 440-430년.

올림포스 12신은 있는가

그리스 신화를 얘기할 때 올림포스 12신이라는 말을 자주 듣는다. 올림포스 12신은 과연 누구인가? 간단히 답하자면 올림포스 산에 거주하던 주요 신을 말한다.

올림포스 12신에 대한 기원과 숭배는 언제 누구로부터 비롯되었을까? 그리스 역사가 투퀴디데스Thukydides(기원전 460?~400년?)에 의하면 기원전 520년경, 후에 아테네의 참주가 되는 페이시스트라토스Peisistratos(기원전 600?~527년?)가 아고라agora에 12신을 위한 제단을 세운 이래로 시작되었다고 한다.[1] 또한 그리스 시인 핀다로스는 올림피아Olympia에도 12신에 대한 제단이 있었으며, 헤라클레스에 의해 12신에 대한 숭배가 시작되었다고 전한다.[2]

그렇다면 과연 올림포스 12신은 누구인가? 언뜻 생각하기에는 아주 간단한 문제인 듯싶다. 그러나 우리가 생각하는 것과 달리 올림포스 12신을 정확하게 말하기는 어렵다. 왜냐하면 올림포스 12신이 확실하게 정해져 있는 것은 아니기 때문이다. 실제로 그리스 지

판아테나이아 제전_판아
테나이아 제전은 올림피아
제전과 두 해 터울을 두고
개최되었다. 12신의 하나인
아테나 여신에게 입혀드릴
새 옷을 준비하는 장면이
다. 파르테논 띠부조.

역마다 올림포스 12신은 약간씩 다르게 나타나고 있다. 즉, 어떤 신을 주로
숭배하느냐에 따라 각 지역마다 신들의 집인 판테온Pantheon에 모셔지는
신이 다르다. 후대에 이르러 페이시스트라토스의 12신이 정설이 되었다.
여기서 올림포스 12신은 제우스, 헤라, 포세이돈, 데메테르, 헤스티아, 아
프로디테, 헤파이스토스, 아레스, 아폴론, 아르테미스, 아테나, 헤르메스이
다. 플라톤도 영혼의 여행에 관해 말하면서 이 12명의 신을 거론한다. 여기
서는 단지 화로의 여신인 헤스티아만이 홀로 신들의 집에 머물러 있는 것
으로 나온다.[3] 왜냐하면 헤스티아는 화로의 여신으로 한 집안이나 국가의
중심부에 뿌리를 박고 있어 거의 '움직이지 않는 신'으로 나타나기 때문이
다. 그래서 특히 헤르메스와 자주 비교된다.

그리스 아테네에 있는 파르테논 신전의 동쪽 프리즈frieze에는 올림포스
12신이 장식되어 있다. 그런데 여기에는 페이시스트라토스의 12신과는 다

른 한 명의 신이 등장한다. 바로 디오뉘소스이다. 디오뉘소스는 기존의 12명의 신에 속해 있던 헤스티아 여신을 대신하고 있다. 디오뉘소스는 비교적 후대에 그리스에 들어온 신으로서 그리스인들에게 매우 영향력이 있었다. 그리스의 수많은 종교 축제가 디오뉘소스 신과 밀접한 연관이 있다. 올림포스 12신에 디오뉘소스가 포함된 이유를 알 수 있는 대목이다.

디오뉘소스와는 달리 파르테논 신전의 올림포스 12신에 포함될 법한데도 빠진 신들이 있다. 헤시오도스의 『신통기 *Theogonia*』를 보면 최초의 여신 가이아는 처녀 생식으로 낳은 아들인 우라노스와 결혼하여 12명의 티탄족 신을 낳았다. 이 티탄족 가운데 가이아의 도움으로 우라노스의 통치권을 물려받은 크로노스는 레아Rhea와 결혼하여 다시 6명의 자식을 낳았는데, 딸로는 헤스티아, 데메테르, 헤라가 있었고, 아들로는 하데스와 포세이돈, 제우스가 있었다. 크로노스가 왕권의 위협을 느끼며 자식을 잡아먹자 레아는 막내아들 제우스를 몰래 빼돌려 살려두었다. 제우스는 성장하여 크로노스를 비롯한 티탄족과의 전쟁에서 승리한 후 포세이돈, 하데스와 함께 각각 하늘과 바다와 지하 세계를 분할하여 지배하였다.

그렇다면 우리는 최소한 제우스의 세 형제를 올림포스 12신에 포함시켜야 하지 않을까? 그러나 이 세 형제 중 한 명은 올림포스 12신에서 제외된다. 그가 바로 하데스이다. 충분한 자격을 갖춘 하데스가 빠진 데에는 아무래도 그의 역할과 관련된 것으로 보인다. 하데스의 고어는 아이데스Aides 혹은 아이도네우스Aidoneus이다. 이 말은 그리스어로 특정한 존재를 가리킬 때는 '보이지 않는 자'를 의미하며, 특정한 장소를 가리킬 때는 '보이지 않는 곳'을 의미한다. 따라서 하데스는 '지하 세계를 지배하는 신'을 가리키기도 하며 '지하 세계 자체'를 의미하기도 한다.

예술가들이 하데스를 표현하는 경우는 아주 드물다. 그렇지만 가끔씩 도자기 그림에 등장하는 '보이지 않는' 신을 그려낼 때 아주 특이한 방식을 사용한다. 도대체 본성적으로 보이지 않는 존재인데 어떻게 보이는 존재로 그려낼 수 있을까? 그리스인들은 흥미롭게도 아주 기발한 방식을 사용하고 있다. 우리가 하데스를 볼 수 없는 것이 아니라 하데스가 우리를 볼 수 없는 방식으로 그림으로써 문제를 해결하고 있다. 즉, 하데스는 다른 인물들이 얼굴을 돌리고 있는 방향과 180도 다른 방향으로 얼굴을 돌리고 있다. 하데스는 그리스인들에게 일반적으로 잘 알려져 있지만 특성상 신들의 모임에 자주 나타나지 않는 걸로 나온다. 더욱이 올림포스 신화에 따르면 죽음 이후의 세계가 살아 있는 자들에게 미치는 영향이 극히 적었기 때문에 특별한 숭배 대상이 되지는 않았던 것 같다.

제우스의 여자 형제 중 헤스티아도 빠져 있다. 헤스티아는 화로의 여신으로 별로 인격화되어 있지 않다. 그래서인지 헤스티아에 관한 이야기는 많지 않다. 헤스티아는 아폴론과 포세이돈에게 구혼을 받았지만 제우스에게 처녀 신으로 남게 해달라고 부탁하였다.[4] 제우스는 헤스티아의 소원을 허락하며 신들에게 바쳐진 제물을 제일 먼저 받을 수 있는 명예를 부여하였다. 헤스티아가 파르테논의 올림포스 12신에 포함되지 않는 이유는 아마도 인간의 가정생활과 너무나 밀접한 여신이기 때문일 것이다. 그리스에서 가옥의 한가운데에 있는 화로는 인간의 일상적인 삶뿐만 아니라 가부장제의 혈통을 보존해주는 역할을 한다. 그래서 헤스티아는 지상을 떠나는 경우가 별로 없다. 올림포스에 머물러 있을 겨를이 없기 때문이다. 그렇지만 헤스티아가 항상 올림포스 12신에서 제외되는 것은 아니다. 파르테논의 올림포스 12신에서 빠져 있을 뿐이지 다른 지역에서는 12신에 포함되는 경우가 있다.

올림포스 신들은 어떻게 구성되었는가

올림포스 신들은 하나의 '가족 공동체'를 이루고 있다. 그들은 대략 남편과 아내, 부모와 자식, 형제와 자매의 관계를 갖고 있다. 엄밀히 말하자면 신들의 관계는 당시 그리스 사회의 가족제도가 반영된 가부장제의 형태로 이루어져 있다. 즉, 아버지 신을 중심으로 일종의 위계질서가 잡혀 대부분의 자식들은 부모의 명령에 불복하는 경우가 드물다. 먼저 '남편과 아내의 관계'에서 신들의 구성 체계를 알아보자.

올림포스 가족의 가장 중심적인 역할을 하는 신은 바로 '남편과 아내'로서의 제우스와 헤라이다. 올림포스 신들의 체제는 실질적으로 남편과 아내

제우스와 헤라__올림포스 가족의 가장 중심적인 역할을 하는 신은 '남편과 아내'로서의 제우스(오른쪽)와 헤라이다. 셀리눈트 헤라 신전(E)의 판부조, 기원전 460년경.

를 중심으로 이루어진다. 물론 제우스는 헤라 이 외에 또 다른 여자 형제인 데메테르와 결합하였고, 어머니 레아의 여자 형제인 메티스Metis, 테미스, 므네모쉬네 등 수많은 여신 및 여인들과 결합한다. 그러나 모두 공식적인 결혼 관계는 아니며 올림포스 체제 안에서 유일하게 헤라와 정식으로 결혼하여 남편과 아내의 관계로 맺어졌다.

다음으로 올림포스 신들은 '부모와 자식' 관계로 이뤄졌다. 그러나 제우스와 헤라가 낳은 자식을 중심으로 '부모'와 자식 관계가 이루어질 것이라고 생각하면 큰 오산일 것이다. 왜냐하면 제우스와 헤라 사이에서 생긴 자식들은 일부에 불과하기 때문이다. 제우스만의 자식으로 올림포스 12신에 포함된 신으로는 아테나, 아레스, 헤파이스토스, 아폴론, 아르테미스, 헤르메스, 디오뉘소스가 있다.

그리스 비극에서 아테나는 아버지로부터 태어난 딸이라 말해진다. 왜냐하면 최초로 남자 신인 제우스가 자신의 머리를 통해 아테나를 낳았다고 말해지고, 아테나 여신도 자신을 '아버지의 딸'이라고 선언하기 때문이다.

"나에게는 나를 낳아준 어머니가 없기 때문이오.
나는 결혼하는 것 말고는 모든 면에서
진심으로 남성 편이며, 전적으로 아버지 편이오."
―아이스퀼로스, 『자비로운 여신들』, 736-738

세상에는 아버지 없이 태어난 자식이 없는 것처럼 어머니 없이 태어난 자식도 없다. 그리스 신화를 비롯한 대부분의 신화에는 '처녀' 생식은 있지만 아닌 말로 총각 생식은 없다. 즉, 아비 없는 자식은 있어도 어미 없는 자식은 없다는 것이다. 아테나에게도 엄연히 메티스라는 어머니가 있었다. 그렇지만 제우스는 메티스가 낳을 자식이 자신의 왕권을 위협할 것이라는

신탁을 듣고는 임신한 메티스를 통째로 삼켜버렸다. 제우스의 뱃속에서 어머니에 의해 태어난 아테나는 아버지의 몸 속에서 더 이상 나올 통로가 없었다. 만일 아이를 낳는다면 어디로 나올 수 있겠는가? 그리스인들은 다시 한 번 상상력을 발휘한다. 아테나가 선택한 곳은 바로 제우스의 머리이다. '지혜'의 여신의 탄생 장소로 아주 적합하지 않은가? 제우스는 심한 두통을 느끼고는 헤파이스토스에게 도끼로 자신의 머리를 쪼개달라고 부탁했다. 아테나는 제우스의 머리를 딛고 세상의 빛을 볼 수 있었다. 따라서 단지 제우스의 머리로부터 나왔다는 결과로만 아테나를 어머니가 없는 아버지의 자식으로 매도하는 것은 잘못이다.[5] 아테나는 단지 제우스 머리를 통

헤파이스토스의 대장간을 방문한 아폴론＿대장장이신 헤파이스토스는 아버지 없는 아들이라는 의미에서 '바람의 아이'라 불리기도 했다. 디에고 벨라스케스의 그림. 1631년.

해서 나왔을 뿐이지, 제우스가 직접 낳은 것은 아니다. 어머니 메티스가 먼저 제우스 뱃속에서 아테나를 낳았고 제우스는 세상으로의 출구를 제공한 것이기 때문이다.

아레스와 헤파이스토스는 헤라가 제우스와 결합하여 낳은 자식이라 알려져 있다. 그렇지만 이 둘은 아버지가 불분명한 자식이다. 아마도 제우스가 정식 아내인 헤라에게서 낳은 아들들인데도 불구하고 남다른 애정을 보이기는커녕 오히려 박대하는 듯한 인상을 주기 때문일 것이다. 더욱이 아레스나 헤파이스토스는 올림포스 신들 가운데서 별로 신통치 않은 신들처럼 보인다. 아레스는 전쟁의 신이지만 제대로 싸우는 것을 보기 힘들다. 매번 신들이나 인간들에게 당하는 모습으로만 자주 등장한다. 가령 아레스는 트로이 전쟁에서 아테나 여신의 보호를 받는 그리스 장군 디오메데스의 창에 찔려 고통을 받은 적이 있다. 또한 아무리 힘이 엄청나게 세다고는 하지만 인간에 불과한 오토스와 에피알테스 형제에게 사로잡혀 청동항아리에 갇혀 거의 죽을 지경이 되어서 헤르메스에 의해 구출되기도 한다.[6] 아레스처럼 망신을 당한 신이 또 있을까?

헤파이스토스는 올림포스 신들 중 유일하게 양발이 굽은 절름발이 신으로 묘사되고 있다. 그래도 제우스라는 최고신의 장남이 아닌가? 헤파이스토스가 다른 신들에 비해 지나치게 비하되지 않았냐는 의구심을 떨칠 수 없다. 그래서인지 헤파이스토스는 헤라가 제우스와의 관계에서 낳았다고도 하고 또는 처녀 생식해서 낳은 자식이라고 말해지기도 한다.[7] 헤파이스토스를 헤라가 남편 없이 낳은 자식이라고 보는 이야기들은 단지 헤라가 조산을 해서 헤파이스토스가 불구의 몸을 가지고 태어났다는 배경을 설명하기 위해 만들어진 이야기일 뿐이라는 주장도 있다.[8] 그렇지만 제우스가 아테나를 낳은 것에 분노하여 헤라가 헤파이스토스(때로는 튀파온이라고도 하지만)를 처녀 생식하여 낳았다는 주장도 상당히 설득력이 있다. 헤파이스토스가 아버지 없는 아들이라는 의미에서 '바람의 아이'라 불렸던 사실도 이러한 사실을 뒷받침해준다.

아레스도 대개는 헤라가 제우스와의 결합을 통해 낳은 자식이라고 하지만, 로마 신화로 가면 헤라가 남편 없이 어떤 꽃을 만져서 낳은 자식이라고 얘기된다.[9] 제우스는 특히 헤라의 자식들에 대해 적대적이었다. 호메로스의 『일리아스』를 보면 제우스는 아레스를 제일 싫어하는 걸로 나온다.[10] 우리는 이미 제우스가 아테나 여신만 편애한다고 불평을 늘어놓는 아레스를 세상에서 제일 밉다고 말하는 것을 들었다. 얼마나 불쌍한가! 도대체 무엇 하나 잘 하는 것도 없고 언제나 아버지에게 미움만 받지 않는가? 헤파이스토스는 그 정도는 아니지만 헤라를 도우려 하다가 제우스에 의해 올림포스 아래로 내던져져 하루 종일 떨어져서 렘노스 섬에 닿았을 때에는 거의 숨이 끊길 뻔했다.[11] 이같이 제우스의 미움은 특히 헤라의 자식들에게 집중되어 있다.

반면에 아폴론과 아르테미스는 제우스가 레토와 결합하여 낳은 자식들로 제우스에게 인정받았다. 아폴론은 제우스와 아주 가까운 사이였다. 제우스는 아폴론을 상당히 신임하였고 아폴론도 제우스의 뜻을 거의 거역한 적이 없다. 이런 아폴론도 단 한 번 제우스를 거스른 적이 있다. 아들 아스클레피오스가 제우스의 번개를 맞고 죽었을 때였다. 아폴론은 분노하였지만 냉정을 잃지는 않았다. 그는 제우스에게 직접 대항하지 않고 제우스가 매우 아끼는 천둥, 번개, 벼락의 삼총사 퀴클로페스Kyklopes를 타르타로스로 보낸다. 제우스는 최고신으로서 자신의 권위에 도전한 아폴론을 처벌하지 않을 수 없었다. 아폴론은 인간 세상에 내려와 아드메토스 왕의 집에서 목자 노릇을 하는 벌을 받게 된다.

아르테미스는 아폴론의 누이로 역시 제우스와 레토의 딸이다. 그녀는 아폴론보다 먼저 태어나 헤라의 방해로 진통에 시달리는 어머니의 출산을 돕는데, 태어날 때 이미 완전히 성장한 채였다고 한다. 아르테미스는 그리스

아폴론과 헤르메스_헤르메스는 태어나자마자 자신의 존재를 알리기 위해 일부러 아폴론의 소를 훔쳐 주의를 끈다. 클로드 로랭의 그림. 1645년.

신화에서 사냥의 여신이자 동물들의 여신이다. 따라서 그녀는 피를 흘리는 동물을 희생 제물로 받는 아주 야성적인 존재로 나타난다. 니오베가 자식이 많은 것을 자랑하면서 레토 여신을 비웃자, 아르테미스는 아폴론과 함께 니오베의 자식들을 화살로 쏴서 모조리 죽인다. 이처럼 아르테미스는 잔인하고 냉혹한 측면을 지녔지만 아폴론과 마찬가지로 부모에게 아주 순종하는 자식이었다.

헤르메스는 제우스가 님프 마이아Maia와 야합하여 낳은 자식으로 다른 여신들의 몸에서 낳은 자식들과 달리 올림포스 신이 될 만한 자격이 별로 없는 신이었다. 올림포스 12신에 포함된 제우스의 자식들이 대부분 여신들의 몸에서 태어난 반면에, 헤르메스는 일개 님프의 몸에서 태어나 아무도 태어난 것조차 모를 정도로 주목받지 못했다. 그러나 헤르메스는 아주 영악했다. 그는 태어나자마자 자신의 존재를 알리기 위해 기발한 작전을 세운다. 일부러 아폴론의 소를 훔친 것이다. 아폴론은 헤르메스가 범인이라고 확신했지만 헤르메스는 계속해서 자신이 어린아이라는 것을 내세워 발뺌을 하였다. 결국 아폴론은 제우스에게 가서 분쟁을 해결하려고 하였다. 모든 것이 헤르메스의 의도대로 진행되었다. 올림포스에서 제우스는 자연히 재주가 많은 헤르메스에게 관심을 갖게 되고 다른 신들도 헤르메스를 인정한다. 더욱이 헤르메스는 리라를 발명하여 아폴론의 관심을 끈 후 리라를 주는 대가로 아폴론으로부터 다른 많은 능력과 기능을 얻어내는 데 성공한다. 그래서 결국 올림포스까지 입성한다. 말하자면 헤르메스는 자신의 힘으로 입신양명한 신이라 할 수 있다.

디오뉘소스는 인간 세멜레의 몸에서 태어났지만 신으로 태어난 특이한 경력을 가진 신이다. 호메로스와 헤시오도스는 디오뉘소스를 테베의 세멜레와 제우스가 결합하여 낳은 자식이라고 한다.[12] 그리스 신화에서는 부모 중의 어느 한 쪽이 신이고 다른 한 쪽이 인간이면 거의 대부분 신이 아닌

제우스와 세멜레__인간의
몸을 가진 세멜레는 제우스
의 벼락을 견디지 못하고
타 죽는다. 아기 디오뉘소스
는 제우스가 재빨리 허벅지
에 감추는 바람에 살아남았
다. 금세공을 녹여 붙이듯
정교한 장식과 빛나는 색채
는 상징주의 미술의 중요한
특징이다. 귀스타브 모로의
그림. 1894-1896년.

인간으로 태어난다. 가령 제우스가 인간 여인과 결합하여 낳은 자식들인
페르세우스, 미노스, 헤라클레스, 헬레네 등은 모두 인간으로 태어났다. 그
러나 디오뉘소스는 제우스가 세멜레라는 테베의 공주와 결합하여 낳은 자
식임에도 불구하고 태어날 때부터 신으로 태어났다. 물론 처음에 인간으로

태어났다가 죽은 후 신으로 다시 태어난 경우는 있지만 처음부터 인간의 자식이 신으로 태어나는 경우는 거의 없다.

제우스는 디오뉘소스에게 특별한 애정을 가졌던 것으로 보인다. 그는 임신한 세멜레가 번개에 맞아 죽었을 때 아직 제대로 자라지 않은 디오뉘소스를 배에서 꺼내 자신의 허벅지에 넣어 키웠다.[13] 왜 하필이면 허벅지일까? 아테나는 머리에서 나왔는데 말이다. 사실 남성이 자연적인 방식으로 직접 아이를 낳는 것은 불가능하다. 더욱이 아이가 아버지의 뱃속에서 나올 수 있는 통로는 없다. 남성의 몸에서 아이가 나온다면 어디로 나올 수 있겠는가? 아테나는 지혜의 여신이기 때문에 머리에서 나왔다고 하겠지만 허벅지는 도대체 무엇을 상징하는가? 허벅지는 신체의 에로틱한 부분이라 할 수 있다. 그것은 입문식에서 거세와 죽음과 연관되어 있다.[14] 그리하여 디오뉘소스는 아테나와 더불어 어머니 여신의 몸이 아닌 아버지 제우스의 몸을 빌려 태어나는 특이한 경력을 갖게 된다.

마지막으로 올림포스 신들은 '형제와 자매'로 이루어져 있다. 제우스, 헤라, 데메테르, 포세이돈은 크로노스와 레아의 자식들로 서로 형제자매간이다. 올림포스 12신에서 빠진 하데스와 헤스티아도 마찬가지다. 제우스는 헤스티아를 제외한 자신의 누이들과 결혼 관계를 맺었다. 그는 아르고스의 헤라와 공식적으로 결혼하였고 데메테르와도 강제로 결합하였다. 하데스의 경우는 데메테르가 낳은 페르세포네를 납치하여 결혼하였고, 포세이돈

제우스의 허벅지에서 태어나는 아기 디오뉘소스_허벅지는 신체의 에로틱한 부분이라 할 수 있다. 그것은 입문식에서 거세와 죽음과 연관되어 있다. 알타무라 화가의 그림. 기원전 460년경.

의 경우는 바다의 여신 암피트리테Amphitrite와 결혼하였다.

다른 한편으로는 제우스의 자식들로 서로 형제자매인 아테나, 아레스, 헤파이스토스, 아폴론, 아르테미스, 헤르메스, 디오뉘소스가 있다. 이들은 제우스와 달리 자신의 형제들과 결혼하거나 관계를 맺지 않았다. 아테나와 아르테미스는 전혀 남신들과 결합하지 않는 처녀 신으로 남았다. 그렇지만 아테나 여신은 아테네의 건국 시조인 에리크토니오스의 양어머니로 말해진다. 또한 아폴론과 헤르메스는 다른 여신이나 여인들과 결합하여 자식을 낳기도 했지만 공식적인 결혼 관계는 없었던 남신들이다. 아폴론은 코로니스를 사랑하여 유명한 의술의 신 아스클레피오스를 낳았고, 크레우사를 납치하여 이오니아라는 이름이 유래된 이온을 낳았다. 헤파이스토스는 공식적으로 아프로디테와 결혼하였지만 특별한 자식은 없었다. 헤르메스는 아프로디테와 결합하여 헤르마프로디토스라는 양성구유자와 엄청난 남근을 가진 프리아포스를 낳았고, 참나무 님프인 드뤼오페와 결합하여 염소발굽과 뿔을 가진 판Pan 신을 낳았다. 디오뉘소스는 공식적으로 크레테의 미노스 왕의 딸인 아리아드네와 결혼하여 '포도주 인간'을 의미하는 오이노피온Oinopion을 낳았다.

지금까지 올림포스 신들의 구성 관계를 살펴보았다. 그런데 여기에 올림포스 신 가운데 한 명의 신이 빠져 있다. 그녀는 바로 아프로디테 여신이다. 아프로디테의 경우에는 위의 세 종류의 가족 관계, 즉 '남편과 아내', '부모와 자식', '형제와 자매' 관계를 적용시켜 설명하는 데 문제가 있다. 그것은 아프로디테의 탄생 설화 자체가 두 가지이기 때문이다. 하나는 크로노스에 의해 거세된 우라노스의 남근이 바다에 떨어져 거품이 일어 태어났다는 것이다.[15] 다른 하나는 제우스가 디오네와 결합하여 낳은 자식이라는 것이다.[16] 전자는 천상적 사랑과 관련해서 아프로디테 우라니아Aphrodite Ourania라고 불리며, 후자는 세속적 사랑과 관련하여 아프로디테 판데모스Aphrodite

사튀로스와 헤르마프로디토스_양성적 존재인 헤르마프로디토스와 반인반수의 사튀로스가 벌이는 사랑싸움은 고전기 조형에서 한 차례도 다루어지지 않았던 주제이다. 헬레니즘 미술은 노인들의 죽어도 좋아 사랑부터 어린아이의 풋내기 사랑에 이르기까지 다양한 사랑의 유형을 주제로 포착한다. 기원전 2세기 후반의 그리스 원작을 기원후 1세기에 베낀 로마 시대의 모각.

아프로디테와 주사위 놀이를 하는 판_아프로디테가 윗몸을 드러내고 판과 주사위 놀이를 한다. 주사위는 운명을 점치는 주술적 의미에서 세속적인 게임 도구로 바뀌었다. 판은 패닉 panic한 상황을 즐기는 존재다. 사랑과 아름다움의 화신인 아프로디테가 천방지축 심술꾼 판과 어울린다는 상황은 어울잖다. 이질적인 요소를 충돌시켜 부조화의 긴장을 생산하거나, 아무런 사유의 여과 없이 신성의 세속화를 즐기는 것도 헬레니즘 미술의 한 가지 특징이다. 판이 손가락을 높이 치켜든 것은 승리의 선언일까, 성적인 암시일까? 기원전 350년경.

Pandemos라 불린다.[17] 흔히 알려진 아프로디테 우라니아는 우라노스로부터 기원하였기 때문에 올림포스 신들의 가족 체계에 포함시키는 데 문제가 있다. 말하자면 제우스와 부모자식 관계로 엮이지 않고 태초에 우주가 생성될 때 태어나서 제우스보다도 훨씬 오래된 여신이기 때문이다. 이와는 달리 아프로디테 판데모스는 제우스가 디오네를 통해 낳은 자식이기 때문에 가부장제라는 기본적인 도식에 따라 설명하는 데 전혀 문제가 없다.

크토니오스 신들은 누구인가

후대로 가면서 그리스의 수많은 신을 12신이라는 숫자로 엮어서 구별하는 방식보다 올림포스 신들Olympian Gods과 크토니오스 신들Chthonian Gods로 구별하는 방식이 더 자주 사용되었다. 이것은 낭만주의 시대에 유래되어 1800년대까지는 아주 일반적이고 공식적인 구별 방식이었다. 올림포스 신들은 높은 산 올림포스에 산다는 사실 때문에 하늘과 관련되어 말해지지만, 크토니오스 신들은 이름 자체가 '땅'을 의미하듯이 주로 지상과 지하 세계와 관련되어 흙과 밀접한 연관이 있다. 그래서 올림포스 신들은 높은 사각형 제단에 음식을 희생 제물로 받았으나, 크토니오스 신들은 낮은 원형 제단에 불태워진 제물을 받았다.[18] 가령 대표적인 올림포스 신들인 제우스, 헤라, 아폴론, 아테나, 아르테미스 등은 하늘과 밀접한 연관을 가지고 있다. 크토니오스 신들로는 우선 지하 세계를 지배하는 하데스와 페르세포네를 들 수 있다. 또한 지하 세계에 살고 있다고 얘기되는 신 중에는 제우스와의 전쟁에서 패배한 티탄족 신들과 복수의 여신들인 에리뉘에스Erinyes가 있다.[19] 그런데 크토니오스 신들은 한편으로 지하 세계와 관련하여 죽음에 대한 두려움과 공포를 일으키는 것처럼 보이지만, 다른 한편으로는 식물의 싹을 틔우고 자라나게 하는 생명력을 주는 것으로도 나타난다. 죽음의 세계를 지배하는 하데스 신이 때로는 '부'를 의미하는 플루톤 Pluton이라 불리는 이유는 바로 땅 속에서 씨앗이 싹을 틔우고 곡물로 자라나고 결국 이 곡물이 인간에게 부를 가져다주기 때문이다. 데메테르 여신도 곡물의 여신으로 땅과 밀접한 관계가 있는 크토니오스 계통의 신이라 할 것이다. 그리스의 헤르미오네Hermione라는 지역에서는 데메테르 여신의 축제를 크토니아Chthonia라고 불렀다. 데메테르 여신의 딸이자 대역이라 할 수 있는 페르세포네 여신도 지하 세계의 여왕이라는 측면보다는 '씨앗'을 의미하는 코레Kore라 불리면서 풍요를 가져다주는 측면을 가지고 있다. 디오뉘소스는 오르페우스 종교에서 페르세포네의 아들이자 남편으로 나타난다.

그리스 신 가운데 지하 세계의 신은 아니지만 지하 세계와 밀접하게 연관되어 '크토니오스'라는 별칭을 지닌 신들도 있다. 가령 헤카테Hecate 여신은 달과 밀접하게 관련되어 가끔 아르테미스 여신과 혼동되기도 하지만 지하 세계로 들어가는 힘과 연관돼서는 크토니아Chthonia라는 별칭으로 불리기도 한다. '영혼의 안내자'를 의미하는 프쉬코폼포스Psychopompos라는 별칭을 가진 헤르메스도 죽은 자들의 영혼을 지하 세계까지 데리고 간다는 점에서 크토니오스라는 별칭으로도 불린다.

올림포스 신들과 크토니오스 신들 간의 기준은 비교적 명확하지만, 올림포스 신 가운데 크토니오스 신과 동일시되는 신도 있기 때문에 약간의 혼돈을 일으킬 수 있다. 특히 제우스의 경우는 종종 하늘의 신 제우스와는 아주 대립되는 측면으로 '죽은 자들의 신'을 의미하는 제우스 크토니오스 Zeus Chthonios로 불리기도 한다. 그것은 하데스의 또 다른 측면이기도 하며 제우스 자신의 측면이기도 하다.[20] 그러므로 때로는 제우스가 하데스와 동일시되기도 했다는 것을 알 수 있다.[21] 이와 같은 제우스의 측면은 데메테르와 연관되어 나타나기도 한다. 농부들이 씨를 뿌릴 때 풍작을 위해 제우

데메테르_아르케익에서 고전기로 이행하는 중간 단계인 엄격 양식의 대표적 조형을 나타낸다. 엄격한 좌상에도 불구하고 두 다리 와 상체 그리고 옷주름에서 섬세한 움직임을 엿볼 수 있다. 데메테르 또는 페르세포네일 것으로 추정된다. 기원전 460년경.

스 크토니오스와 데메테르에게 기도하는 관습이 있었다. 또한 제우스는 메일리키오스Meilichios라 불리며 뱀의 모습으로 지하 세계의 신으로서 숭배되던 관습도 널리 퍼져 있었다. 메일리키오스는 본래 '달래는' 또는 '자애로운'이라는 의미를 가지며 속죄 제물을 번제로 받았던 걸로 나온다.[22] 그는 아주 두렵고 끔찍한 희생 제의를 받았다. 이것은 호메로스의 제우스와는 아주 다른 측면이라 할 수 있다.

대부분의 경우 올륌포스 신들과 크토니오스 신들은 대립적인 특성을 나타내지만, 실제로는 서로 매우 밀접하게 연관되었다. 즉, 그들은 어느 한쪽이 없이는 존재할 수 없다. 하늘과 땅이 모두 결합하여 우주를 형성하기 때문이다. 특히 종교적인 제의의 경우에 크토니오스 신들의 제의와 올륌포스 신들의 제의는 서로 연결되어 하나의 제의가 끝나면 다른 제의가 이어지는 방식으로 연속되었다. 그런데 예외적으로 올륌포스와 크토니오스 신들의 경계를 가로지르는 인물들이 있다. 그들은 땅과 하늘을 가로지르며 신과 인간의 영역을 가로지른 존재들이다. 그들은 인간으로서 태어나 죽지만 영원히 죽는 것은 아니었다.

가령 헤라클레스는 신 제우스와 인간 알크메네의 자식으로 태어났지만 죽어서 신이 되었다. 스파르타의 디오스쿠로이Dioskouroi인 카스토르Kastor와 폴뤼데우케스Polydeukes도 한 명은 죽을 운명을 가진 존재이지만 다른 한 명은 불멸하는 존재로 태어난 쌍둥이 형제로 죽어서도 헤어지기 싫어 하루는 올륌포스에서 다른 하루는 하데스에서 지낸 걸로 알려져 있다. 아스클레피오스도 역시 신 아폴론과 인간 코로니스의 몸에서 태어났다는 측면에서 영웅들에 속하지만, 신으로 숭배되었다. 그렇지만 그는 올륌포스 신들과 함께 등장하지도 않으며 죽은 자들의 세계에 등장하지도 않았다. 그는 인간들의 세계에 머무르며 신전에서 뱀의 형상으로 숭배되었다.

삼미신

헤시오도스는 『신통기』에서 삼미신의 이름을 아글라이아, 에우프로시네, 탈리아라고 밝힌다. 이들은 제각기 광휘, 우미, 축제의 즐거움을 뜻한다고 말한다. 그러나 고대의 삼미신은 자비의 여신으로 이름을 바꾼다. 주고, 받고, 되돌리는 베풂과 나눔의 의미를 표상한다는 것이다. 르네상스 화가 라파엘로는 인문주의 전통을 이어받아서 이들에게 다시 순결, 사랑, 아름다움이라는 새로운 이름을 붙인다. 라파엘로의 그림. 1505-1506년.

신들의 이름은 무엇을 상징할까 2

Greek Mythology

신들의 이름은 어디서 왔나

그리스 신들의 이름은 우리에게 낯설다. 그래서 신들의 계보에 나오는 수많은 이름을 무조건 외운다는 것은 쉽지 않다. 그러나 신들의 본성과 특징을 이해하기 위해서는 각 신의 계보를 아는 것이 필수적이다. 왜냐하면 그리스 신화에서 신들의 특성과 본성은 대부분의 경우 부모로부터 물려받기 때문이다. 이것은 인간의 경우에도 마찬가지다. 영웅의 대표적인 특성과 본질은 부모 중의 하나인 신이나 여신과 유사하다. 더욱이 한 가문이나 집안 전체가 아주 유사한 특성을 지니는 경우가 많고, 대개 선조로부터 동일한 유형의 행위나 사건들이 되풀이되는 경우도 많다. 티탄들에게 찢겨 죽었던 디오뉘소스의 경우를 보자. 디오뉘소스의 어머니 세멜레는 테베를 건국한 카드모스의 딸이다. 제우스를 직접 보고싶어하다가 디오뉘소스를 임신한 상태로 죽는다. 카드모스는 세멜레 외에도 세 명의 딸이 있었다. 그런데 그들의 자식들도 모두 디오뉘소스와 비슷한 방식으로 죽음을 당한다. 아우토노에의 아들 악타이온Aktaion은 아르테미스에 의해 사냥개들에게 찢겨 죽고 아가우에의 자식인 펜테우스Pentheus도 광기 들린 마이나데스Mainades에 의해 찢겨 죽는다. 이런 이유로 그리스 신화에 나타나는 일정한 유형과 독특한 패턴을 알기 위해서는 계보를 정확히 알 필요가 있다.

그런데 그리스 신화에 등장하는 수많은 신과 인간의 이름에다 계보까지 알려면 상당한 관심을 갖지 않고는 어려울 수밖에 없다. 사실 가장 빠른 방법은 무조건 외우는 방식이다. 그렇지만 인간의 '기억'이라는 것이 늘 한계가 있다. 그렇더라도 무수한 신의 이름을 따로 암기할 필요 없이 기억할 수 있는 방법이 있다. 무조건 억지로 외우는 것보다 자연스럽게 기억할 수 있는 방법을 찾는 것이 좋지 않겠는가?

가장 좋은 방법은 먼저 신들의 이야기를 많이 읽고 듣는 것이다. 처음에는 낯설던 이름들이 어느새 익숙해진다. 그러면서 서로 독립적으로 보이는 이야기들의 상관 관계들을 찾아가다 보면 저절로 신의 계보가 그려져서 기억되도록 하는 것이다. 가령 제우스에 의해 암소가 된 이오Io와 프로메테우스는 무슨 관계인가? 언뜻 보기에는 아무런 연관성이 없어 보인다. 그러나 아이스퀼로스의 『결박된 프로메테우스』를 읽으면 생각이 달라진다. 프로메테우스가 불을 훔친 죄로 결박되는 장면에 난데없이 이오가 등장한다. 왜 갑자기 이오가 프로메테우스에게 신세타령을 하고 있을까? 우선 이오와 프로메테우스는 모두 제우스 때문에 고통을 받는 인물이라는 것을 떠올릴 수 있다. 그렇지만 결정적으로 독수리에게 간을 쪼아 먹히던 프로메테우스는 이오의 후손인 헤라클레스에 의해 풀려난다. 그리스 비극작가들이 그리스 신화에서 수많은 이야기를 만들어낼 수 있던 방법도 다양한 계보들에 의해 신들과 영웅들이 서로 얽혀 있기 때문이다.

또 한 가지 방법은 신들의 이름이 갖고 있는 어원과 의미를 찾아서 신들의 본성과 관련하여 유사한 종류의 기능과 역할을 하는 신의 범주와 계보를 형성하여 자연스럽게 기억되도록 하는 것이다. 그러나 그리스 신들의 이름이 모두 그리스어에서 나온 것은 아니다. 인도유럽어로부터 나온 경우도 있고 때로는 어원을 알기 어려운 경우도 많다. 또한 신들 중에는 우리가 알고 있는 그리스의 헬레네 민족이 형성되기 훨씬 이전의 원주민들에 의해 숭배되다가 흡수된 경우도 있고, 그리스 이 외의 지역에서 흘러 들어와 숭배된 경우도 있으며, 원래 그리스의 헬레네 민족에 의해 고유하게 숭배된 경우도 있다. 수많은 신이 아주 오랜 세월을 걸쳐서 그리스 신화에 통합되었기 때문에 때로는 어원과 기원을 알기 어려운 신들의 이름이 등장하기도 한다.

그렇다면 어떻게 해야만 그리스 신화에 등장하는 수많은 신을 구별할 것인가? 특정한 신의 이름이 나타나지 않는 경우에는 우리가 신들을 구별하기는 쉽지 않다. 왜냐하면 신이 워낙 많기 때문에 서로 유사한 종류의 신의 경우에는 때로는 아주 유사한 모습으로 나타나는 일이 많다. 그래서 가끔은 동일한 부모가 많은 자식을 가진 경우에 특수한 몇 명을 제외하고는 아버지의 이름으로 한꺼번에 불리는 경우도 있다. 가령 오케아노스Oceanos와 테튀스Tethys의 50명의 딸은 메티스나 스튁스Styx 혹은 도리스Doris 등과 같이 특수한 경우를 제외하고 한꺼번에 오케아니데스Oceanides로 불린다. 또한 옛날 바다의 신인 네레우스Nereus와 도리스의 50명의 딸도 아버지의 이름을 따라 네레이데스Nereides라고 불린다.

신들의 이름은 어떻게 만들어졌는가

그리스 신들의 이름은 특별한 원칙이 없다. 그렇더라도 신들의 이름의 형태를 몇 가지 기준에 따라 구분해볼 수 있다.

첫째, 신들의 이름은 대개 고유 명사로 개별적이고 독립적으로 지칭되기도 하지만 집합 명사로 통칭하여 사용되기도 한다. 그리스의 많은 신은 제우스와 헤라 또는 아폴론과 같이 하나의 독립된 존재를 가리키는 개별적인 이름으로 불린다. 그러나 대부분의 옛 신들은 둘 혹은 셋 또는 셋의 배수인 여섯, 아홉 등과 같이 여럿이 하나인 신들로 집합적으로 나타난다. 가령 자비 혹은 아름다움의 여신들인 카리테스, 계절의 여신들인 호라이Horai와, 페르세우스의 모험에 등장하는 고르고네스Gorgones나 그라이아이Graiai 등은 모두 세 명으로 구성되어 있다. 또한 학문과 예술의 여신들인 무사이Mousai처럼 삼의 배수인 아홉 명인 경우도 있다. 초기 여신들이 대개 '셋'으로 나타나는 이유는? 그것은 구석기·신석기 시대의 달의 여신의 신화와 밀접한 연관이 있을 것이다. 원시 신화를 보면 고대인들은 달이 초승달로 떠올라 보름달로 차올랐다가 그믐달로 이울어진 후에 '3일' 동안 사라진다고 생각했다.[23] 그래서 근동 신화를 보면 죽었다 다시 태어나는 신은 항상 3일 만에 재탄생하거나 부활한다. 이런 이유로 셋이 하나인 신들이 초기에는 자주 등장한다. 남신들도 세 명이 하나인 신들이 있다. 가이아와 우라노스가 낳은 자식 중에 각각 백 개의 팔을 가진 헤카톤케이레스와 각각 하나의 눈을 가진 퀴클로페스도 세 명이 하나인 신들이다.

둘째, 자연과 관련된 보통 명사를 고유 명사로 전환하여 특정한 신의 이름으로 사용하지만 추상적인 대상들을 고유 이름으로 사용하기도 한다. 자연 자체를 신성화하여 신의 이름으로 사용하는 경우로는 '하늘'을 의미하는 우라노스, '땅'을 의미하는 가이아, '태양'을 의미하는 헬리오스, '달'을 의미하는 셀레네, '밤'을 의미하는 뉙스, '어둠'을 의미하는 에레보스 등이 있다. 또한 티탄족 신 가운데 '위에서 가는 자'를 의미하는 휘페리온Hyperion은 태양을 가리키고 '빛나는 자'를 의미하는 포이베Phoibe는 천체의 빛나는 행성이나 항성들과 연관되는 것처럼 간접적으로 자연 대상들을 지칭하기도 한다. 가이아와 우라노스의 자식들로 타르타로스에 갇혀 있던 퀴클로페스Kyklopes 세 형제도 '천둥'을 의미하는 브론테스Brontes, '번개'를 의미하는 스테로페스Steropes, '벼락'을 의미하는 아르게스Arges라는 이름을 가지고 있다. 그들은 자신들을 풀어준 날씨의 신 제우스에게 강력한 무기들을 제공했다. 그리하여 천둥, 번개, 벼락은 제우스의 대표적인 상징물이 된다. 초기에 제우스의 전령의 역할을 했던 이리스Iris도 '무지개'라는 자연 대상을 지칭하는 이름을 가지고 있다.

　다음으로 추상적인 대상을 신성화하여 신의 이름으로 사용하는 경우가 있다. 운명의 여신인 모이라Moira들은 '몫' 혹은 '부분'이라는 의미를 가지며, 인간의 삶에서 각자에게 주어진 몫이라는 점에서 운명이라는 의미를 갖는다. 법과 관습의 여신 테미스Themis도 말 그대로 우주와 자연의 질서 혹은 인간의 법이나 관습을 말한다. 특히 고대 사회에서 테미스 여신은 아주 중요하다. 고대인들은 인간이 자연 질서와 법칙에 따라 살아가지 않으면 가뭄과 홍수 및 역병과 같은 큰 재앙이 온다고 믿었다. 테미스는 제우스의 어머니인 레아와 자매이지만 제우스와 결합하여 자식을 낳았다. 이들은 '계절'의 여신 호라이라 통칭되는 세 명의 여신을 말한다. 호라이는 '좋은 질서 혹은 법칙'을 의미하는 에우노미아Eunomia, '정의'의 여신 디케Dike, '평화'의 여신 에이레네Eirene로 이루어져 있다. 그런데 법과 관습을 관장하는 어머니 테미스 여신과 시간과 계절을

[그리스 신의 이름과 상징 1]

자연 대상과 연관된 신		추상적인 대상과 연관된 신	
하늘	우라노스Ouranos	운명	모이라Moira (몫, 부분)
땅	가이아Gaia	관습	테미스Themis
태양	헬리오스Helios	질서, 법칙	에우노미아Eunomia
달	셀레네Selene	정의	디케Dike
밤	뉙스Nyx	평화	에이레네Eirene
어둠	에레보스Erebos	힘	크라토스Kratos
천둥	브론테스Brontes	강제력	비아Bia
번개	스테로페스Steropes	승리	니케Nike
벼락	아르게스Arges	기억	므네모쉬네Mnemosyne
무지개	이리스Iris	잠	휘프노스Hypnos
		죽음	타나토스Thanatos

관장하는 딸 호라이 여신은 어떤 연관이 있는가? 얼른 보기에 법칙과 계절
은 연관시킬 만한 것이 별로 없는 듯이 보인다. 그러나 호라이는 테미스를
세부적으로 설명하는 기능을 갖추고 있다. 즉, 그리스인들은 자연 질서와
법칙(에우노미아)에 적절하게 맞춰서(디케) 농사를 짓고 삶을 살아가면 평
화(에이레네)가 온다고 생각한 것으로 보인다.

　지하 세계의 강의 여신인 스튁스의 아들들인 크라토스Kratos와 비아Bia도
'힘'과 '강제력'을 의미한다. 티탄족과의 전쟁에서 스튁스는 제일 먼저 자
식들을 데리고 올륌포스로 달려와 제우스가 승리할 수 있도록 도와주었다.
제우스는 보답으로 신들이 맹세할 때 스튁스의 이름에 걸고 하는 명예를
부여하였다.[24] 더욱이 스튁스의 자식들인 크라토스와 비아는 항상 제우스
와 함께 다니는 영광을 얻게 된다.[25] 그들은 최고신으로서 제우스의 강력
한 힘과 권위를 상징한다. 전쟁의 여신으로서 아테나를 따라다니는 '승리'
의 여신 니케Nike도 스튁스의 딸이다. 아테나는 항상 니케와 같이 다니기
때문에 전쟁을 승리로 이끌지만 명목상의 전쟁의 신인 아레스는 승리와는

별로 관계없는 듯 보인다.

인간의 특정한 감정과 관련된 특성을 신성화시킨 경우도 있다. 아프로디테는 헤파이스토스 몰래 아레스와 바람을 피우다가 발각되어 망신을 당한 적이 있다. 아레스는 아프로디테가 헤파이스토스와 결혼하기 이전부터 연인 관계였다. 결혼 후에도 아프로디테는 헤파이스토스 몰래 아레스를 만났다. 그러나 이것을 목격한 헬리오스가 곧바로 헤파이스토스에게 알렸다. 헤파이스토스는 분노하였지만 곧 냉정을 되찾고 두 신을 혼내줄 계략을 세우고 대장간에서 만든 보이지 않는 사슬을 침상에 온통 드리워놓는다. 그런 후에 렘노스 섬으로 작업을 하러 가는 척하고 몰래 숨어 있다가 둘이 사랑을 나누는 현장을 덮쳐 사슬로 묶어놓고는 올림포스의 신들을 모두 불러모아 망신을 시켰다.[26]

이때 아프로디테는 아레스와의 결합으로 모두 다섯 명의 자식을 낳았다. 그들은 '사랑'을 의미하는 에로스와 '사랑에 대한 응답'을 의미하는 안테로스Anteros, '공포'를 의미하는 포보스Phobos, '두려움'을 의미하는 데이모스Deimos, '조화'를 의미하는 하르모니아Harmonia이다. 아프로디테의 자식들은 인간의 강렬한 감정과 관련되어 있다. 특히 하르모니아를 제외한 다른 자식들은 나중에 아프로디테와 아레스를 수행하는 신들에 포함된다. 아름다움의 여신 아프로디테에게는 자연히 '사랑'의 신 에로스와 '욕망'의 신 히메로스Himeros가 따라다니고, 전쟁의 신 아레스에게는 '공포'의 신 포보스와 '두려움'의 신 데이모스가 따라다닌다.

인간에게 기본적으로 중요한 도덕적 원천으로 생각되는 '네메시스' 여신과 '아이도스Aidos' 여신도 이러한 종류의 신이다.[27] 네메시스는 부정한 것에 대한 '정당한 분노'를 가리키며 신의 분노를 인격화한 복수의 여신이다. 아이도스는 인간이 사회를 구성하고 사는 데 중요한 덕목 중의 하나인 '수치심'을 인격화한 것이다. 헤시오도스는 인간이 신들의 벌도 무시하고

활을 구부려서 활시위를 풀어내는 에로스_활시위를 푸는 에로스의 소재는 바람을 피우는 아프로디테와 아레스 주제와 연관되어 자주 나타난다. 활시위를 푸는 행위는 사랑의 승리를 확인하는 절차이다. 기원전 350년경의 그리스 원작을 로마 후기 공화정 초기 제정 사이에 모각.

늙은 부모에게 입은 은혜를 갚지 않고 악행이나 범죄를 저지른 자를 존경하며 정의가 주먹 안에 있게 될 때 네메시스와 아이도스 신이 인간 세계를 떠나게 된다고 전한다.

"그때에는 길이 넓은 대지로부터 올륌포스로
인간들의 곁을 떠나 불사신들의 종족에게로
고운 얼굴을 하얀 옷으로 가리고 가게 될 것이오."
— 헤시오도스, 『일과 나날』, 197-201

이 세계에서 정당한 분노와 복수 및 수치심이 없어지면 인류에게는 더 이상 희망이 없게 된다. 그러면 제우스는 인류를 완전히 멸망시킬 것이라고 한다.

그 외에도 '어리석음' 혹은 '미망'을 의미하는 아테 Ate 여신도 있다. 인간은 살아가면서 수많은 실수를 한다. 제정신이라면 하지 않았을 실수를 한순간에 냉정을 잃고 저지른다. 누구나 인생을 살다 보면 뒤늦은 후회를 하는 경우가 있다. 트로이 전쟁에서 아가멤논은 여자 노예 크뤼세이스를 트로이편으로 돌려보내는 문제로 아킬레우스와 다툰다. 아가멤논은 비열하게 크뤼세이스를 돌려보내는 대신에 아킬레우스가 아끼는 브리세이스를 강제로 데려간다. 분노한 아킬레우스가 전쟁에 참여하지 않자 그리스군은 참패를 당하고 만다. 아가멤논은 뒤늦게 후회하지만 소용이 없었다.[28] 그리스 신화에서는 인간만이 아니라 신들도 미망에 빠져 어리석은 짓을 범한다.

"미망의 여신은 제우스의 맏딸로 모든 사람의 마음을 눈멀게 하는
잔혹한 여신이오. 그녀는 사람들의 머리를 밟고 다니며 사람들을

넘어뜨리는데, 둘 중의 하나는 걸려들게 마련이오.

인간들과 신들 가운데 으뜸간다고 있는

제우스께서도 한때 마음이 눈먼 적이 있었소."

—호메로스, 『일리아스』, 19.91-96

    미망의 여신 아테는 헤라클레스의 출생과 관련하여 헤라가 제우스를 속이는 데 도움을 준다.[29] 제우스는 헤라클레스가 탄생할 즈음에 성급하게 "오늘 내 피를 이어받은 한 인간이 인근에 사는 사람들을 지배할 것이오."라고 선언하였다. 헤라는 침착하게 제우스를 방해할 계책을 세우고, 제우스가 번복하지 않도록 공개적으로 다짐을 받는다. 제우스는 전혀 눈치를 채지 못하고 미망에 빠져 헤라의 농간에 넘어간다. 헤라는 헤라클레스의 출산을 막고, '오늘' 태어날 아이 중에서 제우스의 후손이 될 만한 집안을 급히 찾아내어 아직 달수가 차지 않은 에우리스테우스를 먼저 태어나게 한다. 결국 헤라클레스가 아닌 에우리스테우스가 테베의 왕이 되자 제우스는 분노하여 미망의 여신 아테를 인간 세상으로 내동댕이쳤다. 그 후로부터 아테는 인간들을 미망에 빠지게 하였던 것이다.

    셋째, 신들의 탄생이나 혹은 신들의 고유한 기능 또는 특징과 관련하여 파생된 이름도 있다. 우선 신들의 탄생과 관련된 사실로부터 신의 이름이 파생된 경우로는 아프로디테나 판 또는 헤르마프로디토스 등이 있다. 사랑의 여신 아프로디테는 크로노스에 의해 거세된 우라노스의 남근이 바다에 던져진 후 일어난 '거품aphros'에서 파생되어 나왔다고 붙여진 이름이다. 나아가 살마키스Salmacis 요정과 결합하여 양성兩性을 모두 갖게 된 헤르마프로디토스는 부모의 이름으로부터 추측할 수 있는데 헤르메스와 아프로디테로부터 태어났다고 붙여진 이름이다. 또한 '모든 것'을 의미하는 판Pan 신은 헤르메스가 드뤼오페 님프로부터 낳아 올림포스에 데리고 갔는데 신들이

'모두' 즐거워하였다고 붙여진 이름이다. 제우스의 명령에 따라 헤파이스토스가 만든 최초의 여인이라 불리는 판도라Pandora의 경우도 신들로부터 '모든 선물'을 받았다는 데에서 이름이 유래한다.

다음으로 신의 이름 자체로부터 각 신의 고유한 기능이나 특징을 추측할 수 있는 경우가 있다. '기억'의 여신 므네모쉬네, '잠'의 신인 휘프노스, '죽음'의 신인 타나토스가 있다. 또한 운명의 여신들 가운데 '실을 잣는 자'를 의미하는 클로토Klotho, '몫을 나눠주는 자'를 의미하는 라케시스Lachesis, '피할 수 없는 자'를 의미하는 아트로포스Atrophos 등도 있다. 그 외에도 신의 대표적인 성격이나 특징을 추측할 수 있는 경우로는 '땅의 어머니' 혹은 '보리 이삭'을 의미하는 곡물의 여신 데메테르, '무리하다'라는 의미를 가진 티탄족, '크다'의 의미를 가진 거인족Gigantes, '보이지 않는 자'를 의미하는 '하데스', '먼저 생각하는 자'를 의미하는 프로메테우

잠든 헤르마프로디토스__ 살마키스 요정과 결합하여 양성을 모두 갖게 된 헤르마프로디토스는 헤르메스와 아프로디테로부터 태어났다고 붙여진 이름이다. 기원전 120년경.

인간의 감정과 연관된 신		탄생 일화, 고유한 기능·특징과 연관된 신	
사랑	에로스Eros	거품(아프로스)	아프로디테Aphrodite
사랑에의 응답	안테로스Anteros	헤르메스+아프로디테	헤르마프로디토스Hermaphroditos
공포	포보스Phobos	모든 신이 즐거워함	판Pan
두려움	데이모스Deimos	모든 선물을 받은(주는) 자	판도라Pandora
욕망	히메로스Himeros	실을 잣는 자	클로토Klotho
분노	네메시스Nemesis	몫을 나눠주는 자	라케시스Lachesis
수치심	아이도스Aidos	피할 수 없는 자	아트로포스Atrophos
미망	아테Ate	땅의 어머니, 보리 이삭	데메테르Demeter
		무리하다, 보복하는 자	티탄족Titanes
		크다	거인족Gigantes
		보이지 않는 자	하데스Hades
		먼저 생각하는 자	프로메테우스Prometheus
		나중에 생각하는 자	에피메테우스Epimetheus
		백 개의 팔을 가진 자들	헤카톤케이레스Hecatoncheires
		회색빛 머리카락을 가진 자들	그라이아이Graiai

스Prometheus, '나중에 생각하는 자'를 의미하는 에피메테우스Epimetheus 등이 있다. 나아가 신체적 특성과 관련하여 가이아와 우라노스의 또 다른 자식들인 헤카톤케이레스는 '백 개의 팔을 가진 자'를 의미하며, 고르고네스의 자매들인 '회색빛'을 의미하는 그라이아이Graiai는 태어날 때부터 머리카락이 회색빛이라고 붙여진 이름이다.

각 신들의 별칭은 무엇인가

필자가 신들의 이름이 만들어진 몇 가지 기준이라고 제시하였던 것들은 전체적으로 볼 때는 일부에 지나지 않을 수도 있다. 많은 그리스 신의 이름이 때로는 역사적 또는 지리적 배경과 관련하여 우연적이라 생각되는 요소로부터 생겨났을 수도 있다. 실제로 신들의 다양한 측면은 각 신이 가진 별칭들로부터 훨씬 잘 알 수 있다. 특히 그리스의 주요 신들은 단 한 가지 이름으로 불리는 경우는 드물고 대개는 여러 가지 이름으로 불리고 있다. 제우스와 포세이돈 및 하데스와 같이 각 신을 일반적으로 지칭하는 이름 외에 그들의 다양한 역할과 관련된 수많은 '별칭'이 있다. 그것은 각 신의 본질적인 특징을 가리킨다. 올림포스의 주요 신들을 중심으로 별칭을 살펴보면 다음과 같다.

제우스는 날씨의 신으로서 자연 현상과 관련하여 몇 가지 별명을 가지고 있다.[30] '구름을 모은다'를 의미하는 네펠레게레테스Nephelegeretes는 제우스가 구름의 신이라는 것을 가리키며, '억수같이 퍼붓는 자'를 의미하는 카포타스Kappotas는 제우스가 '비의 신'이라는 것을 가리킨다. 또한 제우스는 올림포스 종교의 가부장 신으로서 종종 '아버지'를 의미하는 파테르Pater로 불렸으며, '구원자'를 의미하는 소테르Soter라 불리기도 하였다. 최고신의 아내로서 헤라는 초승달, 보름달, 그믐달의 세 가지 국면과 관련하여 여성의 삶의 세 가지 국면을 나타내는 별칭을 가지고 있다. 그것은 '소녀'를 의미하는 파이스Pais, '완성한 자'를 의미하는 텔레이아Teleia, '외로운 자'를 의미하는 케라Chera이다. 그 외에도 결혼의 여신으로서 헤라는 '결혼'을 의미하는 가멜리아Gamelia라고 불렸다.

아프로디테는 탄생과 관련하여 여러 가지 별칭을 가지고 있다. 우선 '탄생지'와 관련하여 바다의 거품에서 태어나 처음으로 떠내려간 섬이 퀴테라Kythera였기 때문에 퀴테레이아Kythereia라 불리며, 그 후에 퀴프로스 섬의 파포스Paphos에 도착하였기 때문에 퀴프리스Kypris라고도 불린다. 특히 퀴프리스라는 별칭은 고대 문헌들에서 아프로디테보다 더 자주 쓰였다. 또 바다와 관련하여 '바다의 여신'을 의미하는 펠라기아Pelagia라는 별칭도 있다. 다음으로 '탄생 신화'와 관련하여 두 종류의 전승이 있는데, 제우스와 디오네의 자식으로서는 '대중적인 사랑'을 의미하는 아프로디테 판데모스Aphrodite

Pandemos라 불리며, 우라노스의 남근으로부터 태어났다고 해서 '천상적인 사랑'을 의미하는 아프로디테 우라니아Aphrodite Ourania라 불리기도 한다.

헤르메스의 가장 대표적인 기능은 전령이다. 그래서 '전령'을 의미하는 앙겔로스 Angelos라 불린다.[31] 헤르메스의 활약과 관련하여 가장 위대한 별칭은 제우스의 명령을 받아 암소로 변한 이오를 감시하던 수많은 눈을 가진 아르고스를 죽였다고 해서 얻은 아르게이폰테스Argeiphontes이다. 또한 목자의 신으로 어깨에 양을 짊어진 모습으로 자주 묘사되기 때문에 '양을 짊어진 자'를 의미하는 크리오포레스 Kriophores라 불리기도 한다. 나아가 헤르

저승사자 헤르메스_헤르메스는 '영혼의 안내자'를 의미하는 프쉬코폼포스라 불렸다. 손으로 재촉하는 헤르메스의 맞은편에는 신부 치장을 한 망자가 서 있다. 백색 바탕의 레키토스. 피알레의 그림. 기원전 440~430년.

메스는 여행의 신으로서 천상과 지상 및 지하 세계를 오갈 수 있는 기능을 가지고 있다. 특히 지하 세계와 관련하여 죽은 자의 영혼과 밀접한 관계가 있다. 죽은 자들의 영혼을 지하 세계로 데리고 가는 역할을 한다는 측면에서 '영혼의 안내자'를 의미하는 프쉬코폼포스라 불렸다.[32] 또한 죽은 자의 '영혼의 무게를 다는 자'를 의미하는 프쉬코스타시아Psychostasia라 불리기도 하였다.

아폴론의 특징을 가리키는 별칭들은 다음과 같다.[33] 아폴론은 태양신으로서 '빛나는 자'를 의미하는 포이보스라 불렸으며, 학문의 신으로서 '무우사들을 이끌고 다니는 자'를 의미하는 무우사게테스Mousagetes라 불렸다. 또한 신탁의 신으로서 아폴론 퓌티오스Apollon Pythios라고도 불렸는데,

아폴론이 델포이에서 큰 용 퓌톤Python을 죽여서 얻
은 별칭이다. 호메로스의 『일리아스』에는 아폴론
의 초기 모습을 드러내는 별칭들이 등장한다.
궁술의 신으로서 '멀리 쏘는'이라는 의미를
가진 헤카테볼로스Hekatebolos라 불리기도 하
였고, 쥐를 내쫓는 신으로서 '쥐'를 의미하는
스민테우스Smintheus라고도 불렸다.[34] 나중에
'늑대'나 '빛' 또는 '뤼키아Lykia'라는 도시 등을 의미
하는 뤼케이오스Lykeios라는 별칭을 얻기도 한다.[35]

아르테미스는 『일리아스』에서 '동물들의 여주인'을 의미
하는 포트니아 테론Potnia Theron이라 불렸다.[36] 그것은 육지 동
물과 물고기와 새를 포함하여 모든 야생 동물의 여주인을 말한
다. 또한 소녀들의 여신으로 카뤼아이Karyai의 소녀들과 춤추는 것
을 즐겼다고 해서 카뤼아티스Karyatis라고 불렸고, 또한 달의 여신
으로서 밤의 달의 움직임과 관련하여 '앞서가는 자'를 의미하는
헤게모네Hegemone와 달을 보고 큰소리로 불러댄다고 하여 '소리치
는 자'를 의미하는 켈라데이네Keladeine라고 불리기도 하였다.

아테나의 경우에 상당히 많은 별칭을 가지고 있다.[37] 흔히 팔
라스 아테나Pallas Athena라고 불리는데 '강인한 처녀'를 의미
하는 팔라스는 전쟁의 신으로서 아테나의 면모를 잘 보여준
다. 아테나의 탄생 설화와 관련하여 제우스가 트리톤 강가
에서 심한 두통을 겪다가 낳았다고 트리토게네이아Tritogeneia
라고도 불린다. 또한 가장 흔하게 나타나는 아테나의 상징인 가
슴이나 방패에 달린 메두사의 머리와 관련하여 '고르고의 얼굴을 한
자'를 의미하는 고르고피스Gorgopis라 불리기도 하였다. 지혜의 여신으

헤르메스_벤베누토 첼리
니의 조각. 1550년경.

로서 '선견지명'을 의미하는 프로노이아Pronoia라 불렸고, '도시'를 수호하는 여신으로서 폴리아스Polias라 불리기도 하였다. 더욱이 그녀는 헤파이스티아Hephaistia로서 기술의 신 헤파이스토스의 기능과 매우 밀접한 관계가 있다는 것을 보여주며, 아레이아Areia로서 전쟁의 신 아레스와 밀접한 관계가 있다는 것을 보여준다.

디오뉘소스는 특히 많은 별칭을 가진 신이다.[38] 탄생 신화와 관련하여 그는 '두 명의 어머니를 가진 자'를 의미하는 디메테르Dimeter라 불리는 동시에 '세 번 태어난 자'를 의미하는 트리고노스Trigonos로도 불렸다. 그는 종종 박코스Bakchos라 불렸는데 이는 '어린 가지'를 의미한다. 때로는 동물을 사냥하는 잔인한 사냥꾼으로서 자그레우스Zagreus로 불리기도 했다. 특히 디오뉘소스가 여성들에게 우호적인 특성을 가졌기 때문인지 '여자 같은 자'를 의미하는 귀니스Gynnis와 '실제적인 생식력이 없는 자'를 의미하는 프세우다노르Pseudanor 및 '두 개의 성을 가진 자'를 의미하는 뒤알로스Dyalos라 불리기도 했다. 그 외에도 디오뉘소스 축제 또는 행렬과 관련해서는 '요란한 자'를 의미하는 브로미오스Bromios라고 불렸는데, 이것은 아마도 디오뉘소스 신도들의 떠들썩한 행렬에서 유래된 것으로 보인다.

[그리스 신의 별칭과 특징]

신	별칭(의미)	특징
제우스	네펠레게레테스Nephelegeretes(구름을 모은다)	구름의 신
	카포타스Kappotas(억수같이 퍼붓는 자)	비의 신
	파테르Pater(아버지)	가부장제 신
	소테르Soter(구원자)	최고신
헤라	파이스Pais(소녀) - 초승달	여성의 세 가지 국면
	텔레이아Teleia(완성한 자)- 보름달	〃
	케라Chera(외로운 자) - 그믐달	〃
	가멜리아Gamelia(결혼)	결혼의 신
아프로디테	퀴테레이아Kythereia	퀴테라 섬의 여신
	퀴프리스Kypris	퀴프로스 섬의 여신
	펠라기아Pelagia	바다의 여신
	아프로디테 판데모스Aphrodite Pandemos	세속적인 사랑
	아프로디테 우라니아Aphrodite Ourania	천상적인 사랑
헤르메스	앙겔로스Angelos(전령)	전령의 신
	아르게이폰테스Argeiphontes(아르고스를 죽인 자)	아르고스를 죽인 자
	크리오포레스Kriophores(양을 짊어진 자)	목자의 신
	프쉬코폼포스Psychopompos(영혼의 안내자)	영혼의 안내자
	프쉬코스타시아Psychostasia(영혼의 무게를 다는 자)	영혼의 무게를 다는 자
아폴론	포이보스Phoibos(빛나는 자)	태양의 신
	무우사게테스Mousagetes(무우사들을 이끌고 다니는 자)	학문의 신
	아폴론 퓌티오스Apollon Pythios(퓌톤을 죽인 아폴론)	신탁의 신
	헤카테볼로스Hekatebolos(멀리서 쏘는)	궁술의 신
	스민테우스Smintheus(쥐를 내쫓는 신)	쥐를 내쫓는 신
아르테미스	포트니아 테론Potnia Theron(동물들의 여주인)	동물의 여신, 사냥의 여신
	카뤼아티스Karyatis(카뤼아이의 여신)	소녀들의 여신
	헤게모네Hegemone(앞서가는 자)	달의 여신
	켈라데이네Keladeine(소리치는 자)	달의 여신
아테나	팔라스 아테나Pallas Athena(강인한 처녀)	전쟁의 신
	트리토게네이아Tritogeneia	트리톤 강가에서 탄생
	고르고피스Gorgopis	고르고의 얼굴을 한 자
	프로노이아Pronoia(선견지명)	지혜의 여신
	폴리아스Polias	도시를 수호하는 여신
	헤파이스티아Hephaistia	기술의 신
	아레이아Areia	전쟁의 신
디오뉘소스	디메테르Dimeter	두 명의 어머니를 가진 자
	트리고노스Trigonos	세 번 태어난 자
	박코스Bakchos	어린 가지
	자그레우스Zagreus	잔인한 사냥꾼
	귀니스Gynnis	여자 같은 자
	프세우다노르Pseudanor	실제적인 생식력이 없는 자
	뒤알로스Dyalos	두 개의 성을 가진 자
	브로미오스Bromios(요란한 자)	디오뉘소스 축제와 관련

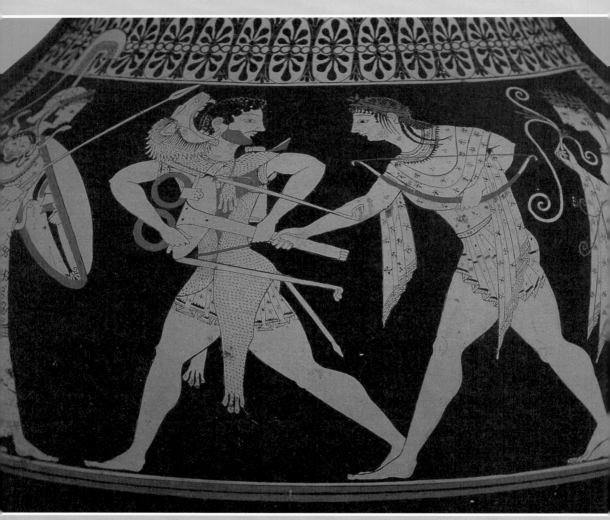

아폴론의 삼족의자를 훔치는 헤라클레스

아폴론의 상징물 중 하나인 삼족의자는 신탁과 밀접한 관련이 있다. 헤라클레스가 이 의자를 훔쳐 신탁소를 차리려 한다.
적색상 암포라의 바깥 그림. 기원전 420년경.

신들의 상징물은 어떤 의미를 담고 있을까 3

 그리스 미술 작품에서 묘사된 신과 인간은 그 자체로 구별하기 어렵다. 신이 인간 같기도 하고 인간이 신 같기도 하다. 더욱이 수많은 예술 작품을 통해 나타난 그리스 신들은 우리가 보기에는 대개 비슷비슷해 보이기 때문에 구별하기가 더더욱 어렵다.

 그렇지만 그리스인들은 도기에 그림을 그릴 때 가끔씩 신들의 이름을 조잡하게 새겨 넣기도 하고 대부분 신의 이야기와 관련된 극적인 장면을 묘사하기 때문에 우리는 전체적인 정황에 따라 신들을 추정할 수 있다. 게다가 그리스 신들은 자신을 나타내는 특정한 상징물을 가지고 있기 때문에 우리의 수고를 덜어준다. 신들의 상징물은 대개 그들의 고유한 역할이나 특징과 불가분한 관계를 가지고 있다. 올림포스의 대표적인 신들을 중심으로 살펴보면 다음과 같다.

제우스의 번개와 독수리

제우스의 대표적인 상징물은 천둥, 번개, 벼락이다. 제우스는 올림포스 최고신이 되기 전에는 기후의 신에 불과하였다. 제우스가 천둥, 번개, 벼락을 대표적인 물건으로 갖게 된 계기는 티탄족과의 전쟁에서 승리하기 위해 가이아의 충고에 따라 퀴클로페스를 타르타로스에서 풀어준 대가로 받은 것이라 설명된다. 대부분의 도자기 그림에서 제우스의 손에 들려진 것은 번개이지만, 그 형태는 다양하게 그려진다.

제우스를 상징하는 대표적인 동물은 독수리이다. 독수리는 태양과 밀접한 새로 왕과 권위를 상징하므로 최고신으로서 제우스의 권위를 잘 드러내준다. 제우스의 분노는 독수리를 통해 자주 묘사된다. 인간에게 불을 훔쳐다 준 프로메테우스의 간을 쪼아 먹던 것이나, 아폴론과 아르테미스의 어머니 레토를 겁탈하려던 티튀오스Tityos의 간을 쪼아 먹던 것은 모두 제우스를 상징하는 동물인 독수리이다. 제우스가 독수리와 함께 있는 경우도 있지만 대체로 독수리로 변하여 나타나는 경우가 많다. 가령 트로이의 왕자 가뉘메데스Ganymedes와 탈리아Thalia를 납치하는 제우스의 모습은 독수리의 형상으로 나타난다. 그 외에도 제우스는 다양한 동물의 모습으로 자주 변신하였다. 헤라와 강제로 결혼하기 위해 토르낙스 산에서 '뻐꾸기'로 변하고, 에우로페Europe를 납치하기 위해 '황소'로 변한 적도 있으며, 레다Leda와 결합하기 위해 '백조'로 변하기도 했다.

포세이돈의 말과 삼지창

포세이돈의 대표적인 상징물은 삼지창이라 할 수 있다. 포세이돈이 삼지창을 갖게 된 특별한 동기와 관련된 이야기는 찾을 수 없다. 그렇지만 삼지창 자체는 바다 괴물들의 이빨을 가리키며 폭풍우치는 물결의 물마루와 닮

앞을 뿐만 아니라 고대에는 물고기를 잡는 도구였다. 포세이돈은 삼지창을 가지고 물을 지배할 수 있었던 것으로 나온다. 바다의 신 포세이돈과 가장 밀접한 동물은 말이다. 포세이돈은 초기에는 말을 타고 있는 모습으로 등장하기도 하지만, 말과 물고기가 혼합된 바다 괴물을 타고 있기도 하다.

그런데 왜 바다의 신인 포세이돈이 지상의 동물인 말과 이토록 밀접한 관계에 있을까? 고대 사회에서 말은 달에게 바쳐진 신성한 동물이었다. 왜냐하면 말발굽이 달의 형상을 찍어내기 때문이다. 달은 모든 물의 원천이었다. 그것은 하늘에서 비를 내리며, 바다의 조수간만을 통제하며 동식물의 몸 안의 피와 물을 통제한다고 생각되었다. 따라서 물과 관련하여 말이 포세이돈을 상징하는 동물로 사용되었으리라 추측된다.

포세이돈과 말이 관련된 흥미로운 이야기들이 남아 있다. 메두사는 아테나 여신의 신전에서 포세이돈과 결합하였다가 벌을 받아 무서운 괴물로 변했다고도 한다. 아테

가뉘메데스를 납치하는 제우스_제우스는 독수리와 함께 있는 경우도 있지만 대체로 독수리로 변하여 나타나는 경우가 많다. 페터 파울 루벤스의 그림. 1600년경.

나 여신의 보호를 받은 페르세우스가 메두사의 머리를 베었을 때 날개 달린 '말'인 페가소스Pegasos가 나왔다. 메두사의 몸에서 나온 페가소스는 포세이돈의 자식이므로 말의 형상을 가진 것이다. 초기 신화에서 데메테르가 포세이돈과 결합하여 낳은 것도 검은 갈기를 가진 아리온Arion이라는 말이

었다.[39] 데메테르가 하데스에게 납치된 페르세포네를 찾으러 돌아다니는 데 포세이돈이 귀찮게 쫓아다녔다. 암말로 변해 몸을 숨긴 데메테르를 알아보고 포세이돈은 말의 모습으로 데메테르와 결합을 하였다. 그리하여 데메테르는 아리온을 낳게 된 것이다.

나아가 포세이돈은 양과도 밀접한 연관이 있다. 이아손Iason의 아르고호의 탐험과 관련된 유명한 황금 양피 이야기는 그 기원이 포세이돈으로 거슬러 올라간다.

포세이돈은 수많은 구혼자들이 서로 다투었던 마케도니아의 공주 테오파네Theopane를 납치하였다. 그는 테오파네와 숫양과 암양의 모습으로 결합하였다. 이후 테오파네는 황금 털을 가진 숫양을 낳았다. 테베의 왕 아타마스는 두 번째 아내 이노의 계략에 넘어가 전처 네펠레로부터 낳은 프릭소스와 헬레를 희생 제물로 바치려고 하였다. 그러나 제우스는 아이들을 구하기 위해 황금 털을 가진 숫양을 보낸다. 프릭소스와 헬레는 양을 타고 동쪽을 향해 갔다. 도중에 헬레는 양에서 떨어져 바다에 빠져 죽는다. 프릭소스만 무사히 콜키스에 도착해 아이에테스 왕의 보호를 받았다. 프릭소스는 황금 털을 가진 양을 제우스에게 희생 제물로 바치고 남은 양피를 아이에테스 왕에게 선물로 바쳤다. 바로 이 황금 양피를 찾기 위해 이아손Iason이 아르고호에 수많은 영웅을 태우고 모험을 떠난 것이다.

메두사 론다니니_아테나 파르테노스 신상의 가슴을 장식했던 메두사의 조형을 가장 충실하게 재현하고 있다. 피디아스의 원작을 모각. 기원전 440년.

메두사의 머리를 우물에 비추는 페르세우스_페르세우스가 메두사의 머리를 베었을 때 날개 달린 말 페가소스가 나왔다. 페가소스는 포세이돈의 자식이므로 말의 형상을 가진 것이다. 에드워드 번 존스의 그림.

헤라의 왕홀과 공작

헤라_아티카의 접시술잔.
기원전 470~460년경.

헤라는 올림포스의 여주인으로서 때로는 왕홀을 들고 있고 때로는 왕관을 쓰고 옥좌에 앉아 있는 모습으로 그려진다. 왕홀은 하늘과 땅을 연결해주고 지배하는 힘과 관련되어 있다. 헤라가 어떻게 왕홀을 가지게 되었는지에 대해서는 올림포스 신화는 아무 말도 해주지 않지만, 왕홀이 아주 오래 전부터 하늘과 땅을 지배하는 강력한 여신을 상징했으리라는 사실은 쉽게 짐작할 수 있다.

헤라와 관련된 확실한 상징물을 찾는다면 아무래도 공작을 들 수 있을 것이다. 르네상스 시대의 그림에 등장하는 헤라는 대개 공작을 동반하고 있다. 헤라는 제우스가 암소로 변신시킨 이오를 의심하여 수많은 눈이 달린 아르고스를 시켜 감시하게 만들었다. 이에 꼼짝 못하게 된 이오를 불쌍히 여긴 제우스가 헤르메스를 시켜 아르고스를 죽인다. 헤라는 죽은 아르고스의 눈을 떼어 공작의 꼬리를 장식했다. 공작은 부챗살 같은 꼬리의 모양 때문에 무엇보다도 태양을 상징하며, 때로는 태양으로부터 내려오는 강력한 왕권을 상징하기도 한다. 제우스의 아내로서 왕홀을 가진 헤라에게 잘 어울리는 동물이라 할 수 있다.

아프로디테의 비둘기와 조개

아프로디테는 가끔씩 꽃이나 거울을 갖고 있거나 지팡이를 짚고 있지만 대개 일정한 물건을 들고 나타나지 않는 경우도 많다. 오히려 아프로디테

를 확인할 수 있는 가장 손쉬운 방법은 여신의 주위를 둘러싸고 있는 한 명
의 에로스 혹은 여러 명의 에로스를 찾는 것이다. 때로는 아프로디테 주위
에 비둘기나 참새가 그려져 있는 경우도 있다. 비둘기와 참새는 호색적인
동물로 풍요와 다산을 기원하는 사랑의 여신의 특징과 연관되었다. 그리스

아프로디테의 탄생__폼페이 베누스의 조개껍데기의 집 벽화. 집 뒤뜰에 들어서면 맞벽에 큼직한 벽화가 그려져 있다. 조개껍데기에 몸을 의지하고 파도를 타는 아프로디테 여신이다. 고대 그리스의 거장 아펠레스가 그렸다는 「바다의 물거품에서 태어나는 아프로디테」가 바로 이런 구성이 아니었을까? 기원후 1세기.

시대의 도기 그림에서 아프로디테는 백조 혹은 거위를 타고 있는 모습으로 자주 등장한다. 나아가 백조는 아폴론과 제우스와 관련되어서도 등장한다. 백조의 티 없이 깨끗한 흰색은 빛을 상징한다. 그것은 남성적으로 나타날 때는 백조로, 여성적으로 나타날 때는 거위의 모습이다. 그래서 제우스는 레다와 결합할 때 백조로 변신하였고 때로는 레다도 거위로 변신하였다고 말해진다. 백조는 남성적인 빛인 태양과 관련하여 아폴론의 탄생 신화에도 등장한다. 아폴론이 일곱째 날에 델로스 섬에 태어났을 때 신성한 백조들이 그 섬 주위를 일곱 번이나 돌았다고 한다.

아프로디테와 관련된 상징물로 조개를 빼놓을 수 없다. 현재 남아 있는 도기 그림에는 거의 등장하지 않지만 아프로디테가 네레우스의 외아들 네리테스Nerites를 사랑한 이야기와 관련하여 '조개'는 중요한 상징물이 된다.[40] 바다에서 태어난 아프로디테는 인간과 신 가운데 가장 아름다운 존재라 불렸던 네리테스를 사랑했다. 올림포스로 입성하게 되었을 때 아프로디테는 네리테스를 데려가고 싶어했지만 네리테스는 계속 바다에서 살려고 했다. 화가 난 아프로디테는 네리테스를 조개로 변화시켰다고 한다. 조개는 여성의 생식기를 상징하는 것으로 탄생과 재탄생의 원리로서 모든 것의 모태로 이해되었다. 그래서 퀴프로스 섬에는 풍요와 다산을 기원하기 위해 사랑의 여신의 신전에 조개를 바치는 관습이 있었다.

아테나의 뱀과 올빼미

아테나에 대한 가장 강렬한 인상은 완전 무장한 전사의 모습이다. 전쟁의 여신으로서 아테나는 제우스의 머리에서 태어날 때부터 투구와 방패 및 창을 든 강인한 전사의 모습을 갖추었다. 그래서 그리스 도자기에서 이 세 가지 무기를 모두 들고 나오거나, 아니면 최소한 한두 가지라도 들고 나온다. 아테나에게 가장 특징적인 물건은 아무래도 방패라 할 것이다. 그리스 신화에서 아테나의 방패는 염소가죽으로 만든 것이라 말해진다.[41] 도자기 그림 속에서 대개 방패의 가장자리는 뱀으로 장식되고 중앙에 고르고 메두사의 얼굴이 달려 있는 형태로 나타난다.

흔히 알고 있는 올빼미는 아테나의 상징 동물로 자주 이야기된다. 그러나 도자기 그림에는 거의 등장하지 않으며 단지 아테나와 관련된 주화 뒷면을 장식하는 데 사용되었다. 올빼미는 지혜의 여신으로서의 아테나에게 바쳐진 새이다. 그것은 달의 여신과 관련된 밤의 새로 태양을 직접 볼 수 있다고 하는 독수리와 대조된다. 특히 올빼미는 반성적이고 합리적인 지식의 상징이다. 또한 그것은 태

아테나 여신의 올빼미_반성적이고 합리적인 지식의 상징인 올빼미는 지혜의 여신 아테네에게 바쳐진 새이다. 아테네의 테트라 드라크마 은화. 기원전 510년경.

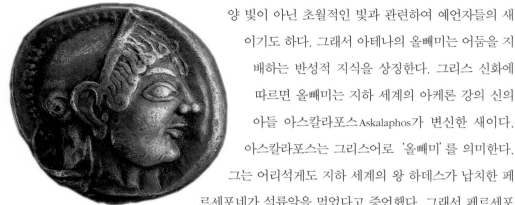

양 빛이 아닌 초월적인 빛과 관련하여 예언자들의 새이기도 하다. 그래서 아테나의 올빼미는 어둠을 지배하는 반성적 지식을 상징한다. 그리스 신화에 따르면 올빼미는 지하 세계의 아케론 강의 신의 아들 아스칼라포스Askalaphos가 변신한 새이다. 아스칼라포스는 그리스어로 '올빼미'를 의미한다. 그는 어리석게도 지하 세계의 왕 하데스가 납치한 페르세포네가 석류알을 먹었다고 증언했다. 그래서 페르세포네를 다시 지하 세계로 되돌려 보내야 했던 데메테르가 분노하여 그를 올빼미로 변하게 만들었다.

아테나 여신의 두상_아테나에 대한 가장 강렬한 인상은 완전무장한 전사의 모습이다. 전쟁의 여신으로서 아테나는 제우스의 머리에서 태어날 때부터 투구와 방패 및 창을 든 강인한 전사의 모습을 갖추었다. 아테네의 테트라 드라크마 은화. 기원전 510년경.

우리가 일반적으로 알고 있는 것과는 달리 원래 아테나 여신의 상징 동물은 올빼미 이전에 까마귀였다고 이야기된다. 까마귀는 아테나의 총애를 받는 새였으며, 그리스의 다른 지역에서도 총애를 받았다.[42] 아테나는 가이아가 낳은 헤파이스토스의 아들을 양육하기 위해 아테네의 왕 케크롭스Kekrops의 딸들에게 맡겨놓으며 절대로 들쳐보지 못하도록 명령을 한 적이 있다. 그런데 케크롭스의 딸들은 호기심 때문에 참지 못하고 바구니를 열었다. 마침 아테나는 아테네의 아크로폴리스로 거대한 돌을 가져오고 있었다. 까마귀가 날아와 소식을 전하자 아테나는 분노하여 돌을 떨어뜨렸다. 그 거대한 돌이 떨어진 곳은 오늘날 아테네의 아크로폴리스 옆에 있는 뤼카베토스Lykabetos 산이 되었다. 그 이후로 아크로폴리스에서는 더 이상 까마귀를 볼 수 없었고 대신 올빼미가 아테나의 사랑을 받았다.

그러나 아테나와 가장 밀접한 동물은 역시 뱀이다. 뱀은 아테나의 옷과 방패를 장식하는 데 늘 사용되는 동물이다. 우리는 그리스 도기 그림에서 아테나의 갑옷이 뱀으로 장식되어 있고 가슴이나 방패에 머리카락이 뱀으로 되어 있는 메두사의 얼굴이 달려 있는 것을 자주 볼 수 있다. 원시 신화에서 뱀은 삶과 죽음 및 재탄생을 지배하는 위대한 어머니 여신의 주요 상징이었다. 뱀은 모든 생명의 기원이 되는 원초적인 물과 밀접한 관련을 가지므로 영원한 생명력을 가진 것으로 생각되었다. 아테나는 비록 처녀 신이지만 어머니 신으로도 숭배되었다. 지혜의 여신인 아테나에게 뱀은 적절한 상징 동물이라 할 수 있다. 아테네의 건국 신화에 등장하는 최초의 왕인 케크롭스나 에리크토니오스 등도 하체가 뱀인 인간들이었다.

아테나 여신이 아테네라는 도시의 수호자가 된 이야기와 관련하여 올리브는 빠뜨릴 수 없는 식물이다. 아테네는 해상 무역을 통해 발전한 도시이다. 그것은 포세이돈 신의 역할과 밀접한 연관이 있다. 그렇기 때문에 아테네에 대한 포세이돈 신의 영향은 막대하였다. 초기에 해상 무역의 주요 품목은 올리브였다. 올리브는 아테네 외에도 그리스의 많은 지역에서 흔하게 자라는 나무이다. 고대 아테네인들은 올리브를 수출하고 대신 부족한 농산물을 수입할 수 있었다. 신화를 보면 아테네인들은 도시를 수호하는 신으로서 물을 제시하는 포세이돈과 올리브를 제시하는 아테나 여신 가운데 한 명을 선택해야 하는 상황에 처한다. 반드시 한 명을 선택해야 하는 상황에서 아테네인들은 아테나 여신을 선택한다. 지금도 아테네의 아크로폴리스의 에레크테이온 신전 앞에는 올리브 나무 한 그루가 보존되어 있다. 물론 그것은 신화 속 아테나 여신이 땅에서 자라나게 한 최초의 올리브 나무는 아니지만 상징적인 의미로 여전히 서 있다. 올리브는 그리스처럼 건조한 기후에다 척박한 땅을 가진 나라에서도 잘 자라는 식물이다. 지금도 그리스에 가면 아테네는 물론 다른 여러 지역에서 올리브 나무를 흔히 볼 수 있다. 올리브 나무는 평화, 강인함, 승리, 보상을 상징한다.

아폴론의 활과 리라

아폴론은 학문의 신으로서 주로 리라나 키타라를 들고 있는 모습으로 무우사(뮤즈)들과 함께 나타난다. 이때 아폴론은 리라를 들고 긴 옷을 입은 모습으로 묘사된다. 그러나 처음부터 아폴론이 이렇게 우아한 모습으로 등장하지는 않는다. 그는 원래 궁술의 신으로 활을 든 모습으로 등장한다. 궁술의 신으로서 아폴론의 모습은 니오베의 자식들을 죽이는 장면에서 발견할 수 있다. 니오베가 자식 많은 것을 자랑하면서 레토의 자식이 둘밖에 없다고 조롱하자 아폴론은 아르테미스와 함께 니오베의 50명의 자식들을 모조리 화살로 쏘아 죽인다. 아폴론의 화살은 『일리아스』에서 그리스군에게 역병을 보내는 수단으로도 사용된다.

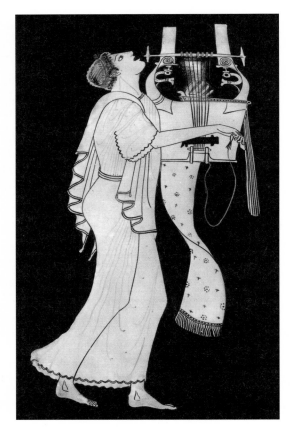

키타라 연주자_아테네에서 제작된 암포라 그림. 기원전 480년경.

또한 신탁의 신으로서 아폴론은 리라를 들고 삼족의자에 앉아 있는 모습으로 나타나기도 한다. 세 개의 다리가 달린 의자의 형태는 '3'이라는 숫자와 관련하여 불과 하늘의 이미지를 갖고 있다. 신성한 삼족의자는 신의 뜻을 드러내는 신탁과 밀접한 관련이 있다. 특히 델포이 신전의 삼족의자가 유명하다. 아폴론의 여사제 퓌티아는 이 삼족의자에 앉아 신탁을 내린다. 언젠가 헤라클레스는 델포이에 가서 자신의 병을 치유할 수 있는 방법을 물었다.[43] 그러나 퓌티아가 신탁을 말해주지 않자 헤라클레스는 삼족의자를 훔쳐 달아나 자신이 신탁소를 차리려 했다. 분노한 아폴론이 쫓아와 헤라클레스와 싸움이 벌어지자 제우

스가 벼락을 쳐서 말렸다고 한다. 헤
라클레스는 성물을 훔치려고 한 죄
때문에 다시 옴팔레 여왕에게 노예
로 팔려가 봉사해야 했다.

아폴론과 관련된 특별한 동물은
없고 대신 여러 식물의 기원과 관련
된 이야기들이 남아 있다. 아폴론이
사랑한 사람들은 대개 비극적인 운
명을 맞이한다. 가령 '월계수'를 의
미하는 다프네Daphne가 아폴론의
사랑을 거부하고 나무로 변한 이야
기는 유명하다. 아폴론의 월계수는
승리를 통해 얻는 불멸성을 상징한
다. 지혜와 용기가 없다면 진정한 승
리는 있을 수 없기 때문에 월계관은

아폴론의 삼족의자를 훔치
는 헤라클레스_적색상 도
기의 바깥 그림.

영웅들이나 현자들에게 주로 씌워졌다. 아폴론의 사랑을 받은 소년들도 한
결같이 불운한 죽음을 맞이했다. 아폴론과 아주 비슷한 휘아킨토스
Hyacinthos는 원반던지기 놀이를 하다가 바람 때문에 빗나간 아폴론의 원반
을 머리에 맞고 죽었다.[44] 죽은 자의 피로부터 짙푸른색의 히아신스hyacinth
가 피어났다. 히아신스 꽃의 구근은 소년들의 사춘기를 늦추는 데 사용된
다고 한다.[45] 또한 아폴론의 사랑을 받던 퀴파리소스Kyparissos는 자신이 아
끼던 황금빛 뿔을 가진 수사슴을 실수로 죽게 만든 후 깊은 슬픔에 잠겼다.
아폴론이 퀴파리소스에게 해줄 수 있는 것은 영원히 사는 늘 푸른 나무로
변하게 하는 것이었다. 퀴파리소스의 이름에서 유래된 사이프러스Cypress
나무는 지하 세계의 신들의 숭배와 밀접한 연관이 있다. 특히 늘 푸른 나뭇

잎은 불멸성과 부활의 상징이기도 하다. 이러한 이유로 사이프러스는 무덤 가에도 자주 심어졌다.

아르테미스의 사슴과 곰

아르테미스는 처음부터 아폴론과 함께 활을 가진 모습으로 등장하지만 창이나 횃불을 들고 있는 경우도 있다. 아르테미스는 '동물들의 여주인 Potnia Theron'이라고 불린 만큼 많은 동물과 관련이 있다.[46] 초기에 도기 그림에 나타난 아르테미스는 어깨에 '날개'가 달려 있고 양손에 동물을 잡고 있는 모습으로 서 있다. 특히 사슴과 표범 및 곰은 아르테미스 신화에 자주 등장하는 동물이다. 그것들은 아르테미스 여신 자신이기도 하며, 때로는 아르테미스를 상징하는 동물로 나타난다. 우연히 아르테미스를 훔쳐보던 악타이온Actaion이 수사슴으로 변해 자신의 사냥개들에 의해 찢겨 죽은 이야기나, 제우스의 사랑을 받은 칼리스토Kallisto가 아르테미스에 의해 곰으로 변한 이야기가 유명하다.

헤파이스토스의 양날도끼

헤파이스토스는 다른 신들과 구별하기가 약간 쉬운 면이 있다. 왜냐하면 그는 절름발이이기 때문에 한 쪽 다리가 약간 짧게 그려지거나 또는 발 모양이 약간 기형적으로 그려져 있다. 헤파이스토스가 절름발이가 된 이유는 다양한 방식으로 설명되고 있다. 호메로스는 헤라를 아주 비정한 어머니로 묘사하고 있는데, 헤라가 제우스와의 결혼으로 태어난 헤파이스토스가 불구인 것을 알고 바다에 던져버렸다는 것이다.[47] 그러나 올림포스에서 헤파이스토스를 던진 인물이 헤라인가에 대해서는 의견이 일치하지 않는다.[48]

아르테미스__아르테미스는 '동물들의 여주인Potnia Theron'이라고 불린 만큼 많은 동물과 관련이 있다. 사슴과 표범 및 곰은 아르테미스 신화에 자주 등장하는 동물이다. 페터 파울 루벤스와 프란스 스니더스의 그림. 1637-1638년.

헤파이스토스는 지상에서 살면서 올림포스로 돌아오기 위한 궁리를 하였
다. 그는 헤라에게 아름다운 옥좌를 보냈다. 헤라가 옥좌에 앉았을 때 갑자
기 눈에 보이지 않는 사슬에 묶여 공중으로 치솟아 올랐다. 신들은 헤라를
구해주기 위해 헤파이스토스를 올림포스로 데려올 수밖에 없었다. 우여곡
절 끝에 디오뉘소스가 내려가 헤파이스토스에게 포도주를 먹여 노새에 태
우고 돌아왔다. 이 장면을 그린 도자기 그림 중에 헤파이스토스의 굽은 발
을 그린 그림이 있다. 그렇지만 헤파이스토스를 그린 대부분의 다른 그림
들에서는 다른 신들과 별다른 차이 없이 그려져 있다. 그렇더라도 대장장
이 신 헤파이스토스는 대표적인 물건으로 도끼나 해머를 들고 있는 모습으
로 자주 등장하기 때문에 비교적 분간하기가 쉽다. 올림포스로 귀환하는
장면에서 헤파이스토스는 어깨에 해머 혹은 도끼를 걸치고 있는 모습을 보

여준다. 아테나가 탄생하는 장면에서도 제우스의 머리를 자른 도끼를 들고 서 있는 헤파이스토스의 모습을 즐겨 볼 수 있다.

헤르메스의 케뤼케리온

헤르메스는 케뤼케리온Kerykerion이라는 지팡이와 날개 달린 모자나 신발을 신은 모습이 특징이다. 그는 전령의 신으로서 '속도'와 '공간 이동'과 관련하여 날개를 달고 있는 것으로 보인다. 헤르메스가 지팡이를 갖게 된 유래는 탄생 신화와 연관된다. 헤르메스는 태어난 지 얼마 되지 않아 동굴 입구에서 거북이를 발견하고 리라를 발명했다. 아폴론은 리라를 얻기 위해 헤르메스에게 자신의 역할의 일부를 넘길 뿐만 아니라 세 개의 잎사귀가 달린 황금 지팡이를 준다.[49] 이것은 풍요와 다산을 약속하는 목자의 신으로서의 헤르메스를 그린 것이다. 그러나 우리가 흔히 볼 수 있는 헤르메스의 지팡이는 두 마리 뱀이 휘감겨 있다. 그것은 전령의 신으로서 영혼을 데리고 지하 세계를 오가는 역할과 관련되어 있다. 헤르메스가 손에 들고 있는 지팡이는 가끔씩 단순히 별다른 특징이 없는 짧은 길이로 나타나기도 한다. 예전에 전령의 역할을 했던 무지개의 여신 이리스에게도 단순한 형태의 지팡이가 나타난다.

디오뉘소스의 포도와 담쟁이덩굴

디오뉘소스의 가장 큰 특징은 단연 포도일 것이다. 대부분의 그리스 예술가들은 디오뉘소스를 묘사할 때 거의 포도송이와 덩굴로 장식하고 있기 때문에 다른 신들에 비해 훨씬 쉽게 구별해낼 수 있다. 디오뉘소스의 포도나무는 죽음 이후의 삶의 신비에 관한 지식과 연관되어 있다. 오르페우스

알케스티스와 헤르메스 _ 부조의 반대편에는 헤라클레스, 하데스, 페르세포네, 타나토스가 등장하지만, 지하 세계에서 벌어지는 한 장면이라는 사실 이 외에 줄거리에 대한 구체적인 실마리는 존재하지 않는다. 부조 기둥으로 장식된 아르테미스 신전은 가로 길이 100m에다 둥근 기둥을 두 겹으로 에워싼 딥테로스 형식의 건축이었다. 기원전 356년 화재 이후 재건축된 에페소스의 아르테미스 신전의 기둥 받침부 부조.

찬가에서 제우스가 디오뉘소스의 몸을 먹은 티탄들을 번개로 쳤을 때 재만 남았다고 한다.[50] 이 잿더미에서 포도나무가 솟아 올라왔다고 추측하기도 한다.[51]

디오뉘소스는 대개 머리에는 담쟁이덩굴로 만든 화관을 쓰고 있으며 회향나무 줄기로 만든 지팡이 튀르소스thyrsos를 들거나 뿔로 만든 커다란 포도주 잔인 칸타로스kantharos를 들고 있다. 이 외 디오뉘소스는 제우스나 포세이돈과 마찬가지로 때로는 황소로도 나타나는데 대개의 경우 표범이나 사자 또는 새끼 사슴 및 뱀과 함께 등장한다. 특히 바다와 관련된 신화에서 디오뉘소스는 자신을 잡아가려던 무도한 선원들에게 사자로 변신하여 나타난다. 또한 마이나데스Mainades 혹은 박카이Bakchai라고 불리는 디오뉘소스를 쫓아다니는 열광적인 신도들은 대개 뱀이나 토끼 혹은 사슴들을 들고 나타난다. 때로는 디오뉘소스는 표범 가죽을 걸치고 있고 마이나데스는 사슴 가죽을 걸치고 있다.

디오뉘소스와 그의 추종자들_포도주의 신 디오뉘소스는 술병으로 사용된 암포라의 그림 소재로 널리 인기를 끌었다. 디오뉘소스는 오른손에 큰 술잔 칸타로스를 들었다. 기원전 525-500년.

데메테르의 곡물과 페르세포네의 횃불

데메테르와 페르세포네는 어머니와 딸로 함께 등장하는 경우가 많은데 서로 아주 비슷하게 그려져 구별하기가 쉽지 않다. 그렇지만 대개 데메테르는 곡물의 여신이기 때문에 곡물의 이삭을 들고 있고, 지하 세계의 여왕인 페르세포네는 횃불을 들고 있다. 페르세포네는 데메테르의 또 다른 측면이다. 그녀는 '씨앗'을 의미하는 코레Kore라는 이름으로 자주 불렸다.

겨울에 곡물의 씨앗으로서 땅 속 깊숙이 들어가 있는 모습에서 유래되었다. 우리는 하데스에게 납치당한 페르세포네의 이야기를 잘 알고 있다. 지하 세계의 여왕으로서 페르세포네는 어둠을 밝히는 횃불을 들고 있는 것이다.

데메테르의 종교 의식에는 돼지가 희생 제물로 사용된다. 원시 신화에서 돼지는 풍요와 다산을 상징하는 동물이었다. 그것은 '페르세포네 납치 사건'의 주요 등장인물이기도 하다. 데메테르는 페르세포네를 찾아다니다가 아테네와 엘레우시스 사이에 있는 라리아 들판에서 바우보라는 여인의 세 아들과 만났다. 그들은 트립톨레모스와 에우몰포스와 에우불레우스였다. 돼지치기였던 에우불레우스는 페르세포네가 지하 세계로 들어갔던 틈으로 돼지가 빠졌기 때문에 데메테르에게 페르세포네의 일을 설명할 수 있었다.[52] 그렇지만 다른 판본들에서는 대부분 에우불레우스가 아닌 트립톨레모스가 사실을 알려준 것으로 나온다. 그래서 데메테르는 트립톨레모스에게 곡물을 선물로 주고 농사기술을 가르쳐주었다. 이러한 까닭으로 트립톨레모스는 최초로 농경기술을 전파하는 사람이 되었다. 그래서 그는 데메테르와 페르세포네와 함께 도자기 그림이나 부조에 자주 묘사되고 있는 것이다.

[신의 상징물과 특징]

제우스	번개 → 기후의 신, 최고신 독수리 → 태양, 왕, 권위
포세이돈	삼지창(바다 괴물들의 이빨 or 폭풍우치는 물결 형상) → 바다의 신
헤라	왕홀 → 하늘과 땅을 연결하고 지배하는 힘 공작 → 태양, 아름다움
아프로디테	비둘기 → 사랑, 다산, 영혼 조개 → 다산, 풍요, 성애
아테나	뱀 → 이성, 지혜 올빼미 → 지혜, 기술, 달, 반성적 이성 올리브 → 평화, 힘, 승리, 보상
아폴론	활 → 궁술 리라 → 학문과 예술 삼족의자 → 신탁
아르테미스	사슴, 곰 → 동물의 여신 활과 화살 → 사냥의 여신
헤파이스토스	양날도끼, 해머 → 대장장이의 신
헤르메스	케뤼케리온(날개는 속도 강조, 나뭇잎은 풍요, 뱀은 다산·재탄생) → 목축의 신, 전령의 신
디오뉘소스	포도 → 디오뉘소스의 피, 불멸성의 음료, 지식 담쟁이 → 식물적 삶의 지속적 힘, 영원회귀
데메테르	곡물 이삭 → 농경의 여신
페르세포네	횃불 → 지하 세계의 여왕

1. cf. C.R. Long, *The Twelve Gods of Greece and Rome*, Leiden, 1987; Thucydides, ⅵ, 54.

2. Pindaros, *Olympia*, 10,50ff.

3. cf. Platon, *Phaidros*, 246e-249e.

4. *Homeric Hymn to Aphrodite*, 29-30.

5. Aeschylos, *Eumenides*, 736.

6. Homeros, *Odysseia*, 11,305-320; *Ilias*, 5,385.

7. Homeros, *Ilias*, 14,296.

8. 케레니, 『그리스 신화: Ⅰ. 신들의 시대』, 장영란, 강훈 옮김, 275면.

9. Ovidius, *Fasti*, 5,299.

10. 호메로스 자신은 트로이 전쟁 이후 그리스 역시 몰락하고 암흑기로 접어든 사실 탓에 전쟁에 대해 매우 회의적으로 되었기 때문인지 특히 전쟁의 신인 아레스를 부정적으로 묘사하고 있다.

11. Homeros, *Ilias*, 1,590.

12. Homeros, *Ilias*, 14. 323-25; Hesiodos, *Theogonia*, 940-42.

13. Apollodoros, *Bibliotheca*, 3,4,3.

14. Burkert, W., *Greek Religion*, Basil Blackwell, 1985, p.165.

15. Hesiodos, *Theogonia*, 188.

16. Homeros, *Ilias*, 5,370.

17. Platon, *Symposion*, 180e.

18. Bemmer, J.N., *Greek Religion*, Oxford University Press, 1994, p.15.

19. Homeros, *Ilias*, 14,274-9; 19,259.

20. Burkert, W., *Greek Religion*, Basil Blackwell, 1985, p. 200.

21. Harrison, J.I., *Prolegomena to the Study of Greek Religion*, Cambridge University Press, 1922, pp.17-18.

22. *ibid.*, p.16.

23. cf. 장영란, "원시 신화에 나타난 철학적 사유의 기원과 모델", 『서양고전학연구』 12집, 한국서양고전학회, 1998.

24. Apollodoros, 1,2,5.

25. Aeschylos, *Prometheus Desmotes*, 1ff.

26. Homeros, *Odysseia*, 8,266.

27. Hesiodos, *Erga kai Hemerai*, 197-201.

28. Homeros, *Ilias*, 9,115ff.

29. *ibid.*, 19,91-133.

30. 케레니, 같은 책, 204-205면 참조.

31. Homeros, *Odysseia*, 5,29

32. Burkert, W., *Greek Religion*, Basil Blackwell, 1985, p.158.

33. 케레니, 같은 책, 260-263면 참조.

34. Homeros, *Ilias*, 1,14; 1,39.

35. Aeschylos, *Hepta epi Thebas*, 45.

36. Homeros, *Ilias*, 21,470.

37. 케레니, 같은 책, 224-227면 참조.

38. 같은 책, 473-478면 참조.

39. 같은 책, 326면.

40. 같은 책, 130-131면.

41. Homeros, *Ilias*, 2,447.

42. 케레니, 같은 책, 221면

43. Apollodoros, 2,6,2: 케레니, 같은 책, 242면.

44. Ovidius, *Metamorphoses*, 10,162.

45. 케레니, 같은 책, 246면.

46. Homeros, *Ilias*, 21, 470.

47. *ibid.*, 18,395.

48. 케레니, 같은 책, 276면.

49. cf. *The Homeric Hymns to Hermes*, 528-532.

50. Kern, *Orphicorum fragmenta*, 220.

51. 케레니, 같은 책, 446면.

52. Kern, *Orphicorum fragmenta*, 50.

호메로스에게 그리스 정신을 듣다

아프로디테의 거울 _ 에드워드 번 존스의 그림.

미노타우로스를 제압한 테세우스

왼쪽 구석에 미노타우로스가 등을 깔고 누워 있다. 아테네의 어린 소년과 소녀들이 테세우스에게 입맞춤을 하며 감사의 뜻을 표하고 있다. 장면 구성은 극장 무대의 한 토막을 연상시킨다. 테세우스의 자세와 표정은 같은 시대에 잘 알려진 공공조각 작품을 보고 베꼈을 것이다. 이러한 테세우스 영웅 신화는 초기 미노아 문명의 강력한 영향력을 배경으로 만들어진 것이다. 폼페이 가이우스 루푸스의 집에서 출토. 기원후 1세기 중반.

그리스 신화의 뿌리는 어디일까 1

미노아 문명과 여신 문화

그리스 신화는 아주 독특한 신들을 가지고 있다. 이것은 현대 종교의 신관에 비추어볼 때 여러 측면에서 분명하다. 그러나 이러한 믿음은 19세기 말 그리스 신화의 모태가 되는 크레테의 유적 발굴과 근동 지방의 문서들이 발견되면서 무너졌다. 그리스 신화의 신들은 크레테와 근동 지방의 신들과 비교되면서 별로 독특하지 않다는 인식을 하게 되었기 때문 이다. 발굴 결과 실제로 그리스 신화는 근동 지방의 메소포타미아와 바빌로니아 신화와 연 속성을 가지고 있을 뿐만 아니라 이집트 신화와도 밀접한 연관이 있다는 사실이 밝혀졌다. 그리스가 근동 지방과 문화적으로 영향을 주고받던 시기는 신석기 초로 거슬러 올라간다.[1]

그리스 본토는 아마도 에게 해 연안 지역의 주민들이 믿던 다산과 풍요의 위대한 어머니 여신과 관련된 제의로부터 영향을 받았다. 그러나 이러한 어머니 여신 제의는 인도-유럽 인의 날씨의 신 숭배와 충돌을 일으켰다. 인도-유럽인의 날씨의 신은 그리스 고전기의 올 림포스 신화의 최고신인 제우스와 밀접한 연관을 가지고 있다. 제우스라는 이름은 '하늘-

신'을 의미하는 어원을 가진 인도-유럽어이다. 청동기 시대에 크레테와 그리스 본토의 종교적인 문헌에 나타나는 제우스의 기능은 그가 그리스에 최초로 들어온 사실을 보여줄 뿐만 아니라, 에게 해를 중심으로 한 많은 지역의 종교에 인도-유럽족 요소가 유입된 것을 알 수 있다.

나아가 고대 그리스인들이 스스로 인정하듯이 그리스는 이집트의 종교와 미술에 많은 영향을 받고 있다.[2] 아르카익 시대의 그리스 조각가들은 이집트 예술가들이 정해놓은 인체비율에 따라 조각상을 제작한다. 또한 지하세계에 대한 기술이나 엘레우시스 신비 의식에서 불을 강조하는 의식 등 많은 부분이 이집트로부터 영향을 받았다. 특히 그리스 신화는 청동기 중반의 크레테의 신들의 영향을 많이 받은 걸로 알려져 있다.[3] 그것은 크레테의 미노아 문명에 남아 있는 문자들을 통해 확인할 수 있다. 이와 같이 그리스 신화가 근동 신화와 크레테 신화 등과 아주 유사한 구조를 가지고 있다는 사실은 기존의 그리스 신들의 독특성에 대한 인식을 어떤 측면에서 반감시키는 결과를 가져온다.

그리스의 뮈케네 문명에 대한 발굴은 1871년 하인리히 슐리만 Heinrich Schliemann에 의해 최초로 착수되었다. 뮈케네 문명은 호메로스가 노래한 그리스 청동기 시대의 문명이었다. 그러나 슐리만보다는 약간 늦기는 하지만 1900년에 아서 에반스 Arthur Evans가 뮈케네 문명보다 훨씬 앞선 문명을 크레테의 크놋소스 Knossos에서 발굴하였다. 앞서 슐리만이 '뮈케네' 문명을 뮈케네라는 고대 국가의 이름에서 따온 것과 달리, 에반스는 자신이 발견한 문명의 이름을 섬 이름을 따서 크놋소스 문명이라 부르지 않고 크레테 섬의 전설적인 왕인 미노스 Minos의 이름을 따서 '미노아Minoa' 문명이라 불렀다.[4] 크레테인들은 기원전 약 2000년경에 문명을 꽃피웠다. 미노아 문명은 일반적으로 선형문자Linear A라 불리는 문자를 사용하였다. 선형문자 A는 주로 사물의 목록을 기록하는 데 사용되었다. 즉, 그것은 보관하는 물건이나 받은 물건 혹은 내보낸 물건들의 목록을 꼼꼼히 기록한 회계 장부와 비슷하다. 우리는 그들이 무엇을 생각하고 어떻게 살아갔는지는 거의 알 수 없지만 단지 현재까지 남아 있는 약간의 점토판을 통해 추측할 수 있을 뿐이다.

미노아 문명은 크게 초기, 중기, 후기 세 단계로 구별된다.[5] 이것은 대개 크레테에 닥친 재난을 기준으로 나뉘진 것이다. 크레테의 최초의 왕궁은 기원전 1730년경에 일어난 지진에 의해 파괴되었는데, 크레테인들은 최단기간으로 새 왕궁을 신축하였다. 이때를 '새 왕궁New Palaces' 시기라 한다. 이 시기는 미노아 문명 중기와 후기에 해당되며 선형문자 A가 사용되었다. 크레테인들은 에게인들을 침공하여 그리스 본토에 영향을 미쳤다. 그렇지만 크레테에 두 번째로 또 다른 재난이 닥쳤다. 테라Thera의 화산폭발로 크레테의 많은 왕궁이 폐허가 되었다. 그러나 후대에 지어진 왕궁 유적지는 미노아 사회가 번성하여 평화로웠다는 것을 보여준다.

하인리히 슐리만 _ 1871년 슐리만은 그리스 뮈케네 문명에 대한 발굴을 최초로 착수하였다. 뮈케네 문명은 호메로스가 노래한 그리스 청동기 시대의 문명이다.

특히 크놋소스 왕궁은 5층 건물로 방이 수백 개이고 수많은 저장항아리를 가지고 있었다. 실내에는 배관이 되어 있고 벽에는 아름다운 채색 벽화가 가득한데 여신상이 무수히 많이 발견된 사실로 미루어보아 미노아 사회가 선사 유럽의 토착 사회가 그러했던 것처럼 여성들이 주도하는 문화를 갖고 있지 않았을까 추측된다.[6] 그러나 미노아 문명은 잇따른 재난으로 새로운 국면의 전환을 맞이하고 그리스 본토로 주도권이 넘어가게 된다. 기원전 1500년 이후로 크레테가 쇠망하면서 그리스의 뮈케네가 영역을 확장해나간다.

뮈케네 문명과 선형문자 B

그리스인들이 그리스 지역에 등장한 것은 기원전 2000년경으로 추정된다. 그들은 그리스 본토에 침략하여 궁전을 파괴하고 약탈을 일삼으면서 그리스 전역을 혼란에 빠뜨렸다. 그러나 크레테 섬에는 아직 그들의 영향력이 미치지 못했다. 크레테는 크놋소스의 왕에 의해 지배되었는데 흔히 미노스라고 불렸다. 즉, 미노스는 원래 특정한 왕의 이름이 아니었는데 그리스인이 고유 명사인 줄 알고 부와 권력의 상징인 미노스 왕의 전설을 만들어냈다고 한다.[7] 초기 미노아 문명은 크레테 주변의 섬들과 그리스 본토에 이르기까지 광범위한 영향력을 미쳤다. 기원전 5세기의 그리스인들은 전설적인 미노스 왕이 크놋소스로부터 바다를 통치했다고 믿었다.[8] 이것은 테세우스의 영웅 신화에 등장하는 크레테 모험과 관련 있다. 당시 아테네는 미노스 왕에게 구 년마다 모두 열네 명의 소년, 소녀를 제물로 바쳤는데 테세우스가 라뷔린토스의 미노타우로스Minotauros를 죽이고 아테네인들을 구했다는 이야기는 크레테의 강력한 영향력을 배경으로 만들어진 것으로 볼 수 있다.

뮈케네 문명은 그리스 청동기 시대의 중기가 끝나기 전인 기원전 1600년경부터 시작된다. 슐리만은 아르고스 평원의 동북부 쪽에 있는 뮈케네 성의 사자문 안쪽에서 엄청난 양의 황금과 가면, 장신구 등을 발견하였다. 크레테의 미노아 문명이 쇠퇴해갈 즈음에 그리스에서는 뮈케네가 영역을 확장하고 있었다. 뮈케네는 그리스 본토와 에게 해의 섬들, 소아시아, 퀴프로스 등에 진출하였을 뿐만 아니라, 기원전 1500년에서 1375년 사이에 크놋소스를 침공하여 정복하였다. 이때부터 미노아의 문건은 선형문자 B로 개정되어 크놋소스에서 사용되었으며 테베와 뮈케네 및 퓔로스 등의 왕궁에서도 사용되었다. 실제로 이것은 뮈케네 유적지에서 발견된 점토판들이 크놋소스와 펠로폰네소스 서남부의 퓔로스Pylos에서 대량으로 발견되었다는

사실에 의해 입증된다.

　그동안 크놋소스에서 발견된 선형문자 B는 선형문자 A를 개정하여 만든 걸로 생각되었다. 그러나 선형문자 B는 유적이 발굴된 지 한참 후에 1952년 영국의 마이클 벤트리스Michael Ventris에 의해 해독되면서 충격적인 사실이 밝혀진다. 벤트리스는 선형문자 B가 미노아의 선형문자 A와 다른 어원을 가지고 있다고 하였다. 즉, 선형문자 B는 크레테어가 아니라 그리스어다. 왜냐하면 선형문자 B는 기원전 1370년경에 크놋소스가 멸망한 이후에 나온 것이기 때문이다. 이로부터 크놋소스가 멸망한 이후에 뮈케네인들이 크레테인들을 지배했다는 주장이 확립되었다. 그리스 뮈케네 문명과 크레

뮈케네 선형문자 B_이 문자는 크놋소스가 멸망한 이후에 뮈케네인들이 크레테인들을 지배했다는 주장을 뒷받침해준다.

테의 미노아 문명은 서로 많은 영향을 주고받았다. 당시의 수많은 유물과 유적을 살펴보면 미노아-뮈케네 문명이 서로 아주 유사하다는 것을 알 수 있다.

크레테의 많은 예술가는 뮈케네의 그리스인들에게 고용되어 수많은 프레스코 그림과 황금반지를 만들었다. 미노아와 뮈케네의 문명은 별반 다르지 않으며 아직까지 결정적인 차이를 발견할 수 없다. 뮈케네는 크레테의 다양한 문화와 종교에 의해 영향을 받았다. 에반스가 미노아 문명을 발굴하기 오래 전부터 종교사가들은 크레테와 연관된 수많은 고대 신화의 인물들에 매혹되었다. 미노스의 황소와 결합하여 미노타우로스를 낳은 파시파에Pasiphae 왕비 이야기와 크레테 섬의 이데 산 동굴에서 어린 시절을 보낸 제우스가 황소로 변해 에우로페를 크레테로 납치한 이야기 등이 그것이다.

일반적으로 올림포스의 가부장제 종교는 인도-유럽족에게서 유래하였고 어머니 여신의 대지적 영역Chthonic realm은 그리스 이전 민족들에서 유래하였다.[9] 크레테에서 나온 반지들에 돋을새겨진 신들은 모두 여성이며, 가끔 남성적인 존재가 여신과 함께 등장하기도 한다. 프레이저를 비롯한 많은 학자가 미노아의 어머니 여신이 고대 크레테 종교에 중심적인 존재라고 말하며, 뮈케네인들이 호메로스가 말하던 신들을 숭배하고 있었다는 것을 입증하였다. 미노아(기원전 1375년)와 뮈케네(기원전 1230년)의 왕궁들을 마지막으로 파괴한 화재가 구워낸 점토판이 현재까지 남아 당시의 문화를 짐작할 수 있게 해준다. 크레테 신들의 이름에는 후기 그리스에서 사용하던 제우스와 헤라, 파이안과 에뉘알리오스Enyalios와 포세이돈 등이 포함되어 있다. 파이안은 춤을 추고 찬가를 부르며 치유 능력을 가진 신으로 아폴론과 동일시되었다. 전쟁의 신으로서 에뉘알리오스는 아레스와 동일시되었다. 물론 우리에게 낯선 이름인 마나사Manasa 또는 '제우스의 아들 드리미오스Drimios'도 있다.[10]

뮈케네 문명을 일군 사람들

뮈케네인들은 북아프리카에 기원을 둔 검은 머리카락의 혈통을 가진 크레테인들과는 달랐다. 아마도 뮈케네인들은 크레테인들과 달리 호메로스가 말한 것처럼 '갈색 머리카락의 아카이아인'이었던 것으로 보인다. 즉, 뮈케네인들은 아카이아인들Achaioi이라 불렸다. 뮈케네 유적에서 발견되는 다양한 무기와 요새, 황금이나 도자기에 그려진 수많은 전쟁 장면은 뮈케네인들이 상당히 호전적인 민족임을 보여준다. 크레테의 미노아 문명은 기원전 약 1400년경에 침략되어 파괴되었고, 당시 이집트의 기록에도 해안 지역이 '아카이와시Akhaiwashi'에 의해 약탈되었다고 한다. 아카이와시는 '아카이오이'와 매우 흡사한 이름으로 동일인물로 추정된다.

이집트 문헌이나 힛타이트의 문헌에 의하면 '아트레우스Atreus'와 유사한 이름을 가진 약탈자의 이야기가 나온다.[11] 아트레우스는 트로이 전쟁의 그리스 총사령관이던 뮈케네의 왕 아가멤논Agamenon의 아버지이다. 아트레우스의 아버지는 펠로폰네소스 반도의 어원이 되는 펠롭스Pelops로 소아시아의 리디아에서 그리스 본토로 이주한 인물이다. 펠롭스는 기원전 13세기경에 에게 해를 횡단하여 펠로폰네소스 반도로 들어왔다. 펠롭스의 왕권은 아트레우스를 거쳐 소아시아의 트로이를 공격한 아가멤논으로 이어졌다. 비록 아가멤논이 트로이에서 승리하고 돌아오지만 얼마 되지 않아 뮈케네는 몰락하고 만다. 뮈케네인들은 트로이를 멸망시킨 후 50년도 채 지나지 않아 트로이와 같은 운명을 맞이하게 된 것이다. 그리스 본토 남쪽부터 북쪽까지 막강한 영향력을 미치고 있던 뮈케네 문명은 기원전 1200년 무렵에 갑작스럽게 멸망해버렸다.

뮈케네 문명이 갑작스럽게 붕괴한 것은 그리스 북서부에서 내려온 도리아인들의 침략 때문이라고도 하지만, 실제로 대규모 침략이 아니라 소규모 인구 이동에 불과하였다. 따라서 뮈케네 문명의 멸망은 단순히 외부의 침략 때문이라기보다는 뮈케네 통치자들 간의 내부 갈등 때문이라는 주장도 설득력이 있어 보인다. 더욱이 일부 지진 활동 지역에서 대규모 지진이 발생함으로써 상황이 더욱 악화되었다. 전쟁이 거의 매일 계속되자 왕궁의 경제 체계가 무너져 내리면서 지진 피해를 복구하기가 어려워졌다. 기원전 1200년 이후에 뮈케네의 왕궁 경제 체제의 붕괴로 인한 피해가 완전히 회복되는 데는 수세기가 걸렸다.

그리스의 암흑시대

뮈케네가 갑작스레 멸망한 기원전 1200년부터 800년까지의 기간은 그리스의 암흑시대Dark Age라고 말해진다. 뮈케네의 멸망 이후 암흑시대인 약 400년 이상 그리스에는 문자가 없었다. 뮈케네 문명이 붕괴되면서 왜 그리스인들은 문자를 잃어버리게 되었을까? 그것은 뮈케네인들이 사용했던 선형문자 B가 습득하기 어려워 특수한 계층인 왕궁 서기관들만 알고 있었기 때문이었다. 서기관들은 왕궁으로 들어오고 나가는 물건들의 흐름을 기록하는 일을 하였는데 왕궁 경제 체제가 무너지자 할 일이 없어진 것이다. 문

뮈케네의 원형무덤 A_슐리만이 1876년 발굴할 때 시신들과 함께 황금으로 만든 수많은 부장품이 함께 출토되었다. 슐리만은 아가멤논 통치 시기로 추정했지만 최소한 4세기는 더 앞선 왕족들의 무덤으로 알려졌다. 기원전 1250년경. 현재는 국립고고학박물관의 뮈케네실에 전시되어 있다.

뮈케네 성채

자를 잃어버리고도 그나마 그리스 문화가 어느 정도 유지될 수 있었던 것은 음유시인들에 의해 그리스 문화 전반에 대한 다양한 이야기가 '구전' 될 수 있었기 때문이다.

암흑시대가 끝나서야 그리스는 르네상스를 맞이하였다. 그러나 이때 그리스에 살고 있던 민족은 뮈케네 문명을 꽃피웠던 아카이아인들이 아니라 도리아계 그리스인들이었다. 도리아인들은 스파르타의 선조가 된 부족 중의 하나이다.

기원전 1200년경까지 그리스에 살았던 아카이아인들은 뮈케네가 멸망하고 소아시아와 퀴프로스로 이주한 것으로 보인다.[12] 대략 기원전 1100년경에 도리아인들이 그리스로 침입한 것으로 나타난다. 도리아 계통의 그리스인들은 고전기에 펠로폰네소스 반도와 크레테, 로도스, 소아시아 서남부 등을 차지하고 있었다.

그리스 신화에 따르면 아테네가 도리아인들의 침공에도 불구하고 안전할 수 있었던 이유를 설명하고 있다. 도리아인들은 '헤라클레스의 후손들'이라 불렸다. 그들은 나우팍토스Naupaktos에서 배를 타고 펠로폰네소스로 건너와서 아가멤논의 손자를 격파한 후에 아르고스와 스파르타 및 멧세니아에 도리아인의 세 왕국을 세웠다. 일반적으로 그들은 뮈케네 멸망을 전후로 점진적으로 그리스에 정착했다고 설명된다.

그리스 신화에 따르면 아테나가 도리아인들의 침공에도 불구하고 안전할 수 있었던 이유를 설명하고 있다. 헤라클레스의 후손들이 아테네를 공격하려 했을 때 아테네의 코드로스Kodros 왕의 목숨을 살려주어야 아테네를 이길 수 있다는 신탁이 내렸다. 코드로스는 아테네를 구하기 위해 스스로 살해당하기로 결심을 하였다. 그는 거지로 변장하여 아테네를 떠났다. 그는 두 명의 적군을 발견하자 싸움을 걸어 한 명을 죽이고 다른 한 명에 의해 살해당했다. 아테네인들이 코드로스 왕의 시체를 매장하기 위해 돌려

줄 것을 요구하자 헤라클레스의 후손들은 전의를 상실하고 되돌아갔다. 나중에 코드로스의 아들들은 이주민들을 이끌고 에게 해를 건너 소아시아에 이오니아 도시들을 세웠다고 전해진다.

흔히 역사가들이 그리스 전설에 따라 뮈케네 문명이 파괴된 것이 도리아인들을 비롯한 새로운 이주민들과 상관 관계가 있을 것이라고 생각하지만, 뮈케네가 멸망한 후에도 뮈케네인들의 옛 주거지들이 지속적으로 복구되고 유지된 사실로 미루어보아 도리아인이 뮈케네 멸망의 원인이라 할 수는 없을 것이다.[13]

그리스 문명은 주로 남부와 동부에서 발달하였다. 암흑시대 초기의 그리

뮈케네 성문 '사자의 문'_ 뮈케네의 아크로폴리스 동쪽에 있는 문으로 높이 약 3m, 넓이 약 3m로 나무 문이 달려 있었다. 상단부에 새겨진 유명한 두 마리 사자의 모습에서 '사자문'이라는 이름이 유래되었다.

III. 호메로스에게 그리스 정신을 듣다 **147**

스인들은 발전된 정치 체제가 없었고 인구가 줄어들면서 경작지도 감소하여 농촌생활이 피폐해졌던 걸로 보인다. 원래 그리스 본토는 척박한 편이었지만 자급자족은 할 수 있었다. 고대 그리스는 크고 작은 산맥들이 발달한 관계로 단일하게 통합되기 어려워 각 지역마다 독립적인 도시국가 형태를 이루었다. 기후는 대체로 온화한 편이지만 지중해성 기후로 가을과 겨울에는 습기가 지나치게 많고 여름에는 지나치게 적었기 때문에 농경생활을 하는 데 어려움이 많았다. 헤파이스토스 신화에 나오는 '노새'는 주로 운송수단으로 사용되었으며, 제우스 신화에 자주 등장하는 '황소'는 당연히 농사일을 하는 데 필수적이었다. 그렇지만 젖소를 키울 만한 목초지가 별로 없었기 때문에 우유와 치즈는 주로 '염소'에게서 얻었다.

염소는 그리스 신화에서 제우스가 크레테 섬에서 자라날 때 돌보아준 염소 아말테이아Amaltheia 이야기에도 등장하며, 디오뉘소스 행렬에 자주 등장하는 사튀로스나 실레노스는 염소발굽에 말꼬리를 갖고 있는 것으로 묘사된다. 그리스의 농경 사회를 대표하는 작물로 올리브와 포도를 얘기할 수 있다. 올리브는 아테네 도시를 서로 차지하기 위해 경쟁을 벌이는 아테나 여신과 포세이돈 신의 이야기에도 등장한다. 올리브는 뿌리가 길고 잎이 가늘어 수분을 가능한 적게 뺏기는 특성을 갖고 있다. 기름으로 주로 사용되었고 수출까지 하였다. 올리브와 함께 주요 작물로 손꼽히는 식물인 '포도'는 디오뉘소스 신화에도 자주 나타나며 올리브와 마찬가지로 건조한 지역에서도 잘 자라는 식물이었다.

그리스 문화의 르네상스

그리스는 암흑시대 동안 아무 것도 문자로 남기지 못했다. 우리는 그들이 남긴 유적과 유물들을 통해 그들의 생활상을 알 수 있을 뿐이다. 그렇지

사튀로스와 잠든 아프로디테와 에로스_그리스 신화에 자주 등장하는 사튀로스는 척박한 토양과 기후 때문에 그리스에서 많이 사육되던 동물인 염소의 특징을 지니고 있다. 잠든 아프로디테에게 접근하는 사튀로스의 주제는 신화의 새로운 변용이다. 바로크 시대에는 이 주제가 동물적 욕망과 육탐에 대한 엄중한 경고의 의미로 사용되었다. 코레조의 그림.

만 기원전 950년과 750년 사이에 그리스인들은 페니키아의 알파벳을 도입하면서 구두로 전해지던 이야기를 문자로 남기게 된다. 우리에게 잘 알려진 호메로스의 작품들은 기원전 8세기 중반인 약 750년 전후로 쓰인 걸로 추정된다. 이 작품들은 암흑시대에 음유시인들에 의해 구전되던 이야기들을 처음 문자로 적은 것이다. 오랜 세월 동안 구전되던 이야기는 자연히 전달자에 따라 약간의 가감이 있을 수 있고 이야기를 전달하던 사람이 살던 시대의 문화도 반영될 수밖에 없다. 따라서 호메로스 이야기에는 그 배경이 되던 뮈케네 문명 시대뿐만 아니라 암흑시대의 문화와 생활이 담겨져 있다고 할 수 있다.

암흑시대 이후에 새로운 전성기를 맞이한 그리스는 미술사적인 기준에 따르면 크게 세 시기로 구분된다.

첫 번째 시기는 '아르카익 시대Archaic Age'로 호메로스의 작품이 쓰였다고 추정되는 기원전 750~500년까지의 시대를 말한다. 몇몇 미술사가가 이 시대의 작품 양식이 후대의 작품 양식보다 훨씬 더 고풍스럽다고 생각하여 붙인 이름이다.

두 번째 시기는 '고전 시대Classical Age'로 기원전 500~300년까지의 시대를 말한다. 이러한 시대명이 붙여진 이유는 이 시대의 작품들이 전형적인 아름다움을 가장 잘 구현하고 있다고 미술사가들이 판단했기 때문이다.

세 번째 시기는 '헬레니즘 시대Hellenistic Age'로 기원전 300년 이후부터 로마제국에 의해 지배받기 전의 시기를 말한다. 정확히는 기원전 323년에 알렉산드로스 대왕이 죽은 후로부터 기원전 30년 이집트의 마지막 마케도니아 통치자 클레오파트라가 죽을 때까지의 시기를 말한다. 헬레니즘 왕국을 건설한 사람들은 알렉산드로스 대왕의 장군들이었다. 이 시기는 그리스 전통과 지중해 동부의 전통을 결합시켜 혼합적인 문화를 탄생시켰다. 헬레니즘 시대의 왕들은 그리스 문화를 선호하였기 때문에 그리스 문화는 그리스 본토 이 외의 많은 지역으로 확산되어 나갔다.

그리스 신화는 이 세 시기에 걸쳐 형성되었다. 아르카익 시대에 호메로스와 헤시오도스와 같은 서사시인들에 의해 전해진 이야기들은 그리스 신화의 기초가 되었다. 그 후 고전 시대와 헬레니즘 시대를 걸쳐 그리스 신화는 비극과 철학에 의해 보다 정교하게 다듬어졌다.

판아테나이아 제전
그리스 민족이 들어오기 전에 그리스에 다른 민족이 있었다는 것은 분명하지만 누구이며, 어떻게 서로 구별되는지를 설명하기는 어렵다. 남아 있는 기록을 토대로 신화적인 설명이 가능할 뿐이다. 파르테논 부조.

누가 그리스 신화를 만들었을까 2

Greek Mythology

그리스 민족은 누구인가

일반적으로 그리스 신화로 일컫고 있는 내용은 올림포스 신화를 기초로 하고 있지 않다. 올림포스 신화는 헬레네Hellene 민족이 형성한 신화이다. 우리는 그리스인들이 '헬렌의 후손들'이라고 헬레네라 부르며 타민족을 바르바로이Barbaroi라고 불렀기 때문에, 그리스의 원주민이 헬레네 민족이라고 생각한다. 그러나 그리스에는 헬레네 민족이 들어오기 전에 살던 원주민들이 있었다. 헤로도토스의 주장에 따르면 후기 그리스 민족의 두 혈통은 이오니아인과 도리아인이다. 헬레네인이라 불리는 도리아인과 구별하여 이오니아인이 헬레네 이전 민족으로 펠라스고스Pelasgos인들이라는 것이다.[14] 그리스인들은 헬레네 민족이 살기 이전에 그리스에 살던 원주민들을 일반적으로 '렐레게스Leleges'와 '펠라스고이Pelasgoi'라는 이름으로 불렀다. 그러나 그리스 민족이 들어오기 전에 그리스에 다른 민족이 있었다는 것은 분명하지만 도대체 누구이며, 어떻게 서로 구별되는지를 설명하기는 어렵다. 단지 남아 있는 기록을 토대로 신화적인 설명이 가능할 뿐이다.

렐레게스는 '바르바로이'와 같이 알아듣기 어려운 외국말을 사용하던 사람들을 지칭하기 위해 사용된 것으로 보인다. 스파르타의 시조인 렐렉스 Lelex 왕은 땅으로부터 저절로 태어나 렐레게스라는 최초의 거주민들을 생겨나게 했다고 알려져 있다.[15] 렐렉스는 제분기를 만들어 문명을 일군 뮐레스Myles라는 아들을 낳았고, 뮐레스는 평야에 배수를 시작한 강의 신 에우로타스Eurotas를 낳았다. 에우로타스는 클레타Kleta와 결혼하여 스파르타 Sparta를 낳았다. 스파르타는 라케다이몬Lakedaimon과 결혼하여 아뮈클라스 Amyklas를 낳았다. 나중에 이들은 각기 스파르타와 아뮈클라이라는 도시의 기원이 된다. 한참 후에 스파르타의 왕이자 헬레네의 아버지인 튄다레오스 Tyndareos가 등장하고 트로이 전쟁의 막이 오르면서 좀더 구체화된다.

펠라스고이의 시조는 바로 펠라스고스Pelasgos이다. 신 같은 펠라스고스가 검은 대지에서 태어나서 인류가 존재할 수 있었다고 한다.[16] 말하자면 펠라스고스도 땅에서 저절로 태어난 펠라스고스 종족을 형성한 인물이다. 그가 태어난 검은 대지는 펠라스기아Pelasgia로 불렸다. 그렇다면 펠라스고스는 어떠한 인물이었을까? 펠라스고스는 마치 식물처럼 땅으로부터 생겨난 존재라는 측면에서 아르고스에서는 농경 문화와 관련하여 빵을 발명한 사람이라 믿어진 것으로 보이며, 테살리아에서는 주인과 노예, 원주민과 이방인 간의 사회적 격차를 일시적으로 중지시키는 축제를 만든 사람으로 사회 질서의 기반을 마련해놓은 사람이라 믿어졌다. 펠라스고스는 나중에 다나오스와 50명의 딸과 관련된 신화 속에도 등장한다.

그렇지만 그리스 신화에서 헬레네 이전의 민족에 관한 설명은 객관적이지도 역사적이지도 않다. 그것은 단지 그리스인들의 정체성과 관련하여 설명된 것일 뿐이다. 사실 그리스 선사 시대의 민족과 문화에 대해 정확히 알 수 있는 방법은 없다. 왜냐하면 선사 시대에 대한 직접적인 기록이 전혀 없기 때문이다. 후대에 추측할 수 있는 간접적인 자료들도 후대의 그리스인

들의 기준에서 기록된 것이기 때문에 무엇을 사실로 받아들일 수 있는지를 결정하기는 쉽지 않다. 따라서 우리는 이것을 단지 그리스인들을 이해하는 자료로서만 받아들이면 된다. 즉, 헬레네 이전 민족의 이야기는 그들이 단지 옛날에 존재했다는 것 자체만으로 제 몫을 다한 것이라 할 수 있다.

헬레네 민족은 어디서 왔는가

헬레네라는 민족의 이름은 그리스 신화에 나오는 '헬렌'이라는 영웅적인 조상으로부터 나왔다. 헬렌Hellen은 데우칼리온Deucalion의 아들로 알려져 있다. 데우칼리온은 프로메테우스의 아들이다. 플라톤은『프로타고라스Protagoras』편에서 신들이 인간과 다른 동물들을 창조하여 각자에게 적합한 고유한 기능을 나눠주는 일을 프로메테우스와 에피메테우스에게 맡겼던 것으로 묘사한다.[17] 에피메테우스의 실수로 인간에게 아무 것도 줄 수 없게 되자 프로메테우스는 하늘의 불을 훔쳐 인간에게 가져다주게 된다.

제우스가 이 사실을 알고 분노하여 헤파이스토스에게 판도라를 창조하도록 지시하였다. 모든 신이 '판도라'에게 선물을 주었다. 판도라는 프로메테우스가 아닌 에피메테우스에게 보내졌다. 에피메테우스는 프로메테우스로부터 제우스의 선물을 조심하라는 경고를 받았지만 너무나 아름다운 판도라를 거부할 수 없었다. 결국 판도라는 에피메테우스와 결혼하여 퓌라Pyrrha라는 딸을 낳았다. 프로메테우스도 클뤼메네Klymene(혹은 켈라이노Kelaino)와 결혼하여 데우칼리온이라는 아들을 낳았다. 나중에 데우칼리온은 에피메테우스와 판도라의 딸인 퓌라와 결혼한다.

청동기 시대에 이르러 제우스는 인간들이 너무나 사악해지자 홍수로 없애버리려고 하였다. 프로메테우스는 미리 알고 홍수가 오기 전에 데우칼리온에게 배를 만들어 대비하라고 충고하였다. 그리하여 데우칼리온과 퓌라는 제우스가 홍수로 쓸어버린 세계 속에서도 살아남을 수 있었다. 그들은 헬렌을 비롯하여 여러 아들을 두었다. 헬레네 민족은 바로 이 헬렌이라는 인물로부터 시작된다. 헬렌은 님프 오르세이스Orseis와 결혼하여 도로스Doros, 크수토스Xuthos, 아이올로스Aiolos 등 세 명의 아들을 낳는다.[18]

첫째, 도로스는 도리아 민족의 시조로 크레테, 펠로폰네소스, 북부 그리스와 소아시아의 남부와 로도스 섬까지 후손들이 퍼져나갔고, 크수토스의

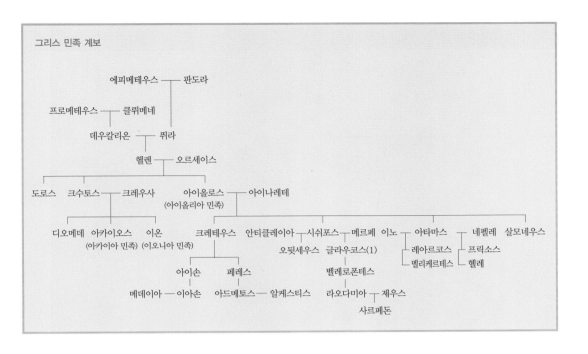

그리스 민족 계보

후손들은 아티카, 에우보이아, 키클라데스, 그리스 동부로 퍼졌고, 아이올로스는 아이올리아인의 시조로 보이오티아와 그리스 북동쪽으로 소아시아의 북부와 레스보스 섬까지 후손들이 퍼졌다. 도로스의 아들 텍타모스Tektamos는 펠라스고스인들과 아이올리아인들을 이끌고 크레테에 침공했다. 그는 자신의 삼촌인 아이올로스의 아들인 크레테우스의 딸과 결혼하여 아스테리오스Asterios라는 아들을 낳았다. 또한 크레테 민족 가운데 도리아족의 혈통을 물려주었다.

둘째, 크수토스는 아테네의 에레크테우스Erechtheus의 딸 크레우사Creusa와 결혼하여 디오메데Diomede, 아카이오스Achaios, 이온Ion을 낳았다. 에우리피데스의 비극 『이온』에서 크레우사는 아폴론에 의해 자식을 갖게 되지만 버림을 받는 걸로 나온다. 크레우사는 혼자서 이온을 낳지만 아버지가 두려워서 아이를 버리고 크수토스와 결혼한다. 에우리피데스는 크수토스

칼리스토__ 아르카디아의 조상인 아르카스는 제우스가 아르테미스 여신의 수행원 가운데 아름다움을 의미하는 칼리스토와 결합하여 낳은 자식이다. 그는 펠라스고스인들의 지배자가 되었고, 나중에 이들은 아르카디아인이라고 불렸다. 자코포 아미고니의 그림. 18세기 초

가 아들을 낳지 못한 것으로 설정하고 크레우사가 아폴론으로부터 낳은 아들 이온을 자신의 아들로 삼는 걸로 『이온』이라는 비극을 썼다. 그러나 원래 크수토스에게는 세 아들이 있었다. 이들 중에 이온이 낳은 후손들은 이오니아인들을 지배하다가, 나중에 아카이아인들에게 내쫓긴다. 아카이아인들은 이온의 형제인 아카이오스가 낳은 후손들로 뮈케네 문명의 주역인 펠롭스, 아트레우스, 아가멤논 등을 포함한다. 아카이아인들은 이전에 그리스를 지배하던 이오니아인들을 몰아냈지만, 나중에 뮈케네가 멸망한 후에는 도리아인들에 의해 스파르타와 아르고스로부터 쫓겨났다.[19]

셋째, 아이올로스는 테살리아의 마그네시아Magnesia의 왕이었다. 그는

아이나레테Aenarete와 결혼하여 많은 후손을 낳았다. 이들이 바로 아이올리아인이다. 아이올로스는 모두 일곱 명의 자식을 낳았는데 크레테우스Cretheus, 시쉬포스, 아타마스Athamas 등과 같은 유명한 인물이 포함되어 있다. 가령 크레테우스는 튀로Tyro와 결혼하여 아르고호의 영웅인 이아손의 아버지 아이손Aison을 낳았고, 알케스티스와 결혼한 아드메토스의 아버지 페레스Pheres 등을 낳았다. 또한 죽음의 신 타나토스를 지상에 잡아두고 하데스에서 되돌아왔던 시쉬포스나, 키마이라Chimaira를 물리친 벨레로폰Bellerophon의 아버지 글라우코스Glaukos와 같은 그리스의 유명한 영웅들도 아이올로스의 후손이다.

흔히 그리스의 헬레네 민족이 헬렌의 세 명의 아들 도로스, 크수토스, 아이올로스의 후손들로 구성된다고 하지만, 여기에 아르카디아인들이 빠져 있다는 사실은 문제가 될 수 있다. 흔히 아르카디아Arcadia는 펠로폰네소스 중북부 지역이나 도시 이름으로 알려져 있지만 특정한 그리스 민족에 대하여 사용되던 이름이기도 하다. 그리스 신화 속에서 아르카디아의 조상은 아르카스Arkas이다. 아르카스는 제우스가 아르테미스 여신의 수행원 가운데 아름다움을 의미하는 칼리스토와 결합하여 낳은 자식이다. 그는 펠로폰네소스 반도의 펠라스고스인들의 지배자가 되었는데, 나중에 그들은 '아르카스'라는 이름을 본떠 아르카디아인이라고 불렸다.

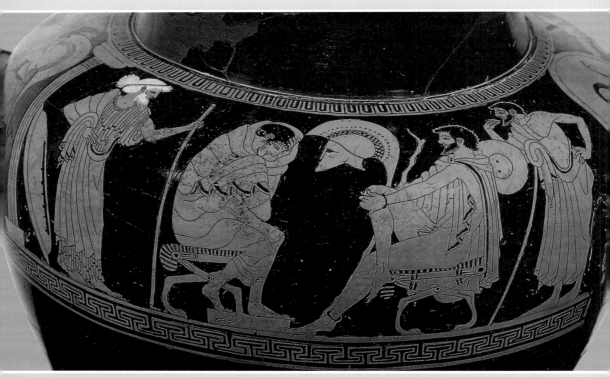

아킬레우스

아가멤논에게 브리세이스를 빼앗긴 아킬레우스가 분노하여 참전하지 않자 오뒷세우스와 포이닉스 및 아이아스와 같은 영
웅들이 그의 막사에 찾아와 달래고 있다. 그리스 신화는 호메로스에 의해 서사시의 형식으로 전해진다. 우리는 호메로스를
통해 서구 사상의 기원이 되는 그리스의 정신에 대해 이야기를 듣는다. 기원전 480년경.

그리스 신화는 호메로스에서 시작되었을까 3

Greek Mythology.

호메로스라는 이름을 가진 사람

그리스 신화는 선사 시대로부터 전해 내려오던 이야기가 그리스어가 만들어지면서 문자화되었다. 그리스어는 아마도 기원전 8세기경에 페니키아인의 영향을 받아 만들어졌을 것이라 추정된다. 그리스 신화가 8세기에 이르러 문자화되기는 하였지만 이미 뮈케네 문명의 주요 문화는 구전되어왔고 호메로스에 의해(혹은 호메로스의 이름으로) 서사시의 형식으로 정리되었다.

우리는 호메로스를 통해 서구 사상의 기원이 되는 그리스의 정신에 대해 이야기를 '듣는다'. 그러나 정작 호메로스에 대해 알고 있는 사실은 거의 없다. 호메로스는 자신의 작품들을 통해 자신이 누구인지를 밝힌 적이 없다. 후대 사람들은 호메로스에 대한 소문만 들었을 뿐이다. 상황이 이러하므로 어떤 학자들은 아예 호메로스가 진짜 존재했던 사람이 아니라고도 하고, 만일 존재했다고 해도 『일리아스』와 『오뒷세이아』의 저자가 아니었을 것이라고도 한다. 나아가 『일리아스』와 『오뒷세이아』가 호메로스라는 동일 작가에 의해 쓰였다는 사실에 대해서도 의문을 품는 학자도 많다. 실제로 많은 학자가 호메로스의 작품들을 면밀히 분석해보았지만 어느 누구도 정확하게 주장할 수 없고 확신할 수 없었다.

호메로스가 그려낸 사실과 허구

호메로스의 작품으로 알려진 『일리아스』와 『오뒷세이아』는 주제 면에서 서로 연관이 있다. 『일리아스』는 '일리온'이라고도 불렸던 트로이의 '노래'를 의미한다. 이 작품은 트로이 전쟁에 참여한 그리스 동맹군 총사령관인 아가멤논과 그리스 최고의 전사 아킬레우스의 다툼으로 시작한다. 그리고 아가멤논에게 부당하게 자신의 전리품인 브리세이스라는 여자노예를 빼앗긴 아킬레우스의 분노가 어떠한 결과를 초래했는지 다루고 있다. 『오뒷세이아』는 트로이 전쟁이 끝난 후 고향으로 돌아가는 오뒷세우스에 관한 이야기이다. 이야기는 크게 세 부분으로 나누어진다. 첫 번째는 오뒷세우스가 없는 동안에 그의 고향인 이타케의 상황에 대한 이야기이다. 두 번째는 트로이 전쟁이 끝난 후 오뒷세우스가 고향으로 돌아가기까지 겪게 되는 모험에 대한 이야기이다. 세 번째는 이타케에 도착한 오뒷세우스가 아내인 페넬로페의 구혼자들에게 복수하는 이야기이다.

그런데 호메로스가 노래한 이야기들은 그 자신이 살았던 당대의 이야기가 아니다. 호메로스의 영웅들은 역사적으로 뮈케네 문명 시대에 살았던 인물들이다.

뮈케네의 멸망 전후로 하여 기준으로 삼는다면 호메로스의 이야기는 약 400년~500년 동안 구전되어 내려왔던 것이다. 즉, 호메로스가 이야기하는 『일리아스』와 『오뒷세이아』의 내용들은 그가 활동하던 시기인 기원전 약 750년으로부터 약 500년을 더 거슬러 올라가 일어났던 사건들에 대한 기록이다. 호메로스의 작품에 등장하는 전사들이 쓰고 있는 투구의 형태는 실제로 뮈케네 시대의 도자기에 그려진 모습과 동일하다. 『일리아스』에서 아이아스Aias는 탑처럼 생긴 방패를 가진 걸로 유명한데 이 방패는 기원전 14세기에 흔하게 사용되다가 그 후에는 사용되지 않은 걸로 나온다. 또한 오뒷세우스가 밤에 정찰을 나갈 때 썼던 모자는 멧돼지의 번쩍이는 흰 이빨들이 촘촘히 박혀 있는 걸로 묘사되는데,[20] 이것도 기원전 13세기에 사용되다가 그 후에는 사용되지 않던 것이다. 호메로스는 트로이의 탑과 문 및 성벽구조까지 잘 알고 있었다. 이것은 나중에 발굴된 트로이의 유적과 유사한 형태를 가지고 있다.

또한 호메로스 이야기에는 사건의 무대가 되는 뮈케네 시대보다 훨씬 이후에 관습화된 것들도 나타난다.[21] 아마도 이것은 음유시인들이 이야기를 전달하면서 계속하여 첨삭을 조금씩 하면서 생긴 것이라 할 수 있다. 가령 『일리아스』에서 아킬레우스가 파트로클로스의 장례를 치르며 시신을 화장하는 장면이 나오는데, 이것은 트로이 전쟁 이후에 시작되던 관습으로 시대착오적이다. 호메로스가 살던 당대의 생활상도 종종 등장한다. 가령 아가멤논의 방패에 그려진 고르고의 모습이나 칼집에 두 개의 핀이 꽂힌 오뒷세우스의 브로치 등은 뮈케네 문명 시대에는 사용되지 않던 것이다.

눈 뜬 호메로스_호메로스가 늘 장님으로만 등장하는 것은 아니다. 헬레니즘 시대의 호메로스는 오랫동안 감았던 눈을 뜬다. 물론 죽은 각막이 재생되어서 앞을 보게 되었다는 것은 아니다. 헬레니즘 조각가들은 장님시인이 눈꺼풀을 치켜 뜨고 눈을 꿈뻑거리는 표정을 통해서 보이지 않는 것을 응시하려는 안간힘을 표현했다. 고고학에서는 이를 두고 '눈 뜬 호메로스'의 유형으로 부른다. 헬레니즘 시대의 원작을 기원후 100년경에 모각.

암늑대 로마나의 젖을 빠는 로물루스와 레무스

아기 로물루스는 손을 들어서 종달새가 물어다 주는 버찌를 받아든다. 왼쪽은 강의 신 티베리누스와 쌍둥이의 어머니, 그
리고 오른쪽에는 양치기 파우스툴루스가 보인다. 무화과나무 가지 위로 종달새 한 쌍이 앉아 있다. 종달새는 마르스 신의
신조이다. 페터 파울 루벤스의 그림. 1618년 이전.

왜 그리스 로마 신화라고 부를까 4

Greek Mythology

로마에는 신이 없었는가

일반적으로 그리스 신화와 로마 신화를 통칭하여 부른다. 왜 그리스 로마 신화라고 부르는 것일까. 그리스 신화는 '그리스'의 신화이고, 로마 신화는 '로마'의 신화가 아닌가? 이러한 질문에 대해 가장 단순하고 위험한 답변을 하는 사람들도 있다. 즉, 그리스 신화의 신들이 바로 로마의 신들이라는 것이다.

그렇다면 로마에는 신들이 없다는 것인가? 그렇지 않다. 로마에도 로마 신들이 있다. 그럼에도 불구하고 그리스 신화의 신들과 로마 신화의 신들은 서로 비슷하다. 로마인들은 안타깝게도 그리스 신들을 로마의 신들과 동일시하려 했다. 이것은 어떤 측면에서 그리스 문화에 대한 동경 때문이라 할 수 있다. 로마인들은 그리스라는 나라를 정복했지만 그리스의 문화에 의해 정복당했다. 그래서 그리스 신화에 등장하는 주요 신과 유사한 기능을 가진 신들을 찾아냈고 때로는 만들어내기도 했다.

그렇다면 로마 신화 자체가 있기나 한가? 로마 신화라 할 만한 것을 살펴보면 초자연적인 신과 인간의 사건이나 행위와 같은 내용은 거의 없다. 어떤 의미에서 로마 신화가 아니라 로마 '전설'이라 말하는 것이 더 적절할 것이다. 로마 신화는 역사적 사건들과 긴밀하게 연관되어 있고 로마인들은 신화와 역사를 동일시하였다. 로마인들은 자신들의 과거 이야기를 로마 신화를 통해 말하고 있다. 그래서 로마 신화는 전통적인 이야기와 비슷하고 그리스 신화를 본떠서 만들어졌으며 특히 윤리적이고 정치적 목적이 두드러진다.

로마인의 조상은 라티니Latini였다. 그들은 기원전 1500년 초에 이탈리아 반도에 들어와 기원전 1200년 즈음에 로마를 점령한 것으로 보인다. 기원전 5세기와 6세기에 중요한 라틴 도시들이 이탈리아 반도 남동부에 세워졌다.

초기 로마 민족들은 종교적 관행이나 태도가 그리스인들과 전혀 달랐다. 그들은 처음부터 주로 이웃 나라의 신화와 상징들을 빌려왔다. 특히 로마인들이 자리잡기 이전부터 그 지역을 지배했던 에트루리아인Etruscan의 지배 체제와 삶의 방식에 의해 많은 영향을 받았다. 로마인들은 로마가 그리스를 정복한 기원전 146년 이전까지는 오랫동안 에트루리아인들과 서로 영향을 주고받았다.

그러나 나중에는 에트루리아인과 로마인 모두 그리스인들에게서 영향을 받았다. 그리스인들은 기원전 8세기 초에 시칠리아와 이탈리아 남부에 식민지를 세웠다.

그리스 신화는 종교와 상호 밀접하게 섞여 있다. 그리스인들은 신들을 초인간적인 능력을 지닌 불멸의 존재로 생각했으며 인간과 유사한 감정을 가지고 행동한다고 생각하였다.

이와 대조적으로 로마 신들은 다양한 성격을 인격화한 것으로 엄격하게 제한된 역할을 지니고 있고 어떠한 요청에 대해 동의하거나 거부하는 권리만을 가지고 있다.[22] 라틴어 동사 누오nuo는 '끄덕이다'를 의미하며 '동의'를 가리킨다. 이로부터 신들이 누미나Numina 혹은 단수로 누멘Numen이라 불린다. 즉, 신들은 고개를 '끄덕이는 자들'이다. 누멘은 개별적인 인격을 가지지는 않았지만 거의 어떤 대상에 들어가 살거나 어떠한 기능을 하는 정령이다.

그리스 신들은 어떻게 로마 옷을 입었을까

분명히 로마에도 신들은 있었다. 로마인들은 나름대로 삶 속에서 중요한 역할이나 기능 및 대상과 관련된 신들을 가지고 있었다. 그러나 로마인들에게는 신들에 대한 이야기가 별로 중요하지 않았는지 신을 인격화시켜 만든 이야기가 없었다.

그렇다고 로마인들이 종교에 대해 아예 관심이 없었던 것은 아니다. 제의나 신탁 및 점치기 등과 같은 종교적 활동을 하였을 뿐만 아니라 수많은 종교 제전과 축제가 일년 내내 있었다.

따라서 로마인들에게 신화가 별로 없었던 이유는 현실적으로 적절한 종교적 제의를 지내고 시민의 의무를 다하면 신의 은총을 받을 수 있을 것이라고 생각하였기 때문일 것이다.

한편 베르길리우스Vergilius와 오비디우스Ovidius 및 다른 로마 작가들은 그리스 문화를 받아들이면서 비록 정치적인 이유로 집필을 했지만 자국인 로마의 종교로부터는 거의 영감을 받지 못했다.

그들은 이탈리아 남부에 살던 그리스인들의 영향을 받아 그리스의 신인동형론적인 신들을 로마의 누미나와 동일시하는 작업을 하였다. 이것은 특히 로마 황제 아우구스

아르테미스_로마의 디아나 여신과 같다. 로마 시대 제정 초기의 독특한 이중적인 절충양식을 따랐다. 경직된 표정과 자세에 비해서 바람에 흩날리는 옷자락에는 지나친 생동감이 부여되었다. 또 조형의 지나친 장식성이 전체적인 인상을 산만하게 하고 있다. 그리스 원작을 기원후 1세기 로마에서 모각.

카살리 제단의 뒷면_마르스와 레아 실비아 사이의 이야기를 4층의 띠부조로 설명하고 있다. 위에서부터 잠든 레아를 발견한 마르스, 쌍둥이를 낳은 레아를 내다버리는 사람들이 보인다. 갈대 숲 아래 비스듬히 누워 있는 남자는 강의 신 티베리누스이다. 셋째 부조에는 트로페움을 어깨에 걸머진 마르스가 쌍둥이를 발견한다. 뒤쪽으로 강의 신 티베리누스와 산의 신 팔라티누스가 역사적인 장면을 목격하는 증인이 된다. 맨 아래쪽 부조에서는 양치기 두 명이 루페르칼에서 쌍둥이를 키우던 암늑대를 발견한다.

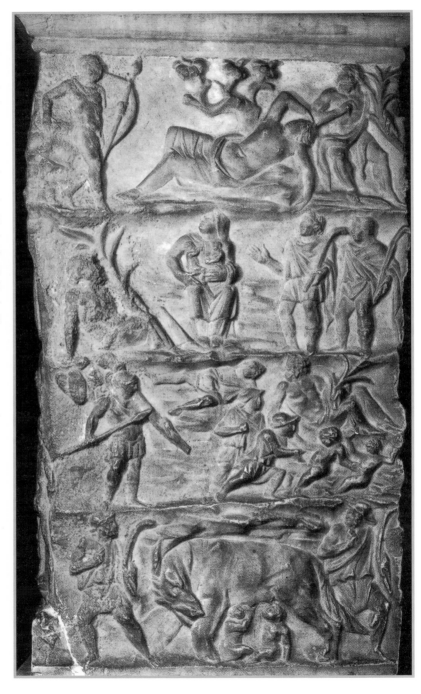

투스Augustus 1세가 통치하던 시기(기원전 27년~기원후 14년)에 주로 이루어졌다.

로마 신화가 그리스 신화와 연결되는 측면이 전혀 없는 것은 아니다. 로마의 건국 시조는 로물루스Romulus와 레무스Lemus로 말해지는데 아버지는 그리스의 아레스 신의 변형인 마르스Mars이며, 어머니는 레아 실비아Rhea Silvia로 트로이 전쟁터에서 살아남은 아이네이아스의 아들 아스카니우스Ascanius의 후손이라 말해진다. 아이네이아스는 그리스의 아프로디테 여신이 앙키세스라는 인간으로부터 낳은 아들이다.

로마인들은 자신들의 역사와 신화를 쓰는 데 그리스인들의 신과 이야기를 모방하면서 로마화된 그리스 신과 이야기만 남기고 말았다. 사실 로마인들이 본래부터 자신들의 고유한 다른 많은 신을 가지고 있었는지는 정확하게 알 수 없다. 그러나 만약 로마 신들이 존재했다고 하더라도 이제는 영원히 사라져버렸다. 그들은 단지 그리스 신들과 통합되어 존재하기 때문이다.

그리스 신들과 로마 신들은 어떻게 다른가

로마의 신 가운데 본래부터 그리스 신과 아주 비슷한 신도 있고 아주 다른 신도 있지만 심지어 전혀 없었던 신도 있다. 그리스 신과 전혀 다른 기능을 가졌던 대표적인 로마 신으로는 사투르누스Saturnus, 베누스Venus, 유노Juno 등이 있다. 그리스의 크로노스에 해당하는 로마의 사투르누스는 씨 뿌리는 작물의 신이다. 그리스의 아프로디테에 해당하는 로마의 베누스는 예전에 신선한 물, 특히 샘의 누멘인 듯하며 원래 채소밭과 관련된 다산의 여신이었으나, 그리스의 영향으로 인간과 동물의 다산 능력도 추가되었다. 그리스의 헤라에 해당하는 로마의 유노Juno는 한 가족에 포함된 여성을 지

티볼리__초기 로마 민족들은 종교적 관행이나 태도가 그리스인과 전혀 달랐다. 그들은 처음부터 주로 이웃 나라의 신화와 상징들을 빌려왔다. 특히 로마인들이 자리잡기 이전부터 그 지역을 지배했던 에트루리아인의 지배 체제와 삶의 방식에 의해 많은 영향을 받았다.

배하는 누멘으로 달과 밀접한 관계가 있으며 때로 젊은이들의 용맹과 연관
되기도 하였다.

다음으로 그리스 신과 아주 비슷한 기능을 가졌던 로마 신들도 있었다.
그리스의 제우스 신과 대적할 만한 로마의 유피테르Jupiter의 첫 음절은 원
래 하늘의 누멘이다. 그리스의 데메테르가 곡물의 여신이었던 것과 비슷하
게 로마의 케레스Ceres는 밀의 누멘이었다. 그리스의 아테나는 전쟁과 지
혜 및 기술 등을 총괄하는 여신이었는데, 로마의 미네르바Minerva는 아테나
와 비슷하게 수공예를 관장하던 여신이다. 그리스의 헤파이스토스는 대장
장이의 신으로 다양한 장식품과 전쟁 무기들 및 첨단 장비들을 만들었는
데, 로마의 불카누스Vulcanus는 불의 신으로 헤파이스토스가 주로 불을 가
지고 일한 것과 연관시켜 화산에서 작업한 것으로 알려져 있다. 그리스의
아르테미스는 사냥과 동물 및 출산을 관장하던 여신이었는데, 로마의 디아
나Diana도 숲의 여신으로 달과 여자와 출산을 관장했다.

그리스의 아레스와 동화된 로마의 마르스의 기원도 애매모호하다. 마르
스는 늑대와 밀접하게 연관되어 있으며 예전에 가축 떼를 보호했을 수 있

고, 또는 아주 옛날의 전쟁의 신이었을 수 있다. 그래서 군사 작전을 시작하기 좋은 달인 3월March에 마르스의 이름이 붙여졌다. 그리스의 디오뉘소스도 역할 면에서는 비슷하지만 이름은 전혀 유사하지 않은 로마의 리베르Liber 신과 동일시되었다. 라틴어로 '자유로운'을 의미하는 리베르는 '포도주'의 누멘이다. 그리스의 판Pan 신과 유사한 파우누스Faunus는 숲의 알 수 없는 공포를 가리키는 누멘이다.

또한 로마에는 처음에 존재하지 않았지만 그리스의 영향을 받아 나중에 만들어진 로마 신들이 있다. 그리스의 헤르메스와 비슷한 역할을 하는 메르쿠리우스Mercurius는 원래 로마에는 없던 신이다. 그러나 나중에 로마인들이 그리스 신들을 그대로 물려받으면서 단순히 이름만 새로 붙인 신이었다. 라틴어 merx가 '상업'을 의미하는 만큼 로마의 메르쿠리우스는 주로

[그리스와 로마 신 비교]

그리스	로마	영어
크로노스Cronos	사투르누스Saturnus	새턴Saturn
제우스Zeus	유피테르Jupiter	주피터Jupiter
헤라Hera	유노Juno	주노Juno
데메테르Demeter	케레스Ceres	세레스Ceres
헤스티아Hestia	베스타Vesta	
포세이돈Poseidon	넵투누스Neptunus	넵튠Neptune
하데스Hades	플루토Pluto	플루토Pluto
아테나Athena	미네르바Minerva	
아프로디테Aphrodite	베누스Venus	비너스Venus
헤파이스토스Hephaistos	불카누스Vulcanus	벌컨Vulcan
아레스Ares	마르스Mars	
아르테미스Artemis	디아나Diana	다이아나Diana
아폴론Apollon	아폴로Apollo	아폴로Apollo
헤르메스Hermes	메르쿠리우스Mercurius	머큐리Mercury
디오뉘소스Dionysos	박쿠스Bacchus	바커스Bacchus

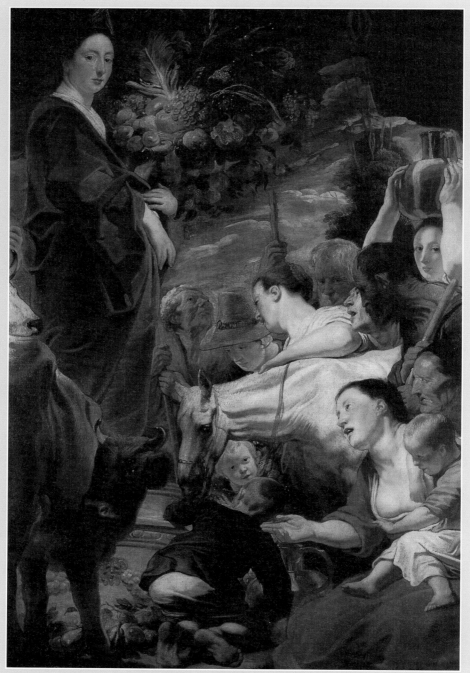

케레스 제의_데메테르가 곡물의 여신이었던 것과 같이 로마의 케레스는 밀의 누멘이었다. 야콥 요르단스의 그림. 17세기 초반.

헤르메스의 기능과 관련하여 상업적인 역할을 하는 걸로 나온다. 그 외에도 팔레스Pales라는 양떼와 목축의 여신 및 로비고Robigo라는 농업의 신도 있었다. 야누스Janus는 문의 신으로 통로나 일의 시작과 관련이 있으며 보통 두 개나 네 개의 얼굴을 가지고 있다.

오뒷세우스가 아킬레우스의 아들 네오프톨레모스에게 아킬레우스가 사용하던 무구를 건네다

그리스군은 아킬레우스가 죽은 후 트로이에서 승리하기 위해 아킬레우스의 아들 네오프톨레모스가 참전해야 한다는 것을 알고 데려온다. 오뒷세우스 자신이 보관하던 아킬레우스의 무구를 네오프톨레모스에게 건네준다. 그리스 신화는 원형대로 그리스 도자기와 벽화에 남아 있는 경우가 있기 때문에 고대 문헌들 외에 다른 형태의 작품에도 주의해야 한다. 접시술잔의 안쪽 그림. 기원전 460년경.

그리스 신화는 어떻게 꽃피웠을까 5

Greek Mythology

그리스 시와 예술

그리스 신화는 수많은 이야기로 이루어져 있다. 그것들은 문자뿐만 아니라 도자기 그림과 벽화 및 조각상 등에 남아 있다. 현재 남아 있는 이야기 가운데 최초의 형태가 소실되고 변형된 형태로 남아 있는 문헌들과는 달리 원형대로 그리스 도자기와 벽화에 남아 있는 경우도 있기 때문에 고대 문헌들 외에 다른 형태의 작품들에도 주의할 필요가 있다.

우리가 본격적으로 그리스 신화를 연구하기 위해서는 바로 1차 문헌들을 살펴보는 것이 가장 중요하다. 먼저 그리스 서사시로 호메로스의 『일리아스』와 『오뒷세이아』, 『호메로스 찬가 *Homeri Hymni*』, 『오르페우스 찬가 *Orphei Hymni*』, 헤시오도스의 『신통기』와 『일과 나날 *Erga Kai Hemerai*』 등을 읽어야 할 것이다. 호메로스의 작품들과 헤시오도스의 작품들은 그리스 신화의 아주 기초적인 텍스트이다. 따라서 그리스 신화를 제대로 알기 위해서는 반드시 읽어야 할 필요가 있다. 현재 그리스 신화와 관련하여 우리에게 남아 있는 가장 오래된 문헌은 호메로스의 서사시 『일리아스』와 『오뒷세이아』이다. 그런데 호메로스의 작품은 오히려 그리스 신화의 마지막 이야기인 트로이 전쟁 중에 일어난 이야기와 전쟁이 끝난 후에 일어난 이야기를 줄거리로 삼고 있다. 『일리아스』는 약 10년간의 트로이 전쟁 기간 중에 단 50일만을 다루고 있을 뿐이다. 우리가 알고 있는 트로이 전쟁의 발단과 결과를 총괄하는 이야기는 호메로스와 동시대인들 또는 계승자들에 의해 쓰였다. 헤시오도스의 『신통기』는 그리스 신들의 계보를 나름대로 체계적으로 정리하고 있는 작품으로 매우 중요하다고 할 수 있다. 또한 인류 탄생 신화를 통해 인간 세계에 어떻게 악이 기원했는가를 설명하고 있다.

다음으로 그리스 서정시인들인 사포Sappho와 아르킬로코스Archilochos 및 핀다로스Pindaros의 작품들로 신화적 주제를 담고 있기 때문에 살펴볼 필요가 있다. 현존하는 시를 보면 사포는 곤경에 처하여 아프로디테를 부르며 자신을 도와줄 것을 믿는다고 말하기도 하고, 또는 자신의 늙음을 한탄하며 에오스의 연인 티토노스에 비유하기도 한다. 아르킬로코스는 제우스가 하늘의 지배자이며 인간의 행위를 보고 선과 악을 심판하는 분이라고 말하기도 하고, 신들은 모든 것을 변화시킬 수 있다고도 한다. 핀다로스는 『올림피아』, 『네메아』, 『퓌티아』 등의 작품들을 통해 그리스 신들에 대해 더욱 높은 신격을 부여한다. 가령 제우스에 대해 그는 '구원자', '구세주', '지배자'라는 표현을 하고 있다. 서정시인들은 사람들의 감정을 움직이며 그리스 신들을 인간의 감성 안에서 살아 움직이게 한다. 그들은 대부분 자신의 마음을 표현하기 위해 그리스 신들이나 인간들을 끌어와 독자들의 심금을 울리는 방법을 사용하고 있다.

마지막으로 헬레니즘과 로마 시대의 파우사니아스Pausanias, 로도스의 아폴로니우스Apollonius, 아폴로도로스Apollodoros, 오비디우스Ovidius, 키케로Cicero의 작품들도 읽어야 할 것이다. 가령 파우사니아스는 『그리스 안내기 Periegesis tes Hellades』를 써서 그리스의 지형, 도시, 기념물, 전통들에 대한 자

사포와 파온_여류 시인 사포는 아름다운 청년 파온을 사랑하였으나 실연당한다. 자크 루이 다비드의 그림. 1809년.

세한 정보를 준다. 우리는 이를 통해 그리스의 다양한 문화와 신화 및 종교 등에 대한 정보를 얻을 수 있다. 아폴로도로스는 오늘날 그리스 신화 책과 유사한 형태로 내용을 정리해내고 있다. 그는 주로 가문과 사건을 중심으로 삼고 있다. 가령 데우칼리온 가문, 이나코스 가문, 아게노르 가문, 펠롭스 가문 등을 중심으로 계보를 정리하고, 다른 한편으로 아르고호의 탐험, 테베 전쟁, 트로이 전쟁의 발단과 경과 및 귀환 등을 중심으로 그리스 신화를 정리하고 있다. 오비디우스는 『변신 *Metaporphoses*』, 『사랑 *Amores*』, 『축제 달력 *Fasti*』 등의 작품을 썼다. 그는 어떤 측면에서 고대 그리스 신화를 아주 통속적인 방식으로 정리하였다. 이런 이유로 예술적이고 상상력이 풍부하기도 하지만 그리스 신화와 종교를 연구하는 데는 적합한 자료로 평가받지 못하기도 한다. 서구 예술가들이 처음에 그리스 신화의 주제를 예술 작품으로 만들 때 많은 경우 오비디우스의 작품에 기초하여 그림과 조각 등을 만들어 그리스 신화의 본래적인 측면이 제대로 전달되지 못한 측면이 있다.

그리스 비극의 영웅들

서구 문학의 고전인 그리스 비극은 대부분 그리스 신화를 주제로 삼고 있다. 일반적으로 아이스퀼로스Aeschylos, 에우리피데스Euripides, 소포클레스Sophocles를 그리스 비극의 3대 작가라 부른다. 아이스퀼로스의 대표작으로 흔히 '오레스테이아 3부작'이라 불리는 『아가멤논 *Agamemnon*』, 『제주를 붓는 여인들 *Choephoroi*』, 『자비로운 여신들 *Eumenides*』이 있다. 『아가멤논』은 그리스 신화에서 트로이 전쟁에서 승리하고 돌아오는 아가멤논을 클뤼타임네스트라Klytaimnestra가 살해하는 이야기를 담고 있다. 『제주를 붓는 여인들』은 아가멤논의 자식들인 엘렉트라Electra와 오레스테스Oresteia가 성장

하여 아가멤논의 무덤에서 재회하고 아버지의 복수를 모의한 후 궁전으로 들어가 아이기스토스와 어머니 클뤼타임네스트라를 차례로 살해하는 이야기이다. 『자비로운 여신들』은 어머니를 살해한 오레스테스가 복수의 여신들인 에리뉘에스Erinyes에게 쫓기다가 델포이 신전에서 아폴론의 도움을 받아 아테네로 가서 아테나 여신이 주재하는 재판에서 무죄를 선고받고 복수의 여신들이 자비의 여신으로 변모된다는 이야기이다.

에우리피데스의 현존하는 작품들로는 『메데이아 Medeia』, 『알케스티스』, 『박코스의 여신도들 Bakchai』, 『트로이의 여인들 Troiades』, 『히폴뤼토스』 등이 남아 있다. 『메데이아』는 이아손과 함께 아르고호를 타고 황금 양피를 갖고 돌아온 메데이아가 코린토스의 왕녀 크레우사와 결혼하려는 이아손에게 배신감을 느껴 자기 자식들을 죽인다는 이야기이다. 『박코스의 여신도들』은 테베의 펜테우스Pentheus 왕이 자신의 사촌이기도 한 디오뉘소스 신을 박해하다가 광기 들린 자신의 어머니 아가우에Agaue와 다른 여인들의 손에 찢겨 죽게 되는 이야기이다. 『트로이의 여인들』은 트로이 전쟁이 끝난 후 프리아모스 왕의 아내 헤카베Hekabe가 그리스군에게 남편과 아들들을 모두 잃고 절망하다가 전쟁의 발단이 된 헬레네가 메넬라오스Menelaos의 품으로 되돌아가려는 것을 막기 위해 논쟁을 벌이는 이야기가 주요 내용이다.

소포클레스의 비극 작품인 『오이디푸스 왕 *Oidipous Tyrannos*』, 『콜로노스의 오이디푸스 *Oidipous epi Kolonoi*』, 『안티고네』, 『필록테테스 *Philoktetes*』 등도 비슷한 주제로 이루어져 있다. 『오이디푸스 왕』은 우리에게 너무나 잘 알려진 테베의 오이디푸스 왕이 전왕인 라이오스Laios의 살해범을 추적하던 가운데 자신이 아버지를 살해했을 뿐만 아니라 어머니와 함께 자식을 낳은 것을 알게 되는 과정을 이야기하고 있다. 『콜로노스의 오이디푸스』는 테베를 떠나 그리스 전역을 방랑하며 고행하던 늙은 오이디푸스가 콜로노스에서 죽음을 맞이하게 되면서 벌어지는 이야기에 대한 것이다. 『필록테테스』는 트로이로 가던 그리스군이 뱀에 물려 고통스러워하던 필록테테스를 렘노스 섬에 버렸다가 나중에 트로이 전쟁에 이기기 위해 필록테테스가 필요하다는 것을 알고 다시 데리러 간 오뒷세우스와 네오프톨레모스Neoptolemos가 필록테테스와 갈등을 일으키고 화해를 하는 이야기이다.

이와 같이 거의 대부분의 그리스 비극 작품은 그리스 신화의 주요 인물을 주인공으로 삼아 아주 섬세하고 치밀한 이야기를 전개하고 있다. 따라서 그리스 비극 작품은 그리스 신화를 이해하는 데 반드시 읽어야 할 자료이다. 그리스 신화는 그리스의 비극 작품 속에서 강한 생명력을 얻게 되었을 뿐만 아니라 보다 진지하게 사유되었으며 체계화되었기 때문이다. 실제로 그리스 비극은 대부분 기존의 신화를 심화시켜 인간의 운명과 자유 등 다양한 철학적 주제를 담고 있다. 그리스 비극 작품들 외에도 비록 신화적 인물을 주인공으로 삼고 있지는 않지만 그리스의 일상적인 삶과 정신을 잘 드러내주는 아리스토파네스Aristophanes의 희극 작품들도 섭렵할 필요가 있다.

그리스 철학

또한 그리스 자연철학자들의 단편들과 플라톤Platon과 아리스토텔레스Aristoteles의 수많은 철학서에 대한 연구가 필요하다. 그리스 신화는 철학자들의 세계관과 인간관에도 상당한 영향을 미쳤기 때문에 철학적 사유와 모델은 중요한 단서가 된다. 그렇지만 그리스 철학은 기존의 그리스 신화에 비판적 태도로부터 출발한다. 가령 그리스 철학자 가운데 엘레아 학파의 시조라 불리는 크세노파네스Xenophanes는 그리스 신들에 대한 기존의 입장 가운데 특히 신인동형론을 본격적으로 비판하면서 그리스 신화의 근본적인 문제점을 제기하고 있다.

또한 다원론자인 엠페도클레스Empedocles도 자신의 철학적 논의에 신화적 사유를 배경으로 삼고 있다. 현존하는 철학적 단편들을 보면 그는 네 가지 원소들에 신의 이름을 붙였다. 가령 불은 빛나는 제우스Zeus, 공기는 생명을 가져다주는 헤라Hera, 흙은 아이도네우스Aidoneus, 물은 눈물을 흘려 인간의 샘물들에 물을 공급하는 네스티스Nestis라 부른다.[23] 플라톤도 크세노파네스와 같이 그리스 신화에 나타난 신관에 대해 전면적으로 재검토할 것을 요구한다. 특히 그리스 신들의 윤리적인 측면과 관련하여 호메로스와

그 작품들을 맹렬하게 비판한다. 더욱이 플라톤은 철학적 논의를 보다 쉽게 이해시키기 위해 비유, 은유, 신화 등의 다양한 설명 방식을 사용하였다. 그는 당시 그리스인들에게 친숙한 그리스 신화를 그대로 사용하기보다는 자신의 목적에 따라 철학적으로 재구성하여 사용하였다.

그리스 철학 외에도 종교와 정치, 역사 및 예술 등의 관련 자료들을 섭렵할 필요가 있다. 일단 그리스 역사와 정치 및 문화 등에 대한 연구는 그리스 신화의 배경을 이루고 있는 그리스인들의 사유 방식과 가치관을 이해할 수 있게 해주며, 현대인의 관점에서 재평가할 수 있는 자료를 제공한다. 특히 그

플라톤의 두상_플라톤은 기원전 388-385년경 아테네에 아카데미를 설립한 유명한 철학자이다. 아카데미는 기원후 529년 유스티니아누스의 칙령으로 폐쇄되었다. 80세쯤에 죽었고, 그곳에 묻혔다고 한다. 그는 그리스인들에게 친숙한 그리스 신화를 그대로 사용하기보다는 자신의 목적에 따라 철학적으로 재구성하였다. 청동조각가 실라니온이 플라톤의 사후에 아카데미에 전시할 초상 입상을 제작했다고 한다. 4세기 중반의 원작을 모각.

리스 신화는 종교 속에서 더욱 구체적인 형태로 드러나며, 올륌포스 신들뿐만 아니라 다른 여러 신의 색다른 측면들을 발견해낼 수 있기 때문에 면밀히 연구될 필요가 있다. 더욱아 그리스 예술 작품 중 도기 그림들의 경우는 훗날 다른 문화와 종교에 의해 덧칠해진 그리스 신화의 원형을 복원하는 데 많은 도움이 된다. 신화는 인간 정신의 총체적인 산물이기 때문에 다양한 영역의 학문과 연계하여 연구되어야 보다 정확하고 깊이 있게 이해될 수 있다. 이와 같이 그리스 신화를 이해하기 위해서는 기원전 8세기 경에 쓰인 걸로 추정되는 그리스 서사시로부터 서정시와 비극 및 철학, 나아가 헬레니즘 시대에 이르기까지 수많은 문헌들에 대한 연구가 필요하다. 바로 이곳에 우리가 알고 있는 그리스 신들의 다양한 모습이 원형적으로 담겨져 있기 때문이다.

현대 신화 연구서의 풍요와 빈곤

그러나 이 모든 자료를 읽으라고 하는 것은 실제로 전문적인 연구자가 아닌 단지 신화를 좋아하는 일반인과 다른 분야의 연구자에게 지나친 요구가 될 것이다. 따라서 일반인에게 가장 권장할 만한 책은 적어도 1차 문헌들에 충실한 신화 개설서나 입문서라 할 것이다. 그리고 이러한 책은 최소한 다양한 신화의 전승들을 정확하게 수집하고 정리해낼 수 있는 탁월한 능력을 가진 전문적인 연구자에 의해 쓰여야 한다는 것이 기본 전제가 되어야 할 것이다. 세부적으로 첫째, 전문적인 신화 연구가에 의해 객관적 기준에 따라 집필되고, 둘째, 모든 자료에 대해 인용출처를 정확하게 밝히며, 셋째, 한 주제에 대한 다양한 전승을 소개한다는 기준들을 만족시켜야 할 것이다. 이러한 요건에 부합되는 책으로 케레니Kerenyi의『그리스 신화』와 로버트 그레이브스R. Graves의『그리스 신화』를 추천할 수 있다. 그레이브스의 책은 주제에 따라 내용을 순차적으로 정리하고 인용출처를 한꺼번에 표시한다는 점에서 사전적인 인상을 많이 주며 각 인용의 출처를 따로 명기하지 않은 점이 아쉽게 느껴진다. 케레니의 책은 세 조건들을 두루 만족시키지만 다양한 전승을 소개하려는 노력이 자칫 난삽하게 읽히는 원인이 되기도 하고 다소 지루한 문체가 인내를 요구하기도 한다. 그러나 모두 내용 면에서는 탁월한 신화 소개서라 할 수 있다.

서구에는 단순히 신화 소개서뿐만 아니라 신화에 대한 수많은 전문적인 연구서도 발표되어 있다. 그러나 우리에게 소개된 것은 아직 소수에 그치고 있다. 현재 우리나라에 번역된 중요한 신화 책으로는 프레이저Frazer의『황금가지 *The Golden Bough*』와 캠벨Cambell의『신의 가면 II III』,『신화의 세계』,『신화의 힘』,『천의 얼굴을 가진 영웅』등과 엘리아데Eliade의『우주와 역사』,『종교형태론』,『이미지와 상징』등이 있다. 또한 직접적으로 신화의 내용을 다루지는 않지만 그리스 신화를 이해하기 위한 중요한 단서를 제공한다고 평가되는 작품 가운데 영국 캠브리지 제의학파에 속하는 콘포드 Conford의 『종교에서 철학으로』는 신화뿐만 아니라 철학적으로도 상당히 중요한 작품이며, 브루노 스넬Bruno Snell의 『정신의 발견』도 서구정신사에 한 획을 긋는 작품이라 할 수 있다.

　최근에 프랑스의 신화학자 마르셀 데티엔Marcel Detienne의 『신화학의 창조』가 번역 소개되었다. 데티엔은 『아도니스의 정원 Les jardins d' Adonis』으로 명성을 떨쳤고, 베르낭Vernant과 함께 『지성의 간지 Ruses d' intelligence, Cunning intelligence in Greek culture and society』를 저술하기도 했다. 베르낭은 상당히 주목할 만한 학자로 신화와 철학 및 문학 등의 경계를 넘나들며 신화에 대한 중요한 성찰을 남겼다. 현재 베르낭의 경우에 『그리스 사유의 기원』과 『옛날 옛적에』라는 일반인을 위한 개설서가 번역되어 있지만, 베르낭이란 작가를 이해하기 위한 중요한 다른 작품들이 소개되어야 할 것이다. 특히 베르낭의 『그리스인들의 신화와 사상 Mythe et pensee chez les Grecs』과 『고대 그리스의 신화와 사회 Mythe et societe en Grece ancienne』는 매우 중요한 작품이라 할 수 있다.

　나아가 21세기에 들어 고전문헌학에서 신화 연구의 중요한 획을 그은 제인 해리슨의 경우에 『고대 예술과 제의』라는 작품이 하나 번역되어 있지만 『테미스 Themis』와 『그리스 종교 연구 서설 Prolegomena to the Study of Greek Religion』을 읽지 않는다면 해리슨을 제대로 평가할 수 없을 것이다. 특히 그리스 신화와 종교를 포괄적으로 설명하고 있는 부케르트Walter Burkert의 『그리스 종교 Griechische Religion der archaischen und klassischen Epoche』와 『호모 네칸스 Homo Necans』도 반드시 읽어보아야 할 책이라 할 수 있다. 또한 그리스 신화와 종교의 기원에 관한 닐슨Nilsson의 『뮈케네의 기원과 그리스 신화 The Mycenaean Origin and Greek Mythology』와 디트리히B.C. Dietrich의 『그리스 종교의 기원 The Origins of Greek Religion』도 한 번쯤 읽어볼 필요가 있다.

프레이저의 『황금가지』도 인류학 쪽에서 고전이므로 읽어볼 필요가 있다. 현대에 들어 신화적 사고를 인간 사고의 보편적 특질이 나타나는 토테미즘에서 찾으려 했던 레비-스트로스Levi Strauss의 『슬픈 열대』, 『야생의 사고』, 『신화의 의미』 등도 일독할 필요가 있다. 나아가 서구 합리주의와 이성주의 폐단을 비판하며 상상력의 복권을 꿈꾸는 질베르 뒤랑Gilbert Durand의 『상징적 상상력』, 『상징적인 것의 인간학』, 『상상력의 과학과 철학』, 『신화 비평과 신화분석』 등이 번역되어 참고할 수 있다.

또한 고고학에서 김부타스Marija Gimbutas의 『구유럽의 여신들과 신들 *The Goddesses and Gods of Old Europe*』과 『여신의 언어 *The Language of The Goddess*』도 아주 탁월한 작품이며, 사회학에서 바호펜 J.J. Bachofen의 『신화, 종교, 어머니의 권리 *Myth, Religion, and Mother Right*』와 『어머니들 *Mothers*』이 중요한 작품들이며, 슬레이터 Philip E. Slater의 『헤라의 영광 *The Glory of Hera*』도 추천할 만한 작품이다. 그 외에도 정신분석학적인 관점에서 신화를 접근하려는 사람에게는 프로이트Freud의 후기 작품들과 칼 융Carl Jung의 대다수의 작품을 비롯하여 노이만 Erich Neumann의 『위대한 어머니 여신 *The Great Mother*』과 『의식의 기원과 역사 *The Origins and History of Consciousness*』도 읽을 필요가 있다.

전체적으로 평가해볼 때 우리 학문의 전반적 풍토에 비추어 비교적 다양한 분야의 신화 관련 서적이 번역된 것으로 보이지만, 실제로 신화 연구의 기본 문헌이나 신화학의 중요 문헌들은 대다수가 소개되지 못하거나 번역되지 않은 실정이라는 것을 알 수 있다. 우리가 궁극적으로 신화를 연구하려 할 때 난관에 부딪히게 되는 이유는 신화에 대한 기본 문헌들은 물론이고 신화학의 수많은 자료를 접하기 어렵다는 데 있다. 현재 우리에게 소개되고 있는 책들만으로는 신화 연구가 안고 있는 산적한 수많은 문제를 해결하는 데는 한계가 있는 것이다.

1. B.C. Dietrich, *The Origins of Greek Religion*, Walter de Gruyter, 1973, p.5.

2. 토마스 마틴, 『고대 그리스의 역사』, 이종인 옮김, 가람기획, 2003, p.38.

3. 그리스 종교의 기원과 관련하여 미노아 문명과 뮈케네 문명에 관해 다음의 책들을 참조. cf. Nilsson, M.P., *The Mycenaean Origin and Greek Mythology*, California U.P., 1972. Dietrich, B.C., *The Origins of Greek Religion*, Berlin, 1974.

4. 알렉상드르 파르누, 『크놋소스: 그리스 원형 미노아 문명』, 시공사, 66-68면.

5. Burkert, W., *Greek Religion*, Basil Blackwell, 1985, p.20.

6. Thomas R. Martin, *Ancient Greece*, 『고대 그리스의 역사』, 이종인 옮김, 가람기획, 2003, 50면.

7. Pierre Leveque, 『그리스 문명의 탄생』, 시공사, 2001, 16면.

8. cf. Antony Andrewes, *Greek Society*, 『고대 그리스사』, 김경현 옮김, 이론과 실천, 1991, 32면.

9. Burkert, W., *Greek Religion*, Basil Blackwell, 1985, p.40.

10. *ibid.*, p.43.

11. Kitto, *The Greeks*, 『그리스 문화사』, 김진경 옮김, 탐구당, 1994, 31-32면.

12. cf. Burkert, *ibid.*, p.47.

13. Antony Andrewes, *Greek Soceity*, 『고대 그리스사』, 김경현 옮김, 이론과 실천사, 1991, 47면, 51면.

14. Kitto, 같은 책, 18면.

15. Pausanias, *Hellados Periegeseos*, 3.1.

16. Pausanias, 8.1.4.

17. Platon, *Protagoras*, 320c.

18. Apollodoros, *Bibliotheca*, 1.7.3.

19. Pausanias, 7.1.2; 7.1.5.

20. Homeros, *Ilias*, 10.261-165.

21. William L. Langer, *Perspectives in Western Civilization*, 『호메로스에서 돈키호테까지』, "호메로스를 새로 읽는 법", 31면 이하 참조.

22. cf. Barry B. Powell, *Classical Myth*, Prentice Hall, 2001, pp. 595-596.

23. Aetius I, 3, 20.

올림포스에서 신들을 내려다보다

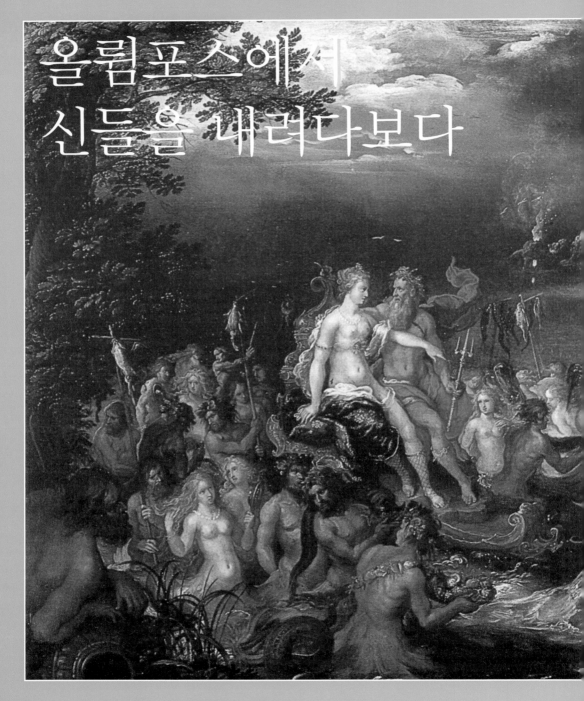

포세이돈과 암피트리테. 프란체스코 프랑켄 2세의 그림.

Greek Mythology

IV

풍요의 뿔 코르누코피아의 탄생

북유럽 미술 전통에서 신화 주제는 흔하지 않다. 얀센스는 강의 신과 요정들이 풍요의 뿔에 과일과 수확물로 채우는 장면을 재현한다. 전쟁과 빈곤의 시대에 근심없는 풍요를 꿈꾸었던 화가는 신화의 소재를 빌려서 역사의 희망을 표현한다. 아브라함 얀센스의 그림.

신들도 족보가 있을까 1

Greek Mythology

그리스 사회는 다신교였기 때문에 수많은 신이 존재하였다. 그런데 곰곰이 살펴보면 그리스 신화에 등장하는 수많은 신은 단순히 무작위로 나열되어 있지만은 않다. 물론 그리스의 신들이 처음부터 체계적으로 정리되어 있던 것은 아니다. 수많은 신이 인간의 의식 속에 태어났다가 사라졌다. 그 과정에서 오랜 세월 동안 인간의 의식 속에서 지속적으로 영향력을 발휘했던 가장 근원적이며 원형적인 신들만 남게 되었다. 더욱이 수많은 세월 동안에 처음부터 정착해 있던 민족과 새로운 문화를 가진 민족들이 들어와서 함께 섞여 살면서 신들도 다양한 방식으로 서로 흡수, 통합되어갔다. 점차 그리스 신화도 상당히 체계적으로 정리되기 시작했다.

이러한 그리스 신화는 초기에는 일목요연하게 정리되지 못하고 나중에 후대 작가들에 의해 정리되었을 것이라고 추측한다. 타당한 생각이라 할 수 있다. 그러나 그리스 신들의 계보는 근대나 현대에 이르러 정리된 것은 아니고 이미 그리스 시대부터 어느 정도 체계화된 것이다. 헤시오도스는 『신통기』라는 작품을 통해 그리스 신들의 계보를 정리하였다.

그리스 신들의 계보는 헤시오도스의 작품을 기준으로 삼아 호메로스나 핀다로스 등과 같은 그리스 서사시인과 서정시인 및 비극작가의 작품들은 물론이고 남아 있는 헬레니즘 시대의 작가들의 작품들과 단편들에 의존하여 완성되었다.

그리스 최초의 신은 누구인가

그리스 최초의 신으로 가이아 여신을 얘기한다. 그러나 이것은 헤시오도스의 전통에 따른 것으로 틀리지는 않지만 정확한 답변이라 할 수는 없다. 왜냐하면 그리스의 최초의 신은 여러 명이기 때문이다. 최초의 신이 여럿이라는 것은 무슨 말인가? 그것은 그리스의 우주 생성 신화가 단 하나만 있는 것이 아니라 여러 가지가 있기 때문이다. 크게 네 종류로 구별하자면 펠라스고스 신화, 오르페우스 신화, 호메로스 신화, 헤시오도스 신화가 있다. 각 신화의 명칭은 그것을 만든 민족이나 개인의 이름을 따라 지은 것이다. 가령 펠라스고스 신화는 그리스 선사 시대의 시조의 이름인 펠라스고스로부터 유래된 펠라스고스인들의 신화를 가리키며, 오르페우스 신화는 오르페우스로부터 비롯된 종교에서 말하는 신화를 가리킨다. 나머지 호메로스 신화와 헤시오도스 신화는 각각 호메로스와 헤시오도스라는 기원전 8세기경의 서사시인들에 의해 쓰인 신화를 말한다. 따라서 그리스 신화의 최초의 신은 각 신화마다 다르다.[1]

첫째, 펠라스고스 신화는 최초의 신을 에우뤼노메Eurynome라 부른다. 태초에 에우뤼노메는 벌거벗은 채로 카오스로부터 올라왔다. 에우뤼노메는 발 디딜 만한 곳을 찾지 못하여 하늘과 바다를 나누고 홀로 물결 위에서 춤을 추었다. 그녀가 바람을 잡아 손바닥에서 비벼대자 커다란 뱀 오피온Ophion이 되었다. 에우뤼노메는 오피온과 짝을 이룬 후에 비둘기의 형상으

유랑하는 오르페우스_오르페우스는 죽은 아내 에우뤼디케를 되찾기 위해 하데스를 여행했다. 오르페우스가 정립한 오르페우스 종교는 영혼불멸과 윤회를 주요 교리로 삼았고 피타고라스학파와 플라톤에게 많은 영향을 미쳤다. 귀스타브 모로의 그림. 1880년경.

로 우주의 알을 낳았다. 오피온은 에우뤼노메의 명령에 따라 알이 부화할 때까지 알을 일곱 번이나 친친 감았다. 마침내 알이 둘로 갈라져 모든 것이 생겨났다. 그런데 오피온은 자신이 우주 창조자라고 말하여 에우뤼노메를 화나게 만들었다. 결국 에우뤼노메는 발꿈치로 오피온의 머리를 밟아 상처를 내고 이빨을 뽑아 땅 밑에 있는 어두운 동굴로 내쫓았다.

'에우뤼노메'는 '널리 다스리는'을 의미하며 달의 여신을 가리키는 것으로 보인다.[2] 달은 모든 변화하는 세계와 변화하지 않는 세계를 지배하는 총체적 원리에 관한 이미지이다. 고대에 바람은 생명 혹은 영혼을 상징하였다.[3] 그러므로 오피온을 만들기 위해 바람을 손바닥에 비볐다는 행위는 생명력을 폭발적으로 증대하고 강화시키는 과정을 설명한다. '뱀'은 위대한 어머니 여신의 중요한 상징으로 '새'와 더불어 생명력의 원천으로서 물을 상징하였다. 그래서 에우뤼노메가 비둘기의 형상을 하고 알의 형태로 우주를 낳은 것이다. 특별히 비둘기는 다산과 풍요를 상징하는 동물이었다. 오피온은 에우뤼노메가 낳은 우주의 알을 부화시켜 하늘과 땅으로 갈라져 모든 것이 탄생하도록 만드는 역할을 한다. 그러나 오피온은 단지 종속적인 존재에 불과한데도 불구하고 자신이 우주를 만들었다고 오만을 부리다가 에우뤼노메에게 쫓겨 지하 세계로 내려간다.

둘째, 오르페우스 신화는 아주 다른 전승들로 이루어져 있다.[4] 오르페우스 종교의 성전이나 교리는 현재 거의 전해지지 않으며, 다만 후대에 신플라톤주의 학자들이나 다른 학자들에 의해 인용되어 단편들로 남아 있다. 그래서 누가 어떻게 전하느냐에 따라 서로 다른 내용이 전해지고 있어 일관성있게 설명하기는 어렵다. 가장 잘 알려진 전승에 따르면 최초의 신은 밤의 여신 뉙스이다.[5] 뉙스는 바람과 결합하여 영원한 생명력을 가진 우주를 상징하는 은빛 알을 낳는다. 바로 이 은빛 알이 갈라지면서 신 가운데 최초의 존재인 파네스Phanes가 나와 모든 것을 창조하였다. 여기서 파네스

는 우주의 알을 분리시키는 일종의 운동의 내적 원리로서뿐만 아니라 모든 것을 창조하는 원동력으로 나타난다. 오르페우스 신화에서는 모든 것의 원천이 '밤'이며, 여기서 나온 '빛나는 자'를 의미하는 파네스에 의해 모든 것이 생겨난다고 말하는 것이다.

셋째, 호메로스 신화는 우주적 강인 오케아노스Oceanos와 테튀스Tethys 여신이 최초의 신들로 등장한다. 호메로스에 의하면 우주를 둘러싸고 있는 오케아노스와 테튀스는 신들의 부모라 불린다.[6] 오케아노스는 강의 신이고 테튀스는 바다의 신이다. 이것은 물이 모든 것의 원천이라는 것이다. 오케아노스는 강의 신이라 하지만 우리가 쉽게 볼 수 있는 강과는 다르다. 그것은 우주의 강으로 대지를 둘러싸고 있는 물이다. 호메로스 신화에서는 모든 것이 영원한 생명력의 원천인 '물'로부터 생겨났다고 말하고 있다. 물은 고대인들에게서 '생명력'의 가장 일반적인 상징물이었다. 사실 근동 지역의 모든 창조 신화는 바로 태초의 '물'로부터 시작한다.

오케아노스라는 이름은 원래 셈족어 또는 페니키아어에서 '원을 그리는' 혹은 '순환하는'을 의미한다. 그리하여 오케아노스는 지상은 물론이고 천상과 지하까지도 둘러싸고 있다. 즉, 그것은 지상의 모든 강으로 흘러갈 뿐만 아니라 천상을 둘러싸고 있어 비를 내리고 지하 세계에까지 흐른다. 그래서 호메로스는 오케아노스가 우라노스를 둘러싸고 있으며, 해와 달과 별들이 오케아노스의 물에 잠기는 것으로 말한다.[7] 오케아노스는 대지를 둘러싸고 있는 물로서 자기 자신으로부터 흘러나와서 자기 자신에게 되돌아가는 원형적인 흐름을 유지한다. 따라서 그것은 영원한 생명의 흐름을 상징한다.

넷째, 헤시오도스는 가이아를 최초의 여신으로 부르고 있다. 『신통기』에 따르면 태초에 카오스Chaos가 생겨났고, 그 다음에 모든 것의 영원한 거주지인 넓은 가슴을 지닌 가이아와 대지의 심연 속에 있는 타르타로스와, 불멸의 신들 중 가장 아름다우며 사지를 느슨하게 하며 모든 신과 인간의 정신을 지배하는 에로스가 태어났다.[8] 여기서 가장 먼저 생긴 것은 분명 카오스이다. 그럼에도 불구하고 최초의 신을 가이아라 하는 것은 무슨 이유일까? 그것은 카오스가 인격화가 되어 있지 않기 때문이다. 카오스는 원래 '크게 입을 벌리다'를 의미하는 동사인 카이레인Xairein이나 카스케인 Xaskein과 같이 '입 벌림, 틈, 하품'을 의미하는 카Xa에서 파생되었다. 그것은 우주가 생성되는 순간에 우주가 벌어져 틈이 생겼다는 의미로 해석된다. 가이아는 '땅'을 인격화한 여신으로 처녀 생식을 통해 우주의 주요한 요소들을 생성해내는 걸로 나온다. 이것은 모든 것이 '땅'으로부터 생겨났다고 말하는 것이다.

현재 우리에게 가장 잘 알려져 있고 가장 체계적으로 신들의 계보를 설명하고 있는 것은 헤시오도스 신화이다. 따라서 헤시오도스의 구분에 따라 그리스 신들의 계보를 다음과 같이 말할 수 있다. 태초에 가이아 여신이 태어났다. 모든 것은 가이아로부터 비롯되었다. 가이아Gaia는 그리스어로 가Ga, 게Ge라는 어간에서 나왔는데 '땅'을 의미한다. 가장 먼저 가이아는 처녀 생식하여 우라노스와 폰토스Pontos 및 산山들을 낳는다. 말하자면 땅으로부터 하늘과 바다와 산들이 생겨나는 것이다. 가이아는 우라노스와 폰토스와 각각 결합하여 하늘과 바다의 옛날 신들을 낳는다.

티탄족 신들은 누구인가

가이아는 먼저 우라노스와 결합하여 자식들을 낳는데, 흔히 이들을 티탄족이라 부른다. 티탄족은 오케아노스, 코이오스Koios, 크리오스Krios, 휘페리온, 이아페토스Iapetos, 크로노스 등 여섯 명의 아들과, 테이아Theia, 레아, 테미스, 므네모쉬네, 포이베, 테튀스 등 여섯 명의 딸을 말한다. 열두 명의 티탄 중 오케아노스와 테튀스, 코이오스와 포이베, 휘페리온과 테이아, 크로노스와 레아 등 여덟 명은 각자 자신들의 여자 형제나 남자 형제들과 결합하여 네 쌍이 탄생된다.

나머지 네 명의 티탄 신은 제외되었다. 그들은 바로 크리오스와 이아페토스, 테미스와 므네모쉬네였다. 두 자매 테미스와 므네모쉬네는 제우스와 결합하여 각기 호라

제주를 붓는 아폴론_아폴론은 포이보스라는 유명한 별칭을 티탄족의 하나인 포이베로부터 물려받으면서 태양신의 역할을 차지한다. 흰색 접시술잔의 안쪽 그림. 기원전 470년경.

이와 무사이 여신들을 낳는다. 자연히 다른 두 형제인 크리오스와 이아페토스는 다른 종류의 신과 결합할 수밖에 없었다.

크리오스는 바다의 옛날 신 폰토스의 딸 에우뤼비아Eurybia와 결합하여 아스트라이오스Astraios, 팔라스Pallas, 페르세스Perses를 낳았고, 이아페토스는 오케아노스의 딸 아시아Asia(혹은 클뤼메네Clymene)와 결합하여 제우스에 의해 벌을 받은 유명한 아틀라스Atlas와 프로메테우스와 에피메테우스를 낳았다.

오케아노스와 테튀스는 스튁스, 아시아, 엘렉트라, 도리스, 메티스 등과 같은 오케아니데스라 불리는 유명한 50명의 딸을 비롯해 최소한 3,000여 명에 이르는 자식을 낳는다.

코이오스와 포이베는 아스테리아Asteria와 레토를 낳았다. 특히 레토는 제우스와 결합하여 아폴론과 아르테미스를 낳았다. 아폴론은 특히 포이보스라는 유명한 별칭을 포이베로부터 물려받으면서 기존의 티탄족 신인 휘페리온과 헬리오스의 대표적인 기능인 태양신의 역할을 차지한다. 아르테미스 여신도 셀레네가 가졌던 달의 여신의 역할을 차지하게 된다. 휘페리

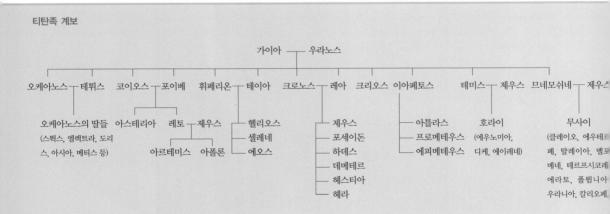

티탄족 계보

가이아 — 우라노스

오케아노스 — 테튀스   코이오스 — 포이베   휘페리온 — 테이아   크로노스 — 레아   크리오스   이아페토스   테미스 — 제우스   므네모쉬네 — 제우스

오케아노스의 딸들
(스튁스, 엘렉트라, 도리스, 아시아, 메티스 등)

아스테리아   레토 — 제우스

아르테미스   아폴론

헬리오스
셀레네
에오스

제우스
포세이돈
하데스
데메테르
헤스티아
헤라

아틀라스
프로메테우스
에피메테우스

호라이
(에우노미아, 디케, 에이레네)

무사이
(클레이오, 에우테르페, 탈레이아, 멜포메네, 테르프시코레, 에라토, 폴뤼니아, 우라니아, 칼리오페

온과 테이아는 태양과 달 및 새벽을 가리키는 헬리오스, 셀레네, 에오스를 낳았다. 크로노스와 레아는 제우스, 포세이돈, 하데스라는 세 명의 남자 형제와 헤라, 데메테르, 헤스티아라는 세 명의 여자 형제를 낳아 올림포스 신들의 주축을 이룬다.

바다의 옛날 신들과 괴물들

가이아는 바다의 옛날 신인 폰토스와도 결합하여 네레우스Nereus, 타우마스Thaumas, 포르퀴스Phorcys, 케토Ceto, 에우뤼비아 등 수많은 바다의 신을 낳는다.[9] 폰토스의 아들들은 대부분 오케아노스의 딸들과 결합하였고, 폰토스의 딸은 우라노스의 아들과 결합하였다.

네레우스는 오케아노스의 딸 도리스와 결합하여 플로토Ploto, 암피트리테, 테티스 등과 같은 네레이데스라는 50명의 딸을 낳았다.[10] 타우마스도 역시 오케아노스의 딸 엘렉트라와 결합하여 이리스Iris와 하르퓌이아들Harphyiai을 낳았다.[11]

에우뤼비아는 우라노스의 아들 크리오스와 결합하여 여러 자식을 낳았다. 그러나 포르퀴스는 자신의 누이인 케토와 결합하여 그라이아이와 고르고네스를 낳았고, 고르고네스 가운데 메두사가 포세이돈과 결합하여 크뤼사오르Crysaor와 페가소스를 낳았다.[12] 나중에 크뤼사오르는 칼리로에와 결합하여 게뤼온Geryon과 에키드나Echidna를 낳았다.

수많은 괴물의 어머니인 에키드나는 튀폰(혹은 튀파온)과 결합하여 오르토스Orthos, 케르베로스Cerberos, 레르나의 휘드라Hydra, 키마이라 등을 낳았으며, 자신의 아들 오르토스와 결합하여 픽스Phix와 네메아의 사자를 낳았다.[13]

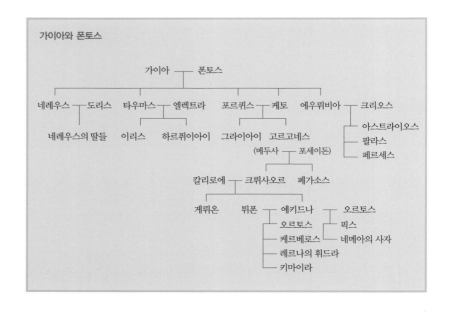

가이아와 폰토스

가이아의 괴물 자식들

가이아는 우라노스와 결합하여 열두 명의 티탄 족 신 외에도 각기 세 명씩 모두 여섯 명의 특별한 신을 낳는다. 그들을 편의상 괴물 자식들이라 말하고 있지만 엄밀히 부정적인 특성을 가진 것은 아니다. 여기서 '괴물'이라는 말은 인간을 기준으로 신체적으로 특정 부위가 더 많거나 또는 더 적은 경우에 사용하였다. 가령 우리는 가이아의 괴물 자식들로 퀴클로페스와 헤카톤케이레스라는 두 종류의 신을 애기한다. 퀴클로페스는 이마의 중앙에 눈을 하나만 가지고 있고 헤카톤케이레스는 머리 50개에 팔이 100개나 달려 있다. 이러한 외모와는 달리 그들은 정의롭지 않은 방식으로 불특정 다수를 괴롭히는 역할을 하고 있지는 않다.

좀더 자세히 보자면 가이아는 퀴클로페스인 '천둥'을 의미하는 스테로페스Steropes, '번개'를 의미하는 브론테스Brontes, '벼락'을 의미하는 아르게스Arges를 낳았다.[14] 우라노스의 미움을 받아 지하 세계의 가장 깊은 곳인 타르타로스에 갇히게 된 퀴클로페스는 나중에 제우스가 구해준 것을 고마워하여 그에게 천둥, 벼락, 번개라는 강력한 무기를 준다. 제우스는 이 무기들을 가지고 티탄족들을 물리칠 수 있었다. 또한 가이아는 '100개의 팔'을 의미하는 헤카톤케이레스인 코토스Cottos, 브리아

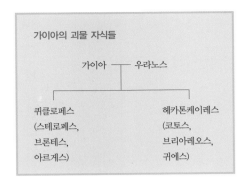

가이아의 괴물 자식들

가이아 ── 우라노스

퀴클로페스
(스테로페스,
브론테스,
아르게스)

헤카톤케이레스
(코토스,
브리아레오스,
귀에스)

레오스Briareos, 귀에스Gyes도 낳는다.[15] 나중에 제우스는 가이아의 조언에 따라 바다 깊은 곳에서 헤카톤케이레스를 구해낸 후에 보답으로 티탄족과의 전쟁에 참여해줄 것을 요구하였다. 그들은 모두 삼백 개의 손을 가지고 삼백 개의 돌을 잡아 제우스의 적군인 티탄족 신들을 공격하여 올림포스 신들의 승리를 이끌었다.

우라노스는 왜 거세되는가

가이아는 처음에 우라노스를 통해 자식들을 낳았지만 우라노스가 자식들을 미워하여 땅 속 깊은 데 숨겨놓고 빛 속으로 나오지 못하게 하자 너무나 고통스러웠다.

가이아는 슬픔에 젖어 자식들에게 사악한 아버지를 처벌할 것을 부탁한다. 막내아들인 크로노스가 자원하자 가이아는 회색빛 낫을 주었고 크로노스가 우라노스를 거세하였다. 그 이후로 우라노스는 다시는 땅과 결합하기 위해 땅에 다가오지 않았다.

왜 우라노스는 거세되어야 하는가? 그것은 하늘과 땅이 분리된 이유를 설명하기 위한 것이다. 이집트는 하늘과 땅이 분리된 원인을 설명하면서 공기의 신 슈Shu가 함께 붙어 있던 하늘의 여신 누트Nut와 땅의 신 겝Geb

을 떨어뜨리기 위해 누트를 들어올렸다고 한다. 바빌로니아는 마르둑이 티아마트의 몸을 두 동강 내어 위쪽은 하늘로 삼고 아래쪽은 땅으로 삼는 걸로 나온다. 그리스 신화와 근동 신화에서 하늘과 땅의 분리에 대한 설명은 '절단'과 '개입'의 형식으로 나타난다.

하늘 신 우라노스가 땅의 여신 가이아와 분리되면서 중요한 몇 가지 일이 벌어진다. 우선 우라노스가 거세되면서 흘린 피가 떨어져 가이아는 흔히 '거인족'을 의미하는 기간테스Gigantes와 복수의 여신 에리뉘에스 및 물푸레나무 님프들Nymphai Meliai을 낳았다.

기간테스는 티탄족과의 전쟁 이후에 다시 제우스와 전쟁을 벌이지만 티탄족과 같은 운명을 맞이하게 된다. 에리뉘에스는 혈연간에 발생한 사건에 복수를 하는 여신들로 무섭고 잔혹하게 표현된다. 특히 여기서 물푸레나무 님프들은 인류 탄생 신화와 밀접한 관계가 있다. 이 부분은 이 책 VII장에서 다룰 것이다.

다음으로 우라노스의 남근이 바다에 떨어져 거품이 일어나 아프로디테가 태어났다. 그래서 아프로디테는 하늘과 땅이 '분리'되면서 태어난 아주 옛날 신이라 할 수 있다. 물론 올림포스 신화에는 아프로디테가 제우스와 디오네라는 여신에 의해 태어난 아주 젊은 여신인 걸로 나오기도 한다. 그렇지만 바다에서 태어난 아프로디테는 바로 모든 것을 태어나게 하는 사랑 혹은 결합의 원리로서 작용한다는 점에서 우주의 분리와 동시에 결합을 의미하는 걸로 해석될 필요가 있다.

크로노스의 황금시대는 언제인가

크로노스는 우라노스를 거세한 후 최고의 신에 올라 레아와 결혼한다. 둘의 결합으로 헤스티아, 데메테르, 헤라라는 세 명의 딸과, 하데스, 포세

제압당한 거인족_레니의 그림은 거인족의 몰락을 보여준다. 아래에서 위를 향해 올려다보는 전형적인 개구리 원근법의 시점을 채용해서 실감을 더해준다. 바로크 시대에 자주 다루어졌던 '파에톤의 추락'도 같은 시점으로 자주 그려졌다. 귀도 레니의 그림. 1638~1639년.

이돈, 제우스가 태어난다. 그러나 크로노스는 자식들에 대해 우라노스보다 더 심한 행동을 하였다. 하데스를 타르타로스로 포세이돈을 깊은 바다 속으로 내던졌으며, 심지어 자식들을 모두 삼켜버렸다. 크로노스는 어느 누구에게도 자신의 자리를 물려주고 싶지 않았다. 막내 제우스마저 삼킬 위기에 처하자 레아 여신은 크로노스에게 배내옷으로 둘둘 감은 돌을 먹이고 갓난 제우스를 크레테 섬에 몰래 숨겨두는 데 성공하였다.

어머니 레아에 의해 겨우 살아난 제우스는 성장하여 메티스 여신의 도움을 받아 아버지 크로노스에게 토사제를 먹여 다른 형제들을 모두 토하게 만든다.[16] 그리고 가이아와 우라노스의 자식들 가운데 퀴클로페스를 타르타로스에서 풀어주었다.

크로노스_크로노스는 왕권을 위협할까 두려워 레아가 낳은 자식들을 '삼킨다'. 헤시오도스는 크로노스가 지배하던 시기를 '황금시대'라고 하였다. 고야의 그림. 1820-1823년.

헤시오도스는 크로노스가 지배하던 시기를 '황금시대'라고 한다.

'황금시대'는 서구 문학이나 사상에 자주 등장하는 이상적인 시대를 가리킨다. 황금시대에는 모든 인간이 전쟁을 모르고 고요하게 산다. 또한 대지가 저절로 먹을 것을 생산해내기 때문에 노동을 모르고 산다. 더욱이 그들은 죽은 후에도 지상에 거주하는 정령들이 된다고 했다.[17]

헤시오도스는 황금시대를 말하면서 역사적으로 어떤 특정 시기를 지칭하지는 않았다. 그것은 단지 인간이 '신들처럼' 아무 근심 걱정 없이 평화롭게 살던 시기를 말한다.[18] 그리스 신화는 이상향을 시간적으로 설명함으로써 '황금시대'라 부르지만, 이것은 기독교의 에덴 동산이나 토마스 모어의 유토피아와 같은 발상에서 나온 것이라 할 수 있다.

ATHENA

아테나 여신과 거인족 알키오네우스의 싸움

여신이 보낸 바닷뱀이 거인의 겨드랑이를 옥죈다. 죽어가는 알키오네우스의 비명을 어머니 가이아가 듣고 땅에서 솟구친
다. 가이아의 어깨에 걸쳐 있는 것은 풍요의 뿔이다. 올림포스의 신들이 거인족을 누르는 신화는 페르가몬을 지배하던 아
탈로스 왕조의 승전 신화로 탈바꿈한다. 아탈로스는 기원전 193년 갈리아와 비티니아를 물리쳤고, 기원전 165-163년에 갈
리아의 마지막 공격도 제압했다. 페르가몬의 부조가 둘 가운데 어느 승리를 기념하는지는 고고학에서 논란이 아직 정리되
지 않았다. 페르가몬 제우스 제단의 오른쪽계단 부조.

신들은 왜 전쟁을 할까 2

그리스인들은 수많은 사람이 죽고 다치는 전쟁에 대해 별로 부정적으로 생각하지 않았다. 인간의 욕망은 전쟁을 불러일으킨다. 전쟁에서 죽고 사는 문제는 운명에 달린 것이 아니겠는가? 인간은 전쟁이라는 극한 상황에서 초인적인 힘을 발휘할 수 있다. 그래서 전쟁은 영웅을 탄생시킨다. 그리스 신화에서는 인간뿐만 아니라 신들도 전쟁을 한다. 그리스 신들은 서로 우주의 지배권을 차지하기 위해 싸우는 것으로 나타난다. 신들의 전쟁에 대해 정확히 단정짓기는 어렵다. 아마도 그것은 서로 다른 문화와 세계간의 갈등과 충돌 및 통합을 설명하는 것일 것이다. 즉, 어떤 측면에서 기존의 문화와 민족을 대변하는 신들의 무리와 새로운 문화와 민족을 대변하는 신들의 무리가 독특한 방식으로 통합되어가는 과정이라고 할 수 있다. 말하자면 신들의 전쟁 신화는 분명히 올림포스 신들이 아직 지배권을 장악하지 못했던 시대가 있었다는 것과 일찍이 이전에는 다른 종교가 있었다는 것을 반영한다고 할 수 있다.[19]

아버지 신과 아들 신의 전쟁

그리스 신화에서 우라노스와 크로노스 및 제우스는 세계의 지배권을 차지하기 위해 싸우는 것으로 설명된다. 태초에 우주가 생성되고 어머니 여신들이 자식들을 낳은 이후에 아버지 신들은 계속 아들들과 갈등을 빚거나 전쟁을 벌였다. 이미 살펴보았듯이 우라노스와 크로노스의 갈등과 다툼은 하늘과 땅의 분리의 원인을 설명하는 것으로 보인다. 제우스가 아버지 크로노스에게 대항한 것은 다른 형제들을 구하려는 목적인 걸로 나온다. 그러나 이것이 발단이 되어 제우스를 비롯한 올림포스 신들은 크로노스를 비롯한 티탄족 신들과 전쟁을 하게 된다.

그리스 신화에 나오는 아버지 신과 아들 신의 갈등과 충돌은 프로이트가 생각하는 최초의 인류 집단에서 벌어지는 성의 독점과 욕구의 억압으로 인한 아버지 살해로 이어지지는 않는다.[20] 가령 우라노스의 경우는 크로노스에 의해 거세된 후 더 이상 땅과 결합하기 위해 내려오지 않았다고 말할 뿐이며, 크로노스의 경우는 제우스에 의해 물러난 후에 축복받은 자들의 섬으로 갔다고 할 뿐이다.[21] 여기에는 성적 억압이나 아버지 살해는 등장하지 않는다. 그러므로 초자아의 형성과 도덕의 기원 및 사회 체제의 기원을 설명하기 위한 목적도 없다. 오히려 그것은 유비적으로 옛날 힘과 질서가 새로운 힘과 질서와 만나 일으키는 갈등과 충돌로 해석될 수 있을 것이다. 물론 여기서 아버지는 구시대의 힘과 질서를 의미하고, 아들은 새 시대의 힘과 질서를 의미한다.

제우스가 치른 세 번의 전쟁

제우스는 올림포스 최고의 신이 되기 위해 힘겨운 전쟁을 벌인다. 첫 번째는 아버지 크로노스를 비롯한 티탄족과의 전쟁이고, 두 번째는 가이아의 가장 나이 어린 자식인 튀포이우스Typhoeus와의 전쟁이며, 세 번째는 가이아가 우라노스의 피로부터 낳은 거인족과의 전쟁이다.

　제우스는 다른 올림포스 신들과 함께 크로노스를 비롯한 다른 티탄들과 전쟁을 하였다.[22] 이 전쟁은 10년 동안이나 지속되었지만 끝날 기미가 보이지 않았다. 가이아는 전쟁을 종식시킬 수 있는 비책을 올림포스의 젊은 신들에게 가르쳐주었다. 그것은 바닷속 땅 끝에 있던 백 개의 팔을 가진 괴물들인 브리아레오스, 코토스, 귀에스를 구해내어 도움을 받는 것이었다. 제우스와 올림포스 신들은 이 헤카톤케이레스를 구해내어 암브로시아와 넥타르로 기운차리게 하였다. 그들은 은혜에 보답하기 위해 티탄들과의 전쟁에 참여하여 승리로 이끌었다. 마침내 티탄들은 제우스에 의해 타르타로스에 던져졌고 암흑 속에서 살아가야 했다.

　제우스는 티탄들과의 전쟁 이후에 태어난 튀포이우스와도 전쟁을 벌이게 된다.[23] 그리스 신화에는 튀포이우스가 가이아의 자식 가운데 가장 크고 강하였다고 한다. 그는 허리 위로는 사람이고 아래로는 뱀 두 마리가 감겨 있는 형상을 하고 있었다. 나아가 날개로 덮인 온 몸에 머리는 하늘의 별에 닿을 정도로 컸고, 양팔은 동쪽 끝과 서쪽 끝에 닿을 정도로 길었다.

튀폰과 싸우는 제우스_튀포이우스는 가이아의 자식 가운데 가장 크고 강하였다. 칼키스에서 출토된 히드리아. 기원전 540–530년.

제우스는 먼저 번개를 내리치고 상처 입은 튀포이우스에게 접근했으나 도리어 사로잡혀 힘줄이 잘려진 채로 동굴에 갇혔다. 만약 헤르메스와 아이기판이 도와주지 않았다면 제우스는 결코 올륌포스로 되돌아오지 못했을 것이다. 결국 튀포이우스는 운명의 여신들의 도움을 받은 제우스에게 완전히 패배하였다.

마지막으로 제우스를 위협하였던 종족은 거인족이었다. 거인족은 우라노스가 거세될 때 떨어진 핏방울을 받아 가이아가 낳은 종족이다. 가이아는 티탄족과는 달리 거인족에 대해 매우 우호적이었다. 그들은 바로 가이아 자신이 처녀 생식으로 낳은 자식들이기 때문이다. 티탄족과의 전쟁에서 제우스를 도와주었던 가이아는 거인족과의 전쟁에서는 거인족 편을 들었다. 이번 전쟁에서도 승리하기 위해서는 조건이 있었다. 만일 제우스가 승리하려면 인간의 몸에서 태어난 두 명의 신이 도와주어야 한다는 것이고,[24] 거인족이 승리하려면 마술 약초를 찾아야 한다는 것이었다. 제우스를 도울 인간이 낳은 두 명의 신은 바로 디오뉘소스와 헤라클레스였다. 그러나 거인족을 위해 가이아가 약초를 찾기 전에 제우스가 먼저 약초를 발견하였다. 결국 거인족과의 전쟁에서도 제우스는 최후의 승자가 되었다.

아마조네스 전쟁

제우스가 치른 세 번의 전쟁 외에도 그리스 신화에는 몇 가지 아주 특별한 전쟁이 있다. 그리스인들은 특히 자신들의 기억에 남는 신화적 주제를 주요 신전이나 사당에 기념물로 남겨놓았다.[25] 가령 그리스의 파르테논 신전의 메토프에는, 원래 동쪽에는 신들과 거인족의 전쟁이, 서쪽에는 그리스인들과 아마조네스와의 전쟁이, 남쪽에는 인간들과 켄타우로스족과의 전쟁이, 북쪽에는 트로이 전쟁이 그려져 있다고 전해진다. 뿐만 아니라 지

금은 잃어버린 아테나 파르테노스 상의 방패 안쪽에는 거인족과의 전쟁이, 바깥쪽에는 아마조네스 전쟁이 그려져 있었다고 한다. 여기서 거인족과의 전쟁을 제외한 아마조네스와의 전쟁과 켄타우로스와의 전쟁은 그리스 영웅 신화에 자주 등장하는 소재이다. 그리스 영웅은 한 번쯤은 아마조네스와 전쟁을 꿈꾸었던 것 같다. 초기 그리스 신화에 등장하는 유명한 영웅들의 모험담에서 자주 아마조네스의 이름을 들을 수 있기 때문이다.

헤라클레스도 열두 가지 모험 가운데 아마존 여왕의 허리띠를 가져오는 임무가 있어서 아마조네스와 치열한 전쟁을 하는 장면이 등장한다. 아마존 여왕 히폴뤼테는 헤라클레스에게 우호적이어서 허리띠를 넘겨주려 했는데 헤라가 변신했다고도 말해지는 한 아마존이 분쟁을 일으켜 결국 전쟁이 벌어지고 말았다. 아테네의 테세우스도 헤라클레스를 도와 아마조네스와의 전쟁에 참여하였다가, 히폴뤼테 Hippolyte(혹은 안티오페 Antiope)라 불리는 아마존 여왕과 결합하여 히폴뤼토스를 낳았던 걸로 알려져 있다.[26] 나아가 호메로스는 『일리아스』에서 벨레로폰을 칭송하면서 아마조네스를 죽였다고 하고,[27] 아킬레우스의 경우도 아마존 군사를 이끌고 트로이를 도우러

아마존의 여전사와 싸우는 그리스 병사_그리스 영웅은 한 번쯤 아마조네스와의 전쟁을 꿈꾸었던 것 같다. 초기 그리스 신화의 유명한 영웅들의 모험담에서 자주 아마조네스의 이름을 들을 수 있다. 바사이의 아폴론 신전의 감실 내부 띠부조. 기원전 400-390년.

트리톤과 맞서 싸우는 헤라클레스__아테네에서 제작되었다. 가장자리에 네레이데들이 보인다. 네레이데는 원래 모두 제 이름을 가지고 있었을 것이다. 여기서는 이름을 명기하지 않고 점선을 찍어놓았다. 기원전 550년경.

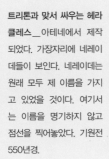

네메아의 사자와 싸우는 헤라클레스__네메아의 사자는 갑옷처럼 견고한 가죽을 가지고 있어서 칼과 창날이 들어가지 않았다. 헤라클레스는 결국 맨손으로 사자의 목을 조여 죽인다. 사자와 힘을 겨루는 헤라클레스는 모래밭에서 땀을 쏟던 레슬링 선수들의 자세를 취하고 있다. 도기화가도 운동선수들의 연습 장면에서 구성의 영감을 얻었을 것이다. 아티카의 흑색상 암포라의 바깥 그림.

왔던 펜테실레이아Penthesileia를 죽였다고 한다.[28] 아마존과의 전쟁은 그리스의 고대 영웅들에게는 반드시 거쳐야 할 중요한 모험이었다.

아마존Amazon이라는 이름은 그리스인들이 고대 사회의 여성 전사 종족에 대해 잔혹하고 공포스러운 이미지를 가졌다는 암시를 준다. 그것은 아마존이 어릴 적에 활을 쏘는 데 방해되지 않게 오른쪽 가슴을 제거했다는 이야기에서 유래했다. 그렇지만 그것은 별로 신빙성이 없는 이야기로 평가된다.[29] 그리스 도자기 그림에 등장하는 아마조네스의 모습에 오른쪽 가슴이 잘려진 흔적이 없기 때문이다. 심지어 헤로도토스도 스키티아에 있는 사우로마타이Sauromatae 아마존 사회를 말하면서 아마존의 여성은 남성과 함께 사냥을 하며 남성처럼 옷을 입고 전쟁도 한다고 말했다. 또한 적군인 남자를 하나 죽일 때까지 결혼을 할 수 없는 법이 있어 어떤 여자들은 결혼도 못하고 늙어서 죽었다고 한다.[30] 아마조네스의 이미지는 아마도 나중에 다른 민족에 대한 두려움이 극대화되어 만들어진 이야기일 가능성이 높다.

켄타우로스 전쟁

그리스인들에게 강한 인상을 남긴 또 하나의 전쟁이 있다면 그것은 바로 켄타우로스 전쟁이라 할 것이다. 아마조네스 전쟁과 함께 켄타우로스 전쟁은 그리스인들이 즐겨 표현하던 주제이다. 켄타우로스는 일반적으로 하반신은 말이고 상반신은 사람인 존재를 가리킨다. 호메로스의 『오뒷세이아』에 남아 있는 이야기에 따르면 라피타이인Laphithai 페이리토오스Peirithoos의 집에서 벌어진 결혼 잔치에 참석한 켄타우로스 에우뤼티온Eurytion이 포도주를 잔뜩 마시고 난동을 피웠다. 당시 잔치에 참석하였던 영웅들이 모두 분노하여 에우뤼티온을 잡아 밖으로 끌고 나가 두 귀와 코를 잘라버렸다.[31] 이 사건 때문에 켄타우로스족과 인간들은 수많은 살상이 일어난 전

켄타우로스와 페이리토오스의 싸움_반인반마의 뒷머리를 잡아챈 페이리토오스는 오른손에 묵직한 돌을 들었을 것이다. 마지막 가격을 위해 크게 젖힌 팔과 달아나기 위해 안간힘을 쓰는 켄타우로스의 동세는 팽팽한 긴장을 이루고 있다. 이 부조는 인체 재현과 구성공간의 생산이라는 측면에서 파르테논의 판부조 가운데 가장 빼어난 수작으로 뽑힌다. 파르테논 남쪽 판부조 27번.

쟁을 벌이고 오랫동안 반목하게 되었다고 한다.

켄타우로스들은 그리스인들에게 야만적인 인물들로 생각되었다. 그리스인들이 켄타우로스에 대해 막연히 두려움을 가지고 있는 것은 켄타우로스 전쟁에 대한 묘사로부터 나타난다. 그리스 영웅 신화에 나오는 켄타우로스들은 폭력적이고 잔인무도한 측면이 나타난다. 헤라클레스의 아내인 데이아네이라를 비열하게 납치하려던 넷소스Nessos도 켄타우로스였다. 데이아네이라는 오이네우스Oineus의 딸이었다. 헤라클레스는 그녀를 얻기 위해 강의 신 아켈로오스Acheloos와 싸움을 해야 했다. 아켈로오스는 황소의 모습으로 겨루었는데 헤라클레스가 뿔 하나를 부러뜨렸다. 결국 헤라클레스는 데이아네이라를 아내로 얻을 수 있었다. 그런데 그들이 집으로 돌아가던 중 에베노스Evenos 강에 이르렀을 때, 켄타우로스 넷소스가 나타나 자신이 신들로부터 뱃사공의 임무를 받았다고 하였다. 헤라클레스가 할 수 없이 데이아네이라Deianeira를 넷소스에게 맡겼다. 그러나 넷소스가 데이아네이라를 납치하려고 했기 때문에 헤라클레스는 그를 화살로 쏘아 죽인다.[32] 넷소스는 바로 헤라클레스가 지켜보는 가운데서 파렴치하게 그의 아내를 납치하려는 만행을 벌인 것이다.

호메로스의 『일리아스』에도 켄타우로스의 만행에 대해 말하고 있다. 지상에 사는 인간 가운데 가장 강력한 존재였던 페이리토오스와 테세우스 및 카이네우스Kaineus는 또 다른 강력한 존재인 '산 속의 야만족'과 싸워 물리쳤다고 한다.[33] 아마도 여러 전승을 종합해볼 때 여기서 산 속의 야만족은 켄타우로스들을 가리킬 것이다. 여기에 등장하는 카이네우스는 원래 라피타이족의 왕 엘라토스Elatos의 딸 카이니스Kainis로 포세이돈의 사랑을 받았다. 포세이돈이 원하는 것을 뭐든지 들어주겠다고 약속을 하자 카이니스는 상처를 입지 않는 남자가 되겠다고 하였다. 카이니스의 소원은 그리스와 같은 사회에서 여자로서 사는 것이 얼마나 힘든지를 여실히 보여준다. 카이니스는 포세이돈에 의해 당시의 영웅들 중에서 가장 강력한 자가 되었다. 그러나 카이니스가 신들을 분노하게 만들어 제우스가 켄타우로스들을 보냈다. 그들은 그녀에게 상처를 입힐 수가 없다는 걸 알고는 잔인하게도 그녀를 땅 밑에 박히게 만들고 바위로 막아버렸다고 한다.[34] 사실 카이니스가 왜 신들을 분노하게 만들었는지에 대해서는 정확한 설명이 전해지지 않는다. 예전부터 여성이 남성의 영역을 침범하는 것에 대해서는 관대하지 않았다. 카이니스의 행동은 자연적인 생물학적 질서를 어지럽히는 것이기 때문에, 제우스가 야만적이고 위협적인 남성상의 가장 극단적인 형태라 할 수 있는 켄타우로스를 이용해 처벌의 도구로 삼은 것이다.

그렇지만 모든 켄타우로스가 잔인무도하고 야만적인 것은 아니다. 흔히 켄타우로스 케이론Cheiron은 많은 영웅의 스승으로 현자라고 불렸다. 케이론은 오케아노스의 딸 필뤼라Philyra가 크로노스와 결합하여 낳은 자식이다.[35] 따라서 올륌포스 신들의 세대에 속한다. 그는 펠레우스에게 테티스 여신과 결혼할 수 있는 방법을 알려주어 그리스의 영웅 아킬레우스가 태어난다. 펠레우스는 나중에 아킬레우스를 케이론의 손에 맡긴다. 아킬레우스 외에도 이아손과 아스클레피오스 등과 같은 많은 영웅도 케이론의 가르침을 받았다고 전해진다. 케이론 외에도 다른 켄타우로스와 달리 친절하고 우호적이며 폭력을 싫어한 또 한 명의 켄타우로스가 있다. 그는 바로 실레노스와 물푸레나무 님프 사이에서 태어난 폴로스Pholos이다. 폴로스는 헤라클레스를 환대한 인물로 나중에 우연한 사고로 죽자 헤라클레스가 장례식을 치러주었다.

켄타우로스라는 이름은 헤라 여신을 호시탐탐 노리던 익시온Ixion과 관련이 있다. 제우스는 익시온이 헤라를 넘보려 한다는 말을 전해 듣고 반신반의하며 구름으로 헤라의 모습을 만들어두었다. 헤라 모습의 구름을 본 익시온이 달려들어 낳게 된 자식이 바로 '켄타우로스' 라고 불렸다고 한다.[36] 그러나 그는 인간의 모습을 가진 걸로 보이며, 나중에 마그네시아Magnesia 산에서 암말들과 결합하여 켄타우로스 종족의 아버지가 되었다고 전해진다.

일부 학자들은 아마조네스나 켄타우로스라는 존재가 실재하였는가에 대해 회의적인 태도를 가지고 있다. 그러나 아마조네스와 같이 고대 사회에 상당히 전투적인 여성 전사 종족이 존재하였을 것이라고 생각하는 사람도 있으며, 또한 켄타우로스족과 같이 야만적이고 공격적인 북방의 기마 민족이 존재하였을 것이라고 생각한 사람도 있다. 또한 아마조네스 전쟁이나 켄타우로스족 전쟁을 그리스적인 것과 비그리스적인 것의 대립과 투쟁으로 생각할 수 있다. 따라서 이 이야기는 그리스 영웅들로 대표되는 그리스적인 것들이 아마조네스나 켄타우로스와 같은 비그리스적인 것에 대해 승리한 것을 상징한다고도 얘기할 수 있겠다.

아킬레우스를 가르치는 켄타우로스 케이론__모든 켄타우로스가 잔인무도하고 야만적인 것은 아니다. 켄타우로스 케이론은 많은 영웅의 스승으로 현자라고 불렸다. 폼페오 지롤라모 바토니의 그림. 1746년.

에로스와 프시케의 결혼을 주재하는 제우스

아무 부족한 것이 없는 신이 왜 결혼을 할까? 그리스인들은 자신의 삶으로부터 신을 분리시킨 적이 없다. 신들은
자연스럽게 남신과 여신으로 태어나 결혼하고 자식을 낳는다. 이처럼 신화가 나타내는 것을 진정으로 이해하기
위해서는 이야기의 심층적 구조를 파악해야 한다. 그러기 위해 그리스 신화를 말하던 그리스인들의 삶과 문화를
이해하는 것이 가장 중요하다. 펠라조 팔라지의 그림. 1808년.

신들은 왜 결혼을 할까 3

결혼이란 무엇인가

그리스 신들은 인간처럼 결혼을 한다. 아무 부족한 것이 없는 신이 왜 결혼을 할까? 그리스 신들도 인간처럼 남녀로 나누어져 있기 때문이라고 대답할 수 있다. 그렇다면 또 다른 질문이 꼬리를 물고 이어질 것이다. 왜 신들은 남성과 여성으로 분리되는가? 신들은 초월적인 존재인데 말이다. 우리는 다른 길을 통해 설명해볼 수 있다. 그리스인들은 자신들의 삶으로부터 신을 분리시킨 적이 없다. 그렇기 때문에 신들의 삶은 인간의 삶과 아주 비슷하게 설명되고 있다. 신들은 자연스럽게 남신과 여신으로 태어나 결혼하고 자식을 낳는다. 그리스 신화는 인간들의 삶의 방식을 모방하여 신화의 서사 구조를 형성하였다. 그러나 그것은 단지 이야기의 표층적 구조일 뿐이다. 진정으로 신화를 이해하기 위해서는 이야기의 심층적 구조를 파악해야 한다. 그러기 위해 그리스 신화를 말하던 그리스인들의 삶과 문화를 이해하는 것이 가장 중요하다.

그리스 신화에는 그리스인들의 일상적인 삶 속에서 드러나는 결혼관이 녹아 있다. 우리는 고대 그리스인들이 결혼과 가족에 대해 어떻게 생각하였는지 살펴볼 필요가 있다.

그리스 사회의 결혼 풍습은 한국의 조선 시대와 비슷해 보인다. 한 가정에서 가장 중대한 일은 가문의 대를 잇는 것이다. 딸은 가문을 이을 수 없기 때문에 아들을 낳아야만 하는 것이 당연한 일이다. 더욱이 아들을 낳은 것만으로도 충분치 않다. 그것은 반드시 결혼 의식을 통해 낳은 아들이어야만 하기 때문이다. 사생아의 경우에는 제사를 모실 수도 없고 대를 이을 수도 없으며 유산을 받을 권리도 없다.[37] 만일 아내가 자식을 낳지 못하면 이혼을 당하게 되어 있다. 아내는 남편의 일부일 뿐 가족 관계에서 독립적인 인격을 부여받을 수 없었다. 당연히 정치적 권리도 가질 수 없었다.

물론 결혼과 가족 관계에 대한 입장은 그리스의 도시국가마다 약간씩 차이가 있고 정치 체제가 변화함에 따라 달라졌다. 그리스의 신화나 비극을 보면 가부장제적인 특성은 물론이고 때때로 모계제의 흔적이 엿보인다. 가령 스파르타 왕 튄다레오스는 헬레네와 클뤼타임네스트라와 같은 딸 외에도 유명한 디오스쿠로이라 불리는 카스토르와 폴뤼데우케스라는 아들들이 있었다.[38] 그러나 스파르타의 왕권은 헬레네와 결혼한 메넬라오스에게 이어졌다. 그리스 사회에 아들이 없는 경우 딸이 상속녀가 되어 가장 가까운 친척과 결혼하여 가문의 대를 잇는 법은 있다. 그렇다 할지라도 메넬라오스의 경우는 해당되지 않는다. 여하간 그리스 사회의 전반적인 풍토를 볼 때 여성에게 결혼은 남편에 대한 복종과 종속이라 할 수 있었다.

신들은 왜 결혼하는가

테네아의 쿠로스_테네아의 쿠로스는 고대의 인체비례에 관한 새로운 실마리를 제공한다. 그리스 아르케익 시대에 제작된 쿠로스인데도 고대 이집트의 인체비례 가운데 제2카논을 따르고 있다는 사실이 밝혀지면서 고대 이집트와 그리스의 인체조형의 연결고리가 확인되었다. 기원전 550~540년.

그리스 신화에 등장하는 신들의 결혼 관계도 그리스인들의 결혼관을 답습하고 있다. 여신들은 결혼을 통해 남신들에게 종속된다. 단순히 형식적인 방식이 아니라 여신의 독립적인 특성들도 종속된다. 때로는 여신과 결합한 남신에게 여신이 가진 기능과 역할이 통합된다. 결혼한 후에도 여신은 여전히 자신의 이름을 유지하고 처음부터 가졌던 기능 중 일부를 맡을 수 있다. 그렇더라도 이미 결혼한 남신의 통제하에 남아 있을 뿐이다. 제우스는 올림포스의 다른 어떤 남신보다도 많은 여신과 여인들과 결합하였다. 제우스는 초기에는 비, 바람, 번개, 천둥과 같은 기후를 관장하는 신이었다. 이러한 날씨의 신이 어떻게 그리스 최고의 신이 되었을까?

그리스 신화에는 제우스가 유비적으로 '결혼'을 통해 여신들의 기능과 역할을 자신에게 통합시키고 종속시키는 방식으로 드러난다. 제우스가 결합한 여신이나 여인은 대부분 당시 그리스 사회에서 아주 중요한 기능들을 맡고 있는 존재이다.

제우스가 가장 먼저 결합한 여신은 테미스이다. '법칙'의 여신 테미스는 우주 자연과 인간 사회의 법칙 및 질서를 관장하는 여신이다. 따라서 인간의 삶과 관련하여 가장 중요한 기능을 담당한다고 할 수 있다. 또한 '기억'의 여신 므네모쉬네도 인류의 지적 유산을 보존하는 중요한 기능을 갖고 있다. 그녀는 제우스를 통해 문학과 예술을 통괄하는 학문을 관장하는 무사, 즉 뮤즈 여신들을 낳는다. 나아가 제우스는 '사려 깊음' 혹은 '지혜'를 의미하는 메티스 여신을 통째로 삼켜 아테나 여신을 낳고 메티스는 제우스 안에서 현명한 조언을 하는 걸로 나온다. 이러한 방식으로 제우스는 수많은 주요 여신과 공식적이거나 비공식적인 결혼 관계를 가짐으로써 아버지 신으로서 최고신의 지위를 갖게 되는 것으로 나타난다.

특히 남신들이 여신들과 결합하는 방식과 관련하여 그리스 이전의 문화

뮤즈 멜포메네, 에라토, 폴륌니아_ '기억'의 여신 므네모쉬네는 제우스를 통해 문학과 예술을 통괄하는 학문을 관장하는 무사, 즉 뮤즈 여신들을 낳는다. 멜포메네는 비극, 에라토는 독창, 폴륌니아는 찬가를 주관하였다. 외스타슈 르 쉬외르의 그림.

와 이후의 문화 간의 역학 관계를 살펴볼 수 있다. 그리스 신들의 결혼 관계는 대부분 남신들의 일방적이고 강제적인 방식에 의해 이루어진다. 여신 쪽에서는 별로 내키지 않는 결합이었다. 특히 남신들이 강행한 인간 여인들과의 결합은 거의 반강제적인 경우가 많다. 제우스는 에우로페와 결합하려 할 때도 유순한 황소의 모습으로 변하여 에우로페가 등에 타자마자 바다를 건너 크레테로 납치하였다.[39] 또한 헤라클레스를 낳은 알크메네의 경우에도 제우스는 남편을 기다리는 정숙한 아내를 속이기 위해 남편 암피트뤼온의 모습으로 변신하여 결합하는 것으로 나온다.[40]

반대로 여신들이나 여인들의 경우 남신들의 접근에 강하게 저항하는 모습을 보인다. 나중에 그리스 최고의 명장 아킬레우스의 어머니가 되는 테티스 여신도 처음에 자신에게 구혼하던 제우스를 거부한다. 그러다가 자신이 미래에 새로운 지배자를 낳으리라는 신탁 때문에 제우스에 의해 인간 남자와 결혼하게 된다. 그렇지만 이때에도 테티스는 불, 물, 사자, 뱀 등 다양한 바다 동물로 변하면서 저항하는 걸로 나온다.[41]

남신들에 의한 강제적인 결혼들은 새로운 남신 문화가 기존의 여신 문화를 흡수 및 통합하는 과정을 비유적으로 표현하는 것으로 볼 수 있다. 그리스에 올림포스 신들이 정착하기 이전의 원시 부족들은 여신 숭배 문화를 가졌던 것으로 추정된다.

청동기 후반에 그리스에 새로 들어온 신들이 기존의 문화와 종교에 어떠한 방식으로 통합되었는지를 알 수 있는 흔적이 신들의 결혼이다. 제우스에 관한 이야기 가운데 주요 이야기들은 여신들이나 여인들과의 결합과 관련되어 있다. 제우스는 거의 반강제적으로 여신이나 여인과 결합하여 종속시키고 수많은 주요 신이나 인간 영웅에게 자신의 혈통을 물려받게 하여 아버지 신으로 확고하게 자리잡게 된다.

더욱이 신들의 결혼은 자식들을 통해 각 신들이 고유하게 가진 기능들을

'분화' 또는 '종합' 및 '확장' 시키는 역할을 할 뿐만 아니라 '설명' 하고 '보완' 하는 역할도 한다. 때로는 기존에 없던 기능을 새로이 인격화하는 '창조' 의 역할도 한다.

제우스와 결합한 우주와 자연의 법칙을 지배하는 테미스 여신은 계절 혹은 시간의 여신 '호라이' 를 낳는다. 호라이 여신은 '좋은 법칙' 을 의미하는 에우노미아, '정의' 를 의미하는 디케, '평화' 를 의미하는 에이레네로 이루어져 있다. 이것은 테미스의 기능을 풀어서 설명한 것이라 할 수 있다. 의술의 신 아스클레피오스는 아버지 아폴론이 가진 여러 기능 중 특히 의술의 기능을 나눠 가진 것이다. 아스클레피오스의 자식들인 '건강' 을 의미하는 휘기에이아Hygieia와 '치유자' 를 의미하는 이아세Iase나 '칼' 을 의미하는 마카온Machaon(수술의) 등도 결혼으로 말미암아 기능이 세분화된 경우이다.

그러나 신들이 인간들과 결합하는 경우는 대개 그리스의 주요 민족의 기원이나 도시국가 건설의 시조와 관련되었거나, 또는 역사적으로 유명한 사건과 관련된 인물들이나 인간의 한계를 넘어서는 활약을 펼치는 영웅들의 탄생과 관련되어 있다.

테티스가 펠레우스와 결합하여 낳은 자식은 그리스의 최고 명장 아킬레우스이고, 아프로디테가 앙키세스와 결합하여 낳은 자식은 나중에 로마 건설의 기원이 되는 아이네이아스이다. 또한 하르모니아 여신과 결합한 카드모스Kadmos는 테베를 건국하였고, 제우스와 이오의 결합으로 이집트의 시조격이라 말하는 에파포스Epaphos가 태어났다. 나아가 트로이 전쟁의 발단이 된 헬레네도 제우스가 스파르타의 왕비 레다를 통해 낳은 자식이며, 그리스 고대의 전설적인 영웅 헤라클레스도 제우스가 티륀스의 암피트뤼온의 아내 알크메네와 결합한 자식이다.

테티스와 일전을 벌이는 펠레우스_테티스는 뱀이나 사자 등 여러 동물의 모습으로 변신해서 펠레우스를 골탕먹인다. 페이티노스의 작품. 접시 술잔 그림. 기원전 500년 직전에 제작.

신들의 근친상간을 어떻게 이해할 것인가

그리스 신화에는 어머니가 아들과 결합하고 형제와 자매들이 서로 결합하는 비윤리적인 행태들이 아무런 설명 없이 마구 이야기되고 있다. 신들의 근친상간이 이토록 자유롭게 말해지는 이유는 무엇인가?

우리는 근본적으로 신화 속의 다양한 이야기가 근본적으로 이중적 구조를 가지고 있다는 것을 이해해야 한다.

신화는 신들의 이야기를 인간들의 삶에 비유하여 설명하고 있다. 신화라는 형태가 가지고 있는 서사적 구조에 인간의 생활에서 가장 기본적인 가족 관계가 덧입혀져 있다. 그래서 어머니인 가이아와 아들인 우라노스가 근친상간한 것으로 해석되는 것이다.

그러나 이것은 비유적인 설명에 불과하다. 땅이나 하늘이 여성이거나 남성일 리는 만무하다. 땅은 인간이 살아가는 중요한 터전이다. 그래서 가장 먼저 땅이 태어난다. 처음에 인간은 먹을 것을 땅으로부터 얻었다. 그래서 땅은 모든 것을 낳은 어머니와 같은 존재로 생각된다. 그 다음에 하늘과 바다와 산이 태어나고, 다시 태양과 달을 비롯한 항성과 행성들이 생겨난다.

신화에서는 이와 같이 이 세계의 모든 것이 태어나는 것을 마치 어머니가 자식을 낳는 방식으로 설명하고 있다. 나아가 어머니가 자식을 낳기 위해 '결혼'이 전제되고 있다.

땅이 어머니에 비유된다면 하늘은 아버지에 비유된다. 그래서 땅과 하늘이 결합하면 땅과 하늘 사이에 있는 모든 것을 낳게 된다. 그러나 이것은 '비유'이기 때문에 윤리적인 잣대로 근친상간과 같은 용어를 덧대어 읽거나 보는 것은 원천적으로 심각한 오류를 불러일으킨다.

신들의 '결혼' 혹은 '결합'은 인간의 결혼의 법칙에 따르지 않는다. 대부분 이 세계의 다양한 자연 현상이나 인간 사회의 다양한 관계 또는 인간의 심리적 양상을 표현하기 위해서 사용되는 경우가 많기 때문이다. 그러므로 인간이 가족 관계를 유지하기 위해 정해놓은 법칙에 구애받지 않는 것이다.

그래서 제우스는 아버지의 여자 형제들인 테미스나 므네모쉬네와 같은 여신들과도 아무렇지 않게 결합하고 있는 것이다. 만약 이것을 단지 가족 관계라는 비유에 얽매여 해석한다면 심각한 윤리적 혼란을 초래할 것이다.

올림포스

일상 천체를 상징하는 올림포스와 다원과 신들이 보인다. 크로노스, 제우스, 아레스, 아폴론, 아프로디테, 헤르메스, 아르테미스가 천장 벽화
의 가장자리를 차지하고 한복판 흥하 구름 위에는 벤에 올라탄 여인이 보인다. 여인은 신성한 지혜, 또는 뮤즈 탈리아를 의인화한 것으로
보인다. 팔각형 천장의 네 귀퉁이에는 원소를 상징하는 헤파이스토스, 퀴벨레, 포세이돈, 헤라가 제각기 자리잡았다. 이들의 어울림은 우
주적 조화를 의미한다. 베로네세의 그림. 1560~1561년.

누가 최고의 신일까 4

Greek Mythology

그리스 신들은 평등한가

그리스 신 가운데 최고신은 제우스로 알려졌다. 제우스는 때로는 마치 인간 사회의 왕처럼 다른 신들 위에 군림하는 듯 보인다.

그리스 신들의 세계에도 서열은 있다. 그리스 신들에게도 인간 사회의 정치 질서와 유사하게 최고 지배자와 같은 신의 휘하에 위계질서가 잡혀 있는 듯하다. 제우스는 티탄족과 거인족과의 전쟁에서 승리한 후 아버지 크로노스를 물리치고 우주를 지배하는 통치권을 계승받았다. 제우스는 명실공히 최고 권력과 지배력을 가지고 있는 것이 분명해 보인다. 이것을 보건대 그리스 신들 사이에서도 어느 정도의 권력의 차이는 있는 것 같다.

처음에는 그리스 신들의 위계질서가 분명하게 나타나지 않았다. 이것은 서사시와 서정시 및 비극 등으로 넘어가면서 점차 강화되었다. 호메로스의 『일리아스』와 『오뒷세이아』 등에 나타나는 제우스는 주로 우주의 질서를 유지시키는 일을 한다. 올림포스 신들이 티탄족 신들을 물리친 후 새롭게 우주를 분할하여 질서를 확립할 때 하늘은 제우스가, 바다는 포세이돈이, 지하 세계는 하데스가 맡게 되었다. 즉, 제우스는 하늘을 지배하고 포세이돈은 바다를 지배하며 하데스는 지하 세계를 지배하는 방식으로 권력이 분할되었다. 초기에 제우스는 신들에게 각 영역을 분배하는 일을 결정하거나 명령하는 존재도 아니었다. 그것은 올륌포스의 신들이 원하는 대로 정해지는 것도 아니며, 오히려 추첨을 통해 운명의 여신 모이라에 의해 정해지는 것으로 나타난다. 제우스는 단지 이 모든 것을 확인하고 동의하는 역할만 한다. 또한 다른 신들도 스튁스 강에 걸고 '신들의 위대한 맹세'를 통해 자신들의 몫을 인정할 뿐이다.

따라서 각 신들은 서로의 고유한 영역을 침범하지 않는다. 가령 『일리아스』에서 제우스가 그리스편을 들고 있는 포세이돈에게 물러나라고 말하자, 포세이돈은 제우스가 자신과 동등한 서열이면서도 강제로 자신에게 명령한다고 분노한다. 그는 자신의 형제들인 제우스와 하데스와 함께 '제비뽑기'를 하여 각자의 영역을 배분 받았으며, 지상과 올륌포스는 모든 신이 함께 나눠 가졌기 때문에, 비록 제우스가 강력하기는 하지만 제우스의 뜻에 따를 이유가 없으며 오히려 제우스가 물러나야 한다고 주장한다.[42] 결국 포세이돈이 제우스에게 양보하지만 이것은 처음부터 제우스에게 최고권이 주어지지 않았다는 사실을 입증해주는 대목이다.

『일리아스』에서 제우스는 다른 신들과 동등한 몫을 나눠 가진 신이었던 사실이 함축되어 있지만, 제우스는 자신이 가장 강력한 신이라는 것을 선포한다. 제우스는 트로이 전쟁에서 신들이 각기 편을 갈라 트로이와 그리스로 나뉘어 싸우는 것을 보고는 편싸움을 금지하는 명령을 한다. 그는 만약 남신이든 여신이든 자신의 말을 듣지 않고 트로이나 그리스를 편들다가 걸리면 지하 세계의 가장 먼 곳인 타르타로스로 내던져버릴 것이라고 위협한다.

제우스와 튀폰_벼락을 든 제우스와 독수리가 뱀 꼬리를 달고 있는 튀폰을 공격한다. 이 장면은 독수리와 뱀, 또는 하늘과 땅 사이의 오랜 다툼에 대한 그리스식 원형을 보여준다. 페르가몬 제우스 제단의 오름부조. 기원전 180년경.

아르테미시온 곶의 제우스_제우스는 명실공히 최고 권력과 지배력을 가지고 있는 것이 분명해 보인다. 기원전 460~450년.

"자 신들이여 한 번 시험해보시오, 모두들 알게 되도록 말이오.

그대들은 황금 밧줄을 하늘에다 매달아놓고

남신이든 여신이든 모두 거기에 매달려보시오.

하지만 그대들은 아무리 애써도 최고의 조언자인

이 제우스를 하늘에서 들판으로 끌어내리지는 못할 것이오.

하지만 내가 만일 진심으로 그대들처럼 끌어당기려 한다면

대지와 바다와 더불어 그대들을 끌어올릴 수 있을 것이오.

그러고 나서 내가 그 밧줄을 올륌포스의 꼭대기에

매어놓으면 이번에는 모두 공중에 매달리게 될 것이오.

그만큼 나는 모든 신과 모든 인간을 능가하오."

— 호메로스, 『일리아스』, 8.18-27

최고신 제우스

헤시오도스에 이르면 제우스는 더욱 강력한 신의 지위를 확보하게 된다. 제우스는 우주의 최고신으로서 세계를 질서지우고 지배하는 왕과 같은 존재이다. 그는 처음으로 신들에게 모든 것을 분배하였고 하늘을 지배하였다. 제우스는 크로노스의 왕좌를 넘겨받자 바로 다른 신들에게 공평하게 각자의 몫과 특권을 나누어주는 것으로 나타난다.[43] 헤시오도스는 『신통기』에서 신들의 계보를 설정함으로써 하나의 체계적인 통일체로 신들의 세계를 설명하였다.[44] 나아가 서정시 시대에 핀다로스는 제우스를 '구원자' 혹은 '구세주'로 부르며 최고의 신으로서 찬미하였다.

더욱이 비극 시대에 이르면 제우스는 더욱 확고한 지위를 얻는다. 그는 우주를 포괄하는 신이 될 수 있는 유일한 신이다.[45] 비극작가들은 아테나, 아폴론, 아르테미스, 아프로디테 등과는 달리 제우스를 무대에 올리지는

패덕의 괴물들을 벼락을 던져서 몰아내는 제우스_ 베로네세의 그림은 원래 베네치아 총독궁의 살라 델레 우디엔체 천장을 장식하고 있었으나 나폴레옹이 떼어서 파리로 가져왔다. 바로크 특유의 대담한 원근법적 구성과 등장인물들의 단축법적 재현은 자유낙하의 환영을 불러일으킨다. 베로네세의 그림. 1554~1555년.

않았다. 아이스퀼로스는 제우스가 다른 모든 신을 훨씬 능가한다고 말한다. "지배자 중 지배자, 축복받은 자 중 가장 축복받은 자, 완전한 자 중 가장 완전한 힘을 가진 자, 행복한 제우스여",[46] "제우스는 아이테르이며, 제우스는 대지이며, 제우스는 하늘이며, 제우스는 모든 것이고 이 모든 것보다 훨씬 더 높은 분이다."[47]라고 읊는다.

이제 제우스는 운명까지도 지배하는 최고의 신이 된다. 원래 호메로스의 『일리아스』에는 제우스가 운명 앞에 슬퍼하는 장면이 나온다. 사랑하던 아들 사르페돈이 파트로클로스에게 죽을 수밖에 없는 상황에서 제우스는 운명을 거역하고 싶은 생각으로 번민하고 있다. 그러나 결국 그는 운명의 손을 들어준다. 아무리 사랑하는 아들일지라도 운명을 피할 수는 없는 노릇이다. 고대 그리스에서 운명은 인간뿐만 아니라 신들도 지배하기 때문이다.

그러나 아이스퀼로스는 이제 제우스가 모든 인간의 운명도 지배한다고 말한다.

> "오오 제우스 왕이여, 그리고 위대한 영광을
> 얻게 해주신 그대 자애로운 밤이여,
> 그대는 트로이아의 성채 위에
> 그물을 덮어 씌워 어른이든 아이든
> 어느 누구도 그 예속의 큰 그물을,
> 모든 것을 잡아들이는 운명의 그물을
> 벗어나지 못하게 하셨나이다."
> ─아이스퀼로스, 『아가멤논』, 355-361

소포클레스도 제우스를 모든 신 중에 가장 강력한 신으로 생각했다. 그는 "만물을 통치하시고 만물을 굽어보시는 신들의 왕 제우스여."라고 일컫는다.[48] 제우스의 유명한 신탁소가 있는 도도나Dodona에서는 "제우스는 있었고, 있으며, 있을 것이다. 오 위대한 제우스여."[49]라고 말해졌다. 오르페우스 종교에서는 "제우스는 모든 것의 시작이며 끝이다."[50]라고 말한다. 이것은 제우스를 단순히 올륌포스 신 가운데 가장 높은 신이라는 데 그치지 않고, 제우스가 바로 이 세계의 모든 것의 원천으로 절대적인 힘을 가진 존재로 부각된다.

어쨌든 제우스는 처음부터 그리스의 다른 모든 신을 지배하고 복종시키는 최고의 권력을 가진 신은 아니었다. 제우스는 아버지 신으로서 가족 제도 내에서와 마찬가지로 최고의 지위를 누리지만 모든 것을 관장하지는 않았다. 따라서 그리스인들은 각 신의 고유한 능력과 기능과 관련해서 숭배하였지, 제우스라는 하나의 신만을 숭배하지는 않았다. 기본적으로 그리스 종교가 다신교라는 전제를 염두에 둔다면 아무리 최고신이라 할지라도 제우스가 제한적 기능을 한다는 것을 충분히 이해할 수 있다.

모든 신을 숭배하라

제우스가 비록 최고신이라 할지라도 그리스 신들에게는 여전히 고유한 기능과 권한이 있기 때문에 인간은 살아가면서 어느 한 신이라고 소홀히 할 수 없다. 신들은 인간의 다양한 삶의 영역을 분할하여 관장하기 때문이다. 따라서 비록 어느 한 신에게 사랑을 받더라도 다른 신에게 미움을 받으면 속수무책이 된다.

가령 테세우스가 아마존의 여왕인 히폴뤼테와 결합하여 낳은 자식인 히폴뤼토스를 보자. 그는 인간적인 사랑을 경멸하여 아프로디테를 비난하면서 들과 숲으로 다니며 사냥을 즐기고 아르테미스 여신만을 숭배하였다. 아프로디테는 분노하여 테세우스의 젊은 아내인 파이드라를 통해서 자신을 비난하던 히폴뤼토스를 파멸로 몰아넣는다.[51] 파이드라는 아프로디테의 희생양이 되어 히폴뤼토스를 사랑하게 된다. 그러나 히폴뤼토스는 남편 테세우스가 전처에게서 낳은 아들이었다. 그녀는 차마 아무에게도 말도 하지 못하고 극심한 고통을 겪으면서 점차 병들어간다. 늙은 유모가 보다 못해 파이드라를 설득하여 누구를 사랑하는지를 알아내고 파이드라의 마음을 전한다. 그러나 히폴뤼토스는 천인공노할 짓이라며 노발대발하는 바람에 파이드라는 두려움에 떨며 자살을 선택한다. 파이드라는 죽으면서 자신과 집안을 위해 이 모든 것을 히폴뤼토스의 탓으로 돌리는 유언장을 남겼다. 아무것도 모르는 테세우스는 파이드라의 말만 믿고 포세이돈 신에게 빌어 히폴뤼토스를 저주하여 죽음에 이르게 한다. 아르테미스는 히폴뤼토스를 사랑하지만 아프로디테의 의지에 반하여 그를 보호할 수 있는 조치를 취할 수는 없었다. 그것은 아르테미스가 아프로디테보다 힘이 약했다기보다는 서로의 영역을 간섭하거나 침범할 수 없다는 전제가 있었기 때문이다.

　그리스에는 각 지역에 따라 더 중요시되고 더 영향력을 주는 신이 있었다. 최고신 제우스를 숭배하는 축제와 제전은 상대적으로 아주 중요하지는 않았던 것으로 보인다. 실제로 올림포스의 수많은 신은 지역에 따라 중요시되는 정도가 달랐다. 아르고스에서는 헤라가, 아테네에서는 아테나가, 퀴프로스에서는 아프로디테가, 델로스에서는 아폴론이, 렘노스에서는 헤파이스토스가 주로 숭배를 받았다. 그렇지만 대부분 그리스 신은 특정 지역 외에서도 골고루 숭배 받았다. 신들은 인간의 삶의 모든 측면과 관련 있었기 때문이었다.

1. 장영란, "고대 그리스의 위대한 어머니 신화에 나타난 철학적 세계관", 『철학연구』 제55집, 67-89면.

2. Graves, *The Greek Myths*, 1.1.

3. 장영란, "그리스 신화와 철학에 나타난 네 요소에 관한 철학적 상상력(1)", 『서양고전학연구』 제14집, 16-25면 참조.

4. 오르페우스교의 우주 생성 신화는 세 가지로 구분된다. 첫째는 기원전 4세기 에우데모스Eudemos에 의해 전해지는 우주 생성 신화로 최초의 신은 밤의 여신 뉙스Nyx이고, 둘째는 히에로 뉘모스Hieronymos와 헬라니코스Hellanikos에 의해 전해지는 우주 생성 신화로 최초의 신은 크흐로노스Chronos이며, 셋째는 광상시의 형태로 전해지는 우주 생성 신화로 태초에 물이 있었고 물로부터 크흐로노스가 나왔다고 한다.

5. Damascius *de principiis* 124 (DK 1 B 12).

6. Homeros, *Ilias*, 14. 200-201.

7. *ibid.*, 5.6; 8.485; 18.489.

8. Hesiodos, *Theogonia*, 116ff.

9. *ibid.*, 233.

10. *ibid.*, 240.

11. *ibid.*, 265.

12. *ibid.*, 270.

13. *ibid.*, 306.

14. *ibid.*, 138.

15. *ibid.*, 147.

16. Apollodoros, 1.2.1.

17. Hesiodos, *Erga kai Hemerai*, 121ff.

18. *ibid.*, 112.

19. Bruno Snell, *Die Entdeckung des Geistes*, *The Discovery of the Mind*, Trans. T. G. Rosenmeyer, Cambridge University Press, 『정신의 발견: 서구적 사유의 그리스적 기원』, 김재홍 옮김, 까치, 1994, 68-69면.

20. 프로이트, 『토템과 터부』, 『종교의 기원』, 이윤기 옮김, 열린책들, 1997, 403-406면.

21. Pindaros, *Olympia*, 2.70.

22. Hesiodos, *Theogonia*, 617.

23. *ibid.*, 819.

24. Apollodoros, 1.6.1.

25. 장영란, 『아테네: 영원한 신들의 도시』, 살림, 2004, 13-23면.

26. Apollodoros, ep., 1.16.

27. Homeros, *Ilias*, 6.186.

28. Pausanias, *Hellados Periegeseos*, 1.11.6.

29. 장영란, 『신화 속의 여성, 여성 속의 신화』, 235-238면을 참조.

30. Herodotos, *Historia*, IV. 116, 117.

31. Homeros, *Odysseia*, 21. 205-303.

32. Apollodoros, 2.7.5-6.

33. Homeros, *Ilias*, 1.262-268.

34. Apollodoros, ep., 1.22.

35. Apollodoros, 1.2.4.

36. Pindaros, *Pythia* 2.

37. Fustel de Coulanges, *La Cite antique*, 『고대도시』, 김응종 옮김, 아카넷, 2002, 67면.

38. Apollodoros, 3.10.7.

39. *ibid.*, 3.1.1.

40. *ibid.*, 2.4.8.

41. 케레니, 『그리스 신화: I. 신들의 시대』, 395면.

42. Homeros, *Ilias*, 15. 185-195.

43. Hesiodos, *Theogonia*, 73-4.

44. 스넬은 헤시오도스가 신들의 계보를 확립함으로써 하나의 통일체로 묶어놓았다는 점에서 약간 지나친 감은 있지만 일신론의 선구자이며 개척자라고까지 말하고 있다.(스넬, 『정신의 발견』, 89면)

45. Burkert, W., *Greek Religion*, Basil Blackwell, 1985, p.131.

46. Aeschylos, *Hiketides*. 524.

47. Aeschylos, fr. 70.

48. Sophocles, *Oidipus Coloneus*.1085-86.

49. Pausanias, 10.12.10.

50. *The Orphic Hymns*, 15.

51. Euripides, *Hippolytos*, 10ff.

신들에게 인간의
도덕을 묻다

에우로페의 납치__카를로 마라티의 그림.

V

제우스의 황금 빗물을 받는 다나에와 에로스

제우스는 아크리시오스의 딸 다나에에게 황금 빗물로 변신하여 무릎 사이로 스며든다. 철탑 감옥에 갇힌 신화의 다나에는 이탈리아 중부도시로 자리를 옮겼다. 그림 왼쪽에 창문을 터서 보는 이의 시선을 바깥 풍경으로 유도하는 것은 르네상스 베네치아 화가들에게서 배운 것이다. 또 그림 오른쪽에 젖힌 휘장은 은밀한 사건을 훔쳐보는 엿보기 시선을 암시한다. 코레조의 그림. 1531-1532년.

신들은 왜 비도덕적인 사랑을 할까 1

신화 속에서 만나는 그리스 신들은 별로 선하지도 악하지도 않은 존재처럼 보인다. 이것은 일반적으로 인식되고 있는 신의 개념과 맞지 않는다. 우리는 서양 중세 신학으로부터 근대에 이르기까지 신의 완전한 '선'에 대해 끊임없이 얘기해오지 않았는가? 실제로 대부분의 종교는 '선과 악의 투쟁'에 대해 말하며 '악에 대한 선의 승리'에 대해 말한다.

그러나 그리스 신화의 신들은 이 부분에 있어 아랑곳하지 않는 것처럼 보인다. 그리스 신화는 중세 기독교 신학보다도 시대적으로 훨씬 앞서 있다. 아직 윤리적 의식이 충분히 발전하지 않았기 때문에 엄격하고 체계적인 도덕 질서와 법칙을 적용하지 못했을 수도 있다. 여하튼 그리스 신들은 도덕적이거나 윤리적인 면과는 거리가 멀어 보인다.

제우스와 바람난 가족

그리스 신화를 읽을 때 가장 많이 접하게 되는 상황은 남신들이 아내 이외의 여신들이나 여인들을 쫓아다니며 바람을 피우는 것이다. 그리스 남신들의 성적 태도는 두 가지 특징을 보인다. 우선 자연스럽기보다는 일방적이고 강제적으로 관계를 맺는다. 다음으로 대부분의 경우에 바람만 피울 뿐 책임을 회피한다.

제우스는 아내인 헤라 이 외에 수많은 여신이나 여인들과 관계를 맺지만 헤라의 눈을 피하기 위해 무책임하게 행동한다.

이오는 제우스로 인해 암소로 변해 오랜 세월 동안 수많은 고통을 받는 대표적인 경우이다. 에우로페도 반강제적으로 제우스와 결합하기는 마찬가지다. 우연히 바닷가에서 친구들과 놀고 있던 에우로페를 본 제우스는 세 가지 색깔을 가진 특별한 황소로 변해 나타나 호기심으로 접근한 에우로페를 태우고 줄행랑을 치고 만다. 세멜레는 제우스와의 결합 때문에 분노한 헤라의 농간으로 태중에 아이를 가진 채로 제우스의 벼락에 맞아 죽는 아주 끔찍한 최후를 맞는다.

이러한 특징은 제우스에게만 국한된 것은 아니다. 아폴론은 제우스처럼 공식적인 결혼을 하지 않아 자유로운 상태였지만 책임을 회피하기는 마찬가지다. 아폴론은 아크로폴리스에서 크레우사Creusa라는 처녀를 납치하여 관계를 가진 후 외면해버린다.[1] 크레우사는 처녀의 몸으로 아폴론의 아이 이온을 낳지만 할 수 없이 아폴론과 만났던 장소에 아이를 버리고 만다. 제우스는 델포이로 아이를 데려와 기르게 하고 크레우사는 다른 남자 크수토스와 결혼을 한다. 한참 후 자식이 없었던 크수토스는 크레우사와 함께 델포이 신전에 와서 신탁을 구했다. 신탁은 이온이 크수토스의 아들이라고 말한다. 크수토스는 이온을 아들로 삼지만 크레우사는 못마땅하게 여겼다. 결국 훗날 서로 얼굴을 모르는 어머니 크레우사와 자식 이온이 피비린내

제우스와 세멜레_제우스는 아내인 헤라 이 외에 수많은 여신이나 여인들과 관계를 맺지만 헤라의 눈을 피하기 위해 무책임하게 행동한다. 세바스티아노 리치의 그림. 1695년 이전.

나는 싸움을 하는 불행에 휩싸이게 된다. 어머니가 아들을, 아들이 어머니를 살해하려는 비극적 상황이 벌어진 것이다. 마지막에 신이 개입해서 오해가 풀린다. 하지만 왜 신의 희롱으로 인간은 죽음을 넘나드는 극단적인 고통을 맛보아야 하는가?

그리스 성문화와 성도덕

그런데 과연 그리스 신들은 비도덕적인가? 우리는 이 문제를 해결하기 위해 다양한 관점을 도입해야 한다. 무엇보다 그리스 신화에 나타나는 성문화를 우리의 도덕적 잣대로 평가할 수는 없다는 점을 염두에 두어야 한다. 각 문화와 민족에 따라 성에 대한 관념은 다를 수 있다. 그리스인들에게 성과 관련하여 대상이나 종류 및 방법은 도덕적 판단 기준에 해당되지 않는다.

그리스 남신들이 이 여신 또는 저 여인을 쫓아다니거나, 혹은 그리스 여신들이 이 남신 또는 저 남자 등과 관계를 맺는 것 자체는 별 문제가 되지 않을 수 있다. 실제로 그리스 성문화에 비추어본다면 이것은 반드시 비도덕적인 행위라고 말할 수 없기 때문이다.

그리스에서 남성들이 아내뿐만 아니라 첩과 여자 노예 및 창녀들은 물론 소년이나 성인 남자를 사랑하는 것은 전혀 법적으로 문제되지 않았으며, 나아가 도덕적으로도 비난받지 않았다. 그리스의 사회 제도나 관습에서 결혼한 남자가 아내 이 외에 첩이나 여자 노예와 결합하는 것은 단지 개인적 선택의 문제일 뿐이다.

푸코에 따르면 그리스인들이 성에 대해 도덕적 판단을 하는 기준은 단지 '과도함'에 있다고 한다. 그리스인들은 성적 쾌락의 도덕적 기준을 정상과 비정상으로 구별하는 질적인 측면에 관심을 두기보다는 양적인 측면에 관심을 두었다. 즉, 그들은 지나치리만큼 과도한 성적 쾌락을 누리려는 것을 무절제로 보고 있다. 무절제는 욕망을 통제하거나 지배하지 못하는 것이다.[2] 무절제는 인간을 쾌락과 욕망의 노예로 만든다. 그리스인들은 이것을 수치스러워했다.

그리스인들은 절제를 통해 욕망과 쾌락을 지배하여 자유로워지려고 했다. 자기 자신을 지배할 줄 알아야 다른 사람도 지배할 수 있는 것이다. 그리스인들은 자신을 통제하지 못할 정도로 욕망의 노예가 되는 경우처럼 양적으로 '지나친' 경우에 도덕적 판단을 적용한다. 따라서 그리스 문화에서는 제우스가 아내를 두고도 수많은 다른 여신과 여인들과 관계를 맺었지만 바람을 피운 사실 자체는 크게 도덕적 문제가 되지 않았다.

그리스 동성애의 특징

그리스에서는 동성애(혹은 소년애)도 허용되어 있었다. 그리스의 성인 남자들이 어린 소년들을 연인으로 삼아 함께 지내는 것은 통상적인 일이었다. 그것은 대부분 아직 결혼을 하지 않아 자유로이 성관계를 가질 수 있는 미혼 남성이 가질 수 있는 특권이었다. 결혼 후에도 여전히 소년애를 하는 경우가 있었는데, 이것은 바람직하게 받아들여지지는 않았다.

그리스의 성인들이 소년들을 단지 소녀나 여성을 대신하여 사랑한 것은 아니다. 그들은 오히려 소년의 젊음이 발산해내는 이상적인 아름다움을 사랑하였다. 그리스 신화에서도 제우스가 트로이의 왕자였던 아름다운 가뉘메데스를 납치하여 올림포스에서 자신의 시종으로 삼은 이야기나, 포세이돈이 탄탈로스의 아들 펠롭스를 사랑하였던 이야기를 찾아볼 수 있다. 더욱이 아폴론의 경우는 휘아킨토스와 퀴파리소스와 같은 미소년과의 연애 사건 등으로 인해 동성애의 신이라 불리기도 한다.

물론 그리스와 같은 가부장적 사회에서 동성애를 긍정적으로 수용하는 것은 극히 예외적인 현상이다. 대부분의 가부장적 사회가 이성애를 권장하며 동성애에 대해 혐오감을 표현해왔다. 그러나 유독 그리스 사회에서 이러한 특징이 나타나지 않는 이유는 무엇인가? 그것은 그리스 사회의 교육이 근본적으로 동성애 관계에 기초하고 있기 때문이다. 그리스에는 나이 어린 소년이 나이 많은 성인을 따라다니며 세상에 대한 경험과 지식을 배우며 육체적으로도 관계를 맺었던 관행이 있었다. 가령 호메로스의 『일리아스』에 나오는 유명한 아킬레우스와 파트로클로스의 관계는 젊은이들 간의 경쟁 의식과 우정을 북돋우는 촉매 역할을 한 것으로 보인다.

그리스인들이 대체로 동성애에 대해 호감을 표시하고 있다는 사실은 핀다로스의 시나 솔론의 단편 및 플라톤 작품을 통해서도 알 수 있다. 소크라테스와 같은 유명한 스승의 경우에는 수많은 소년이 따라다닌 것으로 나온다. 그러나 플라톤의 『향연 symposion』에 나오는 소크라테스는 동성애의 육체적인 관계에 대해서는 무심하고 정신적인 관계만을 유지하는 것으로 나타난다.[3]

그리스의 성인들은 자신이 사랑하는 소년이 훌륭한 성인으로 자라나기를 바라면서 도덕적이며 지적인 교훈을 가르쳤다. 물론 모든 사람이 이러한 목적에 충실하지는 않았다. 그러나 동성애를 대부분 이러한 방식으로 이해했기 때문에 부정적으로 생각되지 않은 것이다.

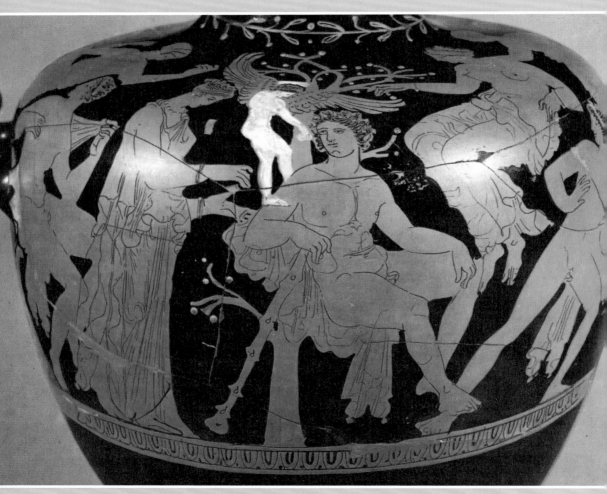

헤스페리데스와 어울리는 헤라클레스
헤라클레스는 제우스가 알크메네와 결합하여 낳은 영웅이다. 헤라클레스의 열두 과업에는 헤스페리데스가 지키는 황금사과를 따오는 일이 포함되어 있다. 에로스는 흰색으로 채색했다. 아티카에서 제작된 히드리아. 기원전 350년경.

제우스는 왜 바람을 피울까 2

Greek Mythology

그리스 영웅 탄생과 기원

제우스는 왜 그토록 바람을 피우는 것일까? 다른 신들도 아내를 두고 바람을 피우거나 자유롭게 성관계를 맺지만 단연 제우스가 돋보인다. 그리스 신화에서 제우스는 여신이나 여인과 관계를 맺는 것뿐만 아니라 때로는 어린 소년을 사랑하기도 한다. 그리스인들에게 성적 대상은 전혀 도덕적 문제가 되지 않는다. 더욱이 제우스는 대부분 처녀와 관계를 맺지만 유부녀도 예외가 아니라서 가정파탄까지 초래한다.

제우스가 헤라클레스를 낳기 위해 알크메네에게 접근한 이야기를 보자. 알크메네는 암피트뤼온의 아내였다. 암피트뤼온은 알크메네의 형제들을 죽인 종족과 전쟁중이어서 아내와 오랫동안 헤어져 있었다. 제우스는 여느 때와 마찬가지로 알크메네를 보고 마음을 빼앗겼다. 그러나 알크메네가 워낙 정숙한 아내였기 때문에 결코 다른 인간이나 신에게 자신을 내어줄 여인이 아니라는 걸 알았다. 과연 제우스는 어떤 방법을 사용했을까? 그는 알크메네의 남편 암피트뤼온으로 변신하였다.[4] 알크메네는 남편의 모습을 한 제우스에게 감쪽같이 속았다. 다음 날 돌아온 진짜 암피트뤼온은 자신을 반기지 않는 알크메네를 이상하게 생각하였다. 더욱이 알크메네는 이미 제우스로부터 어떻게 전쟁에서 승리하였는지를 들었기 때문에 진짜 암피트뤼온의 이야기에 별로 귀기울지 않았다. 암피트뤼온은 아내의 부정을 알고 분노하여 아내를 불에 태워 죽이려 했지만 제우스가 폭우를 퍼부어 불길을 막아 겨우 사태를 진정할 수 있었다.[5]

제우스와 결합한 수많은 여인은 대부분 그리스 사회에서 가장 영웅적이라 불리는 인물들을 낳는다. 헤라클레스는 단순히 인간이라고 말하기에는 너무나 탁월한 존재였다. 따라서 헤라클레스를 낳은 인간 아버지가 있지만 신적인 기원이 부가된다. 즉, 인간이 낳은 최고의 영웅 헤라클레스에게는 제우스라는 신적인 아버지가 있었다. 제우스 외에도 올림포스의 많은 남신과 여신이 인간과 결합하여 수많은 영웅을 낳았다.

대부분의 영웅 신화를 보면 영웅들에게는 인간적인 아버지나 어머니 외에도 신적 아버지나 어머니가 있다.[6] 테세우스의 경우 아들이 죽은 줄 알고 자살까지 했던 비운의 아버지인 아테네의 왕 아이게우스가 엄연히 있지만 포세이돈이라는 신적인 아버지가 있었다. 아킬레우스는 아예 인간 어머니는 없고 인간 아버지인 펠레우스가 테티스 여신과 결합하여 낳은 영웅 중의 영웅이다. 이처럼 영웅들은 신과 인간이 결합하여 낳은 존재로 불멸과 사멸의 중간적 존재이다. 특히 제우스가 다른 남신보다 유독 많은 여인과 결합한 것은 최고신으로서의 제우스가 지닌 강력한 힘 때문이기도 할 것이다.

그리스 민족과 건국 신화의 기원

그리스 신화에서 제우스가 바람을 피우는 것은 단순히 성도덕의 문제와 관련된 것은 아니다. 때로는 역사적으로 중요한 사건의 기원을 설명하려는 것으로 이해될 수 있다. 말하자면 한 민족이 발생하고 국가가 탄생하는 사

건은 인간의 정신과 문명이 발전하는 데 중요한 계기가 된다. 따라서 이와 같이 인간의 관점에서 아주 놀라운 사건을 설명하기 위해 신과 같은 초월적인 존재를 자연스럽게 끌어들이게 된다. 올림포스의 최고신 제우스는 권력의 상징이었기 때문에 각 지역에서 민족이나 도시의 기원을 설명하기 위해 끌어들이게 되었을 것이다. 역사적으로 보이기 위해 특별히 제우스는 각 지역의 주요 여신이나 여인들과 관계를 맺게 된 것이다. 다른 많은 지역에서도 특별히 숭배하는 신과 관련하여 건국 신화를 만들어 자신들이 바로 그 신의 후손임을 자랑하였다.

제우스는 신탁을 내리고 번개로 위협하여 아르고스의 헤라 신전의 여사제인 이오와 관계를 가졌다. 이오는 헤라가 의심을 품고 다가오자 다급해

머릿돌 아래에서 부러진 칼을 찾아낸 테세우스_대부분의 영웅 신화에서 영웅들에게는 인간적인 아버지나 어머니 외에도 신적 아버지나 어머니가 있다. 테세우스는 아들이 죽은 줄 알고 자살까지 했던 비운의 아버지 아이게우스 외에 포세이돈이라는 신적인 아버지가 있었다. 니콜라 푸생의 그림. 1633~1634년.

헤르메스와 아르고스_이오
는 제우스와 관계를 가진 이
유로 흰 암소로 변한 채 헤라
가 보낸 아르고스의 감시를
받는다. 이에 제우스가 헤르
메스를 보내 아르고스를 살해
한다. 이오가 헤라의 눈초리
를 피해 방랑하면서 지나간
곳들은 각 지역의 기원이 된
다. 아브라함 블루마르트의
그림. 1645년.

진 제우스에 의해 흰 암소로 변한다.[7] 이후 이오의 삶은 고통의 연속이었다. 의심 많은 헤라가 백 개 또는 천 개의 눈을 가진 아르고스에게 이오를 지키게 만들어 꼼짝없이 암소의 모습으로 살아갈 수밖에 없게 된다. 다행히 헤르메스가 아르고스를 살해하지만 헤라는 또다시 등에를 보내 이오를 괴롭힌다. 이오는 헤라의 의심의 눈초리를 피해 수많은 곳을 방랑하면서 고통을 당한다. 이때 이오가 지나간 곳은 각 지역의 기원이 된다. 가령 이오가 지나간 연안은 이오니아 만이라고 명명되기도 하고, 또한 유럽과 아시아의 경계인 곳을 가로질렀다고 해서 '암소가 건넜다'를 의미하는 보스포로스Bosphoros라는 이름도 붙여졌다. 이오는 이집트에서 겨우 암소에서 벗어나 본래의 인간 모습을 되찾을 수 있었다. 그곳에서 다시 제우스와 결합한 이오는 '제우스의 손길'을 의미하는 에파포스라는 아들을 낳았다. 에파포스는 이집트 나일 강의 신의 딸 멤피스Memphis와 결혼하여 이집트의 주요 도시 건국 신화와 관련될 뿐만 아니라 많은 민족의 시조가 된다.

에우로페의 신화는 크레테의 위대한 왕의 탄생 신화와 테베 건국 신화와 연관된다. 에우로페는 튀레(혹은 시돈)를 지배하던 아게노르Agenor 왕의 딸이었다. 아게노르는 이오의 아들인 에파포스의 딸 리뷔아Libya가 포세이돈과 결합하여 낳은 아들 중의 한 명이다. 아게노르에게는 에우로페라는 한 명의 딸과, 카드모스Kadmos와 포이닉스Phoenix 및 킬릭스Kilix라는 세 명의 아들이 있었다. 에우로페가 제우스에게 납치되어 사라지자 갑자기 사라져 버린 딸 에우로페를 찾기 위해 시리아의 아게노르 왕은 카드모스를 비롯한 자신의 아들들을 보내며 여동생을 찾을 때까지는 돌아오지 말라고 명령하였다. 길을 떠난 형제들은 여동생을 찾지 못하고 킬릭스는 킬리키아Kilikia, 포이닉스는 포이니키아Poenikia(페니키아)를, 카드모스는 테베Thebe를 세웠다는 건국 신화가 생겨난다.[8]

다양한 신화의 흡수와 통합

제우스가 수많은 크고 작은 중요한 여신 및 여인들과 관계를 맺는 것은 다양한 지역 신화들의 통합과 관련되어 있다. 그리스의 올림포스 신화는 헬레네 민족 이전에 그리스에서 살던 원주민들의 신화들을 흡수, 통합하는 과정에서 체계화되었다. 그리스 신화는 그리스 각 지역에서 숭배되고 있던 수많은 여신을 통합하는 방법으로 제우스라는 최고신이자 남신이 여신들과 때로는 공식적으로 때로는 비공식적으로 결혼을 하여 각 여신의 기능과 역할 및 힘을 흡수하는 것으로 나온다. 가령 제우스는 원래 날씨의 신이었다. 도대체 어떻게 그는 일약 그리스 최고신이 되었을까? 아무리 고대 사회에서 '날씨'가 인간의 삶에 중요한 역할을 한다는 사실을 인정하더라도 쉽게 이해하기 어렵다. 그러나 제일 먼저 메티스를 삼킴으로써 지혜를 갖게 되고, 테미스와 결합하여 우주와 인간 세계의 질서와 법칙을 지배하게 되고, 가장 강력한 여신인 헤라와 결합함으로써 공식적으로 그리스 최고신의 반열에 오른다. 이처럼 제우스는 최고신이 되기 위해 다른 어떤 신보다도 수많은 여신의 힘을 흡수할 수밖에 없었다. 우리는 이와 같은 관점에서 제우스가 신화 속에 여러 여신이나 인간 여인들과 관계를 갖는 것을 이해할 수 있을 것이다.

스핑크스
오이디푸스는 델포이 신전에 갔다가 자신이 아버지를 죽이고 어머니와 결혼한다는 끔찍한 신탁을
듣는다. 그는 비참한 운명을 한탄하며 여행을 하던 중 우연히 생부 라이오스를 만나 살해하고 테
베의 재앙이었던 스핑크스를 물리친 후 왕위에 오른다. 귀스타브 모로의 그림. 1886년.

오이디푸스는 왜 불행할 수밖에 없을까 3

Greek Mythology

가장 현명한 오이디푸스의 무지

우리는 그리스 신화에 나오는 비극적인 영웅들을 통해 그리스인들의 인간관과 세계관을 엿볼 수 있다. 근대 이후에 그리스 신화에서 우리에게 가장 친숙한 인물은 오이디푸스라 할 수 있다. 사실 우리는 신화 속의 영웅 오이디푸스보다는 프로이트의 '오이디푸스 콤플렉스'를 더 잘 알고 있다. 소포클레스가 전하는 오이디푸스는 비극적이다. 오이디푸스는 자신이 다스리는 테베에 가뭄과 역병이 돌자 신탁을 통해 원인과 해결 방안을 알아낸다. 전왕 라이오스Laios를 죽인 살해범을 찾아내 테베에서 추방하면 되는 일이었다. 그러나 그 것은 오이디푸스를 가장 행복한 인간으로부터 가장 불행한 인간으로 만들었다. 어머니이 자 아내인 이오카스테Iokaste는 불길한 예감 때문에 더 이상의 탐문을 하지 말라고 말하지 만 오이디푸스는 진실을 외면할 수 없었다.[9] 결국 오이디푸스는 진실을 밝혔기 때문에 대 가를 치러야 했다.

오이디푸스는 비록 '우연히' 또는 '전혀 알지 못하고' 저지른 행위였지만 결과적으로 자신의 백성에게 불행을 초래하게 만들었다. 그는 우연히 길을 가다가 삼거리에서 자신을 모욕하던 사람들과 싸우다가 죽인 적이 있으며, 우연히 테베를 지나가다가 스핑크스의 수수께끼를 맞힌 후에 포상으로 내려진 죽은 왕의 왕비를 아내로 삼았다. 그렇지만 자신이 죽인 자는 아버지요, 결혼한 자는 어머니였다. 모든 것이 어둠 속에 감추어져 있다가 밝혀졌다. 라이오스와 이오카스테는 물론 오이디푸스조차 전혀 알 수가 없던 사실이었다. 오이디푸스는 비록 자신이 전혀 모르고 저지른 행위이지만 스스로 책임을 지겠다고 생각했다.

오이디푸스의 비극적 운명의 원인

소포클레스의 작품에서는 오이디푸스가 왜 이러한 운명을 겪어야 하는지에 대한 설명이 나오지 않는다. 오이디푸스에게 내려진 가혹한 운명이 어떻게 일어났고 어떻게 극복하였는가만 나온다. 그러나 아이스퀼로스와 에우리피데스의 작품들 및 다른 전승들에 따르면 오이디푸스의 비극적 운명은 미리 예정되어 있었다.[10] 오이디푸스는 테베를 건설한 유명한 카드모스의 후손이다. 할아버지 랍다코스Labdakos는 나이가 들 때까지 자식이 없다가 늘그막에 라이오스라는 아들을 얻었지만 얼마 후 죽고 만다. 그 후 테베의 왕권은 랍다코스의 형제들인 뉙테우스Nykteus와 뤼코스Lykos가 차지하였다. 라이오스는 펠롭스 왕의 집에 머물렀다가 막내아들 크뤼시포스Chrysippos를 사랑하게 되고 납치했다가 죽이게 된다. 크뤼시포스를 살해한 진범에 대해 여러 가지 다른 전승들이 있지만, 이 일로 라이오스는 펠롭스의 저주를 받는다. 펠롭스는 유괴범 라이오스에게 결코 아들을 가질 수 없을 것이고, 아들을 갖는다 하더라도 아들에게 살해당할 것이라고 저주를 퍼부었다. 나중에 라이오스는 테베로 돌아와서 이오카스테와 결혼하여 왕

눈 먼 오이디푸스와 안티고네_오이디푸스는 테베의 전왕인 라이오스의 살해범을 추적하다가 라이오스가 자신의 아버지라는 사실과 아내 이오카스테가 자신의 어머니라는 사실을 알게 된다. 모든 사람이 오이디푸스를 비난하는 가운데 오직 안티고네만이 아버지를 모시고 그리스 전역을 떠돌아다녔다. 오이디푸스의 비극적 운명은 오이디푸스 자신의 행위의 결과가 아니다. 그것은 이미 아버지 라이오스가 저지른 범죄행위로부터 내려온 형벌이었다. 안토니 브로도프스키의 작품. 1828년.

권을 계승한다.

　라이오스 집안의 불행은 아폴론과 헤라의 진노에서 비롯되었다. 아폴론은 소년들을 보호하는 신으로 어린 크뤼시포스의 죽음에 대해 분노하지 않을 수 없었다. 그는 신탁을 통해 라이오스에게 자식을 갖지 말라고 경고했다. 만약 신들의 뜻을 거슬러 아들을 낳게 되면 그 아들이 아버지를 죽이고 온 집안이 피로 물들여질 것이라고 하였다.[11] 그러나 라이오스는 이오카스테와 결합하여 오이디푸스를 낳았고 뒤늦게 후회하고 죽일 작정으로 어린 아기를 버렸다. 이것은 결혼의 여신인 헤라의 분노를 일으켰다. 테베에 스핑크스를 보낸 것은 바로 헤라였다.[12] 오이디푸스는 성장하여 델포이 신전에 갔다가 자신이 아버지를 죽이고 어머니와 결혼한다는 끔찍한 신탁을 들었다. 그는 자신의 양부모가 친부모라고 철석같이 믿고 있었기에 코린토스를 등지고 무작정 떠났다.[13] 비참한 운명을 한탄하며 여행을 하던 중에 우연히 라이오스를 만나 살해하고 테베의 재앙이었던 스핑크스를 물리치고 왕위에 올랐던 것이다.

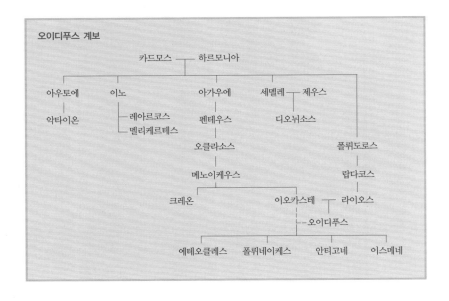

오이디푸스의 비극적 운명은 오이디푸스 자신의 행위의 결과가 아니다. 그것은 이미 아버지 라이오스가 저지른 범죄 행위로부터 내려온 형벌이었다. 현대인의 관점에서는 오이디푸스가 자신이 저지르지 않은 죄, 즉 부모가 저지른 죄의 값을 치른다는 것은 분명 잘못된 일일 것이다. 그러나 고대인의 관점에서는 가족이나 가문 혹은 종족 전체가 하나의 공동체이자 단일 집단이었다. 조상의 죄가 현 세대에서 치러지지 않으면 그 다음 세대로 계속해서 이어지는 것은 자연스러운 일이었다. 그리스 신화에는 한 번 지은 죄의 값은 반드시 치러야 했다. 그것이 먼 조상의 죄든 부모의 죄든 죄값이 치러질 때까지 지속된다. 자신이 저지른 죄도 자신에게서 치러지지 않았으면 자신의 자식들, 또 그 자식의 자식들까지 계속된다. 이것은 철저한 인과응보 정신에 의거한 것이다.

아트레우스 집안의 저주와 몰락

오이디푸스의 비극과 연관된 펠롭스 가문의 영웅들도 오이디푸스와 같이 운명의 사슬에서 벗어나지 못하였다. 라이오스가 실수로 죽인 것으로 말해지는 크뤼시포스는 실제로 펠롭스의 아들들인 아트레우스와 튀에스테스가 죽였다고 말해지기도 한다.[14] 아트레우스는 트로이 전쟁에서 그리스 동맹군의 총사령관이었던 아가멤논과 스파르타의 왕이자 헬레네의 남편인 메넬라오스의 아버지이다. 펠롭스의 첫째부인 히포다메이아 Hippodameia는 펠롭스가 다른 부인의 몸에서 난 크뤼시포스를 너무 사랑하자 자신의 아들들에게 지시하여 라이오스의 옆에 누워 자던 크뤼시포스를 살해하고 라이오스에게 덮어씌웠다. 그러나 이것이 아트레우스 집안의 저주가 내린 직접적인 이유는 아니다. 아트레우스 집안의 저주는 멀리는 펠롭스로부터 시작되고 가까이는 아트레우스 자신의 악행에서 비롯된다.

펠롭스는 소아시아 쪽에서 그리스의 펠로폰네소스 반도로 이주하면서 엘리스에 있는 피사의 왕 오이노마오스Oinomaos의 딸 히포다메이아에게 청혼한다. 오이노마오스는 자신의 딸과 결혼한 사람의 손에 죽을 것이라는 신탁을 미리 듣고 알고 있었다.[15] 그래서 그 동안 히포다메이아와 결혼하려는 구혼자들과 전차경기를 하여 모조리 죽여버린다. 어떤 사람도 아레스로부터 받은 오이노마오스의 말들을 당할 재간이 없었기 때문에 오이노마오스는 항상 승리하였다. 그렇지만 펠롭스를 사랑하게 된 히포다메이아는 마부 뮈르틸로스Myrtilos를 설득하여 오이노마오스의 마차 바퀴축의 핀을 뽑아놓도록 하였다.[16] 펠롭스는 그 대가로 뮈르틸로스에게 오이노마오스의 왕국 절반을 주기로(또는 히포다메이아와 밤을 보낼 수 있게 해주겠다고) 약속했다.[17] 그러나 오이노마오스에게 승리한 후 펠롭스는 약속했던 대가를 지불하기는커녕 뮈르틸로스를 죽음으로 몰아넣었다. 헤르메스의 아들이었던 뮈르틸로스의 죽음은 펠롭스와 그 가문의 저주를 불러일으켰다.[18]

펠롭스는 히포다메이아와 결혼하여 아트레우스와 튀에스테스를 낳는다. 그들은 아버지가 죽은 후 서로 왕권을 놓고 다툰다.[19] 아트레우스에게는 아에로페Aerope라는 아내가 있었다. 불행히도 아에로페는 아트레우스가 아닌 그의 동생 튀에스테스를 사랑하였다. 그래서 아트레우스가 아르테미스 여신에게 제물로 바치기로 한 황금 양을 몰래 튀에스테스에게 넘겨주었다. 이때 뮈케네인들이 펠롭스의 자식을 왕으로 뽑으라는 신탁을 받아 아트레우스와 튀에스테스에게 사람을 보내왔다. 튀에스테스가 황금 양을 가진 사람이 왕이 되자고 제안하자 아트레우스는 확신에 차서 동의하였다. 그러나 아트레우스의 황금 양은 이미 튀에스테스의 손에 넘어간 상태였다. 튀에스테스는 황금 양을 보여주고 왕이 되었다. 제우스는 헤르메스를 보내어 아트레우스에게 해가 거꾸로 돌 경우에 왕권을 넘기도록 튀에스테스와 협약을 맺게 하였다. 이에 튀에스테스가 동의하자 신들은 해를 동쪽으로

뮈케네 아트레우스의 보고 입구_지하 궁륭식 분묘로 뮈케네의 아크로폴리스 남서쪽으로 약 400m에서 발굴되었다. 이 보고 안에 있던 물건들은 헬레니즘 시대의 파우사니아스가 뮈케네를 방문하기 오래전에 이미 사라진 것으로 보인다.

뮈케네 아트레우스의 보고 천장 구조

지게 하였다. 결국 아트레우스는 다시 왕권을 차지하였고 튀에스테스는 추방당하고 말았다.

나중에 아트레우스는 아내가 튀에스테스와 간통한 것을 알고 튀에스테스에게 전령을 보내 다시 돌아오게 만든다. 아트레우스는 아주 잔혹한 방식으로 튀에스테스에게 복수한다. 성대한 잔치를 열고 튀에스테스의 아들들을 요리하여 아버지에게 먹이는 만행을 벌였다. 튀에스테스는 분노에 치를 떨었다. 그렇지만 이미 자신은 아무 힘도 없었고, 대신 복수할 자식도 모두 죽었다. 다만 근친상간을 통해 낳은 아이기스토스Aigistos가 남아 있었다.[20] 그는 트로이 전쟁 중에 그리스에 남아 복수를 준비하였다. 아트레우스의 아들 아가멤논은 트로이로 출항할 때 뮈케네에 아내 클뤼타임네스트라를 남겨두고 떠났다. 그녀는 남편 아가멤논이 자신을 속이고 딸 이피게네이아를 희생 제물로 바친 사실에 분노하였다. 비열한 남편이 돌아오기만을 기다리다가 아이기스토스와 결탁하여 살해하기로 계획한다. 이 사실을 모르는 아가멤논은 트로이 전쟁에서 승리하여 금의환향하지만 자신의 집에서 비참하게 최후를 맞는다. 아트레우스 집안의 저주도 오이디푸스의 경우처럼 조상의 죄가 대물림되고 후손이 처벌을 받는다.

그리스 신화의 인과응보

사람들은 악을 행하면 처벌을 받고 선을 행하면 보상을 받아야 한다고 생각한다. 그래야 정의가 이루어진다. 그렇지 않으면 사회는 야만적으로 변하고 만인 대 만인의 투쟁으로 나아갈 것이다. 분명 우리가 보기에 지독히 악독한 사람인데도 불구하고 아무런 문제없이 버젓이 잘 살아가는 경우가 있는가 하면, 너무나 착하여 법 없이 살아갈 만한 사람인데도 불행한 삶을 살아가는 경우를 많이 본다. 이런 이유로 선과 악에 대한 철저한 응징과 관련하여 죽음 이후의 심판을 주관하는 초월적이면서 인격적인 '신'을 설정하기도 한다. 이것은 인간이 살아가는 세상이 생각보다 정의롭지 않다는 것을 반증하는 것이기도 하다. 그리스의 올림포스 신화에는 죽음 이후의 처벌과 보상에 대한 생각이 초기에는 정립되지 않았다. 죽은 자들의 왕이자 지배자인 하데스에 대한 숭배가 별로 이루어지지 않았던 것도 이런 까닭이다. 따라서 그리스 신화는 정의의 문제를 다른 방식으로 풀어냈다. 즉, 한 사람이 죄를 저질렀다고 하자. 만일 그가 살아 있는 동안에 처벌을 받지 못한다면 죄는 대물림된다. 즉, 한 세대에서 죄의 값이 치러지지 않으면 다음 세대에서 치러진다고 생각했다. 이와 같이 그리스 신화와 비극에 등장하는 인간은 철저하게 인과응보의 법칙에 지배를 받았다.

염소 젖을 먹는 아기 제우스

헤시오도스는 특히 제우스가 나타내는 정의와 질서에 대해 강조한다. 우라노스와 크로노스는 자신들의 부정의 때문에 벌을 받았지만 제우스는 정의로운 신이기 때문에 영원히 지배하는 위치에 있다고 생각하였다. 니콜라 푸생의 그림. 1635년-1637년.

제우스는 정의로운 신일까 4

Greek Mythology

제우스의 부정의와 프로메테우스의 고난

그리스 신화에서 프로메테우스는 인간에게 가장 호의적인 신이라 할 수 있다. 프로메테우스는 인류 문명의 기원이 되는 불을 가져다주었다. 이 일로 인해 프로메테우스는 제우스의 진노를 사서 카우카소스 산에 있는 바위에 묶여 독수리에 의해 간을 파 먹히는 형벌을 받는다. 아이스퀼로스의 작품 『결박된 프로메테우스』는 프로메테우스가 결박되는 장면을 배경으로 제우스의 독재에 대한 프로메테우스의 비판이 중심 주제이다.

프로메테우스는 제우스에 대해 가혹하고 제멋대로 정의를 행사한다고 주장한다.[21] 더욱이 그 자신이 티탄족 신들을 어느 정도 설득하여 제우스가 전쟁에서 승리하는 데 일조를 하였음에도 불구하고 배은망덕하게 자신에게 가혹한 벌을 주고 있다고 불평한다.[22] 그렇지만 그가 처벌을 받는 이유는 바로 제우스가 인간 종족을 모조리 없애버리고 다른 종족을 만들려고 하였는데 자신이 반대하여 죽음을 면하게 하였기 때문이다.[23] 단지 인간을 동정한 이유로 프로메테우스는 견디기 힘든 고통을 당할 운명에 처하게 된 것이다. 아이스퀼로스가 그려내고 있는 프로메테우스는 단지 억압받는 의인일 뿐이며 제우스는 전혀 정의롭지 못하며 배은망덕한 폭군에 불과하다.

왜 프로메테우스는 벌을 받을 수밖에 없는가

과연 프로메테우스는 정의로운 신이고 제우스는 부정의한 신인가? 프로메테우스에 관한 전반적인 이야기를 종합해볼 때 프로메테우스의 행위에도 몇 가지 문제가 있다. 가장 중요한 점은 신들이 자신에게 맡긴 일을 제대로 처리하지 못했다는 것이다. 신들은 이 세계에 동물을 만들고서 빛 가운데로 나오게 하기 전에 각기 고유한 능력을 나눠줄 것을 결정하였다.[24] 특별히 프로메테우스와 에피메테우스에게 임무가 맡겨졌다. 에피메테우스는 자신이 모든 것을 처리한 후에 프로메테우스가 점검하는 방식으로 일을 하자고 제안하였다. 프로메테우스는 흔쾌히 수락했다. 그런데 마지막으로 프로메테우스가 모든 일이 제대로 되었는지 확인하는 과정에서 인간들이 아무 것도 받지 못한 채로 남아 있는 것을 보고 고심을 하게 된다. 그는 하늘로 올라가 신들의 불을 훔쳐 인간에게 가져다주는 것으로 일을 마무리한다.

프로메테우스가 불을 훔친 행위는 인간에게는 아주 중요한 사건이었다. 인간은 불을 통해 문명을 이뤘기 때문이다. 인간의 입장에서 본다면 프로메테우스는 아주 훌륭한 신이었다. 그러나 신들의 입장에서 어떻게 평가할 수 있을까? 프로메테우스는 명백히 규율을 깨고 신들의 세계에서 불을 훔친 자로 당연히 처벌을 받아야 하는 존재였다. 여기서 '불'이라는 것은 단순히 물리적인 의미의 불만이 아니고 인간과 동물을 구별해주고 신과의 유사성을 나타내주는 이성의 불을 상징하기도 한다. 즉, 프로메테우스는 본래 엄격하게 구분되어 있는 인간 세계와 신의 세계의 경계를 모호하게 만

독수리에게 고통을 당하는 프로메테우스_ 프로메테우스가 불을 훔친 행위는 인간에게 아주 중요한 사건이었다. 인간은 불을 통해 문명을 이뤘기 때문이다. 인간의 입장에서 본다면 프로메테우스는 아주 훌륭한 신이었다. 엘시 러셀의 그림.

들어 우주의 질서를 혼란시킨 중대한 범죄를 저지른 자였다. 그렇기 때문에 신들의 세계를 지배하는 제우스로서는 이러한 프로메테우스에게 적절한 처벌을 내리는 것이야말로 정의로운 행동이었다.

신과 인간의 도덕은 다르다

그리스 신화는 나름대로 정의와 도덕 등에 대한 가치평가를 갖고 있다. 헤시오도스는 특히 제우스의 정의와 질서에 대해 강조한다. 우라노스와 크로노스는 자신들의 부정의 때문에 벌을 받았지만 제우스는 정의로운 신이기 때문에 영원히 지배하는 위치에 있다고 생각하였다.

헤시오도스의 경우 선악의 개념이 보다 뚜렷하다. 헤시오도스는 근본적으로 이원론적 세계관을 표명하였다. 그는 이 세계의 밝은 측면과 어두운 측면에 대해 각기 설명하였다. 우주발생에 관해 설명하면서 처음부터 이 세계의 어두운 측면이 존재하였다고 주장한다. 태초에 카오스로부터 가이아와 타르타로스 및 에로스가 태어났다. 카오스는 다시 밤의 여신 뉙스와 어둠의 신 에레보스를 낳았다.[25] 이것은 자연 현상인 밤과 어둠이 존재하는 이유를 설명한다. 그런데 헤시오도스는 바로 밤의 여신이 어둠의 신과 결합하여 '죽음'의 신 Thanatos, '비난'의 신 Momos, '고통'의 신 Oizys, '불화'의 신 Eris 등과 같은 악의적인 자식을 낳았다고 말한다. 여기에는 이미 이 세계에 대한 인간의 부정적 가치관이 개입되어 있다. 더욱이 그는 인간 세계에도 악이 존재하는 이유를 최초의 여인인 판도라가 탄생한 것 때문이라고 두 번이나 거듭하여 설명한다. 또한 인류가 타락해가는 과정을 다섯 단계로 나누면서 인류 파멸의 원인을 인간이 자초한 부정의 때문이라고 설명한다. 이것은 기본적으로 선한 사람은 상을 받고 악한 사람은 벌을 받는다는 인과응보 원리에 기초하고 있다.

근본적으로 그리스 신화는 세계와 인간에 대한 깊은 통찰로부터 시작된다. 따라서 그리스 신화에는 세계의 질서와 인간의 도덕법칙에 대한 사유가 내재되었다. 비록 그리스 신들이 개별적으로 인간의 일상적 삶 속에 투영될 때 임의적이고 독자적인 방식으로 행동하는 듯한 특징을 보일지라도, 전체적으로는 자연의 필연적 법칙과 인과응보의 원리에 지배를 받는 것으로 나타난다. 즉, 인간뿐만 아니라 신도 필연적인 운명의 법칙에 지배받는다.

따라서 그리스 신들이 표면상으로 비도덕적이고 반도덕적으로 보일지라도 그것은 그리스인들에게는 문제가 되지 않는다. 그리스인들은 신들이 표출하는 사랑과 질투 및 싸움 등과 같은 인간적인 감정을 통해 신들이 훨씬 더 생생하게 살아 있음을 느꼈기 때문이다. 우리는 단순히 현대적인 도덕 개념에 의해 그리스 신들을 난도질할 수 없다. 그리스 신들도 나름대로 자신들의 법칙에 따라 행동한다. 인간이 임의로 인간의 잣대를 들이대 신들의 도덕성을 판가름할 수는 없는 일이 아닌가.

1. cf. Euripides, *Ion*.

2. 미셸 푸코, 『성의 역사』 제2권, 신은경 외 옮김, 나남, 1990, 56-61면 참조.

3. Platon, *Symposion*, 217a-219e.

4. Kerenyi, *The Heroes of the Greeks*, p.130ff.

5. cf. Euripides, *Alkmene*.

6. cf. Lord Raglan, "The Hero", from *In Quest of the Hero*, Otto Rank(etc), Princeton University Press, 1983, 138ff.

7. Apollodoros, 2.1.3.

8. Apollodoros, 3.1.1.

9. Sophokles, *Oidipous Tyrannos*, 1060.

10. cf. Kerenyi, *The Heroes of the Greeks*, pp.88-104.

11. Euripides, *Phoinisai*, 18.

12. Aeschylos. *Epta epi Thebas*, 691.

13. Apollodoros, 3.5.7.

14. Plutarchos, *Moralia*, 313e.

15. Apollodoros, ep., 2.5.

16. Apollodoros, ep., 2.6.

17. Pausanias, 8.14.11.

18. Euripides, *Orestes*, 988-996; Apollodoros, ep., 2.8.

19. Apollodoros, ep., 2.10-13.

20. Apollodoros, ep., 2.14.

21. Aeschylos, *Prometheus Desmotes*, 189-190.

22. *ibid.*, 199-227.

23. *ibid.*, 227-243.

24. Platon, *Protagoras*, 320c.

25. Hesiodos, *Theogonia*, 123-125.

신들의 희극적
가면을 벗기다

1835년 1월 12일 국왕 오토의 환영식__페터 폰 헤스의 그림.

Greek Mythology

VI

아르테미스와 엔뒤미온

불멸의 존재인 신들은 때로 필멸의 인간과 돌이킬 수 없는 사랑에 빠진다. 초승달 장식을 이마에 붙인 아르테미스 여신은
밤을 도와 엔뒤미온과 사랑을 나누지만, 태양 수레가 하늘을 가로지르며 밤의 장막을 벗기는 순간 이별을 피할 수 없다.
니콜라 푸생의 그림.

그리스인들은 신을 어떻게 상상했을까 1

그리스 신들은 예술적 상상력에서 탄생했는가

서구 정신의 기원을 찾아 나설 때 우리는 그리스에서 발을 멈추게 된다. 그리스에서 신화, 문학, 철학, 예술 등 수많은 학문이 체계화되기 시작했기 때문이다. 흔히 그리스인들은 아주 이성적이고 합리적인 사람들이라 생각되었다. 그런데 어떻게 그들이 서로 질투하고 싸우는 신들을 믿었을까? 그리스 신들은 인간의 한계를 넘어서는 초자연적인 힘을 가진 완전한 존재가 아니다. 그들은 인간들과 거의 유사하게 말하고 행동한다. 심지어 그것은 인간의 좋은 면만이 아니라 나쁜 면이라 생각되는 것까지 포함한다. 이런 이유로 그리스 신화는 종교적 믿음과는 아무런 관련이 없고 단순히 흥미로운 이야기로만 생각되기도 했다. 실제로 미술사학자 빙켈만Winckelmann이나 독일 소설가 괴테Goethe는 올림포스 신들을 참된 숭배의 대상이 아니라 예술적 상상이 만들어낸 것으로 보려 했다. 실제로 수많은 예술 작품 속에서 만나는 그리스 신들은 단순히 예술을 위해 만들어진 존재처럼 보이기도 한다.

그렇지만 당시 그리스인들은 신들을 어떻게 생각했을까? 그리스 신들은 그리스인들의 일상적인 삶에 녹아들면서 아주 자연스럽게 받아들여졌다. 현대적인 종교관에 익숙해 있는 우리에게 그리스의 신들은 낯선 존재로 다가올 뿐이다. 초기 그리스인들에게는 신의 존재를 믿을 것인가 믿지 않을 것인가는 단순한 선택의 문제가 아니었다. 신들은 당연히 존재하였기 때문이다. 신들은 태양이나 달 또는 별들과 똑같은 방식으로 존재하였다.

초기의 그리스인들은 하늘과 땅, 해와 달, 별과 바람 등을 신격화하였다. 실제로 그리스 신들의 이름을 보면 보통 명사인 자연물의 이름을 고유 명사로 만든 것이 많다. '하늘'을 의미하는 우라노스Ouranos와 '땅'을 의미하는 가ga, 게ge에서 파생된 가이아Gaia, '태양'을 의미하는 헬리오스Helios, '밤'을 의미하는 뉙스Nyx, '어둠'을 의미하는 에레보스Erebos 등이 있다. 따라서 자연적 대상이 존재하고 자연적 현상이 발생하는 한 이 모든 것의 원인으로서 신들은 존재할 수밖에 없었다.

더욱이 그리스 신들은 단순히 자연적 힘을 설명하기 위해서만이 아니라 인간 삶의 모든 영역과 관련되어 인간 세계에 중요한 사회적, 도덕적 기능과 역할을 담당하는 수많은 신이 탄생하였다. 이와 같이 그리스 신들은 이 세계 자체를 표상할 뿐만 아니라 그리스인들의 삶 속에서 여전히 살아 있는 존재로 남을 것이다.

헤로도토스는 이집트에서 무엇을 발견했는가

그리스인들의 자연스러운 신앙심은 헤로도토스를 통해서도 알 수 있다. 헤로도토스는 이집트를 방문해서 다른 신들을 알게 되었을 때 이방의 신들에 대해 전혀 반감을 갖지 않았다. 사람들은 자신이 경험했던 신과 다른 존재와 마주하면 당황하게 된다. 특히 유일신만을 믿는 사람들은 다른 종교

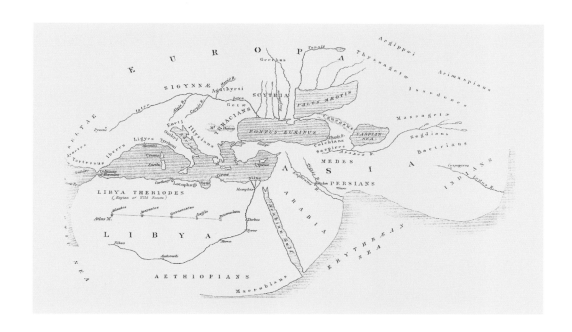

의 신들에 대해 때로는 배타적이거나 심지어 적대적인 태도를 취하기 쉽다. 그러나 헤로도토스를 비롯한 그리스인들은 달랐다. 그리스인들은 크고 작은 수많은 신을 숭배하였고 다른 민족 혹은 종교의 신들에 대해 배타적이지 않았다.

헤로도토스의 경우는 이집트 신들과 그리스 신들이 별로 다른 존재들이 아니라고 생각한 것으로 보인다. 신들은 어디서나 똑같다. 단지 다르게 불릴 뿐이다. 헤로도토스는 이집트의 신들을 이름만 다르게 불리는 그리스 신들이라 생각했다. 그는 이집트인들이 디오뉘소스를 오시리스Osiris로 부르고 아폴론을 호루스Horus로 부른다고 생각하였다.[1] 즉, 신들의 이름만 다를 뿐이지, 신들 자체는 같다고 생각한 것이다. 그는 이집트 신들이 그리스 신과 동일 신이라는 것을 의심하지 않은 걸로 보인다.

더욱이 헤로도토스는 그리스의 거의 모든 신의 이름이 이집트로부터 들어온 걸로 생각하였다. 그에 의하면 그리스 신들이 외부로부터 들어왔는데

헤로도토스의 세계_헤로도 토스는 이집트 신들과 그리스 신들이 다른 존재들이 아니라고 생각한 것으로 보인다. 그는 그리스의 거의 모든 신의 이름이 이집트로부터 들어온 걸로 생각하였다.

포세이돈과 암피트리테의 승리_헤로도토스는 포세이돈이 아마도 리비아인들을 통해서 알려졌을 것이라고 추측한다. 왜냐하면 이집트인들과 같이 원거리 항해를 하는 민족이 포세이돈 같은 신을 몰랐을 리가 없는데도 불구하고 포세이돈의 이름을 들은 적이 없다고 주장하기 때문이다. 니콜라 푸생의 그림. 1634년.

주로 이집트로부터 왔다는 것이다. 그가 예외적으로 생각하는 그리스 신들은 포세이돈과 디오스쿠로이, 헤스티아, 테미스, 카리테스, 네레이데스 등이다. 그 밖의 다른 모든 신의 이름은 이미 이집트에 있었다고 한다.[2] 포세이돈은 아마도 리비아인들을 통해 알려졌을 것이라 추측하였다. 왜냐하면 이집트인들과 같이 원거리 항해를 하는 민족이 포세이돈 같은 신을 몰랐을 리가 없는데도 불구하고 포세이돈의 이름을 들은 적이 없다고 주장하기 때문이다.[3] 헤로도토스는 포세이돈을 제외한 이집트인들이 모르겠다고 하는 신들은 그리스의 헬레네 민족 이전의 원시 민족인 펠라스고스인들이 이름을 붙인 신들일 것이라고 추측한다.

아카데미의 철학자들

소크라테스에 이르기까지 많은 시인과 비극작가 및 자연철학자, 소피스트들이 신화에 대한 비판과 때로는 무신론적인 주장을 내놓았다. 그만큼 그리스의 자유로운 정신은 다양한 논의를 받아들이고 있었다. 폼페이 시미니우스 스테파누스의 빌라에서 발견. 기원전 1세기 중반.

그리스 철학자들은 신을 어떻게 생각했을까 2

Greek Mythology

초기 자연철학자들의 우주발생론

그리스의 초기 '자연철학자'이 천둥이나 벼락과 같은 다양한 자연 현상이 어떻게 일어나는가를 과학적으로 설명하려고 노력하는 데에서 이미 그리스 신화에 대한 암묵적인 비판이 시작된 것을 알 수 있다. 그들은 우주가 어떻게 생성되었는가를 신들에 의해 설명하지 않으며 과학적 추론을 통해 설명해내려고 노력하였다. 나아가 다양한 자연 현상도 신을 끌어들이지 않고 반복된 관찰과 경험에 기초하여 설명하려고 했다. 가령 탈레스는 지진의 발생을 자신의 우주론에 의거하여 설명한다. 그는 대지가 물 위에 떠 있는 것으로 생각했다. 그래서 물의 파장이 진동할 때 대지가 흔들려 지진이 일어난다고 생각했다. 그렇지만 이것은 신화적 방식으로 기술되지 않았을 뿐 이미 그리스 신화에 포함된 내용과 유사하다. 그리스 신화에서는 지진은 바다의 신 포세이돈 탓으로 일어난다고 생각했기 때문이다. 그러나 자연철학자들은 신들의 개입을 배제하고 있다. 아낙시만드로스는 천둥을 구름들이 서로 부딪쳐서 나는 소음이라고 주장했고,[4] 아낙사고라스Anaxagoras는 태양과 달 및 모든

별이 뜨거운 돌덩어리라고 주장하였다.[5]

소크라테스에 이르기까지 많은 시인과 비극작가 및 자연철학자, 소피스트들이 신화에 대한 비판과 때로는 무신론적인 주장을 내놓았다. 그리스에서 무신론에 대한 형벌은 사형이었다. 그럼에도 불구하고 당시에 자연철학자들은 물론이고 소피스트들 가운데 아무도 무신론적인 성향이나 주장 때문에 사형 당하지는 않았다. 그만큼 그리스의 자유로운 정신은 다양한 논의를 받아들였다고 볼 수 있다.

크세노파네스의 신인동형론 비판

흔히 파르메니데스와 제논과 같은 엘레아학파의 선구자라고 말해지는 크세노파네스Xenophanes는 신들의 이야기가 허무맹랑하고 터무니없는 이야기라고 주장한다. 말하자면 호메로스와 헤시오도스와 같은 시인들에 의해 신들이 인간처럼 서로 속이고 도둑질하고 간통하는 것처럼 만들었다는 것이다.[6] 실제로 호메로스나 헤시오도스의 작품에서 그려지는 신들은 도덕적이지 못한 경우가 자주 있다. 호메로스나 헤시오도스의 말대로라면 너무나 인간적인 신이기에 각 민족마다 자신들과 비슷한 신을 만들지 않겠는가? 가령 에티오피아 사람들은 신들이 들창코를 가지고 있으며 검다고 말하고, 트라케 사람들은 신들이 약간 푸른 눈과 붉은 머리를 가지고 있다고 할 것이다.[7]

이것은 인간의 경우뿐만이 아니라 다른 동물에게도 확대적용할 수 있다. 크세노파네스는 만일 소나 말 혹은 사자가 손이 있어 그릴 수 있다면 말은 말과 같은 신의 모습을, 소는 소와 같은 신의 모습을, 사자는 사자와 같은 신의 모습을 그릴 것이라고 한다.[8] 그러나 크세노파네스는 가장 위대한 신은 하나이며 인간과는 생각이든 모습이든 전혀 유사하지 않다고 말한다.[9]

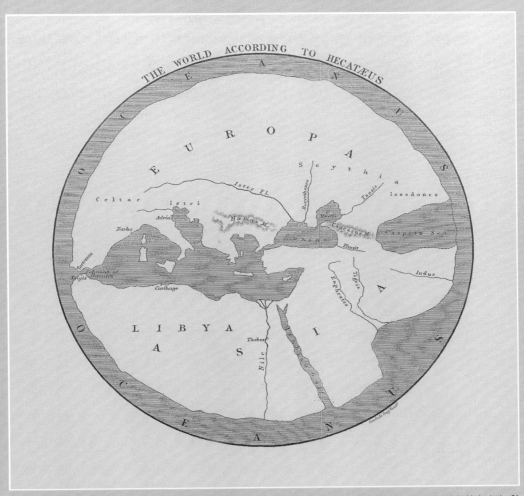

THE WORLD ACCORDING TO HECATÆUS

아낙시만드로스와 헤카타이오스가 생각한 세계지도_자연철학자 아낙시만드로스는 최초의 세계 지도를 그린 사람으로 여겨졌다. 위의 지도는 현대에 와서 재현된 그림이다.

그러나 이러한 주장은 단지 당시의 그리스인들이 신들을 생각하고 표현하는 데서 생기는 잘못된 사유 방식이나 추론을 비판하는 것일 뿐이며 신 자체를 부정하는 무신론적 주장과는 다르다. 오히려 크세노파네스는 신을 인간같이 생각하고 행동하는 것으로 추측하는 신인동형론에 대한 비판을 통해 보다 형이상학적인 신의 본성에 대한 논의를 전개하려는 것을 알 수 있다.

프로타고라스의 불가지론

그러나 그리스인들의 믿음에 대해 비록 간접적이기는 하지만 보다 체계적으로 도전을 하는 사람들이 나타나기 시작했다. 물론 우리는 그리스인들이 자유로운 정신에 입각하여 신들을 의심하였던 사실을 잘 알고 있다. 원래 인간은 본성적으로 의심하는 존재가 아닌가? 그러나 실제로 신의 존재 자체를 의심한 그리스인의 논의가 본격적으로 제기되기 시작한 것은 기원전 5세기경에 들어서면서이다. "인간은 만물의 척도이다."라는 명제로 상대주의를 주장한 프로타고라스는 신에 대해 불가지론적인 입장을 주장한다. 그는 신이 존재하는지 또는 존재하지 않는지를, 또한 그들이 어떤 모습을 하고 있는지를 알 수 없다고 말한다.[10] 아주 짤막한 단편이기 때문에 정확한 함축을 지적하기는 어렵지만 프로타고라스를 무신론자라고 단언하여 비난하기는 어렵다. 그러나 신을 전면적으로 부정하지는 않았지만 분명히 신 존재 자체를 의심하였던 걸로 보인다.

대부분의 그리스의 철학자는 호메로스나 헤시오도스가 신들을 인간처럼 말하고 행동하는 것처럼 묘사하는 것을 탐탁지 않게 생각하였다. 물론 신들이 인간처럼 말하고 행동하는 것 자체가 문제되지는 않을 것이다. 왜냐하면 인간이 이해할 수 있는 방식으로 신을 설명하기 위해서는 어느 정도의 인격화는 불가피할 수밖에 없기 때문이다. 다만 신을 도둑질이나 간통 등 인간이 할 수 있는 온갖 나쁜 행동을 저지르는 걸로 묘사하여 모독하기 때문에 문제가 되는 것이다. 대부분의 그리스인들은 근본적으로는 신 존재 자체를 완전히 거부한 것 같지는 않다. 그러나 경험과 관찰에 기초한 과학적 사고가 점차로 발전해가면서 그리스인들은 자신들의 신화 속에 나타난 신들의 모습에 대해 비판적이고 회의적인 태도를 갖게 되었다.

1751년경의 아크로폴리스

1787년에 출간된 『아테네의 고대 유적』 제2권에 실린 그림. 아테네를 점령한 터키군은 행정관청을 모두 아크로폴리스에 집결하고, 파르테논 신전 안에 화약저장고를 지었다. 모슬림의 모스크 건축이 고대 그리스의 신전 건축과 아울려 이질적인 느낌을 준다. 제임스 스튜어트 리베트의 동판화.

소크라테스는 왜 무신론자로 고발당했을까 3

Greek Mythology

소크라테스는 정말 젊은이들을 타락시켰나

우리가 가장 잘 알고 있는 그리스의 철학자 소크라테스는 아테네 법정에 의해 사형선고를 받고 죽었다. 과연 그는 아테네 법정에 고발당할 만큼 죄를 저질렀는가? 소크라테스는 재판에서 사형을 언도받았다.[11] 그러나 이것은 얼른 수긍이 가지 않는 사실이다. 우리가 알기로 소크라테스는 수많은 젊은이와 대화를 통해 진리를 탐구하고 추구하도록 역설하지 않았는가? 또한 소크라테스를 주인공으로 하는 플라톤의 대화편들은 그리스 신들에 대한 존경심과 경외심을 보여주고 있지 않은가? 심지어 소크라테스는 독약을 먹고 죽는 마지막 순간에도 친구 크리톤Criton에게 의술의 신 아스클레피오스에게 닭 한 마리를 빚진 것이 있다며 대신 갚아줄 것을 부탁하고 있다.[12] 그렇다면 도대체 왜 소크라테스는 무신론자로 고발당했는가?

소크라테스의 사형은 역설적으로 그리스인들 가운데 신을 믿지 않는 사람들도 종종 있었을 뿐만 아니라 불신앙에 대한 처벌이 사형이라는 사실을 보여주는 사례가 될 수도 있다. 그리스에서 불신앙에 대한 법률상의 박해는 기원전 약 431년에서 400년에 이르기까지 약 30년 동안 일어났다고 할 수 있다. 이 기간은 사실상 올륌포스 신들의 생명이 이미 다 끝난 때였다.[13] 즉, 그리스 신들에 대한 비판적인 논의가 심화되던 때였기 때문에 호메로스나 헤시오도스가 말하던 신관에 대해 회의적인 태도를 보이는 지식인들이 많아졌다. 그렇지만 그리스인들의 의식에 깊이 뿌리내리고 있던 종교적 신앙심 자체가 사라지지는 않았다. 더욱이 이 시기에 일어난 종교 재판은 신앙의 문제로 인한 것이 아니라 정치적 문제와 관련되어 있다. 아낙사고라스를 무신론자라고 내린 판결은 페리클레스Pericles에게 정치적 타격을 입히기 위한 것이고, 소크라테스에 대한 고소도 당시에 그를 추종하던 정치 세력과 관련이 있다.

그렇다면 소크라테스가 재판을 받던 무렵의 아테네의 정치적 상황은 어떠했는가? 당시 아테네가 스파르타와 벌인 펠로폰네소스 전쟁(기원전 431-404년)은 옛 아테네의 영광을 모두 빼앗아갔다. 전쟁이 일어나기 전까지만 해도 아테네는 그리스의 최강대국으로 번영을 누리고 있었다. 그러나 전쟁이 끝날 때쯤에 아테네인들의 민주정은 종말을 고하고 독재적인 30인의 참주정이 들어섰다. 그러나 아테네는 기원전 403년에 곧 30인 참주정을 몰아내고 다시 민주정도 회복하였다. 당시 소크라테스는 30인 참주정을 위해 일하지 않았지만 아테네의 민주정도 지지하지 않았으며 오히려 거리낌없이 비판하였다. 그리스인들은 민주정을 비판하는 소크라테스의 발언을 위험하게 생각하였다.

그러나 소크라테스 자체는 정치적으로 위험한 인물은 아니었다. 그는 비록 민주정을 지지하지는 않았지만 아테네를 사랑한 사람이다. 아테네를 위해 보병으로 수차례 전쟁에 나갔으며, 사형선고를 받고도 아테네를 떠나기보다는 오히려 죽음을 선택했다. 그러나 소크라테스 주변의 인물들은 그렇지 않았다. 가령 소크라테스의 제자로 알려진 인물들 가운데에는 30인 참주정의 일원인 크리티아스Critias와 카르미데스Charmides가 포함되어 있었다. 참주정에 대한 아테네 시민들의 기억은 참담했을 것이다. 비록 소크라테스 자신은 30인 참주정을 거부하고 비판하였지만 제자들이 30인의 참주에 포함되었다는 사실만으로도 원성을 살 만했다. 또한 소크라테스를 사랑한 다른 제자인 알키비아데스Alcibiades라는 젊은 정치가도 신성모독 사건으로 정치적으로 모함을 받아 추방당한 것으로 알려져 있다. 아마도 이것이 소크라테스가 젊은이들을 타락시켰다는 고발 내용과도 연관될 것이다.

소크라테스의 재판과 변론

소크라테스의 재판은 기원전 399년에 일어났다. 그는 약 70세의 노인으로 아테네의 법정에서 501명의 배심원들 앞에서 재판을 받았다. 당시 멜레토스Meletos라는 인물이 뤼콘Lykon과 아뉘토스Anytos의 도움을 받아 소크라테스를 고발하였다. 소크라테스는 시인을 대신하여 멜레토스가, 장인과 정치 지도자를 대신하여 아뉘토스가, 그리고 변론가들을 대표하는 뤼콘이 자신을 고소했다고 주장한다.[14] 고발 이유는 소크라테스가 젊은이들을 타락시키고, 나라가 믿는 신들을 믿지 않고 다른 새로운 다이모니아를 믿는다는 거였다. 이것은 소크라테스를 무신론자로 모는 것이다. 당시 그리스에서는 신을 믿지 않는 자는 죽음이라는 형벌을 받아야 했다.

소크라테스는 이러한 고발 내용에 대해 철저하게 반박한다. 첫째, 그리스 젊은이를 타락시킨다는 고발에 대해서는 아주 간단하게 물리쳐버린다. 소크라테스는 고의적으로든 그렇지 않든 간에 자신이 젊은이들을 타락시

코린토스 투구를 쓴 페리클레스__소크라테스에 대한 고소는 당시에 페리클레스를 추종하던 정치 세력과 관련이 있다. 크레실라스의 조각. 기원전 429년.

킬 수 없다고 한다. 누군가 바보가 아니고서야 자신이 타락시킨 사람이 자신에게 해코지를 할 위험이 있다는 것을 모를 리가 없기 때문에 '고의적으로' 다른 사람을 타락시키지는 않는다는 것이다. 만일 '본의 아니게' 다른 사람을 타락시킨다면 법으로 해결할 일이 아니라 가르치고 타일러야 할 일이다.[15] 따라서 멜레토스가 자신을 법정으로 데려온 것은 잘못이라고 주장한다.

둘째, 그리스 신들을 믿지 않는다는 고발에 대해서는 단호하게 거부한다. 소크라테스는 분명히 "자신은 신들이 존재한다고 믿으며 전혀 무신론자가 아니다."라고 밝힌다.[16] 그러나 멜레토스가 소크라테스에게 태양과 달이 돌이나 흙이라고 말한 것이 무신론자라는 사실을 증명하는 것이 아니냐며 반박한다. 그러자 소크라테스는 그것은 시중에서 몇 푼만 주면 누구나 사볼 수 있는 아낙사고라스 책에 나오는 주장일 뿐이며 자신은 그렇게 주장한 적이 없다고 강력하게 부인한다.

사실 그리스 신화에 등장하는 하늘에 있는 자연물이나 자연 현상이 신이 아니라고 주장한 사람들은 이미 소크라테스 이전부터 있었다. 가령 아낙시만드로스는 흔히 제우스의 무기라 부르는 번개와 천둥이 바람에 의해 일어나며 구름들이 부딪쳐 생기는 소음이라고 주장하였고,[17] 아낙시메네스는 공기가 응축되면 구름이 생기고, 구름이 더 응축되면 비가 생긴다는 주장을 하였다.[18] 그 외 다른 많은 자연철학자가 이미 다양한 자연 현상에 대해 자신들의 경험과 관찰에서 비롯된 설명을 하였다. 따라서 태양과 달이 돌이나 흙이라는 주장은 소크라테스에게 별로 새삼스러운 것도 아니었으며, 소크라테스 자신도 어쩌면 인정할 수 있을 만한 주장이었다. 그러나 소크라테스는 그것은 '네' 주장이지, '내' 주장은 아니라고 간단하게 부인한다.

다음으로 소크라테스가 아테네인들이 믿는 신이 아닌 다이모니아 혹은 다이모네스를 믿는다는 고발에 대해서는 아주 단순한 논리로 해결해버린다. 소크라테스는 종종 자신의 내면에 있는 다이몬에 대해 말하였다. 그것이 자신에게 잘못된 길로 가지 않도록 말해주곤 했다는 것이다. 멜레토스의 고발에 대해 소크라테스는 다이몬을 믿는 것은 신의 존재를 믿는 것과 다름이 없다고 주장한다. 다이몬도 신의 일부이기 때문이다.[19] 따라서 소크라테스는 자신을 무신론자로 몰아세우는 것은 잘못이라고 반박한다. 주지하다시피 그리스 신화에는 올림포스 신들 외에도 수많은 신과 님프와 케르 및 다이몬들이 있다. 다이몬은 신성한 존재이다. 따라서 소크라테스가 다이몬에 대해 종종 말한 것이 심각한 문제가 되지는 않는다. 당시 아테네는 이미 프뤼기아의 퀴벨레Cybele나 트라케의 벤디스Bendis 같은 이방의 신이 들어와 있었으며 신전에 다른 신들을 숭배하는 것이 공식적으로 허용되어 있었다.[20] 소크라테스는 아테네의 신들에 대해 비판적 태도를 가졌지만 신들의 존재 자체를 부정하지는 않았다. 그는 신들이 존재한다고 분명히 선언했기 때문이다.

독배를 마시는 소크라테스

소크라테스는 참으로 지혜로운 자는 신뿐이며, 인간의 지혜란 아무 쓸모가 없으며 무가치하다고 생각하였다. 그는 아테네의 신들에 대해 비판적 태도를 가졌지만 신들의 존재 자체를 부정하지는 않았다. 그는 신들이 존재한다고 분명히 선언했다. 자크 루이 다비드의 그림. 1787년.

소크라테스는 왜 독배를 마셨을까 *4*

Greek Mythology

소크라테스 죽음의 이유

소크라테스는 자신에 대한 고발 내용을 확실하게 반박하였는데도 불구하고 왜 죽을 수밖에 없었는가? 소크라테스는 자신이 죽음을 불사하며 신의 명령에 충실히 따르는 사람이라는 점을 강조하였다. 그럼에도 불구하고 소크라테스는 자신이 사형을 당한다면 젊은이들을 타락시키거나 무신론자라는 이유 때문이 아니라 신의 명령에 따라 등에처럼 사람들에게 항상 깨어 있도록 촉구하였기 때문이라고 하였다. 언젠가 소크라테스의 친구인 카이레폰이 델포이 신전에 가서 이 세상에 소크라테스보다 더 지혜로운 사람이 있느냐고 물었다. 그러자 신탁은 소크라테스보다 더 지혜로운 사람은 '없다'고 하였다.[21] 이에 소크라테스는 자신을 현명하다고 생각하지도 않고 생각해본 적도 없었기 때문에, 도대체 신탁이 말하려는 것이 무엇이고, 어떻게 해석해야 할 것인지를 고민했다.

소크라테스는 신탁을 반박하기 위해서 자신보다 훨씬 지혜롭다고 생각한 사람들을 찾아나서기 시작했다. 소위 그의 '지적 편력'은 정치가를 비롯하여 시인과 기술자 등을 포함하는 다양한 분야에서 지혜롭다고 존경을 받던 사람들과 대화를 통해서 이루어졌다. 그들은 자기 스스로 지혜로운 사람이라고 자처하는 사람들이었다. 소크라테스는 각 분야의 유명인에게 '정의', '용기', '사랑' 등 다양한 주제에 대해 지혜를 얻고자 했다. 그러나 그는 대화하면서 자신이 틀렸음을 깨달았다. 왜냐하면 그들은 단지 다양한 사실의 현상에 대해서만 말할 뿐이며 본질에 대해서는 아무 것도 알지 못하였기 때문이다. 더욱이 그들은 자신들이 아무 것도 모른다는 사실조차 전혀 깨닫지 못하였다. 소크라테스는 그들에게 그 사실을 깨우쳐주려고 노력했으나, 오히려 그들로부터 원한만 사게 되었다고 말한다.[22]

소크라테스는 이러한 사실을 알고 자기 자신도 괴로웠지만 신에 대한 의무를 소홀히 할 수 없어서 신탁의 의미가 무엇인가를 알 만한 사람들이라고 생각되면 다 찾아다니게 되었고, 그 결과 많은 사람이 자신을 적대시하였다. 소크라테스가 신탁의 의미에 대해 내린 결론은 참으로 지혜로운 자는 오직 신뿐이며, 인간의 지혜란 아무 쓸모가 없으며 무가치하다는 것이었다. 그래서 신이 소크라테스 자신을 가장 지혜로운 사람이라고 신탁을 내린 것은 소크라테스 자신이 인간의 지혜가 쓸모없다는 것을 잘 알고 있었기 때문이라고 말한다. 그리하여 소크라테스는 신이 자신에게 내린 명령은 지혜가 있다고 자처하거나 또는 그렇게 생각하는 사람들을 여기저기 찾아다니며 그러한 사실을 깨우쳐주는 것이라 생각하게 되었다는 것이다.

유죄 판결과 사형 선고

그러나 위대한 영혼을 가진 소크라테스는 유죄 판결을 받고 사형을 당했다. 당시 배심원들은 양측의 주장을 듣고 투표를 하고 모든 사람이 지켜보는 가운데 검표가 이루어졌다. 그 결과 소크라테스가 유죄라는 데 281표,

무죄라는 데 220표가 나와 유죄 평결을 받았다.[23] 만일 유죄가 나오면 원고와 피고가 각기 제안한 형벌 가운데 하나를 선택해야 했다. 멜레토스는 사형을 요청하였다. 그렇지만 소크라테스는 벌금형을 선택하였다. 그것은 추방형을 당하지 않기 위한 차선의 선택이었다. 소크라테스는 자신이 늙은 나이에 추방되어 여기저기 쫓겨다니며 사는 것이 당연히 보기 좋을 수는 없을 것이라고 했다. 더욱이 그는 어디를 가든지 지금처럼 젊은이들을 가르치며 살 수밖에 없을 것이었다. 그렇다면 똑같은 상황이 반복되지 않겠는가? 누군가 침묵하며 조용히 살면

되지 않겠느냐고 말하겠지만, 그 자신은 "음미되지 않는 삶은 살 가치가 없다."[24]고 생각했다.

따라서 소크라테스는 자신이 낼 수 있는 만큼의 벌금을 제안한다. 사실 그는 자신이 가난하기 때문에 은화 1므나 정도 낼 수 있다고 하였다.[25] 그것은 아무 일도 하지 않는 백수와 같은 소크라테스에게는 아주 큰 돈이었다. 기술이 좋은 사람이 하루 동안 벌 수 있는 돈이 1드라크메였다면 소크라테스에게 100드라크메에 해당하는 은화 1므나는 상당한 돈이었다. 걱정이 된 크리톤이나 플라톤 같은 소크라테스의 친구와 제자는 30므나를 제의하라고 하면서 보증을 서겠다고 말했다. 그러나 배심원들은 소크라테스에게 더 부정적인 태도를 갖게 된다. 원래 소크라테스가 무죄라고 판결한 220명 가운데 다시 80명이 입장을 바꿔 사형을 선고한 배심원이 361명이 되었고 반대자는 140명이 되었다. 소크라테스는 감옥으로 갔고 결국 사형을 당했다.

플라톤은 과연 신들을 비판했나

플라톤은 자신의 대화편들 여러 곳에서 그리스 신들에 대해 이야기하고 소크라테스의 기도로 시작하고 끝나는 장면들을 자주 묘사한다. 여기서 소크라테스는 아주 경건한 인물로 보인다. 그렇지만 이것은 플라톤이 무신론의 혐의를 받아 고발당하여 사형을 당한 소크라테스를 변호하기 위해 특별히 배려하여 묘사한 것일 수도 있다. 아마 소크라테스는 비록 신의 존재 자체를 부인한 것은 아니지만, 분명히 당시의 시대적 분위기로 보아 기존의 그리스 신관에 대해 비판적 입장을 가졌을 것이다. 호메로스와 헤시오도스가 전하는 신들의 이야기는 적절치 않은 내용들로 가득하였다. 플라톤은 특히 크로노스가 자기 아버지 우라노스에게 복수하기 위해 했던 짓과 제우스가 자기 아버지 크로노스와 전쟁을 벌였던 일 등은 특히 어린아이들에게 들려줄 만한 내용이 아니라 생각하였다.[26] 신들이 자기네끼리 전쟁을 일으키고 음모를 꾸미며 싸움질하는 것은 사실일 리가 없기 때문에 이야기해서는 결코 안 된다는 것이다.[27]

'신에 관한 이야기'를 비판하는 것과 '신 자체'를 비판하려는 것은 다르다. 플라톤은 호메로스나 헤시오도스가 신이 올바르지 않은 짓을 하고 다니는 걸로 표현한 내용을 비판한 것이었다. 신은 있는 그대로 묘사되어야 한다.

그렇다면 신은 원래 어떤 존재인가? '신은 참으로 선한' 존재이다.[28] 신은 모든 것의 원인이 아니라 좋은 것의 원인이다. 따라서 플라톤은 신이 마치 나쁜 것의 원인이라는 주장에 끝까지 맞서야 한다고 말한다.[29] 호메로스가 말한 것처럼 제우스가 좋은 것뿐만 아니라 나쁜 것들도 분배해주었다고 생각하는 것은 잘못이다.[30]

플라톤이 시인들이나 비극작가들을 비판하며 추방시켜야 한다고 주장한 이유는 분명하다. 궁극적으로 그들이 진정한 앎이나 지식을 갖고 있지 않으면서도 사람들을 현혹시킬 뿐만 아니라 신들을 왜곡하고 모독하기 때문이다. 아이들이 어릴 적부터 신들이 서로 속이고 싸우는 이야기를 듣고 자라난다면 아주 나쁜 영향을 받게 될 것이다. 플라톤은 이상 국가에서 이러한 이야기를 허용하지 않는다. 그렇다고 모든 시와 비극을 거부하는 것은 아니다. 플라톤은 호메로스가 신을 표현한 방식에 대해 비판하지만 최고의 시인이라는 사실은 인정한다. 단지 신들에 대한 불경스러운 내용만을 거부하고 신들에 대한 찬가와 훌륭한 사람들에 대한 찬양은 받아들여야 한다는 것이다.[31] 즉, 플라톤이 제기하는 신화에 대한 비판은 신 존재 자체가 아니라 신을 비도덕적으로 표현하는 일부 신화에 대한 비판이다. 그는 이러한 비판을 통해 기존의 편협한 입장을 넘어 보다 보편적인 신의 개념을 타진하고 있다.

그리스인들은 분명히 신들의 존재를 믿었다. 물론 그리스인들의 의식이 변화되면서 조상들이 말한 신들에 대해 의문을 가지고 비판도 하였지만, 근본적으로 신 존재 자체를 의심하지는 않았다. 일반적인 기준으로는 별로 '신'다운 신처럼 보이지 않지만 그리스인들은 신으로 받아들였다. 우리는 가능하면 신을 인간과 구별하려 하지만 그리스인들은 가능하면 인간다운 신을 그려냈다. 그래서 우리에게는 아주 낯설지만 그들에게는 아주 친근한 신들이다. 그리스인들은 그들 방식대로 자신들의 신을 믿었다. 한 해 동안 안테스테리아와 테스모포리아 및 엘레우시스 등을 비롯한 수많은 크고 작은 종교 의식들을 치르면서 그리스인들은 신앙을 삶의 일부로 받아들인다.

그리스인들은 정말로 신들을 믿었는가? 물론이다.

1. Herodotos, *Istoriai*, 2.144.

2. Herodotos, 2.50.

3. Herodotos, 2.43.

4. Seneca, *Naturales Quaestiones*, II, 18. cf. DK12A23.

5. Hippolytus, *Ref.* I, 8, 12. DK59A42.

6. Fr. 14. Clement, *Stromata*, V, 109, 2.

7. Fr. 16. Clement, *Stromata*, VII, 22, 1.

8. Fr. 15. Clement, *Stromata*, V, 109, 3.

9. Fr. 23. Clement, *Stromata*, V, 109, 1.

10. DK 80 B4.

11. Platon, *Apologia*, 24b.

12. Platon, *Phaidon*, 118a.

13. Bruno Snell, 『정신의 발견』, 56면 이하.

14. Platon, *Apologia*, 23e. 『소크라테스의 변론』, 박종현 옮김, 서광사.

15. *ibid.*, 25e-26a.

16. *ibid.*, 26c.

17. Aetius III, 3, 1-2.

18. *ibid.*, 3, 2.

19. Platon, *Apologia*, 27c-d. 다이몬은 다이모네스의 단수형이다.

20. Moses I. Finley, *Aspects of Antiquity*, "소크라테스, 역사에서 신화로", 『호메로스에서 돈키호테까지』, 푸른 역사, 2001, 58면.

21. Platon, *Apologia*, 21a.

22. *ibid.*, 21b-d.

23. Diogenes Laertius, 2.41.

24. Platon, *Apologia*, 38a.

25. *ibid.*, 38b.

26. Platon, *Politeia*, 377e-378a.

27. *ibid.*, 378b.

28. *ibid.*, 379b.

29. *ibid.*, 380c.

30. *ibid.*, 379e.

31. *ibid.*, 607a.

인간의 비극적 운명을 슬퍼하다

오딧세우스와 칼립소 헨드리크 데 클레르크의 그림.

VII

데우칼리온과 퓌라

데우칼리온과 퓌라는 테미스의 신탁에 따라 '위대한 어머니' 의 뼈를 뒤로 던지라는 가르침을 얻는다. 그들은 '땅' 의 뼈, 즉 돌들을 뒤로 던져 새로운 인류를 얻었다고 한다. 조반니 마리아 보틸라의 그림. 1642-1644년.

인간은 어떻게 태어났을까 1

인간은 왜 태어나는가

그리스 신화에서 인간 탄생에 대해 그럴 듯한 이유를 찾기는 쉽지 않다. 어쩌면 고대인들은 이 세계에 인간이 존재하는 이유에 대해 별로 관심을 갖지 않았을 수도 있다. 인간은 이 세계에 존재하는 다른 것들과 다르지 않다. 인간도 마찬가지로 자연적으로 생겨난 것이지, 누군가 특정한 목적을 갖고 만들었다고 생각하지는 않았다. 인간이 존재하는 이유와 목적에 대한 질문은 인간의 의식이 훨씬 더 발전한 이후에야 던져진다. 이런 이유로 초기에는 '인간이 왜 태어나는가' 라는 질문보다도 '인간이 어떻게 태어나는가' 에 대해 더 많은 관심을 가졌던 것으로 보인다.

그리고 인류가 '인간이 어떻게 태어나는가' 에 대해 설명하는 방식도 시대를 통해 달라지고 있다는 것을 발견할 수 있다. 초기에 인간은 다른 존재들처럼 자연적인 방식으로 생겨나는 것으로 생각했다. 마치 땅에서 식물이 자라나 곡물이나 열매를 맺는 방식이나 동물이 상호 결합하여 자식을 낳는 것처럼 모든 것들이 그러한 방식으로 생겨난다고 생각했다. 그래서 우주가 최초로 생겨난 방식을 설명할 때 초기의 대부분의 신화들은 우주 '생성' 신화의 형태를 갖고 있다. 그러다가 점차 인간이 사회를 구성하고 문명을 발전시키면서 자연이 생산해낸 방식 외에 인간이 만들어낸 방식에도 관심을 갖게 되었다. 즉, 인간이 특정한 대상을 만드는 방식으로 인류 탄생 신화를 설명하고 있다. 신들이 인간을 '만들어낸다'는 것이다. 그렇지만 그리스 신화의 인류 탄생 신화는 여전히 신이 인간을 만드는 방식보다는 스스로 인간이 생겨나는 방식을 더 많이 사용하여 설명하고 있다.

　가장 먼저 인간이 '어떻게', '무엇으로부터' 생겨났는지를 살펴볼 수 있다. 흔히 신화에 등장하는 인간의 탄생은 '흙'에서 시작한다. 이것은 아마도 인간의 육체를 구성하는 주요 요소를 흙이라고 생각했기 때문일 것이다. "흙에서 나와 흙으로 돌아가리."라는 말도 있지 않은가. 그리스 신화이외의 다른 많은 신화에서도 인간을 만드는 주요 재료를 흙으로 삼고 있다. 그러나 만약 단순히 육체적인 측면의 기원만이 아니라 인간을 살아 움직이게 하는 생명의 기원과 관련하여 말할 때에는 또 다른 요소가 추가될 수 있다. 가령 '물'이나 '공기' 혹은 '불'이 인간을 구성하는 주요 요소가 될 수 있다. 실제로 많은 신화가 인간이 생성되거나 창조되는 데에는 흙뿐만 아니라 때로는 약간의 물도 함께 필요하다고 한다. 수메르 신화에서 신들이 흙과 신들의 피로 인간을 만든 것이나 이집트 신화에서 흙에 물을 섞어 인간을 만든 것도 이러한 맥락일 것이다. 그리스 신화에서도 인간의 탄생은 흙과 밀접한 관계가 있다. 그렇지만 인류 탄생과 관련된 신화들이 신들의 탄생과는 달리 산발적으로 나타나기 때문에 체계적인 설명을 하기는 어렵다.

대지의 여신과 물푸레나무 님프로부터의 탄생

　헤시오도스의 우주 생성 신화를 보면 아주 흥미로운 존재가 등장한다. 그것은 어떤 님프에 대한 것이다. 대지의 여신 가이아는 우라노스가 거세되었을 때 흘린 피를 받아 거인족 기간테스와 복수의 여신들 에리뉘에스 외에도 물푸레나무 님프들Meliai Nymphai을 낳았다.[1] 인간은 바로 이 물푸레나무 님프들로부터 태어났다고 한다.[2] 물푸레나무는 창의 자루를 만드는 데 주로 사용되었기 때문에 무기 자체에 대한 상징으로 볼 수 있다. 호메로스의 『일리아스』에 나오는 영웅들은 물푸레나무에 청동 창을 매달은 무기를 사용하고 있다. 헤시오도스도 물푸레나무 님프들이 인류의 다섯 종족 가운데 청동 종족을 낳았다고 말하는데 아마도 청동 종족이 주로 물푸레나무를 사용하여 무기를 만들었기 때문일 것이다. 물푸레나무 님프들이 낳았던 인류를 의미하는 것으로 멜리아이meliai의 남성형 멜리오이melioi라는 단어가 남아 있다.[3] 이들은 마치 떨어진 과일처럼 물푸레나무 밑에 누워 있었다고 말해진다. 이것은 인간이 마치 대지에서 수많은 종류의 식물들이 자라나 열매를 맺듯이 인간도 똑같은 방식으로 태어난 것으로 설명된다.

청동시대_헤시오도스의 우주 생성 신화에 의하면 인간은 물푸레나무 님프들로부터 태어났다고 한다. 이 님프들은 인류의 다섯 종족 중 전쟁과 오만을 생각하는 청동 종족을 낳았다.

그리스 신화에서 인류 탄생과 관련된 이야기는 대부분 '땅' 과 밀접하다. 즉, 최초의 인간은 땅에서 직접 나왔다는 것이다. 그리하여 땅의 여신이 신들과 인간들의 어머니가 되었다고 한다.[4] 땅의 여신은 무감각한 식물이나 이성이 없는 동물 외에도 질서 있고 경건한 인간들의 어머니가 되길 원했다. 땅에서 태어난 최초의 인간에 관해 여러 이야기가 전한다. 가령 보이오티아 지역의 코파이스 호숫가에서 태어난 알랄코메네우스Alalkomeneus나 이다 산의 쿠레테스Kouretes 또는 프뤼기아의 코뤼반테스Korybantes 등에 대한 전설이 있다. 또한 최초의 인간이 아티케Attike(Attica)에서 태어났다고 전해지기도 한다.[5] 즉, 아티케 땅이 다른 모든 것보다 뛰어난 이성을 지녔고 유일하게 정의와 신들을 공경하는 존재를 낳았다고 한다.

아테네인들은 자신들을 '땅에서 태어난'을 의미하는 게게네이스gegeneis 혹은 '땅에서 저절로 태어난'을 의미하는 아우토크토네스autochthones라고 추켜세워 다른 모든 지역의 사람들과 차이를 두려고 했다.

또한 약간 변형된 형태로 인간이 땅에서 기어나왔다고도 한다. 이때 인간은 처음부터 인간이 아니라 개미였다고 한다.[6] 제우스는 한때 아이기나Aigina 여신과 결합하여 아이아코스Aiakos를 낳았다.[7] 아이아코스는 아이기나 섬에 홀로 남아 있게 되었다. 그가 청년이 되었을 때 지루한 고독으로 외로워하였다. 이에 제우스는 그 섬의 개미들을 남자와 여자로 변하게 하여 아이아코스에게 뮈르미돈 민족Myrmidons을 주었다. 이 이름은 '개미'를 의미하는 뮈르메케스myrmekes와 발음이 유사하다.[8] 호메로스의 『일리아스』를 보면 뮈르미돈족은 트로이 전쟁에서 아킬레우스의 지휘 하에 있었던 걸로 나온다. 아킬레우스는 아이아코스의 손자로 펠레우스의 아들이기 때문이다.

프로메테우스의 최초의 인간 창조

인간이 땅 자체나 땅에서 자라난 식물과 같이 자연적인 방식으로 태어났다고 말하는 신화는 아주 초기의 것일 가능성이 높다. 왜냐하면 이러한 발상은 인간이 세계 속에서 자신을 독립적인 존재로 보지 않고 자연과 일체를 이루는 존재라고 생각하였을 때 가능하기 때문이다. 그러나 인간의 문명이 발전하면서 이 세계도 마치 인간이 무언가를 만들어내듯이 특정한 존재에 의해 만들어졌으며, 인간 자신도 어떠한 인격적인 존재에 의해 만들어진 것은 아닐까라는 생각이 들게 되었다.

그리스 신화에서 인간을 만든 존재가 있다면 어느 신이 가장 적합할까? 아마도 인간에게 가장 우호적인 신을 떠올릴 것이다. 흔히 프로메테우스를 인류 창조의 신으로 짐작하는 이유는 그가 인간을 동정하고 연민을 느낀 최초의 신이며 인류 문명의 발전에 획기적인 도구가 되었던 불을 가져다주었기 때문이다. 실제로 프로메테우스는 매우 아름다운 최초의 사람을 창조하여 숨겨놓은 적이 있다. 그러나 이 사실을 에로스로부터 들은 제우스는 헤르메스를 시켜 그를 데려오게 하여 불멸하게 만들었다고 한다. 이 외에도 프로메테우스는 물과 흙으로 인간을 창조했다고 한다.[9] 로마 후기의 일부 석관들은 프로메테우스가 어떻게 인간을 만들어냈는지를 보여주는 부조들로 장식되어 있다. 즉, 아테나가 작은 형태의 조각상에 그리스어로 영혼의 의미를 지닌 프쉬케psyche, 즉 나비를 가져옴으로써 영혼을 주고 있는 모습이다.

헤파이스토스의 판도라 창조

그리스 신화에서 프로메테우스와 비슷한 특성과 기능을 가진 신은 헤파이스토스이다. 헤파이스토스는 항상 무언가를 만드는 것과 관련된 신이다. 따라서 인간에게 우호적이라는 점 외에 '만들다' 또는 '창조한다'는 점에서 인류 창조와 가장 밀접한 신은 헤파이스토스라고 할 수 있다. 제우스는 프로메테우스가 훔쳐다 준 인간 세계의 불을 보고 분노에 떤다. 그는 인간에게 불에 맞먹는 것을 주어 대가를 치르도록 결심한다. 그것은 바로 여인이었다. 제우스는 헤파이스토스에게 흙과 물로 불멸하는 여신의 얼굴을 닮은 아름다운 처녀를 만들라고 명령하였다.[10] 그런 후에 아테나에게는 천짜는 기술을 가르치라고 하였으며, 아프로디테에게는 사랑스러운 매력과 욕망을 가득하게 만들라고 하였고, 헤르메스에게는 수치심도 없고 믿을 수도 없는 인물로 만들라고 하였다.[11] 그리하여 아테나 여신을 비롯한 많은 신이 제우스의 명령에 따라 이 모든 것을 모아 최초의 여인에게 선물을 주었다. 그녀는 '모든 선물을 받은 자' 라는 의미로 판도라라 불렸다.

헤시오도스는 판도라를 '아름다운 악kalon kakon' 이라 불렀다.[12] 모든 여성은 판도라로부터 비롯되었다.[13] 헤시오도스에 따르면 판도라는 에피메테우스에게 보내져 호기심으로 제우스가 보낸 상자 또는 에피메테우스가 남겨둔 상자를 열어서 인류에게 재앙이 들어왔다고 한다. 즉, 악의 기원이 모든 여성의 어머니라 할 수 있는 판도라로부터 유래된다고 설명한다. 그러나 판도라가 과연 악의 기원인지 또는 아닌지에 대해서는 다른 해석들도 있다.[14]

대홍수와 인간의 재탄생

인간은 탄생과 죽음을 반복하며 끊임없이 존속해왔다. 그렇지만 인간이 과연 언제까지나 살아남을 수 있을까? 인류의 탄생 이야기는 역설적으로 인류의 멸망 이야기와 밀접한 관계가 있다. 그런데 인류의 멸망은 항상 인류의 타락이 원인이 되었다. 신화를 보자. 제우스는 인간들이 너무나 타락하자 멸망시킬 계획을 세운다. 이 타락한 인간들은 바로 청동 종족이었다.

제우스가 선택한 최초의 방법은 물이다. 그는 하늘에서 비를 쏟아부어 땅을 온통 물로 뒤덮었다. 이제 땅 위에서 인간의 모습은 완전히 사라질 참이었다.

그러나 대홍수가 날 것을 알고 미리 준비를 한 사람들이 있었다. 그들은 바로 데우칼리온Deukalion과 퓌라Pyrrha였다. 데우칼리온은 프로메테우스의 아들이었고 퓌라는 에피메테우스와 판도라의 딸이었다. 사실 제우스가 홍수로 청동 종족을 멸망시키려 한다는 계획을 미리 알았던 프로메테우스가 데우칼리온에게 조언하여 커다란 상자를 만들도록 하였다.[15] 데우칼리온은 홍수가 시작되자 상자를 타고 떠다니다가 구일 동안 퍼붓던 비가 그치자 파르나소스Parnassos 산에 내려 제우스에게 희생 제의를 바쳤다. 제우스는 데우칼리온의 희생 제의를 기쁘게 받아들이고 헤르메스를 보내 원하는 것을 물어보았다. 그는 새로운 인류를 원했다. 제우스는 돌들을 가져와 어깨 뒤로 던지게 하였다. 데우칼리온이 던진 돌들은 남자가 되었고 퓌라가 던진 돌들은 여자가 되었다. 또는 테미스의 신탁에 따라 그들은 '위대한 어머니'의 뼈를 뒤로 던지라는 가르침을 얻는다.[16] 여기서는 '위대한 어머니'가 누구인지를 아는 것이 관건이 된다. 데우칼리온과 퓌라는 '땅'의 뼈, 즉 돌들을 뒤로 던져 새로운 인류를 얻었다고 한다. 우연히도 그리스어로 돌은 라아스laas이고 사람들은 라오이laoi였다. 결국 데우칼리온 홍수 신화에 나오는 새로운 인류 탄생 이야기도 "인간은 흙에서 태어났다."는 주장을 반복한다. 돌은 흙의 강화된 특성을 상징하기 때문이다.

티탄들 재로부터의 탄생

그리스 신화에 등장하는 다양한 인류 탄생 이야기는 대부분 인류가 무엇으로부터 생겨났는지 또는 만들어졌는지에 주로 관심이 있었다. 그러나 예외적으로 오르페우스 종교의 전승은 인간의 본성을 설명하는 데 초점을 두고 있다. 제우스는 테베의 건설자 카드모스의 딸인 인간 세멜레가 아니라 제우스 자신이 데메테르와 결합하여 낳은 딸인 페르세포네와 결합하여 디오뉘소스를 낳았다.[17] 어린 디오뉘소스는 특이하게 새끼 염소처럼 머리에 뿔이 달려 있었으며 어두운 동굴 속에서 자라났다. 질투심이 많은 헤라는 장난감을 갖고 노는 디오뉘소스에게 티탄들을 보냈다. 그들은 어린 디오뉘소스를 일곱 조각으로 찢어 삶은 후에 불로 구웠다. 제우스는 티탄들이 한 짓을 보고 분노하여 번개로 내리쳤다. 그들이 타버리고 난 후에 재가 남았다. 인간은 바로 이 재로부터 만들어졌다.[18]

오르페우스 종교에서 인류의 탄생을 이러한 방식으로 설명하는 이유는 무엇일까? 사실 디오뉘소스나 티탄들 모두 신이다. 인간은 신들로부터 태어난 것이다. 다만 디오뉘소스는 제우스의 아들로서 올륌포스의 신이고 티탄들은 가이아와 우라노스가 낳은 자식들일 뿐이다. 그러므로 디오뉘소스와 티탄들을 대립적 성질의 결합으로 볼 수는 없다. 즉, 인간을 신적인 특성과 동물적 특성을 모두 가진 중간자적인 존재로 보기는 어렵다. 단지 티탄들을 디오뉘소스로 대표되는 올륌포스 신들과 대조적으로 비합리적인 특성을 가진 것으로 볼 수 있을 것이다. 제우스 이후의 세계는 코스모스 kosmos라 불리며 이전의 세계와 구분하여 질서 있는 세계라고 말해진다. 따라서 제우스 이전의 세력인 티탄족은 무질서적이고 비합리적인 특성을 상징하고 제우스의 자식은 질서있고 합리적인 특징을 상징하는 것으로 볼 수 있다. 따라서 인간이 디오뉘소스와 티탄들의 결합으로부터 생긴 재로부터 만들어졌다는 이야기는 인간이 합리적인 특성과 비합리적인 특성을 모두 갖고 있다는 것을 설명하려는 것으로 해석할 수 있다.

인간의 기원과 본성

그리스 신화의 인류 창조 이야기를 살펴보면서 우리는 그리스인들이 인간을 어떠한 존재로 보았는지를 알 수 있다. 인간은 하늘 아래에 있는 여느 존재들과 다른, 특별한 존재가 아니었다. 초기 형태의 이야기에서 인간은 다른 존재와 마찬가지로 자연적인 존재일 뿐이다. 마치 대지에서 풀이나 곡물의 싹이 돋아나는 것처럼 인간도 대지로부터 저절로 나온 것으로 생각되었다. 인간만이 대지로부터 나온 것은 아니다. 실제로 헤시오도스의 우주 생성 신화에서는 신들도 대지의 여신 가이아로부터 나오는 것으로 말해진다. 이를 통해 고대 그리스인들이 스스로를 자연과 같이 생성하고 소멸하는 존재로 여겼다는 것을 알 수 있다. 그러나 프로메테우스 신화나 헤파이스토스 신화로 넘어와 살펴본다면 이제 인간은 무언가를 만드는 존재로 규정되면서 인간 자신도 자연과 같이 저절로 생겨난 것이 아니라 신과 같이 초자연적인 존재에 의해 만들어진 존재로 이해된다.

그렇지만 근본적으로 인간을 구성하는 물질은 여전히 흙이다. 인간을 인간으로서 규정하는 가장 일차적인 방법은 신체이다. 이 신체를 구성하는 기본적인 요소는 흙이라 할 수 있다. 그리스 이 외의 다른 지역에서도 인간이 흙으로 만들어졌다는 이야기를 자주 접할 수 있는 것은 바로 이러한 이유 때문일 것이다. 그러나 인간은 단순히 신체적인 존재만은 아니다. 인간은 느끼고 사유하고 판단하는 존재이다. 인류 창조와 관련하여 프로메테우스가 올륌포스에서 불을 훔친 이야기는 인간이 다른 존재들과 달리 이성적인 능력을 가진 존재라는 것을 다시 한 번 확인해준다. 불은 단지 물리적인 차원의 불 자체만을 가리키는 것은 아니고 정신적인 차원에서 이성 능력을 가리키기도 하기 때문이다. 오르페우스 종교의 전승에서 인간은 신적인 요소를 가지고 있다. 왜냐하면 인간은 신의 몸에서 비롯되기 때문이다. 인간에게 내재된 티탄적인 요소와 디오뉘소스적인 요소는 비합리적인 요소와 합리적인 요소를 가리킨다.

그러나 헤시오도스가 말하는 최초의 인간 여성을 창조한 이야기에는 인간의 삶에 대한 가치 평가가 내려져 있다. 인간은 처음부터 남자와 여자 모두 존재한 것이 아니었다. 처음엔 남자들이 존재하다가 나중에 여자들이 생겨난 것이다. 여자가 생겨난 이유는 단순 명료하다. 그것은 인간에게 고통을 주기 위한 것이다. 그리스인은 인간의 삶이 근본적으로 고통에 뿌리박고 있다고 생각하였다. 왜 인간들의 삶은 신들의 삶과 달리 고통에서 벗어날 수 없는 것일까? 그것은 바로 여성이라는 존재 탓이라는 것이다. 신들은 인간에게 고통을 주기 위해 여성을 만들었고, 여성으로 말미암아 남성은 고통스러울 수밖에 없다는 것이다. 그러나 만일 그렇다면 축복받은 삶을 살아가는 신들의 경우도 마찬가지일까. 그러나 남신들과 여신들로 이루어져 있는 그들의 삶에는 근본적으로 고통이란 존재하지 않는다. 따라서 인간의 삶이 고통인 이유를 여성으로 설명하는 것은 단순히 당시의 사회 · 정치 제도와 관습에서 비롯된 가치평가에서 나온 것이다.

디오뉘소스 _ 디오뉘소스를 노예로 팔아넘기려던 해적들은 돌고래로 변신했다. 돛대 위로 포도덩굴이 타고 오르는 것은 디오뉘소스의 권능을 말해준다. 바람이 범선을 이끄는 동안 어느새 포도송이가 주렁주렁 열렸다. 에크세키아스의 접시술잔. 기원전 540년경.

디오뉘소스 석관 _ 인간이 디오뉘소스와 티탄들의 결합으로부터 생긴 재로부터 만들어졌다는 이야기는 인간이 합리적인 특성과 비합리적인 특성을 모두 갖고 있다는 것으로 해석할 수 있다.

오뒷세우스와 세이렌

인간은 죽을 때까지 고통에서 벗어날 수 없는 존재이며 자주 불행을 만나게 된다. 트로이 전쟁의 영웅 오뒷세우스는 전쟁이 끝나고 집으로 귀환하기까지 오랜 방랑과 고통의 시간을 보낸다. 그는 지중해의 섬에 살면서 감미로운 노래로 지나는 배의 선원들을 유혹하며 잡아먹는 바다 괴물 세이렌을 만나지만 키르케의 도움을 받아 밀랍으로 선원들의 귀를 막고 자신의 몸을 배에 묶어 무사히 벗어날 수 있었다. 종형 크라테르 그림. 피톤의 그림. 기원전 4세기 말.

인간이 가야 할 길은 어디일까 2

인간이란 무엇인가

근본적으로 인간은 죽을 운명을 가진 존재이다. 더욱이 죽을 때까지 고통에서 벗어날 수 없는 존재이다. 그리스 서사시에서 인간들은 신들에 비해 너무나 하찮고 불쌍한 존재로 나온다. 호메로스에 따르면 인간은 늙어가며 죽게 되고 자주 불행을 만나는 데 비해, 신은 영원히 죽지 않고, 늙지도 않으며, 항상 행복하고 삶을 아주 수월하게 살아간다.[19] 아무리 뛰어난 인간이라도 언젠가는 죽을 수밖에 없다. 가령 헥토르는 트로이인들에게 신과 같이 떠받들어졌지만, 아킬레우스에 의해 죽은 후 전차에 묶여 끌려다니며 들짐승의 먹이가 된다. 인간의 찬란한 영화는 한순간에 사라질 수 있다. 제우스는 모든 것 중에서 인간을 가장 비참한 존재로 여긴다.[20] 헤파이스토스도 죽을 자들을 위해 신들이 다투어서는 안 된다고 주장하며,[21] 아폴론도 나뭇잎같이 하찮은 인간들을 위해 다른 신과 싸우는 것을 거부한다.[22] 인간의 죽음은 언젠가는 오고야 말 것이고 피할 수 없는 것이다. 그러므로 신들이 어차피 죽을 인간을 위해 다툴 필요는 없는 것이다.

인간의 삶은 덧없는 한순간에 불과하다. 그것은 기껏해야 좋은 것과 나쁜 것이 섞인 것이고, 때로는 나쁜 것만으로 이루어진 삶도 있다. 지금 아무리 행복한 사람이라 할지라도 한순간에 불행의 나락에 빠질 수 있다. 인간의 삶은 궁극적으로 비참할 수밖에 없다. 제우스는 인간에게 줄 좋은 선물이 든 항아리와 나쁜 선물이 든 항아리를 두 개 가지고 있다. 모든 인간의 운명은 이 두 개의 항아리에 들어 있는 좋은 선물들과 나쁜 선물들이 섞여 있거나, 또는 나쁜 선물들로만 이루어진다.[23] 즉, 궁극적으로 인간들에게 항상 행복한 삶은 허용되어 있지 않다. 어떤 때는 행복하다가 때로는 불행한 삶을 살기도 하며, 아예 불행하기 짝이 없는 삶을 살기도 한다. 운명은 때로는 맹목적이다. 우리의 삶이 어디로 가는 것인지를 누가 알 수 있겠는가? 영원한 행복은 인간에게는 한낱 꿈에 불과하다. 아킬레우스의 아버지 펠레우스는 일개 인간으로서 테티스 여신과 결혼하는 행운을 얻었을 뿐만 아니라 세상에서 가장 뛰어난 아들 아킬레우스도 얻었다. 그렇지만 그는 늙어서 아들이 자기보다 더 일찍 죽었다는 소식을 들어야 했다. 더욱이 트로이의 프리아모스 왕은 금은보화가 풍족한 도시에서 아들만 50명을 낳았지만 전쟁을 통해 그 많은 아들을 모두 잃고 비참하게 살해당했다.

너무 지나치지 마라

그리스 신화가 인간에 대해 끊임없이 경고하는 한 가지 중요한 교훈이 있다. 그것은 욕망에 대한 것이다. 그렇다고 욕망을 무조건 억눌러야 하는 것은 아니다. 단지 너무 지나치지 말아야 한다는 것이다. 욕망이란 그 자체로 부정적인 것은 아니다. 인간에게 욕망이라는 것이 없다면 도대체 무엇이겠는가? 인간은 욕망을 갖는 한에서 살아 있는 존재가 아니겠는가? 아무런 욕망을 가지지 않는 존재란 죽은 것이나 마찬가지다. 다만 어떠한 욕

망을 갖고 살며, 욕망의 크기가 어느 정도인가가 문제인 것이다. 욕망에는 먹고 마시려는 욕구나 성적 본능을 만족시키려는 육체적 욕망도 있지만 진리를 추구하고 인식하려는 이성적 욕망도 있다. 따라서 모든 욕망을 부정할 필요는 없다.

그러나 인간이 근본적으로 자신의 한계를 알지 못하고 지나치게 욕망을 추구할 때 휘브리스hybris, 즉 '오만'을 범하게 된다. 신들의 경고에도 불구하고 휘브리스를 범하는 자는 항상 가혹한 벌을 받고 비참하게 삶을 마감하게 된다. 우리는 익히 알고 있다. 소크라테스가 말한 "너 자신을 알라."는 실제로는 모르면서도 안다고 생각하는 것에 대해, 그리고 알면서도 행동하지 않는 것에 대해 경계하고 있다. 그러나 원래 델포이 신전에 새겨져 있는 "너 자신을 알라."는 인간이 얼마나 유한하며 신과 다른 존재인지를

이카로스의 추락_현대에 들어 이카로스는 젊은이의 이상을 상징하는 긍정적인 의미로 받아들여지지만, 그리스에서는 인간의 한계를 모르고 오만을 범하였다가 정당한 벌을 받은 자로 인식된다. 페터 브뢰겔의 작품. 1553년.

알라는 격언이었다. 그리스 신화는 유한한 존재인 인간에 대해 신과의 비교를 통해 끊임없이 상기시키고 있다. 만약 인간이 자신의 한계를 알지 못한다면 언젠가는 불행의 나락에 빠질 수밖에 없다. 그렇지만 그것은 인간에게 단순히 현재의 삶에 안주하라고 말하지는 않는다. 궁극적으로 인간이 할 수 있는 일과 할 수 없는 일이 있다. 가령 인간은 본질상 죽을 수밖에 없는 존재인데도 불구하고 죽지 않으려고 한다든가, 또는 인간이면서도 감히 신들을 시험하려고 하거나 신들처럼 되려고 하는 것을 말한다.

우리가 잘 알고 있는 이카로스Ikaros 이야기는 특히 휘브리스와 관련하여 중용의 정신을 잘 보여주고 있다. 크레테의 다이달로스는 미노스 왕의 분노를 사서 자신이 만든 미궁에 갇힌 적이 있었다. 도대체 어떻게 하면 탈출

할 수 있을까 궁리하다가 밀랍으로 새의 깃털들을 붙여 커다란 날개를 만들었다. 그는 아들 이카로스의 등에 날개를 달아주며 "너무 높게도 너무 낮게도 날지 말라."고 당부한다. 너무 낮게 날면 날개가 물에 젖어 무거워 떨어질 것이고 너무 높게 날면 깃털들을 붙인 밀랍이 태양빛에 녹아 날개가 떨어져 추락할 것이라는 경고였다. 그러나 이카로스는 자만심으로 아버지의 충고를 들으려 하지 않고 태양 가까이 날다가 바다에 떨어져 죽은 것으로 나온다. 현대에 들어 이카로스는 젊은이의 이상을 상징하는 긍정적인 의미로 받아들여지지만, 그리스에서는 인간의 한계를 모르고 오만을 범하였다가 신들에게 정당한 벌을 받은 자로 인식된다.

너무나 잘 알려진 시쉬포스의 경우도 인간은 근본적으로 죽을 수밖에 없는 운명을 타고났는데도 불구하고 죽음을 피하려다 돌이킬 수 없는 죄를 저지른 인물로 등장한다. 시쉬포스의 손자인 벨레로폰(혹은 벨레로폰테스 Bellerophontes)도 비록 영웅적인 모험을 한 인물이지만 마지막에 견디기 어려운 벌을 받는 존재로 등장한다. 그는 자신의 이름이 의미하는 대로 코린토스의 참주 '벨레로스Belleros를 죽인 자'였다. 그래서 그는 티륀스의 프로이토스 Proitos 왕에게 갔다가 왕비 안테이아 Anteia(혹은 스테네보이아 Stheneboia)의 유혹을 받지만 물리치게 된다.[24] 그러자 안테이아가 오히려 벨레로폰테스가 자신을 유혹하려 했다고 뒤집어씌웠다. 프로이토스는 벨레로폰테스를 자신의 장인 이오바테스Iobates에게 보내며 죽이라는 전갈이 들어 있는 편지를 한 통 보냈다. 이오바테스는 편지를 받고 벨레로폰테스에게 키마이라Chimaira를 죽이라는 임무를 주었다.

그렇지만 벨레로폰테스는 이오바테스가 명령한 키마이라를 살해하였을 뿐만 아니라 아마존과의 전투 등 위험한 모험들을 무사히 마치고 돌아왔다. 결국 이오바테스는 그를 자신의 사위로 삼았다. 그러나 그는 인간으로서 자신의 유한성을 깨닫지 못하고 페가소스를 타고 하늘로 날아 올라가려다가 제우스에 의해 내동댕이쳐진 후에는 사람들을 피해 홀로 방황하다가 비참하게 죽었다.[25] 벨레로폰테스는 분명히 한때 신들의 사랑을 받은 뛰어난 영웅이었지만 인간의 한계를 넘어선 오만한 행위를 하려다 한순간에 신들에게 버림받아 비참한 생애를 마친 것이다. 그리스 신화에는 이러한 인간의 지나친 욕망에 대해 늘 경계하고 있다.

신에게 도전하지 마라

인간이 자신의 한계를 깨닫지 못하고 저지르는 가장 큰 죄는 신들에게 도전하는 것이다. 이것은 그리스 신화뿐만 아니라 다른 지역 신화에서도 자주 발견할 수 있다. 가장 유명한 이야기는 플라톤도 언급하였던 오토스와 에피알테스 형제에 관한 이야기이다. 포세이돈이 이피메데이아Iphimedeia와 결합하여 낳은 두 아들 오토스Otos와 에피알테스Ephialtes는 흔히 알로이우스의 아들들이라는 의미에서 알로아다이Aloadai라 불렸다. 그들은 해마다 몸통이 한 완척(45cm)씩 불어나고 키는 한 길(1.8m)씩 자라났다. 그러다 보니 아홉 살이 되었을 때는 몸통이 아홉 완척(4.05m)이고 키가 아홉 길(16.2m)이나 되는 엄청난 거인이 되었다. 그들은 하늘로 올라가겠다고 올림포스 산 위에 옷사Ossa 산을 쌓아 올리고 옷사 산 위에 펠리온Pelion 산을 쌓아 올릴 계획을 세웠다. 더욱이 오토스는 아르테미스와 결혼하려 했고 에피알테스는 헤라와 결혼하려 했다. 결국 아르테미스가 사슴으로 변해 그들 사이로 뛰어 들어가자 서로 사냥감으로 잡겠다고 다투다가 서로가 던진 창에 맞아 모두 죽고 만다.[26] 호메로스는 그들이 너무 위협적이었기 때문에 아폴론이 다 자라기도 전에 둘 다 죽여버렸다고 말한다.[27]

플라톤의 『향연』의 전체 주제는 에로스이지만 신들에 대한 인간들의 도전에 관해 아주 흥미로운 설명이 등장한다.[28] 아주 먼 옛날에 인간은 지금과는 다른 모습과 본성을 가졌다고 한다. 처음에 인간은 세 종류로 나뉘어 있었다. 즉, 현재의 인간을 기준으로 한다면 남성과 남성이 하나인 '남남성'과 여성과 여성이 하나인 '여여성'과 남성과 여성이 하나인 '남녀성'이 있었다. 인간들은 둘이 하나였기 때문에 두 개의 머리가 합쳐진 하나의 머리에다 네 개의 손과 네 개의 다리를 가진 전체적으로 공과 같이 둥근 모습을 가졌다. 그들은 엄청난 힘과 능력을 가졌기 때문에 오만 방자해져서 신들을 공격하려 했다. 제우스를 비롯한 신들은 그렇다고 인간들을 모조리 죽일 수도 없고, 또 더 이상 참을 수도 없는 상황이었다. 그러나 제우스는 한참 고민한 끝에 인간들을 약하게 만들기로 결정하고 인간들을 반쪽으로 나눈 후에 아폴론에게 치료해주라고 명령하였다. 아폴론은 잘린 곳의 피부를 끌어 모아 배꼽을 만들고 그 주위에 약간의 주름을 남겨 인간들이 예전의 자기 상태에 대해 기억을 하도록 만들었다.

우리는 그리스인들이 신들에 도전하는 인간의 이야기를 통해서 무엇을 말하려는 것인지 살펴볼 수 있다. 그것은 인간이 하찮고 나약한 존재이므로 신들이 명령하는 대로 꼭두각시나 노예로 살아야 한다고 말하는 것은 아닐 것이다. 그리스인들만큼 인간의 자유를 사랑하고 존중하는 민족은 찾기 드물다. 비록 그들이 노예제를 당연시하는 폐쇄적인 도덕 체계를 가진 세계에 살았다고 하더라도, 인간의 정신적 자유에 대한 끊임없는 탐구는 계속되었다. 그것은 인간이 궁극적으로 자신이 누구이고 무엇인가를 아는 것으로부터 출발한다. 인간은 신 앞에서 유한하고 나약한 존재에 불과하다. 이 말은 인간의 유한성을 단죄 지으려고 하는 의미가 아니다. 오히려 이 세계는 무엇이고 인간이 어떠한 존재인가를 깨달아 가장 지혜로운 삶을 찾아내도록 촉구하는 것이다. 인간의 헛된 욕망은 얼마나 부질없는가! 우리는 진정으로 인간이 어떻게 살아야 가장 행복할 수 있는지를 물을 필요가 있다.

부부 묘비 부조

아테네의 부부 묘비 부조에서 의자에 앉아 있는 여인은 무덤의 주인공이다. 애도하는 여인들이 망자의 뒤쪽에 서 있다. 남편은 때밀이 도구 스트리길리스와 향유병 아리발로스를 손에 쥐었다. 4세기 중반 이후 아테네의 묘비 조각은 화려함의 극치를 달렸지만, 장묘 사치풍조는 팔레론의 데메트리오스가 317년 호화장묘금지법을 시행하면서 막을 내리게 된다. 이 묘비 부조는 바깥 건축장식과 따로 제작했다. 기원전 340-330년경.

인간은 죽으면 어디로 갈까 3

Greek Mythology

죽음의 이름으로

고대 그리스인들은 죽음을 어떻게 생각했는가? 죽는다는 것은 인간의 영혼이 육체로부터 떠나는 것이다. 호메로스는 인간의 영혼psyche은 호흡과 관련이 있으며 인간이 죽으면 영혼이 입을 통해 나가 하데스로 날아간다고 생각하였다. 영혼은 죽음 이후에도 소멸하지 않고 남는 것으로 생각되었다. 그리스 신화에서 죽은 자들의 영혼을 지배하는 신은 하데스이지만 죽음 자체의 신은 타나토스이다. 사실 하데스나 타나토스는 올륌포스의 다른 신들에 비하면 별로 인격화되어 있지 않다. 호메로스는 단 한 번 타나토스를 인격화시켜 등장시킨다. 제우스는 트로이 전쟁에서 자신의 사랑하는 아들인 사르페돈이 죽었을 때 아폴론에게 죽음의 신 타나토스와 잠의 신 휘프노스를 시켜 시신을 옮기도록 명령하였다.[29] 그들은 죽음을 일으키는 원인을 제공하는 존재들이 아니며 생명이 멈추면 일어나는 상황을 설명하기 위해 필요할 뿐이다. 따라서 그들은 비록 죽음과 밀접한 관련이 있지만 종교적으로 특별하게 숭배되지는 않았다.[30]

죽음의 신은 인간이 죽을 때가 되면 찾아온다. 인간은 근본적으로 죽음을 거부할 수 없다. 혹시 한 번은 죽음을 피할 수 있다 하더라도 영원히 피할 수는 없다. 그리스 신화도 인간에게 죽음은 필연적인 것으로 표현된다. 물론 예외적으로 죽음과 싸워 살아난 인간들은 있다. 가령 죽음이 임박한 남편을 대신하여 죽으려던 알케스티스는 헤라클레스가 죽음의 신과 싸워 되돌려 보내 극적으로 다시 살아났다. 삶에 대한 욕망이 강했던 시쉬포스는 죽음의 신을 술에 취하게 만들어 묶어놓아 죽음을 피했다. 그렇지만 그들도 결국 언젠가는 죽을 수밖에 없다. 그것은 인간의 운명이다. 그리스 신화는 죽음을 넘어서는 헌신적인 사랑의 경우에 관용적인 태도를 보이지만, 우주와 자연의 질서를 임의로 어기고 삶을 연장하려는 경우에는 죽음 이후에도 처벌을 받는 걸로 그려진다.

죽음은 영원한 잠이다

죽음은 잠과 비슷하다. 잠을 자면 모든 의식의 활동이 정지된다. 죽음을 영원한 잠이라고 하지 않는가? 그리스 신화에서 죽음의 신은 잠의 신과 쌍둥이 형제로 등장한다.[31] 잠의 신은 휘프노스이다. 죽음의 신과 잠의 신이 쌍둥이 형제라고 말하는 이유는 죽음과 잠이 유사한 특징을 가지고 있기 때문이다. 그러나 잠과 죽음은 엄밀히 말해서 동일한 속성을 가졌다고 볼 수 없다. 인간은 잠을 자는 동안에 비록 의식의 활동을 멈출 수 있지만 무의식의 활동을 막을 수는 없다. 잠을 자면서도 수많은 꿈이 출몰한다. 꿈은 지각과 경험 및 사유의 내용들이 다양한 분리와 결합을 통해 표출하는 것으로 신체와 분리될 수 없는 특징을 가지고 있다.

그리스 신화에서 잠의 신과 죽음의 신은 부모가 동일하다. 이것은 잠과 죽음이 근본적으로 동일한 원천에서 나왔다는 생각을 반영하고 있다. 이들

은 밤의 여신 뉙스와 암흑의 신 에레보스의 자식들이다. 이들은 자욱한 안개와 칠흑같은 어둠의 이미지를 갖고 있다. 잠과 죽음의 고향은 본래 지하 세계에 속한다고 할 것이다. 그리하여 잠의 신 휘프노스와 죽음의 신 타나토스는 인간이 죽음에 처하였을 때 항상 영혼의 안내자인 헤르메스와 함께 등장하는 신으로 묘사된다.

죽음의 제왕

죽음 이후에 인간의 영혼이 머무르는 낯선 세계는 분명하게 그려지지는 않았다. 하데스는 인간 세계와 아주 멀리 떨어져 있는 곳이다. 그리스어로 하데스Hades라는 말은 '보이지 않는 자' 혹은 '보이지 않는 장소'를 의미한다. 그래서 그것은 때로는 지하 세계를 지배하는 신을 가리키기도 하고, 또 지하 세계라는 장소를 가리키기도 한다. 이런 까닭에 하데스는 죽음의 그늘이 드리워진 어둡고 음산한 이미지로 그려진다. 죽은 자들의 영혼이 머무르는 곳은 아무래도 밝은 이미지로 상상될 수는 없을 것이다. 그곳은 '안개 낀 곳'이나 '차가운 곳' 혹은 '곰팡내 나는 곳'으로 묘사된다. 그렇다면 이런 죽음의 세계를 지배하는 신은 어떨까? 죽음의 제왕 역시 생명을 탄생시키지 못하는 존재로 그려져야 할 것이다. 하데스는 아무런 자식도 없는 존재로 나타난다.

하데스는 데메테르의 딸 페르세포네를 납치하여 지하 세계의 여왕으로 삼았다.[32] 데메테르는 페르세포네를 잃고 인간들의 땅으로 내려와 방랑하다가 엘레우시스에서 머물렀다. 그녀는 슬픔으로 말미암아 땅을 불모화시키고 황폐화시킨다. 자연히 인간은 물론 수많은 동물과 식물이 죽어나가기 시작했다. 제우스가 나서서 황급히 데메테르를 달래려 했지만, 데메테르는 페르세포네가 돌아올 때까지 멈추지 않는다. 결국 제우스는 데메테르가 아닌 하데스를 설득하기로 결정했다. 헤르메스는 제우스의 명령에 따라 하데스의 궁전으로 내려가 페르세포네를 돌려줄 것을 요청하였다. 하데스는 제우스에게 순종하는 척하며 페르세포네에게 몰래 석류알을 먹여서 보낸다.

데메테르는 딸을 다시 만나 뛸 듯이 기뻐하며 포옹하였다. 그리고는 혹시나 하며 하데스의 궁전에서 어떠한 음식을 먹었는지 물어보았다. 왜냐하면 조금이라도 하데스의 음식을 먹었을 경우 페르세포네는 하데스에 속하기 때문이다. 그러면 데메테르와

명부로부터 지상으로 올라오는 페르세포네__ 페르세포네 신화는 지하 세계의 또 다른 측면을 보여주고 있다. 하데스 자신은 아무런 생명을 내놓지 않지만 페르세포네는 '씨앗'으로 새로운 생명의 힘을 잉태하고 있다. 아티카에서 제작된 꽃받침 크라테르, 기원전 440년경.

항상 함께할 수 없고 얼마간은 하데스와 있어야 한다. 결국 페르세포네는 한 해의 삼분의 이는 지상에서 데메테르와 보내고, 삼분의 일은 지하에서 하데스와 보내게 된다. 이것은 일정한 기간 동안 지상에 곡물이 자라나지 않는 이유를 설명한다. 데메테르는 인간에게 농경기술을 가르친 후에 페르세포네와 함께 올림포스로 올라갔다.

페르세포네 신화는 지하 세계의 또 다른 측면을 보여주고 있다. 하데스 자신은 아무런 생명을 내놓지 않지만 페르세포네는 '씨앗'으로 새로운 생명의 힘을 잉태하고 있다. 하데스도 이러한 측면에서 긍정적인 이미지를 가지고 있다. 하데스는 플루톤Pluton으로도 불렸다. 그리스어로 '부'를 의

**돼지로 변한 오뒷세우스의
부하들** _ 오뒷세우스는 키르
케의 섬에 들렀다가 부하들
이 키르케의 마법에 걸려 돼
지로 변한 것을 안다. 그는
단신으로 구조에 나서 부하
들을 마법으로부터 풀려나
게 한다.

미하는데 아마도 땅에 씨앗을 뿌려 열매를 맺으면 추수하여 부를 축적할
수 있다는 생각에서 나왔을 것이다. 고대인들에게 땅 속은 무한한 풍요로
움을 지닌 곳이고, 땅 속을 다스리는 신은 자연적으로 부의 신으로 생각하
였을 것이다. 로마 시대에도 하데스는 기존의 플루톤이라는 별칭을 따서
플루토Pluto로 불렸다.

하데스의 집

그리스인들은 하데스가 어디에 있다고 생각했을까? 한 가지 확실
한 것은 본래 인간이 알 수 없는 곳에 있다는 사실이다. 그렇지만 인간
은 보이는 것을 통해 보이지 않는 것까지 상상해내지 않는가! 신들의
전쟁에서 승리한 후 세계를 분할하여 '하늘'은 제우스가 지
배하고, '바다'는 포세이돈이 지배하고, '지하 세계'는
하데스가 지배하기로 정해졌다. 따라서 하데스는 땅 속
깊이 있는 지하 세계를 지칭했다. 그러나 본래 하데스
Hades는 지하 세계가 아니라 '보이지 않는 곳'을 의미한
다. 호메로스의 『일리아스』나 『오뒷세이아』에는 "영혼이
땅 밑으로 사라진다."라거나 또는 "하데스의 집으로 내려
갔다."는 등의 표현을 함으로써 땅 '아래'에 있다고 설명
하고 있다.[33] 특히 『오뒷세이아』에는 하데스의 위치를 보
다 자세하게 설명하고 있다. 하데스를 찾아가는 오뒷세우
스는 걸어서 가는 것이 아니라 배를 타고 가는 것으로 나온
다. 하데스는 이 세계를 둘러싸고 있는 오케아노스Okeanos 강
너머 세계의 끝자락에 있다는 것이다.[34] 즉, 하데스는 이 세계
의 서쪽 끝인 오케아노스 건너편 땅 아래에 있다는 것이다.

『오뒷세이아』에는 당시의 그리스인들이 상상하는 죽음의 세계에 관한
일반적 모습이 개괄적으로 그려져 있다. 트로이 전쟁이 끝난 후 고향으로
돌아가려던 오뒷세우스는 포세이돈의 저주를 받아 유랑생활을 한다. 우연
히 키르케의 섬에 들렀다가 마법으로부터 풀려난 후에 오히려 키르케의 도
움을 받고는 고향으로 돌아가는 방법을 알기 위해 지하 세계를 떠도는 예
언자 테이레시아스Teiresias의 영혼을 만나러 가는 여행을 하게 된다. 오뒷
세우스는 배를 타고 정처 없이 가다가 오케아노스 강을 건너 페르세포네의
신성한 숲에 이르러 배를 댄 후에야 하데스의 '곰팡내 나는' 집으로 간다.
그곳에는 스튁스 강의 지류인 '불의 강' 퓌리플레게톤Pyriphlegethon과 '한
탄의 강' 코퀴토스Kokytos가 있는데 모두 '비통의 강'인 아케론Acheron 강

으로 흘러 들어간다. 여기서 오뒷세우스는 희생 제물을 바친 후에 에레보스로부터 검은 피를 마시러 온 죽은 자들의 영혼 가운데 테이레시아스의 영혼을 만나게 된다.[35] 그는 테이레시아스로부터 자신의 여정과 운명에 대한 예언을 들은 후 키르케의 섬으로 되돌아온다. 『오뒷세이아』에 나타난 죽음의 세계는 음울하고 침울하며 비탄에 잠긴 곳으로 묘사되고 있다. 그러나 그곳은 단순히 지하 깊숙한 곳만을 의미하지는 않는다.

영혼의 안내자

하데스는 원래 '보이지 않는 곳'이기 때문에 인간은 접근할 수가 없다. 그리스 신화에서는 예외적으로 가끔 몇 명의 영웅이 지하 세계로 들어가기도 하고 또 되돌아오기도 한다. 그러나 그것은 인간이 처할 수 있는 가장 극한 상황을 묘사하기 위한 경우가 대부분이다. 실제로 아무도 지하 세계로 내려가는 길을 모른다. 그래서 산 사람과 죽은 사람이 만난다는 것은 있을 수 없는 일이며 결코 만날 수도 없다.

그렇다면 죽은 자의 영혼은 어떻게 하데스로 갈 수 있을까? 초기에는 죽은 자가 어떻게 죽은 자의 세계로 가는 길을 아는지에 대해 전혀 의문을 품지 않았던 걸로 보인다. 죽은 자는 저절로 하데스에 있을 수 있다. 『일리아스』에는 전쟁터에서 전사들이 죽음과 동시에 그들의 영혼이 하데스로 날아가는 것으로 나타난다.[36] 그러나 살아서는 알 수 없는 하데스를 죽어서는 어떻게 알 수 있는가? 그래서 고대 그리스인들은 죽은 자를 하데스로 인도할 존재가 필요하다고 생각하였다. 그렇다면 그리스 신화에서 죽은 자를 하데스로 안내할 가장 적절한 신은 누구이겠는가? 헤르메스 신이 아니겠는가. 헤르메스는 경계를 넘나드는 신으로 여행자의 신이라 불리기 때문이다. 헤르메스 신은 무덤가에서 영혼들을 불러모으는 역할을 한다. 『오뒷

스틱스 강의 뱃사공 카론
_죽은 자의 영혼을 지하 세계로 안내하는 기능은 세분화된다. 헤르메스가 죽은 자의 영혼을 지하 세계의 강까지 데려다 주면 뱃사공 카론이 강을 건네준다. 피에르 쉬블레라스의 그림. 18세기 중반.

세이아』에서 오뒷세우스는 자신이 없는 동안에 페넬로페를 괴롭히던 구혼자들을 모조리 활로 쏘아 죽인다.[37] 그러자 헤르메스가 죽은 구혼자들의 영혼을 모아 지하 세계까지 안내하는 역할을 한다. 그래서 헤르메스는 '영혼의 안내자'를 의미하는 프쉬코폼포스라 불렸다.

나중에 죽은 자의 영혼을 지하 세계로 안내하는 기능은 세분화된다. 아마도 죽음의 세계에 대한 상상력이 훨씬 구체화되면서 일어난 현상일 것이다. 헤르메스는 초기에는 죽은 자들의 영혼을 이끌고 지하 세계에까지 직접 데려다 주는 걸로 나오지만, 나중에는 지하 세계의 강까지만 데려다 주는 걸로 나온다. 지하 세계를 흐르는 강이 설정되면서 강을 건네주는 뱃사공도 함께 설정되었다. 그래서 헤르메스가 지하 세계의 강까지 영혼을 데려다 주면 뱃사공 카론Charon이 아케론 강을 건네주는 역할을 한다. 카론은 반드시 죽은 자의 영혼만을 건네주게 되어 있는데 딱 한 번 예외가 있었다. 헤라클레스가 케르베로스Kerberos를 끌고 가기 위해 지하 세계에 내려와서 위협하는 바람에 어쩔 수 없이 건네준 경우였다. 이 일로 그는 1년 동안이나 사슬에 묶여 있었다고 한다.[38] 하데스로 들어가는 입구는 케르베로스라는 머리가 셋 달린 개가 지키고 있다.[39] 신화 속에서 개는 죽음과 밀접한 관계가 있다. 헤시오도스는 케르베로스의 머리를 50개라고도 한다.[40] 이런 경우는 단지 많다는 것을 말하기 위해서이다. 지하 세계를 흐르는 강과 지하 세계의 문을 지키는 개는 모두 분리와 경계를 상징한다. 여기서 강은 산 자의 세계와 죽은 자의 세계를 분리시켜 산 자가 죽은 자의 세계로 가거나 또는 죽은 자가 산 자의 세계로 가는 것을 막아주는 역할을 한다.[41] 케르베로스는 마치 양떼를 지키는 개처럼 보이나 혹시 양이 이탈하려고 하면 얼른 삼켜버렸다.[42] 케르베로스의 몸의 일부는 뱀으로 그려지거나 몸에서 뱀이 자라나는 것으로 그려지기도 했다. 뱀도 역시 죽음과 재탄생과 관련되었기 때문에 지하 세계를 지키는 동물을 표현하는 데 유용했을 것이다.

하데스와 케르베로스_신화 속에서 개는 죽음과 밀접한 관계가 있다. 하데스로 들어가는 입구는 케르베로스라는 머리가 셋 달린 개가 지키고 있다. 로소 피오렌티노의 그림. 1526년.

지하 세계를 여행한 인간들

그리스 신화 속의 영웅들은 인간으로서 마주할 수 있는 가장 두려운 것들을 극복하는 강인한 능력을 보여준다. 그들은 다양한 유형의 괴물과 특정한 능력을 가진 종족과 싸우면서 때로는 보통 인간으로서는 경험하기 불가능한 극한 상황을 체험하기도 한다. 지하 세계를 여행하는 것은 영웅들의 모험에 가끔씩 등장하는 소재이다. 영웅들이 죽음의 관문을 넘어 지하 세계에 갔다가 다시 지상으로 돌아오는 경험은 여러 방식으로 설명될 수 있다. 그러나 대부분의 이야기는 산 자가 죽은 자의 세계에 갈 수 있다는 사실보다는 오히려 갈 수 없는 사실을 더 강하게 부각하고 있다. 즉, 아주 특별한 영웅들의 극한 상황을 설명하기 위해서 죽은 자의 세계를 방문하는 것으로 표현하지만, 지하 세계에서 돌아오기는 훨씬 더 어렵다는 이야기를 통해 산자의 세계와 죽은 자의 세계는 엄격하게 구별된다는 것을 강조한다.

그리스 신화에서 지하 세계를 여행하고 돌아온 대표적인 인물들로는 테세우스, 헤라클레스, 오르페우스를 얘기할 수 있다. 테세우스는 죽음을 두려워하지 않는 용기와 인간의 한계를 넘어서려는 오만에 대한 이중적인 태도, 그리고 그것에 대한 경고를 일깨워주는 인물이다. 테세우스는 페이리토오스라는 친구에게 제우스의 딸들과 결혼하자는 약속을 하고 먼저 헬레네를 납치하여 자신의 고향으로 데려온다.[43] 그 후 페이리토오스가 제우스의 또 다른 딸 페르세포네를 납치하기 위해 테세우스에게 지하 세계로 가자고 제안한다. 그리고 함께 지하 세계로 내려가 하데스와 페르세포네가 미리 준비한 의자에 앉았다가 다시는 지상으로 돌아오지 못하게 될 운명에 처한다. 그것은 한 번 앉으면 다시는 일어날 수 없는 의자였다. 나중에 지하 세계를 방문한 헤라클레스에 의해 겨우 테세우스만 구출되고 페이리토오스는 영원히 일어나지 못한다.

헤라클레스는 에우리스테우스Eurystheus가 열두 번째 과제로 제시한 케르

베로스를 데리러 지하 세계에 내려간다. 그러나 아무리 천하장사일지라도 헤르메스와 아테나가 도와주지 않았다면 지하 세계의 개를 데려오는 것은 불가능하였을 것이다. 헤라클레스가 하데스로 가는 방법은 특이하다. 그는 그리스의 유명한 종교 제전인 엘레우시스 신비 의식에 입문하면서 죽음 이후의 세계를 안전하게 건너갈 수 있는 방법을 배운다. 도중에 테세우스와 페이리토오스 등 수많은 인물을 만난 후 겨우 하데스를 만난다. 그는 아무런 무기 없이 케르베로스를 제압할 수 있다면 데려가도 좋다는 하데스의 허락을 받고 무사히 지상으로 돌아온다. 헤라클레스는 테세우스와 페이리토오스와 같이 하데스의 여왕을 넘보는 오만을 범하지 않고, 무사히 신들의 도움을 받아 지하 세계로부터 돌아온 것이다.

오르페우스는 결혼한 지 얼마 안 되어 아내 에우뤼디케Eurydike를 잃었다. 어디선가 갑작스럽게 나타난 뱀이 에우뤼디케를 물었고,[44] 오르페우스가 달려갔을 때는 이미 죽었기 때문이다. 오르페우스는 슬픔에 젖어 그리스 전역을 떠돌아다니다 하데스로 내려갈 결심을 한다. 그는 때로는 아폴론의 아들이라고도 하고 때로는 뮤즈 칼리오페Kaliope의 아들이라고도 한다. 그래서인지 그가 리라를 연주하자 지하 세계의 뱃사공 카론도 배를 버리고 음악을 따라왔고 지하 세계의 문을 지키는 케르베로스도 짖지 않았다. 더욱이 하데스와 페르세포네를 감동시켜 아내를 데려가도 좋다는 허락을 받아낸다. 다만 지상으로 완전히 나갈 때까지 뒤돌아보지 말라는 조건이 붙었다. 그러나 오르페우스는 지상에 가까이 왔을 때 고개를 돌려 아내를 보려 하였다. 아내가 잘 따라오고 있는지 걱정되어 확인하고 싶어서였다.[45] 그러나 그 순간 아내는 헤르메스에 의해 다시 지하 세계로 끌려가고 말았다. 이 이야기는 오르페우스 개인의 음악적 재능과 죽음을 뛰어넘는 사랑을 극적으로 표현하는 데 그치지 않는다. 오르페우스 종교의 영혼윤회설과도 밀접한 연관이 있다.

죽은 자들의 천국, 엘뤼시온

사람들은 죽음 이후의 세계에 대해 아주 상반된 두 가지 모습을 떠올린다. 물론 죽음 이후의 세계를 완전히 부정하는 경우도 있다. 그러나 사람들은 죽음 이후의 세계를 상상할 때 특이하게도 인간의 현실적인 삶의 이중적 측면을 극단적으로 대립시키는 방식으로 표현하였다. 그것은 인간이 상상할 수 있는 가장 고통스런 곳과 가장 즐거운 곳으로 나눠진다. 우리가 상상한 죽음 이후의 세계는 수많은 문화적·역사적·지리적 요소로 인해 각 지역마다 또 각 시대마다 약간씩 다른 모습으로 묘사될 수 있다. 그리스 신화에 나타나는 죽음의 세계는 흔히 하데스라 불린다. 일반적으로 죽은 자의 영혼이 가는 곳을 통칭한다. 그 외에도 지옥과 같이 아주 극악한 사람들이 가는 타르타로스Tartaros와, 아주 탁월한 영웅들이 가는 천국과 같은 엘뤼시온Elysion이 있다.

엘뤼시온은 제우스의 아들 라다만튀스Rhadamanthys와 크로노스가 관장

ZETVS   ANTIOPA AM⌐HION

헤르메스, 에우뤼디케, 오르페우스_명부의 동굴을 빠져나오던 오르페우스는 뒤를 돌아본다. 그 순간 에우뤼디케는 손부터 사라지기 시작한다. 고전기의 오르페우스 부조는 두 연인의 마지막 이별을 다루고 있다. 두 사람이 나누는 시선과 손길이 엄숙하다. 구성도 정갈하다. 부조의 왼쪽에서 영혼의 인도자 헤르메스가 에우뤼디케의 팔을 잡아끌면서 재촉한다. 기원전 420년경의 원작을 로마 시대에 모각.

하는 곳이다. 제우스는 바닷가에서 놀고 있던 에우로페를 보고 반해 세 가지 색깔의 황소로 변해 신기해하는 에우로페를 태우고 크레테로 줄행랑을 쳐서 세 명의 아들을 낳았다. 그들이 바로 미노스, 라다만튀스, 사르페돈이다. 이들 중 라다만튀스가 엘뤼시온을 관장하였다. 엘뤼시온은 노동도 없고 눈물도 없는 곳이다. 그곳은 인간이 살기에 가장 편한 곳으로 눈도 없고 비바람도 없으며 항상 시원한 들판이다.[46] 여기서 죽은 자들은 운동 경기를 하고 주사위 놀이와 악기 연주를 즐긴다. 엘뤼시온 들판에는 붉은 장미가 만발하고 황금빛 열매가 달린 유향나무들이 있다.

천국과 같은 엘뤼시온에 어떠한 사람들이 올 수 있는가? 현대적인 종교에서 흔히 말하는 생전에 착하게 살았던 사람들이 오는 곳은 아니다. 물론 그리스인들도 죽은 후에 심판이 이루어진다고 생각하였다. 서사시 시대에 호메로스는 제우스의 아들 미노스가 죽은 자를 심판한다고 했고,[47] 비극 시대에 이르면 지하 세계의 왕 하데스가 직접 심판한다고 말해졌다.[48] 그렇지만 사후 보상과 처벌 문제는 초기에는 별로 구체적이지 않았다. 후대에 플라톤은 『국가』에서 죽은 이후에 반드시 보상과 처벌이 있다는 그리스의 종교적 논의를 언급한다.[49] 오르페우스의 제자이자 아들이며 엘레우시스 신비 의식의 창시자라 하는 무사이오스Mousaios의 경우 올바른 사람들은 하데스로 가서 침상에 기대앉아 머리에 화환을 두르고 향연을 즐기며 그 이후로 영원히 술 취한 상태로 있게 된다고 한다. 이것이 바로 가장 좋은 보상으로 생각하기 때문이다. 반면에 올바르지 못한 사람들은 하데스에서 진창 속에 파묻혀서 체로 물을 떠 나르는 벌을 받는다고 한다.

그리스 신화에서 엘뤼시온은 주로 영웅들이 죽은 후에 가는 곳으로 말해진다. 핀다로스는 카드모스와 펠레우스, 아킬레우스가 엘뤼시온으로 갔다고 하는데, 특히 아킬레우스는 테티스가 제우스를 설득한 후에 가게 되었다고 한다. 헤시오도스는 트로이와 테베에서 죽은 영웅들은 오케아노스 근처의 축복의 섬에서 생명을 다시 얻는다고 했다.[50] 축복의 섬과 엘뤼시온 들판은 서로 다르게 불리지만 결국 죽은 자들이 가는 가장 행복한 곳으로 묘사되었다. 그리스에서 가장 아름다운 여인으로 제우스의 딸인 헬레네뿐만 아니라 남편 메넬라오스도 제우스의 사위라서 엘뤼시온으로 갔다.[51] 또한 콜키스의 왕녀로 이아손의 아내였던 메데이아도 엘뤼시온으로 갔다고 전해진다.

죽은 자들의 지옥, 타르타로스

타르타로스는 하늘에서 땅에 이르는 거리만큼이나 땅에서 멀리 떨어져 있는 곳이다. 타르타로스까지의 거리는 청동 모루가 하늘로부터 땅까지 9일 낮과 밤을 떨어지고, 다시 땅으로부터 타르타로스까지 9일 낮과 밤을 떨어져야 하는 거리에 있다. 그곳은 땅 아래 있는 가장 깊은 곳으로 청동 벽과 청동 문턱으로 되어 있다.[52] 올륌포스 신들이 티탄족과의 전쟁에서 승리한 후 이아페토스와 크로노스와 같은 티탄족 신들을 내던진 곳이기도 하다.[53] 호메로스의 『일리아스』와 헤시오도스의 『신통기』에서 타르타로스는 단지 티탄들의 감옥으로만 알려져 있으며, 어떠한 인간도 언급되지 않는다. 그러나 『오뒷세이아』에는 죽은 후에 그곳에서 형벌을 받는 인간들이 등장한다.

타르타로스는 절대로 용서받을 수 없는 사람들이 영원한 형벌을 받는 곳이다. 가령 탄탈로스, 시쉬포스, 티튀오스, 익시온 등과 같은 인물들이 이곳에서 고통을 받고 있다.[54] 타르타로스에서 받는 인간의 형벌은 살을 저미는 고통으로 비명을 지르고 몸부림을 치는 아비규환의 상태는 아니다. 오히려 조용하고 평온하기까지 하다. 탄탈로스는 신들의 비밀과 음식을 인간들에게 가져다주었기 때문에 타르타로스에서 벌을 받는다. 형벌 장면을 보면, 그의 머리 위에 돌이 간들간들 달려 있고 몸은 호수에 영원히 빠져 있는 상태이다. 물이 턱밑에까지 닿지만 물을 마시려고 하면 물이 말라버리고 어깨 옆에는 둑에서 자라난 나무에 과일이 주렁주렁 열려 있는데도 먹으려면 바람에 의해 구름처럼 높이 올라가버리는 형벌을 받았다. 차라리 아무것도 없다면 포기할 수도 있으련만, 눈앞에 아른거려 먹고 싶은 욕망을 더욱 부채질한다.

시쉬포스는 거대한 돌덩어리를 두 손과 발로 버티며 산꼭대기로 밀어 올리는데 정상에 오르려고 하는 참에 항상 아래로 굴러 떨어져버려 또다시 굴려 올리는 일을 되풀이하는 벌을 받는다. 인생을 살면서 인간을 가장 힘들게 하는 것이 무엇이겠는가? 아무런 희망이 없는 것이다. 세상에 더 이상 새로운 것이 없다면 인간의 삶은 얼마나 권태로울 것인가! 사는 것이 지옥이 되는 것이다.

티튀오스는 감히 제우스의 자식을 낳은 레토 여신을 범하려 해서 벌을 받은 경우이다.[55] 그는 프로메테우스와 비슷하게 독수리에 의해 간을 쪼아 먹히는 형벌을 받았다. 그러나 프로메테우스가 카우카소스 산에서 한 마리의 독수리에게 간을 쪼아 먹힌 반면, 티튀오스는 타르타로스에서 '두 마리' 독수리가 양옆에 앉아 그의 간을 쪼아 먹고 내장까지 파고 들어가는 벌을 받았다.

비록 지하 세계는 아니지만 결코 용서받을 수 없는 인간인 라피타이족의 왕 익시온도 영원한 형벌을 받은 걸로 알려져 있다.[56] 익시온은 아내를 얻기 위한 지참금을 주지 않으려고 장인을 살해하였다. 이것은 아버지 살해와 같은 유형의 범죄였다. 다른 신들은 익시온을 괘씸하게 생각하였지만 제우스는 그를 사랑하여 정화시켜주었을 뿐만 아니라 신들의 식탁에까지 초대하였다. 그러나 익시온은 감히 제우스의 아내 헤라를 유혹하려 하였다. 이를 안 제우스는 반신반의하며 구름으로 가짜 헤라를 만들어놓았는데 익시온이 술에 취해 덤벼들었다. 제우스는 크게 분노하여 헤르메스에게 익시온을 무자비하게 채찍질하도록 명령하고 불타는 바퀴에 묶어 쉼 없이 하늘을 굴러다니도록 했다.

그러나 그리스 서사시 시대에는 도저히 용서받을 수 없는 죄를 짓고 타르타로스에서 벌을 받는 인물은 별로 많지 않았다. 당시 그리스인들이 생각하는 가장 극악한 범죄는 바로 신들에 대해 불경한 짓을 저지르는 것이었다. 후대로 가면서 신성모독죄만 아니라 점차 인간의 관습과 도덕 법칙에 어긋나는 극악한 범죄를 저지른 자도 타르타로스에 가는 것으로 바뀌었다. 결혼 첫날밤에 아버지의 명령에 따라 남편을 죽인 다나오스Danaos의 딸들을 예로 들 수 있다. 사실 이것은 단순히 남편살해로 몰기에는 어려운 복잡한 정치적인 요인이 개입되어 있다.

다나오스는 벨로스의 아들로 아이귑토스Aigyptos와 쌍둥이 형제였다. 다나오스는 딸만 50명, 아이귑토스는 아들만 50명을 두었다. 아이귑토스는 50명의 아들을 내세워 딸들과의 결혼을 요구하며 끊임없이 공격해왔기 때문에 다나오스는 더 이상 물러설 수가 없었다. 결국 아이귑토스가 요구하는 대로 그의 아들들과 자신의 50명의 딸들을 혼인시켜야 했고 곧 나라를 빼앗길 위기에 처했다.[57] 절대적인 약자의 위치에 있던 아버지 다나오스는 단도를 나누어주었고 딸들은 나라를 구한다는 일념으로 첫날밤에 신랑을 죽였다. 단 한 사람 휘페르므네스트라Hypermnestra를 제외하고 말이다. 다나오스의 다른 딸들은 살해한 남편들의 머리를 레르나에 묻고 몸은 도시 앞에 장사지내주었다. 아테나와 헤르메스가 제우스의 명령을 받고 그녀들의 죄를 정화해주었다고 한다. 그러나 후기에 등장하는 그리스 신화에는 다나오스의 딸들이 왜 남편들을 죽일 수밖에 없었던가에는 별로 주의를 기울이지 않고, 남편을 살해했다는 사실에만 주목하였다.[58] 그래서 남편을 죽이지 않았던 단 한 명의 딸을 제외한 나머지 다나오스의 딸들은 모두 타르타로스에 가서 밑 빠진 항아리에 물을 채우는 영겁의 형벌을 받았다고 한다.

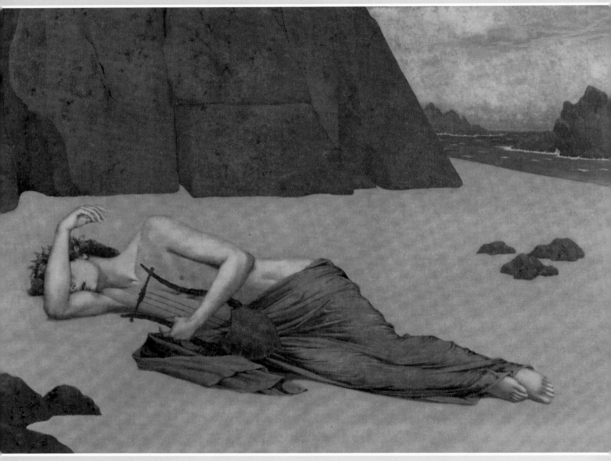

오르페우스의 비탄

모든 인간은 이 세상에 태어나 잠시 머물렀다가 사라진다. 명부를 방문하고 리라를 연주하며 하데스를 감동시킨 오르페우스는 에우뤼디케를 돌려받는 데 성공한다. 그러나 지상으로 탈출하기 직전 하데스의 금언을 어기고 뒤를 돌아보게 되어 에우뤼디케와 영원히 이별하고 만다. 비탄에 잠긴 오르페우스는 트라키아의 여인들에게 붙들려서 처참한 죽음을 당한다. 알렉상드르 세옹의 그림. 1896년.

인간이 가진 운명은 무엇일까 4

　모든 인간은 이 세상에 태어나 잠시 머물렀다가 사라진다. 인류는 수많은 세대를 거치며 현재까지 이 세계에서 살아왔다. 인류는 앞으로도 존속할 수 있을 것인가? 신화 속에서 인류는 수차례 멸종되었다가 다시 새롭게 탄생하는 걸로 나온다. 신화에서 인류가 종말에 이르게 된 이유는 다른 데 있지 않다. 인류 스스로 파멸과 멸망을 초래한 것이다. 신들이 인간들을 모조리 죽이려는 이유는 인간들이 너무나 타락하여 도저히 회복이 불가능한 상태에 있기 때문이라고 신화는 말한다.

신들의 분노와 인류의 멸망

　그리스 신화에서는 인류의 타락에 대한 신들의 분노가 어떠한 결과를 초래하는지를 여러 차례 말하고 있다. 홍수 신화는 고대 그리스에만 한정된 것이 아니라 근동 지역까지 광범위하게 확산되어 있다. 그것은 신들의 분노를 표현하는 대표적인 방법으로 사용된다. 그리스에는 세 가지 홍수 신화가 남아 있다. 오귀고스Ogygos 홍수와 데우칼리온Deukalion 홍수 및 다르다노스Dardanos 홍수이다. 보이오티아를 지배하던 오귀고스는 데우칼리온 이전에 초기 원주민들을 지배하던 왕으로 최초의 홍수를 겪은 인물로 등장하나 구체적인 이야기는 남아 있지 않다. 마찬가지로 사모트라케Samothrake의 다르다노스의 경우도 홍수 때문에 형제 이아시온Iasion을 잃고 소아시아 쪽으로 건너갔다가 나중에 트로이아 왕국의 시조가 된다. 그렇지만 여기에도 더 이상의 구체적인 이야기는 남아 있지 않다. 그러나 데우칼리온의 홍수 이야기에는 제우스가 인간이 너무 사악해졌기 때문에 모든 사람을 파멸시키려 했다는 사실이 포함되어 있다.[59] 인류의 종말에 대한 이야기는 인간들의 도덕적 타락을 절망적으로 인식하고 비판하는 사람들로부터 출발한다.

인류의 다섯 종족 신화

헤시오도스는 『일과 나날』에서 인류의 다섯 종족 신화를 소개하고 있다. 엄밀히 말하자면 황금 종족, 은 종족, 청동 종족, 철 종족이라는 네 종족에 '영웅 종족'이 삽입되어 있는 것으로 볼 수 있다. 헤시오도스가 제시하는 인류 종족 신화는 점차로 인류가 타락해가는 방식으로 전개되고 있다. 물론 이것은 '영웅 종족'이라는 특수한 종족 이야기 때문에 단절이 일어나기도 한다.[60] 말하자면 인간이 황금 종족, 은 종족, 청동 종족, 영웅 종족, 철종족으로 타락해가는 과정에서 헤시오도스는 분명히 영웅 종족은 청동 종족보다는 우월한 종족이면서 청동 종족보다는 나중에 오는 것으로 말한다. 그렇지만 전반적으로 헤시오도스가 말하고자 하는 것은 분명하다. 인류의 각 종족의 특성은 다음과 같다.

첫째, 황금 종족은 크로노스 신이 하늘에서 통치하던 때에 살았다.[61] 그

들은 전쟁을 모르며, 노동도 모르고 살았다. 왜냐하면 땅에서 먹을 것이 저절로 나왔기 때문이다. 그들은 '신들처럼' 살다가 죽었다. 그들이 죽은 원인은 잠에 의해 정복되었기 때문이다. 황금 종족은 죽은 뒤에는 '지상'에 거주하는 정령들Daimones이 되었다.

둘째, 은 종족은 황금 종족보다는 열등한 존재들이었다. 그들은 '미쳐 날뛰는 오만' 때문에 타락하였다.[62] 그들은 오만하여 신들을 존경하지도 않았고 신들에게 제물을 바치기를 거부하여 불경죄를 범하였다. 제우스는 분노하여 은 종족을 모두 죽여버린다. 그러나 은 종족은 황금 종족과 비슷한 혜택을 받아 정령들이 된다. 황금 종족이 지상의 정령들이 되었다면 은 종족은 '지하'의 정령들이 되었다는 차이만 있다.

셋째, 청동 종족은 금 종족이나 은 종족과는 전혀 닮지 않았다. 그들은 물푸레나무에서 태어나 전쟁과 오만한 일들만 생각하였다.[63] 청동 종족의 오만은 전쟁과 관련되므로 은 종족의 오만과는 다르다. 그들은 전쟁 이외에는 아무 일도 하지 않았다. 그들은 은 종족과 같이 제우스에 의해 전멸되지는 않았다. 전쟁 중에 서로 싸우다가 죽었기 때문이다. 죽어서도 아무런 명예도 얻지 못했다. 청동 종족은 죽은 후 황금 종족이나 은 종족처럼 정령들이 되지는 못했다. 그들은 하데스의 곰팡내 나는 궁전으로 내려갔다.

넷째, 영웅 종족은 청동 종족과 대응된다. 그들도 청동 종족과 마찬가지로 전쟁을 하고 전쟁터에서 죽는다. 그렇지만 영웅 종족은 청동 종족보다 더 정의롭고 더 용감하며[64] 절제sophrosyne가 있다. 나아가 신성한 모든 것을 존중할 줄 안다. 정의로운 전사들의 전형인 영웅들이 죽으면 축복받은 자들의 섬으로 가서 영원히 신들과 비슷한 삶을 살게 된다.

다섯째, 철 종족은 이전의 종족들과는 다른 종류의 삶을 살게 된다. 우리는 철 종족과 관련하여 질병과 노쇠 및 죽음, 미래에 대한 무지와 불안, 판도라의 창조를 통한 인류의 불행에 관해 듣는다. 인간은 먹을 것을 얻기 위해 땀을 흘리며 일해야 하며, 여성을 통해 아이를 낳아야 한다. 제우스는 철 종족에게 선과 악이 섞여 서로 밀접하게 연관되어 분리되지 않기를 바랐다. 철 종족에 대해 헤시오도스는 암울한 예언을 하였다. 백발 섞인 아이들이 태어날 것이며 흰옷을 입은 아이도스Aidos 여신과 네메시스Nemesis 여신이 지상을 떠나 신들의 세계로 되돌아갈 것이며 인류가 보호받지 못한 채 멸망하리라는 것이다.

오만은 재앙을 부른다

헤시오도스의 다섯 종족 신화는 인류에게 죽음이란 일종의 처벌로서 주어진 것이 아니라는 사실을 보여준다. 죽음은 인류에게 자연적인 것이다. 철 종족뿐만 아니라 황금 종족, 은 종족, 청동 종족은 물론이고 영웅 종족도 죽음을 거쳐야 한다. 단지 그들에게 죽음의 원인과 양상 및 결과가 다르게 나타날 뿐이다. 황금 종족에게는 잠이 원인이 되었고 은 종족에게는 종교적인 오만이 원인이 되었으며, 청동 종족에게는 군사적 오만 혹은 만용

이 문제가 되었다. 결과적으로 그들은 서로 다른 죽음의 원인에 따라 죽어서 각기 다른 종류의 내세를 사는 걸로 나타난다. 근본적으로 죽음은 인류가 '신과 같이' 살았던 시대부터 있었고 여성의 탄생과 별다른 관계가 없는 걸로 나타난다.

더욱이 다섯 종족 신화가 비록 황금 종족, 은 종족, 청동 종족, 영웅 종족, 철 종족의 단계로 변천하며 순환하지만 이러한 과정이 반드시 인류의 타락이 점차 양적으로 증가한다는 사실을 보여주는 것은 아니다. 황금 종족과 은 종족, 청동 종족과 영웅 종족 및 철 종족의 타락은 질적 차이를 훨씬 강조하는 것으로 보인다. 여기서 인류의 타락과 재앙은 특정한 성적 차이가 없이 인간 자신이 본성적으로 가진 오만에서 비롯되었다. 그리스 신화는 '오만'에 대해 무수히 경고하고 있다. 대부분의 영웅 신화와 인간과 관련된 이야기들은 인간의 한계를 모르고 오만을 범하다 파멸하는 이야기들이다. 따라서 인류를 파멸시키는 궁극적인 원인은 바로 인간 자신의 오만이다. 판도라의 이야기는 부차적으로 악의 기원을 설명하기 위해 도입된 것일 뿐이다.

헤시오도스가 인류 종족 신화에서 마지막 단계에 나오는 가장 타락한 인류의 종족인 철 종족의 시대에 네메시스 여신과 아이도스 여신이 지상을 떠날 것이라고 한 말은 무엇을 의미하는가? 네메시스 여신과 아이도스 여신은 인간이 하나의 국가를 이루고 살 수 있는 덕 혹은 가치를 인격화한 것이다. 네메시스는 '복수'의 여신으로 각자의 몫을 나눠주는 것과 관련되며 자연히 정의 개념과 유사하게 사용되었다. 아이도스는 '수치'의 여신으로 전사 문화를 배경으로 하는 영웅 신화에서 '명예'와 밀접하게 연관되었으며, 윤리학적 측면에서는 '정의'와 직접적인 관련이 있다. 인류가 가장 타락하게 될 때 네메시스와 아이도스가 지상을 떠난다는 것은 인간 사회에 정의와 수치심이 사라진 상태를 표현하기 위한 것이다. 그런데 헤시오도스가 이러한 설명을 통해 궁극적으로 의미하려고 하는 것은 무엇인가?

어떻게 살아야 할 것인가

그리스에서 '수치'와 '정의'는 '정치적 동물'로서 인간이 반드시 갖추어야 할 덕목이라 할 수 있다. 플라톤은 『프로타고라스』편에서 프로메테우스 신화를 재구성하여 설명하면서 두 가지 덕목의 필요성에 대해 말하고 있다.[65] 인간은 처음에 흩어져 살았기 때문에 국가가 없었다. 인간은 모든 면에서 다른 동물들에 비해 약했기 때문에 야생 동물에 의해 죽게 되었다. 처음에 그들은 안전을 도모하기 위해 국가를 형성하여 모여 살았다. 그러나 아직 국가를 구성할 만한 능력을 갖추지 못했기 때문에 서로 피해를 입히게 되었다. 그래서 그들은 다시 흩어져 살게 되었고 다시 파멸하기 시작했다. 인류가 전멸하는 것을 두려워한 나머지 제우스는 헤르메스를 보내어 인류에게 정의dike와 수치심aidos을 주어 국가의 질서를 유지하고 사랑으로 연대하게 했다.

인류가 생존하기 위해 가장 필요한 정치적인 덕에 대해서 헤시오도스와 플라톤의 의견은 일치한다. 그리스 서사시에서 헤시오도스가 인류에게 네메시스와 아이도스가 떠나면 인류가 완전히 파멸한다고 주장하는 것이나, 그리스 철학에서 플라톤이 프로메테우스 신화를 재구성하여 인류의 파멸을 막기 위해 제우스가 인류에게 정의와 수치심을 골고루 나눠주었다는 것은 동일한 맥락에서 이해할 수 있다.

그렇다면 그리스인들은 왜 인간이 국가를 이루고 사는 데 정의와 수치심이 가장 중요하다고 생각하였을까? 정의는 우주와 인간 사회의 질서와 법칙에 따라 사는 것이다. 또한 그것은 정치적으로나 경제적으로 자신의 능력에 따라 일하고 적절한 몫을 받는 것이다. 이것이 기초가 되지 않으면 국가는 부정부패할 수밖에 없으며 개인은 무법한 상태에 이른다. 더욱이 '수치심'이 없다면 사람들은 더불어 살아갈 수 없게 된다. 다른 사람들을 배려하지 않고 자기 멋대로 행동하여 상처나 피해를 입히면서도 부끄러운 줄 모른다면 함께 살아갈 수 없을 것이다. 그것은 기본적으로 인간의 도덕적 측면을 가리킨다. 따라서 헤시오도스가 주장한 인류가 멸망할 때 정의와 수치의 여신이 지상을 떠난다는 말의 궁극적 의미는 분명하다. 인류의 멸망이 어떤 초월적인 존재의 힘이나 의지보다는 인간의 내면에 있는 윤리적이며 정치적인 결함에 기인한다는 것을 얘기하고 있다고 하겠다.

1. Hesiodos, *Theogonia*, 183-187.

2. *ibid.*, 563.

3. 케레니, 『그리스 신화: I. 신들의 시대』, 궁리, 368-369면.

4. 같은 책, 369-370면.

5. Platon, *Menexenos*, 237d.

6. 케레니, 같은 책, 370면.

7. Apollodoros, 3.12.6.

8. 케레니, 같은 책, 371면.

9. 같은 책, 374-375면.

10. Hesiodos, *Erga kai Hemerai*, 60.

11. Hesiodos, *Theogonia*, 561ff.

12. *ibid.*, 585.

13. *ibid.*, 590.

14. 장영란, 『신화 속의 여성, 여성 속의 신화』, 문예, 340-347면 참조; 케레니, 『그리스 신화: I. 신들의 시대』, 궁리, 383-387면 참조.

15. Apollodoros, 1.7.2.

16. Ovidius, *Metamorphoses*, 1.350.

17. *The Orphic Hymns*, 39.7.

18. *ibid.*, 37.4.

19. Homeros, *Odysseia*, 6.46.

20. Homeros, *Ilias*, 17.446-7.

21. *ibid.*, 1.574.

22. *ibid.*, 21.462.

23. *ibid.*, 24.525-530.

24. Apollodoros, 2.3.1.

25. Homeros, *Ilias*, 6.201-2.

26. Apollodoros, 1.7.4.

27. Homeros, *Odysseia*, 11.305-320.

28. Platon, *Symposion*, 189e-191d.

29. Homeros, *Ilias*, 16. 667-672.

30. Emily Vermeule, *Aspects of Death in early Greek Art and Poetry*, University of California Press, 1979, p. 37.

31. Homeros, *Ilias*, 16.672.

32. *The Homeric Hymns to Demeter*, 2.

33. Homeros, *Ilias*, 20.61ff; 7.330.

34. cf. Homeros, *Odysseia* 11.11.

35. 장영란, "고대 그리스의 죽음과 영혼 제의의 철학적 의미", 『동서철학연구』 31집, 2004, 10면.

36. Homeros, *Ilias*, 20. 61ff; 7. 330; 14. 457.

37. Homeros, *Odysseia*, 24. 1ff.

38. Vergilius. *Aineias*. 6. 392.

39. Homeros, *Ilias*, 8. 367-368; Apollodoros, 2.5.12.

40. Hesiodos, *Theogonia*, 311.

41. 장영란, "고대 그리스의 죽음과 영혼 제의의 철학적 의미", 『동서철학연구』, 2004, 17면 이하 참조.

42. Hesiodos, *Theogonia*, 770.

43. Kerenyi, *The Heroes of The Greeks*, p.272.

44. Ovidius. *Metamorphoses*, 10. 8.

45. *ibid.*, 10. 56.

46. Homeros, *Odysseia* 4.564-568.

47. *ibid.*, 11.568-571.

48. Aeschylos, *Eumenides*, 272-5.

49. Platon, *Politeia*, 363d ff.

50. Hesiodos, *Erga kai Hemerai*, 167-73.

51. Homeros, *Odysseia*, 4.569-570.

52. Homeros, *Ilias*, 8.14-16.

53. *ibid.*, 8.479.

54. Homeros, *Odysseia*, 11.567-600.

55. 케레니, 『그리스 신화: I. 신들의 시대』, 238면 참조.

56. Pindaros, *Pythia*, 2.21; 케레니, 같은 책, 282-284면 참조.

57. Apollodoros, 2.1.5.

58. Ovidius, *Metamorphoses*, 4.462.

59. *ibid.*, 1.163-312.

60. cf. Vernant, J. P., *Myth and Thought among the Greeks*, Routledge & Kegan Paul, 1983, pp. 3-25.

61. Hesiodos, *Erga kai Hemerai*, 111; 118-119; 91; 126.

62. *ibid.*, 134.

63. *ibid.*, 144-146.

64. *ibid.*, 158.

65. Platon, *Protagoras*, 322a-323c.

트로이에서 영원을 꿈꾸다

파리스의 심판__페터 파울 루벤스의 그림

VIII

Greek Mythology

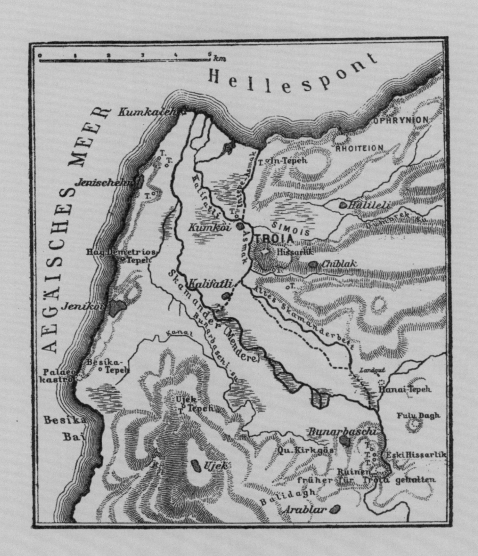

슐리만이 사용했던 트로이 지도

고대 세계에서 전쟁은 늘 있는 것으로 트로이 전쟁도 분명 일어났을 가능성이 크다. 다만 호메로스가 말한 것처럼 트로이 전쟁의 전체 기간이나 규모가 그토록 길었는가에 대해서는 전적으로 믿을 수 없다는 것뿐이다. 고대 트로이의 역사는 침묵하고 있다. 그러나 신화는 아직도 살아서 그 시절을 말하고 있다.

트로이는 과연 존재할까 1

상상 속의 트로이를 찾아서

그리스 신화는 수많은 신을 낳았을 뿐만 아니라 수많은 영웅을 낳았다. 그리스 영웅 중 상당수가 트로이 전쟁에서 탄생하였다. 트로이 전쟁을 중심으로 영웅들의 계보가 형성되고 있다. 모든 트로이의 영웅은 신들과 옛 영웅들의 후손이다.

그리스의 서사시들과 단편들은 트로이 전쟁이 눈앞에서 일어나고 있는 듯이 생생하게 묘사하고 있다. 트로이의 성벽은 언제 만들어졌고 어떻게 생겼으며 트로이 근처의 강은 어느 방향으로 흘러가고, 어떤 나무가 근처에 서 있으며 성안의 구조는 어떻게 되어 있는지 아주 세밀하게 그리고 있다. 나아가 그리스 비극들도 수많은 영웅의 비극적 운명을 섬세한 필치로 다루고 있다. 트로이 전쟁에 직접 참여했던 사람들의 영웅적 활약상과 남아 있는 사람들의 슬픔과 사랑 등이 비극작가들에 의해 선명하게 우리의 뇌리에 새겨졌다.

그럼에도 불구하고 그리스 신화를 주제로 하는 서사시나 비극들을 읽는 근대인들은 트로이의 이야기를 단지 탁월한 문학적 상상력이나 예술적 상상력이 빚어낸 허구라고 생각하였다. 서구 문학사의 다른 많은 작품과 마찬가지로 허구적 사실을 눈에 잡힐 듯이 생생하게 서사시나 비극의 형식에 그려냈다는 것이다. 현대에 와서도 여전히 신화는 신화일 뿐이며 허구에 불과하다고 생각하는 사람이 많다.

그러나 어느 신화도 완전한 허구일 수는 없다. 신화는 상상력의 산물이다. 이러한 상상력은 인간의 경험에 뿌리를 두고 있다. 그래서 신화는 공상이나 환상과는 다르다. 우리는 신화가 만들어진 시대의 역사적·정치적·사회적·문화적 배경 등을 토대로 신화의 의미를 설명하고 해석할 수 있다.

상트 페테르부르크의 하인리
히 슐리만, 1861년.

이 세계에는 모든 것을 단순하게 인정하는 사람과 복잡하게 의심하는 사람, 그리고 아예 부정해버리는 사람들이 있다. 슐리만 같은 사람은 어릴 적부터 듣던 이야기를 사실로 믿었다. 더욱이 그는 자신이 믿었던 것을 발견하기 위해 재산을 털어 행동에 옮겼다.

많은 사람이 『일리아스』를 읽으며 재미있는 이야기로 생각한다. 그것이 역사인지 혹은 허구인지 생각조차 하지 않는다. 어쩌면 그것이 훨씬 『일리아스』를 있는 그대로 읽어낼 수 있는 방식일지도 모른다. 읽어가는 동안에 쓸데없는 의심으로 가득 차 있다면 호메로스가 말하려는 가장 중요한 것을 놓쳐버릴 수 있다.

많은 역사학자들은 호메로스를 비롯한 많은 그리스 작가들이 서술하고 있는 트로이 전쟁이 과연 일어났는가에 대해 오래 전부터 의심을 가져왔다. 역사는 사실에 토대를 두고 있기 때문에, 직접 목격하거나 간접적으로라도 문헌을 통해 접할 수 없는 경우 믿기가 쉽지 않다. 문헌도 아무 문헌이나 다 되는 것은 아니다. 역사학자들은 그리스 서사시나 비극 작품을 역사적 증거로 사용하지 않았다. 때로는 그리스 역사가가 썼던 소위 최초의 역사서라 할 수 있는 글들도 무용지물이 되었다.

트로이 전쟁은 정말 일어났는가

트로이 전쟁이 실제로 일어났는가에 대해 전문 학자들이 의심을 품을지라도 훨씬 더 많은 역사상의 사람들이 트로이 전쟁을 믿었다.

호메로스는 자신이 살던 시대로부터 최소한 400~500년을 거슬러 올라가 일어났던 사건을 노래했지만 '최초의' 사람은 아니었다. 호메로스는 단지 문자가 없던 그리스 암흑시대 동안 음유시인에 의해 몇 세대를 거쳐 구전된 것을 우리에게 전해준 것이다.

호메로스 이전에 트로이 전쟁을 암송하던 수많은 음유시인이 있었을 것이다. 그렇지 않으면 『일리아스』에 남아 있는 과거의 흔적을 설명하기 어렵다. 『일리아스』에는 호메로스의 노래가 문자로 옮겨지던 시절인 기원전 약 750년경 전후와 트로이 전쟁이 일어났던 걸로 추정되는 기원전 약 1250년경의 투구나 갑옷 및 평상복 등의 의복 양식, 함선의 형태 등이 서로 뒤섞여 있다. 이런 이유로 기원전 약 1250년경에 활약했던 트로이 영웅들이 기원전 8, 7세기의 갑옷과 방패를 갖추고 있는 것으로 그려진다.

고대 그리스인은 대부분 트로이 전쟁의 사실성에 대해 거의 의심하지 않았다. 호메로스 이후 또 한 명의 위대한 서사시인인 헤시오도스도 트로이 전쟁이 '헬레네의 풍성한 머리단 때문에'[1] 일어났다고 회상한다. 그리스 서사시인들뿐만 아니라 역사가들도 트로이 전쟁을 기본적으로 사실로 인정하는 듯하다.

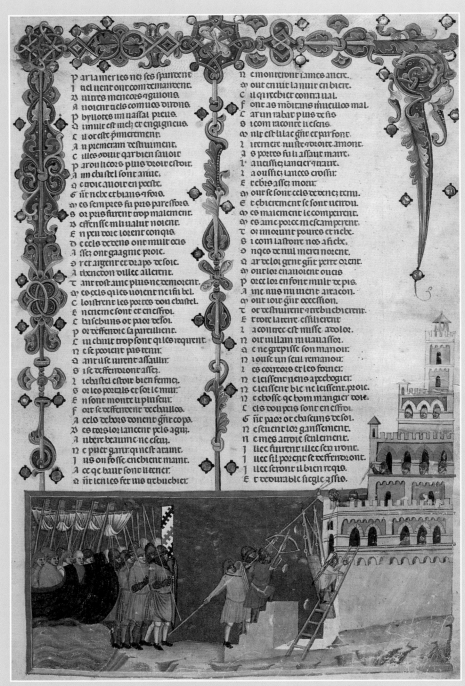

베누아 드 생트 모르의 트로이 전쟁 이야기_트로이 성채를 공격하는 그리스 병사들. 14세기 초의 채식필사본.

헤로도토스는 트로이 전쟁과 관련하여 이집트에 유래하는 헬레네에 관한 이야기를 전하고 있다. 그것은 이집트의 사제로부터 들은 이야기로 파리스가 헬레네를 데리고 스파르타를 떠나 표류하다가 이집트에 들어왔는데, 프로테우스Proteus 왕에 의해 헬레네가 억류되는 바람에 홀로 트로이로 떠났다는 것이다. 나중에 그리스 동맹군이 트로이에 상륙하여 메넬라오스를 필두로 하는 특사가 트로이의 성에 들어가 헬레네를 돌려달라고 했으나 트로이인들은 헬레네가 이집트에 있다는 말을 했다고 한다.

헤로도토스는 호메로스 말보다 이집트 사제의 말을 믿는 이유를 다음과 같이 설명한다. 만약 헬레네가 트로이에 있었다면 트로이인들은 파리스가 반대를 하든 말든 헬레네를 그리스인들에게 돌려보냈을 것이라고 한다. 말하자면 트로이의 왕 프리아모스나 그의 가족들이 자신들뿐만 아니라 자식들과 성이 위태로운데도 불구하고 파리스가 헬레네를 끼고 돌도록 하지 않았으리라는 것이다. 트로이인들은 사실대로 자신들에게 헬레네가 없다고 말한 것인데 그리스인들이 전혀 믿으려고 하지 않았던 것이다. 결국 트로이인들이 파멸한 것은 신의 섭리이며 죄를 지은 자는 반드시 신의 처벌을 받는다는 사실을 사람들에게 보여주려 한 것이라고 한다.[2] 헤로도토스의 이야기는 트로이 전쟁과 관련하여 헬레네가 과연 트로이에 있었는가라는 문제에 대해 말하고 있다. 여기서 우리가 관심을 둘 부분은 트로이의 헬레네가 아니라 헤로도토스 역시 트로이 전쟁을 사실로 전제하고 이러한 이야기를 하고 있다는 것이다.

투퀴디데스도 트로이 전쟁이 일어났다는 것을 기정사실로 여겼다. 그는 트로이 전쟁의 규모에 대해 일어날 수 있는 오해를 문제 삼고 있다.[3] 트로이 전쟁에 참여한 전사들이 대규모가 아닐 것이라고 의심하는 사람들은 잘못된 유추를 하고 있다. 즉, 당시 남아 있는 도시의 보잘것없는 폐허를 보고 과거의 명성에 의심을 품는 것은 문제가 있다. 투퀴디데스 당

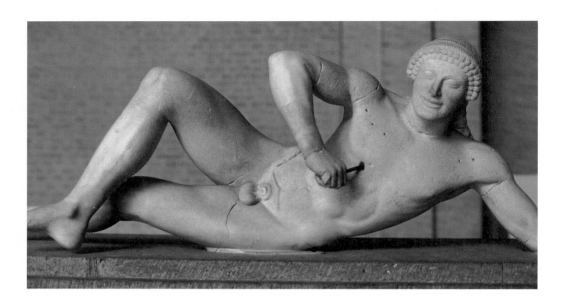

시의 기준에 비추어본다면 형편없을 수 있지만 트로이 전쟁이 일어나던 당시에는 최대 규모의 군사 작전일 수 있다는 것이다. 따라서 투퀴디데스 역시 트로이 전쟁 자체는 기정사실로 놓고 최대 연합원정이라고 평가하고 있다.

트로이 전쟁에 관한 가장 정확한 고대의 연대 추정은 파로스 석판에서 찾을 수 있다. 여기에는 기원전 3세기 중반까지 이어지는 아테네 왕들의 전설적인 계보를 기준으로 유명한 사건의 연대가 기록되어 있다. 이 기록에 의하면 엘레우시스 신비 의식이 거행되던 때가 기원전 14세기 초이며, 테베가 함락된 때가 기원전 1251년, 이오니아에 처음으로 그리스인들이 이주한 때가 기원전 1087년, 호메로스 활동기가 기원전 907년, 트로이 함락이 기원전 1209년 6월 5일이라고 한다.[4] 이것은 매우 흥미롭지만 천문학적으로 잘못된 계산의 결과라 한다. 그러나 우리가 여기서 관심을 갖고 있는 것은 트로이 전쟁이 정확히 언제 일어났는지에 대해서보다는 과연 트로이 전쟁이 실제로 일어났는지에 대해서이다. 우리는 파로스 석판을 통해 고대인들이 가졌던 트로이 전쟁에 대한 기억의 단편을 엿볼 수 있다.

알렉산더는 왜 트로이를 방문했나

더욱이 트로이 전쟁은 역사상의 정복자들에게도 많은 영향을 주었다. 페르시아의 왕 크세르크세스Xerxes는 트로이 전쟁 이후 약 800년이 지난 기원전 480년경에 트로이로 가서 고대인들의 방식으로 트로이의 아테나 신전에 황소 1,000마리를 제물로 바쳤다고 한다. 또한 마케도니아의 알렉산드로스Alexandros(알렉산더) 대왕도 호메로스의 『일리아스』의 세계에 매료되어 트로이로 가던 해협 한가운데서 포세이돈에게 제물을 바쳤으며, 트로이 성에 들어가 자신의 갑옷을 아테나 신전에 바치고, 트로이를 떠나면서 아킬레우스의 무덤에 화환을 바쳤다고 한다. 더구나 알렉산드로스는 아킬레우스의 후손이라고 자처했다고도 말한다.[5]

알렉산드로스 주화__마케도니아의 알렉산드로스 대왕도 트로이 성에 들어가 자신의 갑옷을 아테나 신전에 바치고, 트로이를 떠나면서 아킬레우스의 무덤에 화환을 바쳤다고 한다. 알렉산드로스는 제우스 암몬의 형상을 빌려서 염소 뿔을 단 모습으로 재현되었다.

사실 마케도니아의 알렉산드로스 대왕은 트로이의 왕자 알렉산드로스와 동일한 이름이다. 그는 바로 트로이 전쟁의 발단이 된 헬레네를 스파르타에서 데리고 온 파리스이다. 알렉산드로스라는 이름은 그리스어로 (인간들의) '보호자'를 의미하며 통치자나 왕가의 자손에게 어울리는 이름이다.

호메로스는 『일리아스』에서 파리스라는 이름보다 그리스식 이름인 알렉산드로스를 훨씬 많이 사용하였다. 사실 알렉산드로스도 『일리아스』에서 트로이편의 총사령관이라 할 헥토르 못지않은 전승을 올린 활의 명수이다. 그럼에도 불구하고 알렉산드로스 대왕이 굳이 자신을 아킬레우스의 후손이라 자처한 것은

시인 베르길리우스에게 영감을 불어넣는 아폴론__로마인들이 트로이를 자기 조상들의 고향이라고 생각한 것은 바로 베르길리우스가 쓴 『아이네이아스』 때문이다. 베르길리우스는 이 작품으로 '로마의 호메로스'가 되었다. 그가 죽을 때 자신의 침상에서 『아이네이아스』를 불태우고 싶어했다는 유명한 일화가 있다. 니콜라 푸생의 그림. 1630년경.

아킬레우스가 트로이 전쟁의 최고의 영웅이기 때문일 것이다. 그러나 아킬레우스가 결국 파리스라 불리는 알렉산드로스의 활에 발꿈치를 맞아 죽음에 처하게 되었다는 것은 아이러니컬하다. 알렉산드로스 대왕은 자신과 동일한 이름을 가진 자에 의해 살해된 격이 되기 때문이다.

로마 시대에도 트로이 전쟁의 명성은 여전했다. 로마의 왕들은 자신들의 조상이 살던 트로이를 방문하기를 원했고 실제로 카이사르와 같은 몇 명의 왕들이 직접 트로이를 방문하였다.

로마인들이 트로이를 자기 조상들의 고향이라고 생각한 것은 바로 베르길리우스Vergilius가 쓴 『아이네이아스Aineias』 때문이다. 베르길리우스는 바로 이 『아이네이아스』 때문에 '로마의 호메로스'가 되었다. 그러나 그는 죽을 때 자신의 침상에서 『아이네이아스』를 불태우고 싶어했다는 유명한 일화가 있다. 이것이 사실인지 아닌지를 떠나서 이 작품이 그만큼 베르길리우스의 대표작이자 역작이라는 것을 강조해준다.

아이네이아스는 아프로디테와 트로이의 왕족 앙키세스의 아들로 트로이가 함락되자 유민들을 이끌고 트로이를 떠났다. 그리스군이 트로이를 함락시킨 후 트로이 왕족을 거의 몰살시킨 사실을 생각한다면 아이네이아스는 트로이 왕족의 혈통을 이은 생존자이다. 베르길리우스에 따르면 트로이가 함락되기 직전 어느 날 밤에 헥토르가 꿈에 나타나 아이네이아스에게 새로운 도시를 찾으라고 하며, 작은 신상들과 신성한 불을 넘겨주었다고 한다. 트로이를 수호해주던 신들은 아이네이아스와 함께 모험을 떠나 이탈리아에 왔다. 그래서 그들은 로마의 신들이 되었다는 것이다. 로마인들이 아이네이아스를 통해 트로이 전쟁을 역사로 받아들인 것으로 보인다.

발굴 사진 프리아모스의 보물들.(왼쪽)
베를린에서 열린 트로이 발굴유물 전시회.(오른쪽)

트로이는 결코 잊혀지지 않았다

트로이는 로마가 몰락한 후 르네상스 시대에 이르기까지 여전히 빛을 발했다. 중세 가톨릭 교회가 지배하던 시기에 그리스도인들은 호메로스와 같은 그리스 작가들을 이교도로 취급하면서 헬레니즘에 대해 적대적이었다. 심지어 그리스 수도사들은 플라톤을 '헬레네스의 사탄'이라 생각하여 이름만 들어도 거의 반사적으로 십자가 성호를 그었다.[6] 그렇지만 이러한 사례들은 모두 트로이 전쟁에 관한 호메로스의 이야기들이 중세에도 여전히 사람들에게 회자되었다는 것을 반증해준다.

더욱이 16세기 말에 이르면 호메로스의 『일리아스』가 급속하게 퍼져나가는 중요한 변화가 일어난다. 즉, 인쇄술이 발달하여 호메로스의 책들의 번역본과 여행자들의 기록이 널리 보급될 수 있었다. 그러나 일반 사람들이 호메로스를 대중적으로 읽을 수 있었던 것은 19세기에 이르러서였다.

그렇지만 트로이는 사람들의 머릿속에서만 맴돌았다. 로마 제국 멸망 이후에 트로이를 찾아 나선 사람들은 트로이의 위치를 『일리아스』에 나온 대로 대충 짐작할 뿐 정확한 위치를 찾을 수가 없었다.

터키 정부로부터 받은 히사를리크 발굴허가서__프랭크 캘버트에 의해 트로이의 위치가 어느 정도 밝혀진 것으로 보인다. 실제로 그는 고대 트로이 도시라 생각한 히사를리크 북부를 매입하여 1865년 시험발굴을 시도하였다.

초기에 사람들이 트로이로 생각했던 곳은 알렉산드로스 왕이 기원전 300년경에 세운 알렉산드리아 트로아스였던 것으로 보인다.

트로이의 정확한 위치를 알 수 없었던 가장 큰 이유는 트로이의 지형이 변했기 때문이다. 트로이를 공격하기 위해 타고 왔던 그리스 함선들이 정박할 항구가 없어진 것이다. 지금의 소아시아 지역인 터키의 그리스 유적지들은 대부분 지형이 바뀌어 있다. 호메로스 서사시와 비극 및 철학의 시대에 묘사된 트로이와 밀레토스와 같은 항구 도시는 이제 바다로부터 멀어져버렸을 뿐만 아니라 항구가 들어설 만한 만이 침식되고 말았다.

트로이의 정확한 위치는 프랭크 캘버트Frank Calvert라는 인물에 의해 어느 정도 분명하게 밝혀진 것으로 보인다. 그는 영국인이었지만 트로이 주변에 살면서 트로이 유적에 지속적인 관심을 갖고 발굴하다가 슐리만을 만나 많은 정보를 전수한 것으로 알려졌다. 실제로 캘버트는 고대 트로이 도시라 생각한 히사를리크Hisarlik 북부를 매입하여 1865년 시험 발굴을 시도하였다. 여기서 고대의 아테나 신전과 알렉산드로스 대왕의 장군 리시마코스가 쌓은 헬레니즘 시대의 도시 성벽 잔해가 발견되었다. 당시 그 지점은 지금 우리가 트로이 VI이라 부르는 북동쪽 성채와 겨우 몇 미터 정도밖에 떨어져 있지 않았다.

그러나 트로이 발굴과 관련된 이 모든 발견의 공적은 우리가 알고 있듯이 모두 하인리히 슐리만에게 돌아갔다. 슐리만은 캘버트와 함께 트로이 발굴의 영광을 나누려 하지 않았다. 결정적으로 슐리만이 유적 발굴을 본격적으로 할 수 있었던 것은 터키 정부의 허락을 받아내고 비용을 자비로 부담할 수 있었기 때문이다. 그렇지만 그는 많은 유적지의 성벽을 파괴했으며 트로이의 보물들을 밀반출하기까지 했다. 그리하여 터키 정부로부터 불신을 자아냈고 추적을 받기도 했다.

호메로스의 트로이와 헬레네의 보석

어쨌든 트로이의 신들은 모든 영광을 슐리만에게 돌렸다. 슐리만은 무엇을 해냈는가? 그는 실천가로서 트로이를 대규모로 발굴하였지만 비전문가로서 트로이의 유적을 훼손시켰다. 심지어 자신의 성과를 확신하며 때로는 문서나 일지를 위조했던 경우도 있었다.

그래서 일부 연구자들은 그를 신뢰하지 않았다. 가령 그는 '헬레네의 보석'이라 알려진 보물을 발견할 때 아내 소피가 도와주었다고 했지만 당시에 소피는 아테네에 있었다. 더욱이 헬레네의 보석을 터키에서 밀반출하기도 했다. 지금에 와서 그것은 트로이 II의 유물일 것이라 추정되지만 결국 베를린에서 사라져버려 중요한 연구의 증거가 소실되어버렸다. 지금은 소피 자신이 머리에 헬레네의 보석을 쓰고 찍은 사진만이 남아 있을 뿐이다.

슐리만은 비록 트로이 성채를 발견하였으나 호메로스의 『일리아스』에 나오는 트로이인지는 밝혀내지 못했다. 단지 고대 도시 트로이를 발견해낸 것이었다.

트로이 유적 풍경__ 호메로스의 트로이는 여러 고고학자에 의해 계속하여 발굴되었지만 아직까지도 논란이 되고 있다. 남아 있는 트로이 유적은 고대 말기까지 9개의 주요 층과 36개의 작은 층으로 되어 있는데 트로이 전쟁과 관련될 만한 것은 트로이 Ⅵ과 Ⅶa이다. 그러나 트로이 유적을 발견했다고 하나 폐허가 되어 있기 때문에 찬란한 문명의 자취를 찾아보기는 어렵다. 우리의 상상력이 절실한 곳이다.

슐리만이 트로이에서 찾아내려 했던 것은 호메로스가 『일리아스』에서 말한 프리아모스의 왕궁이었다. 그는 여러 번 발굴을 하다가 중단하고 다시 재개하는 지리한 일을 반복하였다. 그러던 중에 결국 트로이 II의 성벽을 발견하고는 프리아모스의 도시라고 생각하여 뛸 듯이 기뻐하였다. 그러나 그것은 프리아모스 시대보다 1000년 전의 도시라고 밝혀졌다. 슐리만은 20년 가까이 단호한 의지와 끈질긴 인내심을 갖고 발굴을 시도했지만 꿈에 그리던 호메로스의 트로이를 발견하지 못하고 타지에서 비참하게 죽었다.

그 후 호메로스의 트로이는 여러 고고학자에 의해 계속하여 발굴되었지만 아직까지도 논란이 되고 있다. 남아 있는 트로이 유적은 고대 말기까지 9개의 주요 층과 36개의 작은 층으로 되어 있는데 트로이 전쟁과 관련될 만한 것은 트로이 VI과 VIIa이다. 트로이 VI은 외부와 접촉한 흔적이 거의 없으며 점진적으로 변화한 8개의 층으로 되어 있다. 이것은 아마 강력한 지진에 의해 파괴된 것으로 보인다.[7] 그 위가 트로이 VIIa로 VI과 문화적으로 연속되어 있다. 지금까지 트로이 VIIa가 바로 호메로스의 트로이일 것이라고 생각되었다. 이것은 1930년대 발굴 작업을 주도한 블레겐Blegen에 의해 주장되었다. 그러나 블뢰도우Bloedow, E.F.는 도기조각들을 비교 분석하여 VIIa가 기원전 1180년경으로 수정되어야 한다고 주장한다. 만약 그렇다면, 이 시기에 뮈케네와 튀린스, 퓔로스 등에 불가사의한 재앙이 닥친 것으로 보아 트로이 전쟁은 엄두도 내지 못했을 것이다. 그러므로 오히려 뮈케네가 번영을 누리던 시기와 일치하는 트로이 VI가 유력하다는 것이다. 그러나 트로이 VI과 VIIa 모두 현재로는 증거가 불충분하여 확신하기 어렵다.

그렇지만 우리는 이 모든 것을 통해 한 가지 사실은 분명하게 알 수 있다. 그것은 그리스인들의 뇌리에 트로이 전쟁이 오랜 전통을 갖고 확고하게 뿌리박혀 있다는 사실이다. 구전된 서사시의 전통은 비록 신화적 요소가 많이 포함되어 있을 수는 있지만 완전히 허구일 수는 없다. 고대 세계에서 전쟁은 늘 있는 것으로 트로이 전쟁도 분명히 일어났을 가능성이 크다. 다만 호메로스가 말하는 것처럼 트로이 전쟁의 전체 기간이나 규모가 그토록 길었는가에 대해서는 전적으로 믿을 수 없다는 것뿐이다. 고대 트로이의 역사는 침묵하고 있다. 그러나 신화는 아직도 살아서 그 시절을 말하고 있다.

헬레네

상징주의 화가 라투르는 아름다운 헬레네의 전설을 리하르트 바그너의 오페라 줄거리에서 영감을 받고 작업했다. 앙리 팡탱 라투르의 그림. 1892년.

트로이 전쟁의 원인은 무엇일까 2

Greek Mythology

트로이 전쟁은 이미 준비되고 있었다

　그리스 신화는 트로이 전쟁을 너무나 가볍고 단순하게 표현한다. 인간에게 전쟁이란 더할 수 없는 슬픔과 고통을 가져다준다. 수많은 '인간'이 살해될 뿐만 아니라 '인간성'마저도 말살되는 것이 전쟁이 가져다주는 참혹한 현실이다. 전쟁은 인간의 욕망 때문에 일어난다. 대부분의 경우 권력과 재물이 동기가 된다. 그리스 신화에서는 전쟁의 원인을 '아름다움' 또는 '아름다운 여인' 때문에 일어난다고 한다. 왜 그리스인들은 전쟁의 원인을 아름다운 여인으로 삼았을까? 여기서 그리스인들의 독특한 세계관을 엿볼 수 있다. 이를 분석하기 위해 그리스 신화에 나오는 트로이 전쟁의 원인을 살펴보자.

　그리스 신화는 트로이 전쟁에 대해 다양한 전승을 우리에게 전해준다. 그것은 신들의 세계로부터 인간의 세계로 무대를 옮겨간다. 신들의 세계에서 트로이 전쟁의 발단은 바로 제우스로부터 출발한다. 제우스는 자기 아버지 크로노스와 마찬가지로 최고신으로서의 지위를 위협받는다는 신탁을 듣는다. 그리고 그것은 바로 자신이 사랑하는 여신으로부터 비롯되었다. 당시 제우스는 포세이돈과 함께 바다의 여신 테티스 여신을 사랑하며 경쟁하고 있었다. 그런데 테미스 여신의 충고에 따르면 테티스가 낳을 자식이 아버지보다 훨씬 강한 자가 될 것이라고 하였다.[8] 제우스는 어쩔 수 없이 테티스를 신이 아닌 인간과 결혼시키려 했다.[9] 그는 다름 아닌 펠레우스라는 인간이었다.

왜 하필이면 펠레우스였을까? 그러나 펠레우스이든, 다른 누구이든 상관없다. 그가 인간인 한 그가 낳은 자식은 신들보다 더 강력할 수가 없기 때문이다. 테티스는 어느 누구와도 결혼하고 싶지 않았다. 더구나 신이면서 어찌 인간과 결혼할 수 있는가? 그러나 테티스는 인간 펠레우스와 결혼할 수밖에 없었다. 무엇보다도 제우스가 원했기 때문이다. 그리하여 제우스는 테티스를 통해 자신의 운명을 바꾸었다. 테티스의 불행은 제우스에게 운명을 비켜나갈 수 있는 유일한 방도였다. 테티스는 그리스 최고의 영웅 아킬레우스를 낳았을 때 기쁨보다 슬픔이 더 컸다. 왜냐면 그녀는 살아서 자식의 슬픔과 고통뿐만 아니라 죽음조차 넋 놓고 지켜볼 수밖에 없었기 때문이다. 사랑하는 아들 아킬레우스는 인간이기 때문에 언젠가는 죽을 수밖에 없다. 그렇지만 테티스는 신이기 때문에 죽을 수가 없다. 더욱이 아킬레우스는 단명할 운명을 타고났다. 신이 사랑한 인간은 일찍 죽는다고 했던가! 그는 트로이 전쟁에서 가장 많은 사람을 죽인 최고의 전사였으며 트로이 전쟁을 위해 태어난 전쟁 영웅이었다.

신과 인간의 결혼, 그리고 영웅의 탄생

테티스라는 여신과 결혼한 진짜 운 좋은 사내 펠레우스는 어떤 인물인가? 사실 우리는 그리스 최고의 영웅 아킬레우스를 말할 때 늘 어머니 테티스 여신을 함께 떠올리지만 펠레우스를 특별히 떠올리지는 않는다. 왜

헤파이스토스의 대장간_아킬레우스의 어머니 테티스가 헤파이스토스의 대장간에 찾아가 아들에게 선물할 무구를 주문한다. 미켈란젤로의 제자 바사리는 인체의 과장된 왜곡과 비틀기 기법으로 매너리즘 조형을 선보인다. 구성에 지나치게 많은 등장 인물을 삽입하고, 극적 효과를 노릴 수 있는 어두운 밤의 시간대를 설정한 것도 매너리즘 미술의 특징이다. 조르조 바사리의 작품. 1563~1564년.

하필이면 펠레우스인가? 펠레우스는 결코 평범한 인간은 아니었다. 그의 아버지 아이아코스Aiakos는 제우스가 아이기나Aigina 섬의 여신과 결합하여 낳은 자식이다. 제우스는 쓸쓸한 아이아코스를 위해 개미들로 인간을 만들었다. 그들이 바로 뮈르뮈돈족Myrmidones이다.[10] 아이아코스는 아이기나에서 테살리아로 와 펠리온의 왕이 되었다. 펠레우스는 제우스의 후손으로 테티스 여신과 결혼하도록 정해졌지만, 현자 케이론이 도와주지 않았다면 테티스 여신을 잡을 수 없었을 것이다. 펠레우스는 테티스를 마치 꿈결같이 만났다. 보름달이 뜨는 밤에 테티스는 펠리온의 세피아스 악테Sepias Akte, 즉 '오징어 해안'이라 불리는 곳에 올라와 춤을 추곤 했다. 펠레우스는 테티스가 나타나자 두 팔로 꽉 잡고 버텼다. 그녀는 불, 물, 사자, 뱀, 오징어 등으로 변하였다. 그러나 펠레우스는 꿈쩍도 하지 않았다. 결국 테티스는 펠레우스와 결혼하지 않을 수 없었다.

여신 테티스와 인간 펠레우스의 결혼은 성대하게 열렸다. 여기에는 신들도 초대되었다. 왜 테티스의 불행한 결혼에 모든 신이 초대되었을까? 당시에는 신들과 인간들이 종종 함께 모여 앉아 음식을 먹었기 때문이다.[11] 그런데 제우스는 모든 신을 초대하였지만 단 한 명의 신만은 초대하지 않았다. 그는 바로 불화의 여신 에리스Eris였다.[12] 제우스가 좋은 의도로 결혼식에 불화의 여신을 초대하지 않은 것처럼 생각할 수도 있지만, 과연 그렇게만 생각할 수 있을 것인가? 에리스는 전쟁을 임박하게 만들었다. 에리스는 전쟁의 신 아레스와 남매지간이 아니던가! 제우스는 불화의 여신을 초대하지 않아 아예 전쟁을 예비하는 듯한 인상을 준다.

에리스는 테티스와 펠레우스의 결혼식장에 '가장 아름다운 여신에게'라는 문구가 새겨진 황금 사과를 굴려 보냈다. 과연 올림포스에서 가장 아름다운 여신은 누구일까? 사람마다 아름다움에 대한 생각은 다르기 때문에 쉽게 판단하기는 어렵다. 더구나 더 이상 비할 데 없이 아름다운 여신들이

앞다투어 나선 상황이 아닌가? 누구나 아름다움을 인정하지 않을 수 없는 아프로디테는 물론이고 평소에 아름다움에 대해 별로 관심을 갖지 않던 헤라와 중성적인 매력을 자랑하는 아테나까지 가세하였다. 그런데 아프로디테는 그렇다 치더라도 헤라와 아테나가 '가장 아름다운 여신'에 연연해하는 것은 전혀 어울리지 않는다. 가장 아름다운 여신을 가려달라는 요청을 받고 제우스는 난감해졌다. 과연 누구를 선택하겠는가? 올림포스에서 가장 강력한 여신들이 나섰으니 섣불리 개입했다가는 낭패를 당하기가 쉬웠다. 제우스는 현명하게도 직접 판결을 내리지 않고 헤르메스를 시켜 이다 Ida 산에서 양을 치던 파리스에게 넘겨버린다. 그러나 한낱 죽을 운명을 가진 인간이 어떻게 신들을 판단할 수 있는가? 신들은 나이도 들지 않고 완전한 아름다움을 자랑하기 때문이다. 파리스가 감히 여신들을 판단하려 든다면 오히려 신들의 처벌을 받을 만한 오만을 범하는 것이다. 그러나 그는 어리석게도 불행을 자초하였다. 그리고 그 자신만이 아니라 그의 도시와 백성들에게까지도 그 영향이 미쳤다.

트로이 꿈과 파리스의 심판

제우스가 여신들을 심판할 인물로 지목한 목동 파리스는 누구인가? 그는 인간으로서 감히 신들을 심판할 자격을 받았다. 그것이 바로 그의 불행의 시작이었고 그의 나라 트로이의 파멸의 시작이었다. 그는 제우스의 제안을 정중히 거절했어야 했다. 인간의 오만은 반드시 심판을 받게 되기 때문이다. 파리스는 원래 목동이 아니라 트로이의 왕자였다. 그는 태어날 때부터 위험한 아이였다. 트로이의 왕비 헤카베Hekabe는 장남 헥토르를 낳은 지 얼마 되지 않아 둘째왕자인 파리스를 가졌을 때 매우 불길한 꿈을 꾸었다.[13] 불타는 장작을 낳았는데 불이 번져 트로이와 이다 산 전체를 불태워

파리스의 심판_올림포스
에서 가장 아름다운 여신은
누구인가? 파리스가 아프
로디테에게 에리스의 황금
사과를 주는 순간부터 이미
전쟁은 시작되었다. 로마의
비아 라티나에 있는 판크라
티 가문의 묘지 부조. 기원
후 1세기 후반.

버리는 꿈이었다. 꿈을 풀이한 예언자들은 헤카베에게 둘째왕자를 죽일 것
을 요구했다. 그러나 프리아모스 왕은 아이를 차마 죽이지 못해 목동을 시
켜 이다 산에 버렸다. 이다 산에서 목동으로 자라난 이 아이가 바로 파리스
라 불리는 알렉산드로스이다.[14] 인간들의 '보호자'를 의미하는 알렉산드로
스라는 이름을 가진 아이는 오히려 트로이인들을 죽음으로 몰아넣었다.

헤르메스는 제우스의 명령에 따라 세 여신을 파리스에게 데려왔다. 아직
어린 파리스는 어떠한 판단을 내렸을까? 세 여신은 각기 파리스에게 선물
을 제안했다. 아테나는 전쟁에서의 승리를, 헤라는 아시아와 유럽의 왕을,
아프로디테는 제우스의 딸 헬레네를 제시했다.[15] 파리스는 권력도 명예도
선택하지 않았다. 그는 오직 사랑을 선택했을 뿐이다. 그렇지만 그것은 애
초에 전쟁의 불씨를 가진 사랑이었다. 파리스가 아프로디테에게 가장 아름
다운 여신을 상징하는 황금 사과를 주는 순간부터 이미 전쟁은 시작된 것

이나 마찬가지였다. 파리스는 위험한 결정을 내린 후에 얼마 되지 않아 다시 트로이의 왕자로서 지위를 회복하였다. 어떻게 그는 자신의 신분을 알게 되었을까? 그는 성장하여 트로이로 가서 각종 경기에 참여하여 모든 사람을 제치고 승리하였다. 여기에는 파리스의 형제들도 참여했다. 그들은 상을 휩쓰는 파리스에게 칼을 빼들었다. 파리스는 제우스의 제단으로 도망쳤다. 그가 트로이의 왕자라는 것을 알아낸 사람은 프리아모스 왕의 딸이자 예언자인 카산드라Kassandra였다. 프리아모스는 자신이 예전에 어린 자식을 버린 것을 기억해내고 아들을 되찾았다.

죽음의 유혹과 아름다움

제우스는 가이아로부터 불평을 들었다. 왜냐하면 그녀는 너무 많은 인간 때문에 견딜 수 없는 고통을 당하고 있었다. 따라서 제우스는 인류를 또다시 물로 쓸어버릴 것인가, 아니면 불로 쓸어버릴까를 고민하였는데, 비난의 여신 모모스Momos가 다른 방법을 충고해주었다. 그것은 바로 전쟁을 통해서 해결하는 방법이었다. 제우스는 인류의 멸망 자체를 원한 것이 아니었기 때문에 가장 좋은 방법이라고 생각했다. 가능한 많은 인간을 대지로부터 쓸어내는 방법으로 전쟁만한 것이 있겠는가! 모모스의 조언에 따라 제우스는 레다Leda와 결합하여 헬레네를 낳는 한편 테티스를 펠레우스와 결혼하도록 만들었다.[16] 결국 제우스의 딸 헬레네는 트로이 전쟁의 발단이 되었고 테티스의 아들 아킬레우스는 뛰어난 전쟁 영웅으로 트로이 전쟁을 지연시켜 수많은 사람이 죽어나갔다.

일반적으로 헬레네는 제우스가 스파르타의 레다 왕비와 결합하여 낳은 자식이라고 말해진다.[17] 그때 제우스가 백조의 모습으로 변신하여 결합하였기 때문에 헬레네는 알에서 태어났다고 한다. 그런데 때로는 제우스가 결합한 것은 복수의 여신 네메시스라고도 한다. 네메시스가 트로이 전쟁의 원인이 되어 인류에게 재앙을 가져다준 아름다운 여인 헬레네가 태어날 알을 낳았고 숲에서 레다가 발견하였다고 한다.[18] 또한 레다의 알은 하나가 아니라 둘이었다고도 한다.[19] 둘 중의 한 알에서 '신의 아이들'을 의미하는 디오스쿠로이Dioskouroi 카스토르와 폴룩스(또는 폴뤼데우케스)가 태어났고, 나머지 알에서 헬레네와 클뤼타임네스트라가 태어났다. 헬레네만 알에서 태어났고 클뤼타임네스트라는 레다의 몸을 통해 태어났다는 얘기도 있다. 이것은 클뤼타임네스트라가 나중에 남편인 아가멤논을 살해하는 죄를 저질렀기 때문이다. 그래서 그녀는 신성한 알이 아닌 여인의 몸에서 태어났으면, 제우스의 딸이 아니라 레다의 남편 튄다레오스의 딸이라 말해진다.

헬레네는 그리스 최고의 미인이었다. 그러나 그녀는 행복할 수 없었다. 아름다움은 너무 지나쳐도 또는 너무 모자라도 불행을 가져온다. 사실 아름다움 자체가 행복을 가져오거나 불행을 가져오는 것은 아니다. 아름다움을 가진 사람은 행복할 수도 있고 불행할 수도 있다. 그렇지만 아름다운 것은 거부할 수 없는 유혹을 불러일으킨다. 그러나 그것은 아름다움을 가진 사람보다는 아름다움을 느끼는 사람 안에서 일어난다. 그래서 아름다움은 수동적인 유혹을 불러일으킨다. 즉, 아름다움 자체가 유혹하는 것이 아니라 그것을 느끼는 사람이 스스로 유혹되는 것일 뿐이다. 헬레네는 아름다움을 무기로 누구를 적극적으로 유혹한 것으로 보이지는 않는다. 그녀는 단지 인간으로서 너무 지나치게 아름다웠다. 그것은 그녀의 삶에서 불행의 씨앗이 되었다. 그녀는 자신의 의지와는 상관없이 수많은 남자들에 의해 둘러싸이게 되고 결국 자신이 원하는 대로 살아갈 수 없게 되었다.

그리스 신화에서 헬레네의 남편은 모두 다섯 명이다. 첫 번째 남편은 테세우스였다. 그녀는 아직 어린 소녀일 때 테세우스에게 납치되어 강제로 결혼을 했다. 아마 헬레네는 당시 12세에 불과하거나 심지어 더 어렸을 수 있

헬레네와 파리스__아프로디테는 제우스의 딸 헬레네를 제시했다. 파리스는 권력도 명예도 선택하지 않았다. 오직 사랑을 선택했을 뿐이다. 안드로마케와 헥토르도 보인다. 칼키스에서 출토된 크라테르. 기원전 540년경.

다.[20] 테세우스가 자기 어머니에게 헬레네를 맡겨놓고 친구 페이리토오스와 지하 세계로 여행을 떠나는 바람에 그녀의 남자형제들인 디오스쿠로이에 의해 겨우 구출되었다. 스파르타로 돌아온 후에 헬레네는 아름다운 처녀로 자라나 그리스 전역에서 몰려온 영웅들에게서 구혼을 받았다. 그녀는 뮈케네 왕국의 아가멤논 왕의 동생 메넬라오스를 선택하였다. 그러나 남편이 될 메넬라오스의 얼굴조차 보지 못한 상태였다. 형식적으로는 헬레네가 선택하였다고 하지만 불가피한 선택이었을 것이다. 왜냐하면 당시 최강대국인 뮈케네의 왕 아가멤논이 동생을 대신하여 직접 스파르타에 와서 구혼을 했기 때문이다. 헬레네가 어찌 거부할 수 있었겠는가? 아가멤논은 자신이 원하는 것은 무엇이든 수단과 방법을 가리지 않고 차지하려 들 것이다. 헬레네 자신의 쌍둥이 자매 클뤼타임네스트라도 이미 결혼한 몸이었으나 아가멤논은 그녀의 남편과 자식을 죽이고 강제로 결혼하지 않았는가! 메넬라오스는 헬레네와의 결혼으로 결국 스파르타의 왕이 될 수 있었다.

헬레네의 결혼과 죽음의 맹세

헬레네의 아름다움은 이미 그리스 전역은 물론이고 소아시아까지 널리 퍼져 있었다. 당시 그리스에서는 왕이 딸을 결혼시킬 때 전국에서 온 구혼자들에게 청혼을 받게 하는 관습이 있었다. 헬레네에게 구혼하러 온 영웅들은 모두 죽음의 맹세를 하였다. 그것은 헬레네에게 구혼한 자들이 헬레네의 선택에 동의하고 혹시 나중에라도 선택된 남편이 가진 아내의 소유권에 대해 누가 이의를 제기하려 한다면 그녀의 남편을 도와주어야 한다는 것이었다.[21] 이것은 오뒷세우스의 충고에 따라 이루어진 것이다. 결국 이들은 나중에 파리스가 스파르타에 와서 헬레네와 사랑에 빠져 트로이로 데려갔을 때 바로 이 맹세 때문에 10년이 걸린 트로이 전쟁에 참전할 수밖에 없었다. 그러나 대부분의 경우 트로이에서 돌아올 수 없었거나 비록 돌아왔더라도 또 다른 힘겨운 과정이 기다리고 있었다. 모든 사람에게 불행을 초래한 트로이 전쟁은 한치의 오류도 없이 준비되고 있었던 것이다.

오뒷세우스는 처음부터 헬레네에게 구혼할 생각이 없었던 걸로 보인다. 그는 영리하고 계산적인 인물로 자신과 같은 작은 섬 이타케의 왕이 헬레네와 결혼할 수 있으리라는 것은 생각조차 하지 않았다. 그렇지만 그는 구혼자들의 명단에서 제일 첫 번째로 거명된다.[22] 여기에는 튀데우스의 아들 디오메데스, 네스토르의 아들 안틸로코스, 오일레우스의 아들 아이아스, 아레스의 아들 아스칼라포스와 아알메노스, 아스클레피오스의 아들 포달레이리오스와 마카온, 포이아스의 아들 필록테테스, 이피클로스의 아들 프로테실라오스, 아트레우스의 아들 메넬라오스, 텔라몬의 아들 아이아스와 테우크로스, 메노이티오스의 아들 파트로클로스가 포함되어 있다.

원래 오뒷세우스는 헬레네와의 결혼보다는 오히려 페넬로페와 결혼하고 싶어했다. 그녀는 스파르타의 왕 튄다레오스의 형제 이카리오스Ikarios의 딸이었다. 튄다레오스는 헬레네의 선택으로 다른 구혼자들이 원한을 품고 봉기할까봐 두려워했다. 오뒷세우스는 튄다레오스의 불안을 알아채고 만약 페넬로페와 결혼하는 것을 도와준다면 적절한 충고를 해주겠다고 약속했다.[23] 오뒷세우스는 트로이 전쟁에서 결코 빠뜨릴 수 없는 중요한 인물이다. 그는 비록 작은 섬의 왕이었지만 가장 지혜가 뛰어난 영웅이었다. 아테나는 특히 오뒷세우스를 사랑하였다. 그렇지만 오뒷세우스의 지혜는 때로는 간교하고 교활하게 사용되었기 때문에 많은 사람에게 미움을 받았다. 오뒷세우스라는 이름이 '미움을 받는'을 의미하는 그리스어 오뒷소메노스odyssomenos로부터 비롯되는 것[24]도 우연이 아니다.

결국 헬레네가 선택한 인물은 뮈케네의 아가멤논 왕의 동생 메넬라오스였다. 헬레네가 선택한 메넬라오스나, 메넬라오스를 선택한 헬레네나 둘다 운이 좋기는 마찬가지이다. 메넬라오스는 아마 형 아가멤논이 아니었다면 헬레네와의 결혼이 쉽지 않았을 것이다. 아무도 뮈케네라는 강력한 도시국가를 무시할 수 없었다. 헬레네와의 결혼에서 메넬라오스는 매우 소극적이고 마음이 약한 인물로 나온다. 헬레네에게 구혼하러 간 것도 메넬라오스 자신이 아니며 헬레네를 되찾기 위해 트로이 원정에 앞장선 것도 아가멤논이었다. 메넬라오스는 헬레네를 용서할 수 없었다. 어떻게 자신과 딸을 버릴 수 있단 말인가. 트로이가 함락된 후에 가장 먼저 헬레네를 처단하려 했다. 그러나 헬레네가 드러낸 아름다운 가슴에 마음이 약해져 스파르타로 다시 데려온다. 이런 점에서 헬레네는 최상의 남편을 선택한 것이다. 그렇지 않았다면 그녀는 이미 트로이에서 죽은 목숨이었을 것이다.

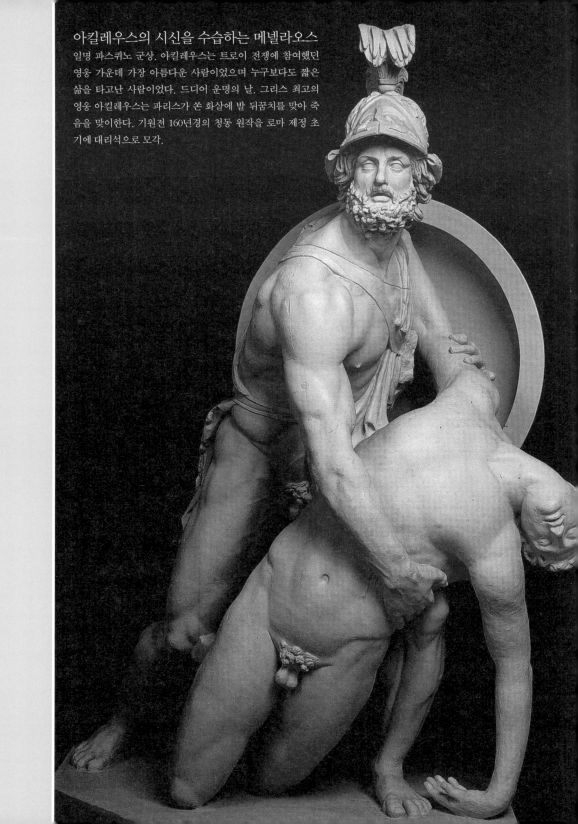

아킬레우스의 시신을 수습하는 메넬라오스
일명 파스퀴노 군상. 아킬레우스는 트로이 전쟁에 참여했던
영웅 가운데 가장 아름다운 사람이었으며 누구보다도 짧은
삶을 타고난 사람이었다. 드디어 운명의 날. 그리스 최고의
영웅 아킬레우스는 파리스가 쏜 화살에 발 뒤꿈치를 맞아 죽
음을 맞이한다. 기원전 160년경의 청동 원작을 로마 제정 초
기에 대리석으로 모각.

헬레네의 사랑이 불러온 전쟁

헬레네는 메넬라오스와 아주 평탄한 결혼생활을 하였다. 메넬라오스는 헬레네로부터 헤르미오네Hermione라는 아름다운 딸을 얻었다. 왜 인간은 결혼을 하는 것일까? 결혼은 때로는 사랑으로부터 시작하지 않을뿐더러 사랑을 지속시켜주지도 않으며 사랑으로 끝나지도 않는다. 헬레네는 처음부터 욕망의 주체가 아닌 욕망의 대상이었다. 그녀는 아직 잠자는 숲 속의 공주였다. 아직 그녀의 욕망을 깨워줄 사람이 나타나지 않았다. 아주 순조롭고 평온한 세월이 흘러갔다. 메넬라오스와 결혼한 지 무려 10년이나 지났을 때 트로이의 손님들이 스파르타를 방문했다. 트로이 왕가의 자손들인 프리아모스의 아들 파리스와 아프로디테의 아들 아이네이아스였다. 파리스는 인간 중 가장 아름다운 여인 헬레네를 운명적으로 만났다. 이다 산에서 아프로디테를 선택했을 때 이미 사랑은 파리스의 운명이 되어버렸다. 더구나 파리스와 동행한 아이네이아스조차 마치 아프로디테의 전령처럼 생각되지 않는가!

파리스와의 만남으로 헬레네의 결혼생활은 단 10일 만에 무너지고 말았다. 왜냐하면 파리스가 스파르타를 방문한 지 10일 만에 메넬라오스는 크레테 섬을 방문하게 된다. 미노스의 손자 이도메네우스Idomeneus가 초대를 하였기 때문이다.[25] 헬레네는 어느 날 문득 찾아온 아프로디테의 힘에 굴복하였다. 파리스를 거부하는 것은 불가능해 보였다. 헬레네의 몸은 이미 에게 해에 실려 트로이로 향하고 있었다. 스파르타에는 헬레네의 아홉 살난 딸 헤르미오네가 남겨졌다.[26] 헬레네는 남편과 딸을 버리고 연인을 따라간 것이다. 그녀는 자신의 행동이 어떤 결과를 초래할지 알지 못했다. 다만 헬레네는 아내와 어머니이기 전에 여인이었다. 스스로 선택한 삶을 좇을 수밖에 없었다. 그러나 그것은 개인적인 차원의 문제가 아니라 국가적인 차원의 문제로 비화되었다. 메넬라오스의 아내이며 스파르타의 왕비에서 이젠 그리스 전체의 명예가 걸린 국가적 사안이 된 것이다. 메넬라오스는 크레테에서 이 소식을 듣고 형 아가멤논에게 호소하였다.

아킬레우스의 어린 시절과 참전

뮈케네의 왕 아가멤논은 헬레네의 구혼자가 아니었지만 동생의 부탁을 받고 그리스 전역에서 동맹군을 소집하였다. 그리스 동맹군 가운데 가장 중요한 인물은 역시 아킬레우스였다. 아가멤논이 가장 신뢰하였던 늙은 퓔로스의 왕 네스토르Nestor는 아킬레우스를 참전시키도록 충고하였다. 아킬레우스는 헬레네의 구혼자가 아니었기 때문에 트로이 전쟁에 반드시 참여할 의무가 없었다. 그런데 그리스 최고의 영웅인 아킬레우스가 왜 헬레네에게 구혼하지 않았을까? 아마도 그가 아직 너무 어렸거나 또는 태어나지 않기 때문일 것이다. 테티스 여신이 펠레우스와 결혼하기 전에 헬레네는 메넬라오스와 결혼을 했다.[27] 그렇다면 헬레네는 아킬레우스보다 훨씬 나이가 많다는 결론이다. 테티스는 아들 아킬레우스를 낳자 스튁스 강에 담갔지만 발뒤꿈치를 잡고 있었기 때문에 치명적인 약점을 안겨주었다.

아킬레우스의 어린 시절과 트로이 전쟁 참전 과정에 대해서는 서로 다른 이야기가 전해진다. 호메로스는 아가멤논이 보낸 오뒷세우스와 네스토르를 맞이하기 위해 아킬레우스가 집에서 달려 나왔다고 한다. 아킬레우스가 전쟁에 참여하기를 열망하여 펠레우스는 더 이상 아들을 붙잡을 수가 없었다.[28] 트로이 전쟁 참전과 관련하여 아킬레우스에 대한 또 다른 흥미로운 이야기가 남아 있다.[29] 테티스는 어린 아들이 단명할 것을 알고 있었다. 그래서 아킬레우스를 여장을 시켜 스퀴로스Skyros 섬의 뤼코메데스Lykomedes 왕에게 보냈다.

아킬레우스는 왕의 딸들 사이에서 소녀처럼 자라났다. 처음에는 아무도 몰랐지만 점차 소문이 흘러 나왔다. 오뒷세우스는 소문을 듣고 아킬레우스를 찾아내기 위해 스퀴로스 섬으로 왔다. 그는 왕의 딸들에게 아름다운 옷과 장신구를 가져왔고 구경하느라 모두 정신이 없을 때 마치 전쟁이 일어난 것처럼 나팔을 불었다. 그러자 아킬레우스는 옷 밑에 숨겨져 있던 창과 방패를 황급히 꺼내다가 발각되었다. 아킬레우스가 스퀴로스에 머무르는 동안 데이다메이아Deidameia 공주는 아이를 임신하였고 나중에 네오프톨레모스Neoptolemos라는 아들이 태어났다. 아킬레우스가 트로이 전쟁 말엽에 죽자 오뒷세우스는 다시 스퀴로스에서 네오프톨레모스를 데려온다.[30]

오뒷세우스 역시 트로이 전쟁에 직접적으로 참여할 의무는 없었던 인물이었다. 또 참여할 의사도 전혀 없었던 것으로 보인다. 그는 페넬로페와 결혼한 지 얼마 되지 않은데다가 어린 아들도 낳았다. 그러던 중 뮈케네의 아가멤논과 스파르타의 메넬라오스가 엄청난 무리를 이끌고 팔라메데스Palamedes를 앞세워 오뒷세우스의 나라인 이타케로 찾아왔다.[31] 영리한 오뒷세우스는 미친 척하며 말 한 마리와 소 한 마리에 쟁기를 매고 밭을 갈고

뤼코메데스 궁정의 아킬레우스_뤼코메데스 왕의 딸들 사이에 여장을 하고 숨어 있던 아킬레우스가 멋모르고 칼을 뽑아든다. 오른쪽 뒤편에 숨어서 이를 지켜보던 오뒷세

있었다. 그러자 팔라메데스가 쟁기질을 하고 있는 오뒷세우스 앞에 어린 아들 텔레마코스Telemachos를 놓았다. 오뒷세우스는 차마 아들을 쟁기로 치고 지날 수 없어 어쩔 수 없이 원정대에 합류하였다. 그러나 바로 이 사건 때문에 오뒷세우스는 팔라메데스에게 원한을 갖게 되었다. 결국 팔라메데스는 트로이 전쟁 중에 오뒷세우스의 모략에 말려들어 비참하게 살해된다. 오뒷세우스는 팔라메데스가 마치 트로이의 프리아모스 왕과 내통한 것처럼 편지를 꾸며 그리스군 진영에 떨어뜨렸다. 아가멤논이 이 가짜 편지를 발견하게 되고 팔라메데스는 돌에 맞아 죽었다.

최초의 트로이 원정과 텔레포스의 상처

그리스 전역에서 트로이 전쟁에 참전할 영웅들과 전사들이 소집되었다. 헬레네가 트로이로 떠난 지 약 2년이 지나 그리스 최초의 동맹군이 아울리스Aulis에 집결하였다.[32] 그들은 트로이를 향해 출발하여 트로이라 생각되는 곳에 도착하였다. 그런데 전혀 엉뚱한 곳에 도착한 것이었다. 마치 콜럼버스가 아메리카 신대륙에 도착하여 인도인 줄 알았던 것과 같다. 그곳은 트로이에서 남쪽으로 한참 내려간 뮈시아Mysia였다.

뮈시아에는 그리스에서 건너온 텔레포스Telephos가 왕이 되어 지배하고 있었다. 그리스 동맹군은 뮈시아에 상륙하여 트로이군이라 생각하던 뮈시아인들과 교전하였다. 그러나 뮈시아의 왕인 텔레포스는 그리스 동맹군을 모두 격퇴시켰다. 아킬레우스와 파트로클로스만이 끝까지 남아서 저항하였다. 파트로클로스가 텔레포스와 싸우다가 상처를 입게 되자 아킬레우스는 텔레포스를 맹추격하였다. 텔레포스는 아킬레우스의 창에 허벅지가 찔려 깊은 상처를 입게 된다. 텔레포스의 상처는 쉽사리 치유되지 않았다. 그는 할 수 없이 상처를 입힌 자만이 치유할 수 있다는 신탁에 따라 아킬레우

부상당한 파트로클로스의 팔에 붕대를 감는 아킬레우스_ 부상당한 파트로클로스는 방패를 깔고 앉았다. 어깨 견장을 들추고 위팔의 상처를 보살피는 아킬레우스의 표정이 진지하다. 파트로클로스는 상처에서 뽑아낸 화살을 응시한다. 투구를 벗어던진 그의 머리에는 부직포로 만든 부드러운 안창이 보인다. 두 주인공의 눈과 입술에는 풍부한 표정이 묻어난다. 도기 미술에서 이처럼 섬세한 표현이 가능해진 것은 기원전 530년경 적색상이 일어난 뒤의 일이다. 도공 소시아스와 도기화가 소시아스 화가의 작품. 접시술잔의 안쪽 그림. 기원전 500년경.

스를 찾아 그리스로 온다. 어린 시절에 아킬레우스는 펠레우스에 의해 케이론에게 맡겨진 적이 있다. 그래서 케이론은 아킬레우스에게 치료술을 가르친 적이 있다.[33] 텔레포스는 아킬레우스의 호의로 상처를 치유받은 후 그리스인들의 친구가 되었다. 그는 자진하여 그리스인들을 트로이로 안내해주었다.[34]

두 번째 트로이 원정과 신들의 전조

그리스 동맹군은 자신들이 뮈시아를 트로이로 잘못 알고 진격한 것에 대해 자괴감에 빠졌을 것이다. 어떻게 트로이의 위치도 모르면서 전쟁을 하겠다고 나섰는가? 더욱이 전혀 다른 곳에 상륙하고는 트로이인 줄 알고 싸웠으니 어처구니가 없지 않은가? 어쨌든 뮈시아에서 벌인 전투는 그리스 동맹군에게 생각보다 큰 타격을 주었다. 상황이 이러하다 보니 1차 집결 후 다시 아울리스에 모여 트로이로 출항하는 데는 8년이나 걸렸다. 따라서 헬레네가 트로이로 떠난 지 최소한 10년이 지나서야 겨우 트로이에 갈 수 있게 된 것이다. 사실 10년이 지나면 강산도 변한다는데 그리스 동맹군이 다시 뭉칠 수 있었다면 단순히 여인 하나를 찾자는 것만은 아닐 것이다. 아무리 그리스 최고의 미인이라도 스파르타를 떠났을 때 이미 아홉 살이나 된 딸이 있었다면 당시 헬레네는 최소한 20대 후반에서 30대 초반이 되었을 터이다. 더욱이 트로이로 출발하는 데 다시 10년이 지났으니 헬레네는 40세가 훌쩍 넘었을 것이다. 그리스 동맹군이 트로이로 향한 데는 또 다른 정치·경제적인 이유도 숨겨져 있었을 것이다. 제2차 트로이 출병을 위해 아울리스에서 집결한 그리스 동맹군이 떠나기 전에 중요한 사건이 몇 가지 있었다. 우선 그리스인들은 신탁을 통해 트로이 전쟁과 관련된 자신들의 운명을 미리 알 수 있었다.[35] 그들이 아름다운 플라타너스 나무 아래 있는 신성한 제단에서 희생 제의를 올리고 있는 동안 등이 시뻘건 무시무시한 구렁이가 제단 밑에서 나와 플라타너스 나무로 올라갔다. 이 나무에는 아주 어린 참새 새끼들의 둥지가 있었다. 나무 둥지 속에는 8마리의 어린 참새들과 1마리의 어미 참새가 있었다. 나무 위로 올라간 구렁이는 모두 9마리의 참새를 먹어치웠다. 제우스는 이 구렁이를 돌로 변하게 하였다. 그리스 동맹군의 예언자 칼카스는 9년 동안 전쟁을 치르고 10년째에 트로이를 함락하게 되는 것으로 해석했다. 비록 그리스군이 승리할 것이라는 전조였지만 다시 10년이라는 세월이 흐를 것을 생각하니 아득하지 않았겠는가!

아가멤논의 오만과 이피게네이아의 희생

그리스인들은 다시 트로이로 떠날 준비를 갖추었다. 10년이 더 걸릴지라도 전쟁은 더 이상 피할 수 없었다. 그런데 그리스의 전사들은 트로이 원정을 위한 만반의 준비를 하였지만 아울리스에서 한 발자국도 출발할 수가 없었다. 왜냐하면 함선이 떠날 수 있도록 순풍이 불어주지 않았기 때문이다. 도대체 왜 날씨가 이토록 험한 것인가? 예언자 칼카스는 아르테미스가 분노하여 아가멤논의 장녀가 희생 제물로 바쳐지지 않으면 떠날 수가 없다고 설명하였다.[36] 신들은 아무런 이유 없이 화를 내지 않는다. 예전에 아가멤논은 아르테미스 여신의 성역에서 새끼 사슴을 쏘아 죽이면서 오만하게도 자신을 아르테미스에 비교하였다.[37] 아르테미스 여신이 분노하자 아가멤논은 그 해 낳은 가장 아름다운 것을 바치기로 약속하였다. 때마침 클뤼타임네스트라는 누구보다도 아름다운 이피게네이아를 낳았다. 아르테미스는 바로 이피게네이아를 요구하였다.

아가멤논은 갈등하였지만 트로이로 출항하기 위해 딸을 포기할 수밖에 없었다. 그는 헬레네를 되찾는 전쟁을 위해 자신의 딸을 손수 제물로 바치

기로 결심하였다.[38] 그렇지만 어머니는 아버지와 달랐다. 어느 어머니가 자신의 딸을 포기할 수 있겠는가? 오뒷세우스는 처음부터 두 모녀를 속일 생각으로 뮈케네로 갔다. 그곳에서 클뤼타임네스트라는 자신의 딸 이피게네이아가 그리스 최고의 영웅 아킬레우스와 결혼할 것이니 얼른 이피게네이아를 데리고 뮈케네를 떠나 아울리스로 오라는 전갈을 받는다. 언제 끝날지 기약이 없는 전쟁터로 나가기 전에 결혼식을 올리려는 것으로 생각한 클뤼타임네스트라는 이피게네이아를 데리고 서둘러 아울리스로 향했다. 그러나 그들을 기다린 것은 피를 불러일으키는 희생 제의였을 뿐이다.

아가멤논과 이피게네이아 _아가멤논은 신 앞에 저지른 자신의 오만으로 트로이로 출항하기 위해 딸 이피게네이아를 손수 제물로 바친다. 티만테스의 「아가멤논과 이피게네이아」를 모사한 기원후 1세기의 폼페이 벽화.

아가멤논은 잔인하게 딸을 다루었다. 어릴 적 아버지 앞에서 늘 노래를 부르며 따라다니던 이피게네이아가 아니던가![39] 그러나 아가멤논은 기도를 하고 난 후에 시종들에게 자기 딸이 졸도하면 그녀가 입고 있는 겉옷으로 사정없이 휘감아 새끼 양처럼 그녀를 제단에 올려놓고 가문에 대해 저주를 하지 못하도록 그녀의 아름다운 입을 틀어막으라는 명령까지 하였다.[40] 비정한 아버지의 모습이다. 그러나 이피게네이아는 제단 위에서 칼에 맞아 죽기 직전에 아르테미스 여신에 의해 빼돌려지고 대신 암사슴이 희생되었다.[41] 그녀는 아르테미스에 의해 타우리케로 보내져 이방인들 속에서 여사제로 봉사하게 되었다. 그러나 희생 제의에 참여했던 그리스인들은 모두 이피게네이아가 죽은 것으로 생각하였다. 특히 클뤼타임네스트라는 자기 눈을 믿을 수가 없었다. 아름다운 신부의 모습으로 아킬레우스와 함께 서 있어야 할 이피게네이아가 피로 물든 옷을 입고 제단 위에 드러누워 있지 않는가! 클뤼타임네스트라는 피눈물을 흘렸다. 그녀는 딸의 죽음을 가슴속에 묻고 10년을 하루같이 기다렸다. 이피게네이아의 희생에 대해 나중에 아가멤논은 피의 대가를 치러야 했다.[42] 클뤼타임네스트라는 아가멤논이 트로이 전쟁에서 승리하고 돌아오자 도끼로 그를 두 번 혹은 세 번이나 내려쳤다.

트로이의 기원과 계보

이제야 트로이 전쟁은 시작되었다. 엄청난 규모의 그리스군이 트로이로 향해 질주해갔다. 호메로스는 그리스 함선과 장군 및 군사의 수를 일일이 헤아리고 있다. 전체적으로 종합하면 약 177개의 도시에서 44명의 지도자들이 약 100,000명의 군사들을 이끌고 1,186척의 함선을 타고 출정했다.[43] 그리스인들은 트로이에서 승리할 날이 마치 얼마 남지 않은 것처럼 서둘러 갔다. 그러나 막상 트로이에 도착하자 그리스군은 꼬박 9년 동안이나 별다른 성과가 없는 지루한 전쟁을 계속해야 했다. 트로이 성은 쉽사리 열리지 않았다. 영웅들은 단지 그리스에만 있는 것이 아니었기 때문이다. 트로이의 영웅들은 자신의 목숨이나 명예를 위해서 싸우지 않았다. 단신으로 트로이에 온 그리스군과는 달리 트로이군에게는 사랑하는 가족들이 성안에 있었다. 그들은 가족과 도시를 위해 목숨을 걸고 싸웠다. 아무리 그리스군에 불세출의 영웅이 많다고 해도 트로이를 함락시키기는 어려웠으리라.

그리스인들이 침략하려는 트로이는 어떤 곳인가? 트로이는 일리오스Ilios 또는 일리온Ilion이라 불렸다. 호메로스가 노래한 『일리아스』는 '일리오스의 노래'라는 뜻이다. 호메로스는 『일리아스』에서 트로이인들을 다르다노스인들Dardanoi이라고 부른다. 이러한 명칭은 트로이 왕가의 시조와 밀접한 연관이 있다. 트로이인들은 제우스의 후손들이었다. 제우스는 아틀라스의 딸인 엘렉트라와 결혼하여 이아시온, 하르모니아, 다르다노스라는 자식을 두었다. 바로 이 다르다노스로부터 트로이 민족이 형성되는 것이다. 그렇다면 우리가 지금 말하고 있는 '트로이'라는 명칭과 호메로스가 말하는 '일리온'이라는 명칭은 어디서 유래한 것일까? 이것도 역시 다르다노스 왕의 후손에게서 이름을 따온 것이다. 다르다노스는 이다 산 근처에 자신의 이름을 딴 다르다노스라는 도시를 세우고 트로이의 유명한 강의 신 스카만드로스의 손녀 바티아아와 결혼하여 에리크토니오스와 다른 아들들을 낳았다. 에리크토니오스는 트로이라는 이름이 유래된 트로스Tros라는 아들을 낳았다. 트로스는 성장하여 칼리로에Kallirhoe와 결혼하여 네 명의 자식, 즉 클레오파트라Kleopatra, 일로스Ilos, 앗사라코스Assarakos, 가뉘메데스를 낳았다.

트로스의 자식들 중 가뉘메데스는 제우스의 납치 사건으로 유명한 인물이다. 가뉘메데스는 죽을 운명을 가진 인간 중 가장 아름다운 사람이었다고 전해진다. 그는 트로이의 산에 가축을 돌보러 올라갔다가 제우스의 눈

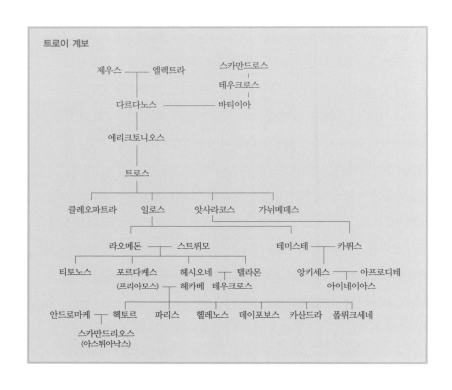

트로이 계보

제우스 ── 엘렉트라   스카만드로스
                    테우크로스

다르다노스 ──────── 바티아아

에리크토니오스

트로스

클레오파트라   일로스   앗사라코스   가뉘메데스

라오메돈 ── 스트뤼모   테미스테 ── 카퓌스

티토노스   포르다케스   헤시오네 ── 텔라몬   앙키세스 ── 아프로디테
          (프리아모스) ── 헤카베 테우크로스   아이네이아스

안드로마케 ── 헥토르   파리스   헬레노스   데이포보스   카산드라   폴뤼크세네
      스카만드리오스
      (아스튀아낙스)

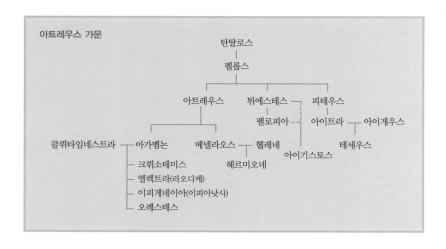

아트레우스 가문

탄탈로스

펠롭스

아트레우스   튀에스테스 ──   피테우스
            펠로피아 ── 아이트라 ── 아이게우스

클뤼타임네스트라 ── 아가멤논   메넬라오스 ── 헬레네   테세우스
      ── 크뤼소테미스   헤르미오네
      ── 엘렉트라(라오디케)   아이기스토스
      ── 이피게네이아(이피아낫사)
      ── 오레스테스

에 들어 올림포스로 납치되었다. 앗사라코스는 카퓌스Kapys라는 아들을 낳았고, 다시 카퓌스는 일로스의 딸 테미스테Themiste와 결합하여 앙키세스를 낳았다. 트로이의 왕족인 앙키세스는 아프로디테와의 사랑으로 유명한 인물이다. 제우스는 아프로디테로 인해 신들이 인간과 사랑에 빠지게 되는 사태에 이르자 아프로디테를 인간과 사랑에 빠지게 만들었다.[44] 앙키세스는 이다 산에서 가축을 방목했는데 너무나 아름다운 목동이었다. 아프로디테는 프뤼기아의 공주로 변신하여 앙키세스에게 나타나 결합하였다. 앙키세스로부터 낳은 아프로디테의 아들이 바로 로마 건국의 시조로서 유명해진 아이네이아스이다. 아이네이아스는 트로이 전쟁 중에 어머니 아프로디테의 보호를 받으며 많은 활약을 한다.

일로스는 트로이, 즉 일리온이라는 도시를 세운 인물이다. 일로스는 할아버지의 도시인 다르다노스로부터 멀지 않은 스카만드로스 강 근처에 도시를 세웠다. 제우스는 일로스에게 새로운 도시를 세워도 된다는 한 가지 징조를 보냈다.[45] 어느 날 아침 일로스는 자신의 막사 밖에서 하늘로부터 떨어진 팔라디온Palladion이라는 상을 발견했는데, 오른손에는 창을 들고 있고 왼손에는 물레와 실톳대를 들고 있었다. 그것은 바로 팔라스 아테나Pallas Athena 여신의 조각상이었다. 일로스는 팔라디온을 모시기 위해 거대한 아테나 여신의 신전을 세웠다. 일로스는 에우뤼디케와 결혼하여 테미스테라는 딸과 라오메돈Laomedon이라는 아들을 낳았다.

트로이 건설과 헤라클레스의 공격

일로스의 아들 라오메돈은 아버지의 도시 일리온을 물려받았다. 그는 트로이 성벽을 짓는 데 아폴론과 포세이돈 및 인간 아이아코스의 도움을 받았다. 그러나 성벽이 지어진 후에 라오메돈은 신들에게 적절한 대가를 치르지 않았다. 결국 이로 인해 트로이는 재앙을 당하게 된다. 특히 포세이돈은 진노하여 트로이에 바다 괴물을 보낸다. 다급해진 라오메돈은 헤라클레스에게 도움을 청해 바다 괴물을 물리친다. 그러나 헤라클레스도 라오메돈이 약속했던 대가를 받지 못했다. 라오메돈은 제우스가 가뉘메데스를 올림포스로 납치하면서 아들을 잃은 트로스에게 선물한 말들을 헤라클레스에게 주기로 약속했었다. 그러나 이번에도 역시 라오메돈은 약속을 헌신짝 버리듯이 어겼다. 분노한 헤라클레스는 텔라몬Telamon과 함께 되돌아와서 트로이를 함락시키고 라오메돈 자신뿐만 아니라 그 아들들을 모조리 죽였다. 그러나 헤라클레스는 라오메돈의 딸 헤시오네Hesione에게 베일을 몸값으로 받고 당시 포르다케스Pordakes라 불리던 프리아모스를 살려주었다.[46] 그래서 우리는 어떻게 '재빠른 발'을 의미하는 포르다케스가 몸값을 '치르다 priamai'라는 동사로부터 나온 프리아모스Priamos로 이름이 바뀌었는지를 알 수 있다.

그 후 트로이의 프리아모스 왕은 헤카베 왕비와 결혼하여 모두 50명의 아들을 낳았다. 수많은 트로이 왕자 가운데 장남 헥토르는 단연 뛰어난 전사였다. 그는 그리스 동맹군에 맞서 싸우는 트로이 영웅 중의 영웅이었다. 파리스도 비록 창검술은 약했지만 활로는 유명하였다. 그는 뛰어난 궁술로 수많은 그리스군을 죽음으로 몰아 넣었고 아킬레우스의 발뒤꿈치를 맞혀 죽게 만드는 결정적인 역할을 하였다. 그 외에도 예언 능력을 가졌던 아폴론 신전의 여사제 카산드라Kassandra와 폴뤼크세네Polyxene와 같은 딸들도 있었다. 카산드라는 아폴론의 사랑을 받았지만 거부하였다. 그 결과 그녀는 예언 능력을 얻었으나 아무도 예언을 믿지 않는 불행을 당하게 되었다. 트로이 전쟁이 끝난 후 카산드라는 아가멤논의 첩으로 뮈케네에 함께 끌려 갔다가 죽음을 당하게 되고, 폴뤼크세네는 아킬레우스의 무덤에 산 채로 희생 제물로 바쳐진다.

아킬레우스의 분노

그리스군이 트로이로 진격해온 지 벌써 9년이 되었지만 트로이 성벽은 철옹성처럼 무너질 기미가 안 보였다. 그리스군은 트로이를 포위한 채 주변의 많은 도시를 공격하면서 전쟁을 지속하기 위한 필수품과 여인들을 전리품으로 삼았다. 아가멤논이 수많은 전리품 중에서 가장 좋아했던 것은 바로 크뤼세이스Chryseis였다. 그녀는 크뤼세 섬의 아폴론 사제인 크뤼세스의 딸이었다. 크뤼세스는 아가멤논에게 엄청난 몸값을 가지고 와서 딸을 되돌려달라고 애원했다. 그러나 아가멤논은 아폴론의 사제를 모욕하며 난폭하게 내쫓았다. 크뤼세스는 슬픔을 이기지 못하고 아폴론에게 기도하였다.[47] 아폴론은 크뤼세스의 기도를 듣고 그리스 진영에 역병의 화살들을 9일 동안이나 쏟아부었다.

그리스군은 10일째가 되자 아킬레우스의 소집에 따라 회의를 하게 되었다. 그들은 왜 아폴론이 진노했는지를 아직 알지 못했다. 예언자 칼카스는 아가멤논이 아폴론의 사제 크뤼세스를 모욕했을 뿐만 아니라 크뤼세이스를 돌려보내지 않았기 때문이라고 설명하였다. 이에 아가멤논은 자기 아내 클뤼타임네스트라보다 크뤼세이스를 더 좋아한다며 돌려주기를 꺼려했다. 그러나 그리스 진영의 상황이 위급해졌기 때문에 만약 자신에게 적절한 대가를 치른다면 돌려줄 수도 있다고 말한다. 아킬레우스는 트로이 성벽을 무너뜨리게 되면 아가멤논에게 3-4배의 보상을 해주겠다고 약속한다.[48] 그러자 아가멤논은 당장 아킬레우스를 비롯한 다른 장군들의 전리품을 빼앗겠다고 말해 아킬레우스의 분노를 불러일으킨다. 결국 비열한 아가멤논은 아킬레우스가 아끼는 브리세이스Briseis를 빼앗아간다. 아킬레우스의 분노는 극에 달했다. 아테나가 나서지 않았다면 아가멤논과 칼부림이 일어났을 것이다.

테티스의 힘

아킬레우스는 치미는 분노를 억누르며 막사로 돌아왔다. 그는 잿빛 바닷가에 앉아 어머니 테티스 여신에게 눈물을 흘리며 기도하였다. 그는 아가멤논 같은 인간에게 자신의 명예의 선물을 빼앗길 수밖에 없는 처지를 한탄하며 올림포스로 가서 제우스에게 도움을 청해달라고 말한다. 테티스는 자신의 아들이 아가멤논에게 굴욕적인 처우를 당하고 비참한 운명을 맞이할 것을 생각하면서 눈물을 흘리며 말한다.

> "아아 내 아들아, 이런 불행을 당하게 하려고 내가 너를 낳아
> 길렀더란 말이냐? 너는 수명도 짧은데다 또 누구보다도 불행하구나.
> 이런 비참한 운명을 맛보게 하려고 너를 낳았더란 말인가!"
> ─호메로스, 『일리아스』, 1.414

제우스는 테티스가 부탁하는 것을 물리칠 수가 없었다. 왜냐하면 테티스는 제우스가 헤라와 포세이돈, 아테나와 같은 올림포스 신들이 반란을 일으켜 포박을 당했을 때 백 개의 팔을 가진 브리아레오스Briareos(혹은 아이가

이온Aigaion)를 불러 올려 제우스를 사슬에서 풀어준 적이 있기 때문이다. 만약 테티스가 도와주지 않았다면 제우스는 꼼짝없이 다른 신들에게 포박된 채로 있을 수밖에 없었을 것이다. 더욱이 테티스를 인간 펠레우스와 결혼시켜 아킬레우스를 낳게 한 것도 바로 제우스가 아니던가! 인간 남자와 결혼하여 낳은 죽을 수밖에 없는 운명을 타고난 아들의 죽음을 지켜보아야 하는 테티스의 슬픔은 너무나 컸다.

제우스의 뜻

제우스는 테티스의 탄원을 들어주지 않을 수 없다. 어떻게 아킬레우스의 명예를 높여주고 수많은 그리스인을 죽게 할 것인가를 궁리하였다.[49] 우선 제우스는 아킬레우스가 없는 그리스군이 계속해서 트로이군에게 밀리도록 만든다. 그는 신들을 불러모아 누구든 편들다가 눈에 띄는 날이면 타르타로스에 내던질 것이라고 엄포를 놓는다.

"모든 신과 모든 여신은 내 말을 들으시오.

내 가슴 속에 마음이 명령하는 바를 말하고자 하오.

그대들은 남신이든 여신이든 내 말에 찬성하여 내가 이 일들을

되도록 빨리 끝낼 수 있게 하시오.

누구든지 다른 신들과 떨어져서 트로이아인들이나

다나오스인들을 도우려다가 내 눈에 띄는 날에는

수치스럽게 매를 맞고 올륌포스로 돌아오게 되거나

아니면 내가 그 자를 붙잡아 저 멀리 떨어져 있는 타르타로스로

내던질 것이오."

―호메로스, 『일리아스』, 8.5-14

제우스가 신들의 편싸움을 중지시키자 인간들만의 전투가 벌어졌다. 트로이는 계속해서 승리해나갔고 그리스는 계속하여 패주하였다. 그리스군 사들은 공포에 사로잡혔고 장군들은 참을 수 없는 슬픔에 사로잡혔다. 그리스군의 피해는 이루 다 말할 수 없을 정도였다.

그제야 아가멤논은 제우스를 원망하며 아킬레우스와 싸운 것을 후회하였다.[50] 그래서 아킬레우스를 설득하기 위해 사절단을 보내지만 아킬레우스는 아가멤논의 사죄와 선물을 거절한다. 그러나 아킬레우스도 이미 조금씩 마음이 흔들리고 있었다. 처음에는 그리스로 돌아가겠다고 주장했지만 나중에는 헥토르가 자신의 민족 뮈르미돈인들의 막사와 함선이 있는 데까지 쳐들어와 불사르기 전까지는 참전하지 않을 것이라고 물러선다.[51]

아가멤논까지 나가서 맹활약을 했지만 아킬레우스 없는 그리스군은 계속하여 트로이군에게 밀렸다. 그리스 진영의 최강의 장군들인 디오메데스와 오뒷세우스 및 마카온 등이 잇따라 부상을 당하면서 상황이 더욱 심각해졌다. 드디어 아킬레우스도 사태가 심상치 않다고 판단하여 파트로클로스에게 상황 파악을 지시하는 데까지 이르렀다.[52]

파트로클로스의 참전과 죽음

파트로클로스는 아킬레우스의 명령에 따라 그리스군 상황을 파악하러 나갔다가 네스토르를 만난다. 네스토르는 파트로클로스를 설득하여 아킬레우스와 함께 출정할 것을 권유한다.[53] 파트로클로스는 아킬레우스의 막사로 돌아와서 수많은 그리스 영웅이 부상을 당하는 위급한 상황이라는 것을 보고한다. 그는 비통한 마음으로 아킬레우스의 무구를 걸치고 출전할 수 있도록 허락해달라고 한다. 아킬레우스의 무구를 걸친 파트로클로스에게 트로이군을 그리스 함선으로부터 몰아내고 트로이 성벽까지는 따라가

지 않는다는 조건을 걸고 출전을 허락한다.[54] 아킬레우스의 무구를 걸친 파트로클로스가 출전하자 트로이군은 아킬레우스가 다시 참전한 것으로 착각하고 동요하였다.

파트로클로스는 여세를 몰아 사르페돈을 비롯한 많은 트로이군을 살육한 후 아킬레우스와의 약속을 어기고 트로이 성벽을 오르려고 시도하였다. 아폴론은 수차례 경고하였지만 소용이 없자 파트로클로스를 내리쳤다. 파트로클로스는 눈앞이 아찔해져서 투구가 벗겨진 채로 땅바닥에 떨어졌다. 이때 에우포르보스가 창을 던져 맞혔지만 파트로클로스는 창을 뽑아내고 도망갔다. 그러나 다시 헥토르가 쫓아와 파트로클로스의 아랫배를 창으로 찔러 죽음에 이르게 한다.[55] 파트로클로스의 죽음은 트로이 전쟁을 새로운 국면으로 치닫게 하였다. 아킬레우스는 사랑하는 파트로클로스가 죽자 비통한 마음으로 다시 전쟁터로 돌아온다. 그는 먼저 아가멤논에게 지난 일을 후회하며 화해를 청하고 아가멤논도 자신이 미망에 빠졌다는 것을 인정하고 보상할 것을 제안한다.[56] 아킬레우스는 파트로클로스의 죽음을 슬퍼하며 음식도 거부하며 전쟁터에 나가기만을 고대한다.

신들과 인간들의 편싸움

제우스는 이제 아킬레우스와 아가멤논이 서로 화해하고 아킬레우스의 명예가 회복되었다고 생각하고는, 올림포스의 다른 신들이 각자 자신이 원하는 대로 인간들의 전쟁에 참여하도록 허락해준다.[57] 그러자 그리스편의 신들인 헤라와 팔라스 아테나, 포세이돈, 헤르메스, 헤파이스토스가 그리스군을 도와주기 위해 달려갔고, 트로이 편의 신들인 아레스, 아폴론, 아르테미스, 레토, 크산토스, 아프로디테가 트로이군을 돕기 위해 달려갔다. 포세이돈은 아폴론과 맞섰고, 아테나는 아레스에 맞섰으며, 헤라는 아르테미스와 맞섰으며, 헤르메스는 레토와 맞섰으며, 헤파이스토스는 크산토스와 맞섰다.

아레스는 아테나가 그리스 장군들을 통해 자신을 찌른 일에 대해 분노하여 아테나를 창으로 찔렀지만 방패에 맞았다. 그러자 아테나는 크고 들쭉날쭉한 검은 돌을 집어들어 아레스의 목을 치니 아레스의 사지가 풀려 쓰러지고 아프로디테가 데리고 나갔다.[58] 포세이돈은 아폴론에게 트로이를 처음 건축할 때 자신들이 프리아모스 왕의 아버지 라오메돈을 도왔지만 아무런 대가도 받지 못하고 내쫓겼다는 사실을 상기시키며 트로이를 위해 싸우는 것을 비난하였다.[59] 아폴론은 아버지의 형제와 싸우는 것을 부끄럽게 생각했기 때문에 인간들 때문에 신들이 서로 싸워서는 안 된다고 주장하며 물러났다. 이에 아르테미스가 개입하여 포세이돈 앞에서 물러나는 아폴론에게 벌써 달아나느냐고 물으며 쓸 데도 없는 활은 뭐하러 메고 다니냐고 비아냥거렸다. 그러자 헤라가 나서서 감히 자신과 대적하려 한다고 호통을 치며 아르테미스의 양 손목을 잡고 후려치니 아르테미스가 울면서 제우스에게로 달아났다.[60] 신들이 전쟁에 개입하면서 그리스군과 트로이군의 접전은 더욱 치열해졌다. 신들은 신들끼리, 인간들은 인간들끼리.

헥토르의 죽음과 몸값

아킬레우스는 오직 한 가지 이유로 전쟁에 다시 참전했다. 그것은 파트로클로스의 죽음에 대해 보복을 하는 것이다. 아킬레우스는 파트로클로스의 시신을 확인하자 흙먼지를 온 몸에 둘러쓰고 땅바닥에 드러누워 머리를 뜯으며 통곡을 했다.[61] 그는 오직 복수의 일념으로 다시 일어났다. 아킬레우스의 목표는 파트로클로스를 죽인 헥토르였다. 헥토르는 트로이 최고의 장군이었다. 그는 프리아모스 왕과 헤카베 왕비에게는 더할 나위 없는 효

아킬레우스의 무구를 두고
다투다_아티카 적색상 도
기의 바깥 그림. 두리스의
원작 그림을 모사. 기원전
490년경.

자였으며, 아내 안드로마케에게는 사랑하는 남편이었으며, 어린 아들 아스
튀아낙스에게는 용감한 아버지였다. 더욱이 그는 트로이인들의 마지막 희
망이었다. 그는 위기에 처한 트로이와 자신의 가족과 민족을 구하기 위해
최후의 순간까지 비장하게 싸웠다. 아킬레우스는 파트로클로스의 원한을
갚기 전에 장례 의식을 치를 수 없었다. 그는 헥토르를 죽이기 위해 수많은
트로이군을 살육했다. 그리고 마침내 트로이의 성문 앞에서 헥토르를 만났
을 때 마치 날랜 매가 겁 많은 비둘기를 내리 덮치듯이 아킬레우스는 헥토
르를 추격하였다. 헥토르는 성벽을 세 번이나 돌고 난 후에 아테나 여신의
계략으로 아킬레우스와 맞서게 된다. 마지막에 헥토르는 자신의 죽음이 다
가온 것을 직감했다.

"아아, 이제야말로 신들께서 나를 죽음으로 부르시는구나.

나는 영웅 데이포보스가 내 곁에 있는 줄 알았는데

그는 성벽 안에 있으니 아테나가 나를 속였구나.

이제 사악한 죽음이 가까이 있고 더 이상 멀리 있지 않으니

피할 길이 없구나. 그렇다면 이것이 전부터 제우스와

제우스의 멀리 쏘는 아드님의 바람이었던가! 그분들께서는 전에는

나를 기꺼이 도와주셨건만, 이제는 운명이 나를 따라잡았구나.

그러나 나는 결코 싸우지 않고 명성도 없이 죽고 싶지는 않으니

후세 사람들도 들어서 알 만한 큰일을 하고 죽으리라."

— 호메로스, 『일리아스』, 22.297–305

헥토르는 용감하게 싸웠지만 아킬레우스에게는 역부족이었다. 아킬레우스는 헥토르의 목을 창으로 찔러 죽음에 이르게 하였다. 그리고 여전히 치밀어오는 분노를 가라앉히지 못하고 헥토르의 발뒤꿈치를 뚫어 쇠가죽 끈을 꿰어 마차에 매달고 다녔다.

트로이 성벽에서 내려다보던 프리아모스와 헤카베는 헥토르의 비참한 최후를 보고 거의 실성할 지경이었다. 어떤 부모가 가장 사랑하는 아들이 눈앞에서 죽어 살인자의 전차에 매달려 끌려가는데 제정신일 수 있겠는가! 그러나 아킬레우스 역시 파트로클로스의 죽음 앞에 제정신이 아니었다. 그는 헥토르를 죽이고서야 파트로클로스의 장례 의식을 성대하게 치렀다. 그러나 트로이의 성에는 아들의 시신을 빼앗긴 채로 장례 의식을 치르지 못하는 헥토르의 아버지 프리아모스가 있었다. 이제는 너무나 늙어서 슬픔을 이기기도 힘든 프리아모스는 위험을 무릅쓰고 아들 헥토르의 시신을 찾아오기로 결심하고 어두운 밤에 아킬레우스를 찾아간다. 프리아모스는 헥토르 외에도 자기 아들들을 수도 없이 죽인 아킬레우스의 손에 입 맞

추며 그의 아버지를 생각하여 아들을 잃은 자신을 동정해달라고 애원한다.[62] 아킬레우스는 자신의 아버지를 생각하며 헥토르의 시신을 몸값을 받고 순순히 내주었다. 프리아모스 왕도 트로이 성벽으로 돌아와 헥토르를 위한 성대한 장례 의식을 치렀다.

아킬레우스의 무훈과 죽음

아킬레우스는 트로이 전쟁에 참여했던 영웅 가운데 가장 아름다운 사람이었으며 누구보다도 짧은 삶을 타고난 사람이었다.[63] 어느 누구도 아킬레우스만큼 트로이 전쟁에서 공헌을 한 인물은 없다. 아킬레우스는 헥토르가 죽기 전에 약 9년 동안 트로이 주변의 수많은 도시를 공격하여 노예와 전리품, 필수품들을 조달하였다. 그리하여 트로이군은 아킬레우스가 나타나면 공포에 휩싸였을 정도였다. 그는 수많은 트로이의 왕족과 장군들을 살육했으며 아무도 대적할 인물이 없었다. 그러나 아킬레우스는 자신의 운명을 알고 있었다. 트로이 전쟁에 참전하면 단명할 것임을 말이다. 아킬레우스는 긴 수명보다는 명예를 선택했다. 헥토르가 죽으면 바로 자신도 죽으리라는 것을 알면서도 자신의 선택을 바꾸지 않았다.

> "이제 저는 나가겠어요. 제가 사랑하는 사람을 죽인 헥토르를
> 만나기 위해서. 제 죽음의 운명은 제우스와 다른 불사신들께서
> 이루기를 원하시는 때에 언제든지 받아들이겠어요."
> ─호메로스, 『일리아스』, 18.114-116

아킬레우스는 죽음을 무릅쓰고 전장에 나갔다. 이제는 시간이 별로 없었다. 그렇지만 그는 헥토르를 죽인 후에도 짧은 시간 동안 수많은 적과 싸웠

아킬레우스와 펜테실레이아_아마존의 여왕 펜테실레이아는 그리스 장교들의 목을 수없이 잘랐지만, 아킬레우스의 상대가 되지는 못했다. 그의 창이 몸속으로 파고드는 순간, 펜테실레이아는 아킬레우스의 얼굴을 쳐다본다. 그리고 사랑에 빠진다. 아킬레우스도 곧 자신의 행동을 후회한다. 시인들은 사랑과 죽음이 한 매듭으로 연결된 영웅들의 비극적 사랑을 읊기 좋아했다. 아킬레우스는 트로이의 흙먼지 무성한 전쟁터에서 펜테실레이아의 시신을 직접 들쳐업고 먼 곳으로 옮겼다고 한다. 아티카의 흑색상 암포라 그림. 기원전 540~530년.

다. 헥토르의 장례 의식이 진행되는 중에 아마존의 군대를 이끌고 온 펜테실레이아Penthesileia는 휴전이 끝나자마자 아킬레우스와 격돌하였다.[64] 아킬레우스의 승리로 돌아갔지만 펜테실레이아의 투구가 벗겨지고 아름다운 머리가 드러났을 때 아킬레우스는 자신의 칼이 이미 그녀의 가슴속에 깊이 찔러 넣어진 것을 후회하였다고 한다. 또한 아킬레우스는 자신과 같이 여신의 아들인 멤논Memnon도 살해했다. 멤논은 새벽의 여신 에오스Eos의 아들로 나중에 에오스에 의해 불멸하게 된다.

드디어 아킬레우스의 운명의 날이 다가왔다. 그는 트로이 전쟁에서 가장 뛰어난 활약을 했지만 트로이 성안에 발을 들여놓을 수가 없었다. 헥토르가 죽은 트로이의 스카이아이 성문 앞에서 아킬레우스는 트로이군을 추격하다가 뜻밖의 죽음을 당한다. 헥토르의 동생이자 헬레네의 남편 파리스가 바로 아킬레우스의 발뒤꿈치를 활로 쏘아 맞혔기 때문이다. 그리스 최고의 영웅 아킬레우스는 화살에 발뒤꿈치를 맞아 어처구니없는 죽음을 맞이하였다. 그것은 이미 여러 번 예언되었던 일이었다. 아킬레우스가 죽자 트로이군과 그리스군 간의 시신 쟁탈전이 종일 일어났다. 아킬레우스의 사촌이자 전우인 아이아스Aias가 화살이 비처럼 쏟아지는 전장에서 아킬레우스의 시신을 등에 업고 나왔으며, 오뒷세우스가 트로이군의 공격에 대항하여 아이아스를 보호하였다.[65] 아킬레우스의 시신은 화장된 후 유언에 따라 파트로클로스의 뼈와 합장되었다.

트로이 목마와 그리스 특공대

누가 트로이 전쟁의 승자가 될 것인가. 이제 그리스군은 트로이를 함락시키기 위해 최후의 수단을 사용해야 했다. 헬레노
스는 그 방법으로 네오프톨레모스의 참전과 필록테테스의 활, 트로이의 팔라디온, 그리고 나머지 하나인 트로이 목마에 대
해 얘기해준다. 키클라데스의 부조 암포라. 기원전 670년경.

트로이는 왜 그리스에게 정복당했을까 4

트로이 왕가의 내분과 전쟁의 종식

트로이 전쟁은 아직 끝나지 않았다. 트로이군의 최고 영웅 헥토르는 물론이고 그리스군의 최고 영웅 아킬레우스도 죽었지만 트로이 전쟁의 끝은 보이지 않았다. 언제 전쟁이 끝나고 고향으로 돌아갈 수 있는가? 그리스를 떠나온 지 벌써 10년이 되어가는데도 트로이 성벽은 흔들림 없이 굳건할 뿐이었다. 이제 그리스군은 트로이를 함락시키기 위해 최후의 수단을 사용해야 했다. 단 한 가닥 희망이라도 있다면 어떠한 수단과 방법을 가리지 않고 시도해야 했다. 마침 트로이 성에서는 내분이 일어나기 시작했다. 아킬레우스를 죽인 파리스가 죽은 후 트로이의 지휘는 프리아모스의 딸이자 아폴론의 여사제 카산드라와 쌍둥이 형제였던 헬레노스Helenos에게 넘어갔다. 헬레노스 역시 예언자로서 예전에 파리스가 헬레네를 데리고 돌아온 스파르타로의 여행이 어떠한 결과를 초래할 것인지를 예언한 적이 있었다.

파리스의 죽음 이후에 또다시 헬레네는 새로운 분쟁의 불씨가 되었다. 프리아모스의 아들들이 남편을 잃은 헬레네를 서로 차지하겠다고 다투었기 때문이다. 그러나 프리아모스 왕은 헬레네를 간절히 바랐던 헬레노스를 외면하고 헥토르의 또 다른 형제 데이포보스를 선택하였다. 헬레노스는 너무나 실망하여 모든 것을 포기하고 이다 산으로 은둔해버렸다. 그리스의 예언자 칼카스가 헬레노스만이 트로이를 함락시킬 신탁을 알고 있다고 하자 오뒷세우스는 이다 산으로 가서 헬레노스를 붙잡아왔다. 헬레노스는 트로이 함락 후에 자신을 석방해줄 것을 조건으로 네오프톨레모스의 참전과 필록테테스의 활과 트로이의 팔라디온, 트로이 목마에 대해 말해주었다. 트로이 전쟁이 끝난 후 헬레노스는 헬레네를 얻지 못하여 슬퍼했지만 목숨은 구했다. 그러나 헬레네를 차지하고 기뻐했던 데이포보스는 메넬라오스에게 살해당한 후에 사지가 절단되는 끔찍한 최후를 맞는다. 인생이란 얼마나 예측하기 어려운가!

펠롭스의 뼈와 네오프톨레모스의 참전

그리스인들은 일찌감치 트로이에서 승리하기 위해서라면 수단과 방법을 가리지 않을 상황이었다. 벌써 수많은 그리스군사가 죽어나가고 이제 지칠 대로 지쳐버린 상태에서 무엇을 가리겠는가? 심지어 그들은 올림피아에서 트로이까지 펠롭스의 뼈를 가져왔다고 전해진다.[66] 사실 왜 펠롭스의 뼈가 트로이 함락의 전제가 된다고 생각했는지를 정확하게 알기는 어렵다. 아마도 펠롭스가 뮈케네의 왕 아가멤논의 선조로 소아시아의 뤼디아에서 펠로폰네소스 반도로 이주해온 인물이었기 때문에 역시 소아시아의 트로이에서 자신들을 지켜줄 것이라는 영웅숭배 사상과 밀접한 연관이 있는 것으로 보인다. 그리스군이 트로이를 함락시키기 위해서는 다른 조건들이 있었다. 우선 아킬레우스가 스퀴로스 섬을 떠날 때 데이다메이아가 임신하였던 네오프톨레모스를 트로이로 데려오는 것이었다.[67] 아킬레우스가 죽은 후 그리스군은 아킬레우스를 대신할 상징적인 영웅이 필요했다. 결국 오뒷세우스가 스퀴로스 섬 외가에서 자라나던 네오프톨레모스를 찾으러 떠났고 네오프톨레모스는 순순히 오뒷세우스를 따라 나섰다. 그는 오뒷세우스가 간직하고 있었던 아킬레우스의 갑옷을 입었다.

필록테테스의 활과 화살

다음으로 렘노스 섬에서 헤라클레스의 활을 가진 필록테테스Philoktetes를 데려오는 일은 이미 앞서 이루어졌고 필록테테스는 원래 트로이 원정을 떠날 때 아울리스 항구에서 함께 떠났던 인물이다. 필록테테스의 유명한 활은 바로 헤라클레스가 죽을 때 선물한 것이다. 헤라클레스는 말년에 아내 데이아네이라가 남편의 사랑을 되찾기 위해 보낸 넷소스의 피를 묻힌 옷을 입고 온 몸에 독이 퍼져 참을 수 없는 고통을 겪는다. 그것은 넷소스가 데이아네이라를 납치하려다가 헤라클레스의 독화살에 맞아 죽으면서 흘린 피를 묻힌 천이다. 이미 치명적인 독으로 인해 고통을 당하던 헤라클레스는 오이타Oita 산으로 가서 장작을 쌓고 불을 붙여줄 사람을 찾다가 델포이를 향해 지나가던 필록테테스를 만났다. 헤라클레스는 지상에서의 삶을 마감하면서 장작더미에 불을 붙여준 보상으로 자신의 활을 필록테테스에게 주었다.[68] 이러한 인연으로 필록테테스는 헤라클레스의 활을 갖고 다니게 되었다.

그리스군은 트로이로 접근하던 중에 크뤼세에 있던 제단에 희생 제물을 바치러 들렀다. 이때 신성한 뱀이 나타나 유독 필록테테스의 발을 물었고 상처가 곪기 시작하더니 악취가 진동했다. 그리스인들은 렘노스에다 필록테테스를 버리고 떠났다. 필록테테스는 아픈 발을 부둥켜 잡고 렘노스 섬에서 살아남기 위해 발버둥을 쳐야 했다. 약 9년이라는 모진 세월이 흘렀다. 필록테테스는 자신의 동료들에게 버림받았다는 배신감을 지울 수가 없었다.

그러나 그리스군은 자신들이 버린 필록테테스 없이는 트로이 전쟁에서 승리할 수 없다는 사실을 알았다. 그리스군으로서는 달리 선택할 방법이 없었다. 오뒷세우스를 비롯한 그리스군은 어쩔 수 없이 렘노스 섬에 필록테테스를 데리러 갔다. 필록테테스는 아무도 용서할 수 없었다. 그러나 아킬레우스의 아들 네오프톨레모스가 필록테테스의 마음을 움직일 수 있었다.[69] 필록테테스는 트로이로 와서 아스클레피오스의 아들들의 의술 덕분에 발이 완치되었다. 그의 화살은 트로이 전쟁의 종지부를 찍을 인물을 향해 쏘아졌다. 바로 아킬레우스를 비롯한 수많은 그리스 영웅을 활 하나로 쏘아 죽였던 파리스를 죽게 만든 것이다. 파리스의 죽음은 트로이 전쟁을 파국으로 몰고 갔다.

필록테테스가 파리스를 활로 쏘아 죽이다_필록테테스의 화살은 트로이 전쟁의 종지부를 찍을 인물을 향해 쏘아졌다. 바로 파리스를 죽게 만든 것이다. 알라바스터의 유골함 부조, 기원전 2세기 후반.

트로이의 팔라디온

또 하나의 조건은 트로이의 팔라디온을 가져오는 것이었다. 팔라디온은 바로 아테나 여신의 별칭인 팔라스Pallas 상을 가리킨다. 이것은 프리아모스 왕의 할아버지인 일리오스가 일리온, 즉 트로이를 세울 때 제우스가 징표로 하늘에서 던져준 것이다.[70] 이 상은 트로이 건국과 관련되어 있는 만큼 트로이를 수호해준다고 믿어졌다. 그래서 트로이인들은 크고 작은 수많은 팔라디온의 복제품을 만들어 진품을 찾아내지 못하도록 하였다. 만약 팔라디온이 적의 손에 떨어진다면 트로이는 패망한다고 생각되었기 때문이다.

오뒷세우스는 단독으로 팔라디온을 찾기 위해 매질을 당해 엉망이 된 거지의 모습으로 변장하여 트로이에 잠입하였다. 우선 팔라디온이 어디에 숨겨져 있으며, 어떻게 찾아내느냐가 관건이었다. 오뒷세우스는 트로이 성안

트로이에서 팔라디온을 훔치다__ 팔라디온은 아테나 여신의 별칭인 팔라스 상을 가리킨다. 트로이인들은 이 상이 트로이 건국과 관련되어 있는 만큼 트로이를 수호한다고 믿었다. 니케라토스의 부조. 기원후 140-150년.

에서 팔라디온을 식별할 수 있었던 헬레네를 찾아갔다.

헬레네는 파리스가 죽은 후 자신의 의지와 상관없이 다른 사람과 결혼하게 되었다. 그는 프리아모스의 또 다른 아들 데이포보스였다. 헬레네는 트로이에 더 이상 머무를 이유가 없었다. 그녀는 오직 파리스를 사랑하여 트로이까지 따라왔던 것이었다. 그러나 이제 그녀의 의지와 상관없이 이 남자 저 남자의 품으로 넘겨져야 했다. 그녀는 고향에 남겨둔 딸과 남편을 진작부터 그리워하였다. 오뒷세우스가 거지로 변장을 하였지만 헬레네의 눈을 속일 수는 없었다. 오뒷세우스는 헬레네로부터 배신하지 않을 것이라는 맹세를 받고는 진품 팔라디온을 훔칠 수 있는 방법을 알아냈다. 오뒷세우스는 다시 그리스 진영으로 돌아갔다가 한밤중에 다시 디오메데스를 데리고 성안으로 잠입하여 팔라디온을 훔쳐왔다.

트로이 목마의 탄생

마지막 숙제는 트로이의 관문인 스카이아이 문의 상인방이 무너져야 하는 것이다. 그리스인들은 트로이로 출항한 지 약 9년 동안 트로이 주변만 공략할 수 있었지, 트로이 성안을 침략할 수 없었다. 트로이의 성벽은 철옹성이었다. 이 성은 프리아모스의 왕의 아버지 라오메돈 시절에 아폴론과 포세이돈 및 아이아코스에 의해 세워졌다.

그리스인들은 헥토르와 아킬레우스가 비운의 죽음을 맞이하였던 스카이아이 문을 무너뜨리기 위해 아주 기발한 계획을 세웠다. 그것은 아테나 여신에게 바칠 거대한 목마를 만드는 것이었다. 트로이 성문을 파괴할 목적이기 때문에 당연히 성문을 부수지 않으면 들어가지 않을 정도로 커다란 크기로 만들었다. 이것은 아테나 여신의 계시로 오뒷세우스가 제안하였고 에페이오스Epeios에 의해 만들어졌다.[71]

트로이박물관과 트로이 목마 모형_마지막 숙제는 트로이의 관문인 스카이아이 문의 상인방이 무너져야 하는 것이다. 그리스인들은 헥토르와 아킬레우스가 비운의 죽음을 맞이하였던 스카이아이 문을 무너뜨리기 위해 기발한 계획을 세운다. 그것은 아테나 여신에게 바칠 거대한 목마를 만드는 것이었다.

트로이 목마가 완성된 후 오뒷세우스를 비롯하여 메넬라오스, 디오메데스, 네오프톨레모스 등이 목마 안에 들어갔다. 이때 목마 안에 들어간 사람의 수를 때로는 23명 또는 30명이라고도 하고 때로는 50명이라 하며, 심지어 3,000명이라고도 한다.[72] 그러나 3,000명이라는 수는 지나치게 과장된 것이다.

그리스인들은 아테나 여신에게 바치는 선물을 남겨놓고 철수하였다. 그것은 그리스인들이 귀향을 위해 아테나 여신에게 바치는 감사 제물이라 생각되었다.[73] 트로이인들은 그리스인들이 남긴 트로이 목마를 어찌할 것인가를 두고 설전을 벌였다. 어떤 사람들은 성안으로 목마를 들여놓자고 했으나, 다른 사람들은 바다에 던져버리거나 불에 태워버리자고 했다. 이때 그리스인 시논Sinon이 붙잡혀왔다. 그는 자신이 그리스군이 무사히 귀향하기 위해 신들에게 바칠 인간 제물이 되었으나 두려움 때문에 도망쳤다고 말하였다. 그리스인들이 남겨놓은 목마가 아테나 여신에게 바치는 선물이며 트로이인들이 도시로 끌고 들어가지 못하도록 크게 만들었다고 주장하였다. 사실 시논의 말은 그대로 믿기에는 의혹이 가는 부분이 많았다. 왜하필이면 시논이 희생 제물로 되었는지, 또 그리스인들이 갑작스럽게 귀향을 결정했는지 등등 말이다. 그러나 오랜 전쟁에 지친 많은 트로이인들은 시논의 말을 믿고 성문을 허물더라도 목마를 성안에 들여놓아야 한다고 주장했다.

라오콘의 죽음

그러나 마지막까지 목마에 대해 경계심을 늦추지 않고 성안으로 들이는 것을 반대한 사람이 있었다. 그는 바로 아폴론 튐브라이오스의 사제인 라오콘Laokoon이었다.

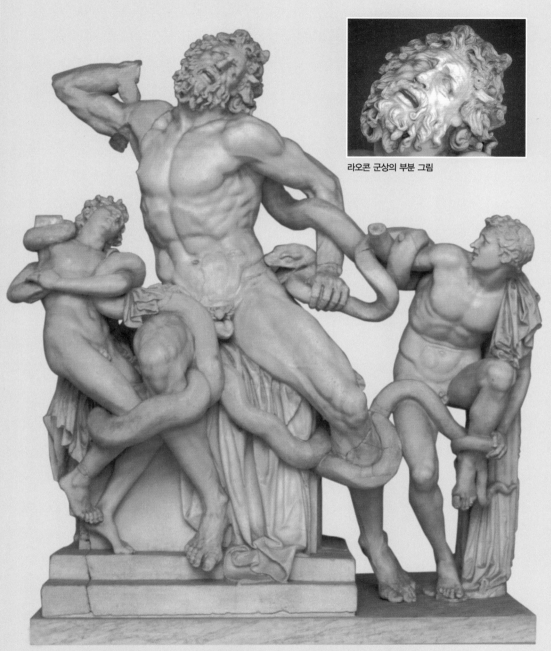

라오콘 군상의 부분 그림

라오콘 군상_1506년 로마 에스퀼리노 언덕의 황금궁성 폐허에서 발굴된 라오콘 군상은 트로이 신관과 그의 두 아들이 겪었던 최후의 순간을 증언한다. 두 마리의 뱀에게 포박되어 가망없는 탈출을 시도하는 라오콘의 비극적 조형은 르네상스 미술이 바로크로 진화하는 결정적 계기를 제공한다. 기원전 140년경의 청동 원작을 티베리우스 황제 재위기에 스페를롱가 조각공방에서 대리석으로 모각했다.

라오콘은 아폴론의 미움을 받았다.

왜냐하면 불경스럽게도 아폴론 신전에서 자기 아내와 사랑을 나누어 자식을 얻었기 때문이다.[74] 그렇지만 그는 트로이인들에게 진심으로 충고하였다. 그리스인들이 왜 아무 이유 없이 선물을 주겠냐면서 절대로 경계를 늦추어서는 안 된다고 하였다.

그러나 라오콘의 노력은 수포로 돌아갔다. 하필이면 아폴론이 이 중요한 시기에 라오콘을 벌주려 했기 때문이다.

라오콘이 아폴론 신에게 바칠 제물을 준비하고 있는 동안에 두 마리의 뱀이 나타나 그 자신은 물론 두 아들까지 죽였다. 성안에 트로이 목마를 들이는 것을 반대했던 라오콘이 신성한 뱀에 물려 죽는 모습을 본 사람들은 어떤 생각을 했을까? 그들은 라오콘의 개인적인 죄를 알지 못했기 때문에, 단순히 목마를 들이는 데 반대하여 신의 저주를 받았다고 생각할 수밖에 없었다. 그들은 결국 목마를 성안에 들여놓기 위해 성문을 허물었다.

트로이인들은 순진하게도 그리스인들이 정말로 귀향을 하기 위해 아테나 여신에게 바치는 목마를 남겨놓고 모두 돌아간 줄 알았다. 그들은 그리스인들이 물러간 것을 기념하여 잔치를 열고 오랜만에 먹고 마시며 즐거운 밤을 보냈다. 도대체 10년이란 세월 동안 한시도 마음 편하게 잘 수도, 먹고 마시지도 못했지 않았는가!

그러나 그 날은 트로이인들에게 잔혹하기 짝이 없는 밤이었다. 한밤중에 오뒷세우스를 비롯한 그리스 전사들은 목마의 배에서 빠져 나와 잠시 동안 행복에 젖어 있던 트로이인들을 무참히 살육하였다.

그리스로 돌아가는 척했던 함선들은 모두 테네도스Tenedos 섬에 숨어 있다가 신호를 받고는 다시 트로이 해안으로 몰려와 성안으로 돌진하였다. 트로이 성안은 아비규환이 되었다. 그리스인들은 피에 굶주렸고 트로이인들은 술에 취해 있었다. 그리스인들은 트로이의 남자들을 모조리 살육하였다. 한순간이나마 전쟁이 끝나 안도를 하였던 트로이의 여인들과 어린아이들은 잔인무도한 대학살의 현장에서 날카로운 비명을 지르며 울부짖었다.

오뒷세우스의 발을 씻어주는 유모 에우리클레이아와 베틀 앞에 서 있는 페넬로페
고대 그리스에는 노예를 시켜서 손님의 발을 씻게 하는 풍속이 있었다. 낯선 나그네의 발을 씻는 것은 유모의 몫이었다. 유모가 오뒷세우스의 발에 난 흉터를 보고 주인임을 눈치채자 오뒷세우스는 팔을 내밀어 비밀을 지켜줄 것을 당부한다. 그는 아내 페넬로페를 괴롭히던 구혼자들의 눈을 피하기 위해 거지로 변장한 것이었다. 베틀 앞에 서 있는 페넬로페는 남편임을 아직 눈치채지 못했다. 테살리아의 봉헌 부조. 기원전 4세기.

트로이는 정말 역사 속으로 사라졌을까 5

트로이 전쟁의 희생자

그리스인들은 트로이인들을 잔혹하게 살육하던 밤에 무슨 생각을 하였을까? 트로이인들은 헬레네가 온 지 10년이 지난 후에야 들이닥친 그리스인들을 이해할 수 있었을까? 그리스인들이 트로이를 공격한 진짜 명분은 무엇일까? 호메로스가 『일리아스』에서 묘사하고 있는 트로이인들은 오직 그리스인들의 공격으로부터 자신의 가족과 도시를 구하기 위해 처절한 싸움을 벌였다. 여기서 트로이는 약자이고 그리스는 강자였다. 그리스군은 공격했고 트로이군은 방어했다. 운명의 밤! 그리스군은 트로이를 피로 물들였다. 그들은 노인은 물론이고 어린아이까지 닥치는 대로 잔인무도하게 학살하였다.

특히 아킬레우스의 아들 네오프톨레모스는 가장 잔혹한 살인을 자행하였다. 무엇이 아직 나이 어린 네오프톨레모스를 그토록 모질게 만들었는지는 알 수 없지만 그는 트로이에서 벌인 만행으로 죽음의 형벌을 받는다. 트로이의 마지막 밤에 아버지 아킬레우스가 헥토르의 시신을 찾으러 온 늙은 프리아모스 왕에게 연민을 느껴 친절하게 대해준 것과 달리,

네오프톨레모스가 프리아모스를 살해하다_ 아킬레우스의 아들 네오프톨레모스는 가장 잔혹한 살인을 자행하였다. 무엇이 그를 그토록 모질게 만들었을까. 그는 트로이에서 벌인 만행으로 죽음의 형벌을 받는다.

네오프톨레모스는 늙은 프리아모스 왕을 궁전 안에 있는 제우스 제단에서 냉혹하게 살해했다.[75] 그리스에서는 신들의 제단이나 신상을 붙들고 자비를 청하는 경우에는 관용을 베풀어야 한다. 그러나 네오프톨레모스는 신들에게 도움을 청하는 가엾은 프리아모스를 제단에서 끌어내 살해하였다. 결국 네오프톨레모스는 나중에 그리스로 돌아가 아폴론 신전에서 비참하게 살해당한다.[76] 또한 헥토르가 사랑했던 어린 아들 아스튀아낙스는 오뒷세우스가 성벽 위에서 떨어뜨려 죽였다고도 하지만, 끔찍하게 네오프톨레모스가 어린 아스튀아낙스를 몽둥이 삼아 프리아모스 왕을 죽였다고도 한다. 더욱이 헥토르의 아내이자 아스튀아낙스의 어머니 안드로마케는 사랑하는 남편뿐만 아니라 자식까지 모두 죽인 네오프톨레모스의 첩으로 끌려갔다.

잔인하고 유혈 낭자한 밤에 신성모독을 범하기로는 오일레우스의 아들인 작은 아이아스도 마찬가지다. 그는 아킬레우스의 사촌인 텔라몬의 아들 큰 아이아스와 달리 비열하고 오만불손한 인물이었다. 그는 아테나 여신의 신상을 붙들고 자비를 청하는 프리아모스의 딸 카산드라를 강제로 끌어냈다. 그리스인들은 작은 아이아스의 불경한 행위를 처벌하기 위해 돌을 던져 죽이기로 결정하였다. 그는 오히려 카산드라처럼 아테나 여신의 제단으로 도망가 죽음을 피하였다. 전쟁이 끝나고 모두 귀향할 때 작은 아이아스는 아테나 여신이 보낸 폭풍우 때문에 파선을 당했다. 운좋게도 다시 포세이돈에 의해 구조되었지만 스스로 살아남았다고 자만하다가 포세이돈의 삼지창에 의해 앉아 있던 바위가 부서져 익사하고 만다.

트로이 여인들의 운명

　트로이가 함락된 후 프리아모스의 아들들은 모조리 죽음을 당하고 아내와 딸들 및 며느리들은 첩과 노예로 전락한다. 프리아모스의 아내 헤카베 왕비는 생전에 가장 사랑했던 아들인 헥토르와 파리스는 물론이고 어린 손자들까지 눈앞에서 모두 죽는 것을 지켜보아야 했으며, 사랑하는 딸 폴뤼크세네가 산 채로 아킬레우스의 희생 제물이 되는 것과 아폴론 신전의 여사제인 카산드라가 아가멤논의 첩으로 끌려가는 것을 넋 놓고 보아야 했다. 더욱이 이제 트로이가 패망했다고 배신까지 당했다.

　프리아모스는 생전에 마지막 남은 자식인 폴뤼도로스Polydoros를 중요한 보물들과 함께 트라케의 왕 폴뤼메스토르Polymestor에게 맡겨놓았다. 그런데 그리스군의 손에 트로이가 떨어졌을 때 폴뤼메스토르는 보물을 차지하기 위해 폴뤼도로스를 죽이고 바다에 버렸다. 트로이의 바닷가에서 폴뤼도로스의 시신을 발견하였을 때 헤카베는 더할 수 없는 배신감으로 치를 떨었다. 헤카베는 자신의 원통한 사연을 아가멤논에게 호소하였다. 아가멤논은 폴뤼메스토르를 소환하였다.[77] 헤카베는 폴뤼메스토르가 두 아들을 데리고 왔을 때 다른 트로이 여인들과 함께 폴뤼메스토르를 맹인으로 만들고 그의 두 아들을 살해하였다. 그 대가로 그녀는 돌에 맞아 죽는 형벌을 받았다. 그런데 돌무더기 속에서 그녀의 시신이 발견되지 않고 불타는 듯이 이글거리는 눈을 가진 개 한 마리가 나왔다고 한다. 혹은 그리스로 가는 배에서 떨어져 죽어 개가 되었다는 얘기도 있다.

프리아모스의 살아남은 딸인 카산드라는 이미 자신의 운명을 알고 있었다. 그녀는 그리스 동맹군의 총사령관인 뮈케네의 왕 아가멤논의 전리품이 되었다. 아가멤논은 그녀를 애지중지하였지만 그녀는 아가멤논을 저주하였다. 카산드라는 뮈케네에 끌려간 지 얼마 되지 않아 아가멤논의 아내 클뤼타임네스트라의 손에 의해 아가멤논과 함께 살해당했다. 헥토르의 아내 안드로마케는 남편과 자식을 모두 잃고 네오프톨레모스의 첩이 되어 그리스로 끌려간다. 네오프톨레모스는 자신이 지배하는 에피로스로 무사히 돌아가지만 트로이에서 저지른 만행 때문에 아폴론 신전에서 희생 제의를 올리다가 살해된다. 결국 네오프톨레모스에게는 안드로마케가 낳아준 세 명의 아들이 혈육으로 남았다.

그렇다면 트로이 전쟁의 발단이 된 헬레네는 어찌 되었는가? 헬레네는 이미 트로이가 함락될 것을 예견했다. 그녀는 오뒷세우스가 팔라디온을 찾기 위해 도움을 청할 때 이미 자신의 안전을 도모했다. 그날 밤 오뒷세우스는 메넬라오스를 헬레네의 방으로 데려갔다.[78] 메넬라오스는 자신을 배신한 헬레네를 단칼에 없애버리려 했다. 그녀가 스파르타를 떠나고 20년 동안 복수의 칼을 갈아온 그였다. 더욱이 이토록 오래갈 줄 예상치도 못한 전쟁으로 수많은 그리스군사들이 죽어나가지 않았는가? 만약 헬레네를 죽이지 않는다면 그 원망을 감당할 자신이 없었다. 그러나 메넬라오스는 헬레네를 향한

칼을 그만 떨어뜨리고 말았다. 헬레네는 한 쪽 가슴을 드러내고 있었으며
여전히 아름다웠다. 메넬라오스는 헬레네를 데리고 자신의 함선으로 돌아
와 고향으로 향했다.[79] 그렇지만 과연 헬레네는 행복할 수 있었을까?

영웅들의 모험과 귀환

과연 트로이 전쟁을 치르며 그리스인들은 무엇을 얻었는가? 트로이로
떠나기까지 약 10년의 세월이 걸렸고 트로이에서 승리하기까지 다시 10년
여의 세월이 보태졌다. 그리스의 젊은 영웅들은 어느덧 중년을 넘기고 초
로의 나이가 되었다. 트로이에서 승리하였지만 그리스인들은 별로 얻은 것
이 없었다. 그리스로 돌아가는 길도 수월하지 않았다. 그리스 총사령관인
아가멤논의 비극은 예견되었다. 그가 뮈케네로 돌아가는 데는 별 문제가

없었다. 그러나 도착한 뮈케네의 성은 핏빛 구름이 드리워져 있었다. 클뤼타임네스트라는 사랑하는 딸을 잃고 오직 복수의 일념으로 기다렸다. 아가멤논 집안에 대대로 내려오던 저주가 꿈틀거리고 있었다. 아가멤논의 사촌 아이기스토스가 아버지의 원한과 자기 형제의 복수를 하기 위해 클뤼타임네스트라와 결탁하였다. 결국 아가멤논은 트로이에서 돌아온 지 얼마 되지 않아 클뤼타임네스트라의 손에 어이없이 살해당했다.

호메로스의 『일리아스』에서 아테나의 보호 아래 수많은 트로이 군사를 공격하며 맹활약을 했던 디오메데스도 고향으로 돌아왔다. 그는 전쟁터에서 아테나 여신의 보호를 받으면서 아이네이아스를 감싸던 아프로디테 여신에게 감히 상처를 내었다.[80] 그 역시 무사히 고향으로 돌아올 수 있었지만 아가멤논처럼 아내 아이기알레아Aigialea에게 배신당했다. 디오메데스의 불행도 이미 예견되어 있었다. 아프로디테의 어머니 디오네는 상처입은 딸을 위로하며 디오메데스의 죽음을 암시하였다.[81] 아마도 디오메데스에게 상처입은 아프로디테가 분노하여 아이기알레아를 통제하기 어려운 열정에 빠뜨리게 만들었던 것 같다. 아이기알레아는 디오메데스를 위해 오랫동안 정절을 지킨 것으로 보이나 전쟁 말엽에 코메테스Kometes라는 젊은이와 사랑에 빠졌다. 그녀는 남편이 돌아온다는 소식을 접하고 자신의 연인과 함께 함정을 쳐놓았다. 그러나 디오메데스는 아테나 여신의 제단으로 도망쳐 가까스로 죽음을 피하였다. 그 후 이탈리아로 도망을 쳤지만 결국 그곳에서 다우노스Daunos 왕에게 살해되고 만다.

크레테 왕 이도메네우스도 고향에 도착하자 곧 위험을 직감하였다. 그의 귀환에 관해서는 여러 가지 이야기가 전해진다. 한 가지 이야기에 따르면 어릴 적에 양자로 들인 레우코스Leukos가 이도메네우스의 아내와 딸을 모두 죽이고 대신 나라를 지배하였다.[82] 또 다른 이야기에 따르면 그가 크레테로 귀환 중에 큰 폭풍우를 만났는데 안전하게 돌아갈 수만 있다면 고향에 도착해서 가장 먼저 만나는 사람을 희생 제물로 바치겠다고 맹세했다. 그런데 불행히도 그를 가장 반갑게 맞이한 것은 그의 아들이었다. 그래서 크레테에 역병이 돌기 시작했고 신들을 달래기 위해 이도메네우스는 이탈리아로 떠났다.

그리스인들 가운데 그래도 제대로 고향에 돌아간 인물은 아가멤논 옆에서 좋은 충고를 아끼지 않았던 늙은 네스토르였다. 그는 그리스 장군 중에서 자신의 고향 필로스로 무사히 돌아갈 수 있었던 몇 안 되는 인물 중의 하나였

집으로 귀환한 오뒷세우스
_오뒷세우스는 꿈에 그리던 고향으로 향했다. 그러나 포세이돈의 저주를 받아 수많은 괴물과 싸우는 모험을 하게 된다. 끝없이 방황하던 오뒷세우스가 고향 이타케에 도착하기까지는 30년의 세월이 걸렸다. 청년의 모습으로 떠난 그였지만 돌아왔을 때는 50세가 훨씬 넘은 늙은 거지의 모습이었다. 보이오티아의 스키포스. 기원전 5세기 말.

다. 다른 그리스인들은 아예 고향으로 돌아가는 길 자체가 순탄하지 않았다. 가장 먼저 트로이를 출발한 사람은 바로 네스토르와 메넬라오스였다. 네스토르가 별 탈 없이 퓔로스로 돌아간 반면에 메넬라오스는 헬레네와 함께 스파르타로 돌아가는 데 무려 8년이나 걸렸다.[83] 그는 자신도 모르게 퀴프로스, 이집트, 리비아 등을 떠돌아다니다가 겨우 고향으로 돌아갈 수 있었다.

오뒷세우스도 꿈에 그리던 고향으로 향했다. 그는 아가멤논과 함께 떠났지만 얼마 후 폭풍우를 만나 아가멤논을 놓쳤다. 그 이후로 그는 포세이돈의 저주를 받아 수많은 괴물과 싸우는 모험을 하게 되었다. 트로이에서 그리스로 가는 길은 얼마 되지 않지만 오뒷세우스는 다시 약 10년의 세월을 소모한다. 헬레네가 트로이로 간 후에 제1차 그리스 동맹군 소집부터 시작한다면 약 30년이나 지났다. 끝없이 방황하던 오뒷세우스는 키르케의 도움을 받아 지하 세계에까지 여행하여 고향으로 돌아가는 길을 알 수 있었다.[84] 그러나 그가 온갖 고생을 하다가 돌아온 고향 이타케는 예전과 같지 않았다. 이제 30년이 지나 돌아온 고향에서 누가 그를 알아볼 수 있겠는가? 그가 청년의 모습으로 떠나 파선하여 겨우 돌아왔을 때는 50세가 훨씬 넘은 늙은 거지의 모습이었다. 그러나 아테나 여신의 도움을 받아 갓난아이였던 아들 텔레마코스를 만나 자신의 궁전을 되찾을 계획을 도모할 수 있었다. 그는 수년 동안 아내 페넬로페를 괴롭히던 구혼자들을 모조리 쏘아 죽이고 다시 자신의 집의 주인이 될 수 있었다.

트로이인들은 왜 동쪽으로 갔을까

트로이가 멸망한 후, 남아 있던 프리아모스의 왕족들은 모두 살육되었다. 그러나 트로이가 함락되던 날 살아남은 한 사람의 왕족이 있었다. 그는 아프로디테 여신이 앙키세스를 통해 낳은 아이네이아스이다. 앙키세스의

구혼자들을 쏘아 죽이는 오뒷세우스_집에 돌아온 오뒷세우스는 아테나 여신의 도움을 받아 아들 텔레마코스를 만나 자신의 궁전을 되찾을 계획을 도모한다. 그는 수년 동안 아내 페넬로페를 괴롭히던 구혼자들을 모조리 쏘아 죽이고 다시 자신의 집의 주인이 될 수 있었다. 캄파니아의 종형 크라테르 그림. 익시온 화가의 작품. 기원전 4세기 말.

어머니 테미스테와 프리아모스 왕의 아버지 라오메돈은 오누이로 일로스의 자식이었다. 그래서 프리아모스는 앙키세스와 외사촌간이었으며 아이네이아스에게는 외삼촌이었다. 『일리아스』에서 아이네이아스는 트로이군의 장수로 용감하게 싸웠다. 그는 트로이편에서는 헥토르에 버금가는 용감한 인물이었다. 그러나 그리스 장군 디오메데스에게 공격을 당하여 아이네이아스는 목숨이 위태로운 상황에 이르게 되었다. 이때 아프로디테는 자신의 아들을 살리기 위해 찬란한 옷을 펼쳐 막으며 전쟁터를 빠져나가려 했다. 그때 아테나의 명령을 받은 디오메데스가 창으로 그녀의 손목을 찔렀다.[85] 여기서 우리는 예외적으로 아프로디테가 아이네이아스에 대해서만은 특별한 모성애를 발휘하는 것을 볼 수 있다.

아이네이아스는 특별히 신들의 보호를 받았다. 그러나 당시 트로이를 지배하는 왕은 프리아모스였으며 앙키세스는 단지 왕족 중의 한 명일 뿐이었다. 그렇지만 올림포스 신들은 누구보다도 아이네이아스를 사랑했다. 『호메로스 찬가』에서 아프로디테는 앙키세스에게 자신의 후손이 트로이인들을 지배할 것이라고 했다.[86] 더욱이 『일리아스』에서도 아이네이아스가 아무도 감히 싸우려 하지 않았던 아킬레우스와 대적하여 싸우다 죽음에 이르렀을 때 포세이돈이 개입하여 아이네이아스를 구해주어야 한다고 신들에게 호소하면서 다음과 같이 말한다.

"자, 우리가 아이네이아스를 죽음에서 구해주도록 합시다.
만일 아킬레우스가 그를 죽인다면 크로노스의 아들이
노여워할 것이오. 그는 죽음을 피할 운명을 타고났소.
다르다노스 집안이 씨도 흔적도 없이 사라지는 일이 없도록 말이오.
크로노스의 아들은 이 다르다노스를 죽기 마련인 인간의 딸들에게서
태어난 그의 모든 자식 중에서 누구보다도 사랑했소이다.

프리아모스의 집안이 이미 크로노스의 아들의 미움을 샀으니,

이제는 아이네이아스의 힘과 앞으로 태어날 그의 자손들이

대대로 트로이아인들을 다스리게 될 것이오."

— 호메로스, 『일리아스』, 20.300-308

아무리 아킬레우스가 그리스 최고의 영웅이라 할지라도 아이네이아스만은 죽일 수 없었다. 그는 선택받은 사람이었기 때문이다. 제우스는 마지막에 트로이가 멸망하도록 방치하였지만 여전히 트로이인들을 사랑하였다. 그래서 전쟁에서 살아남은 트로이인들을 이끌 새로운 지도자로 아이네이아스를 선택했다. 호메로스는 아이네이아스가 멸망한 트로이의 새로운 계승자가 될 것이라고 예언하고 있는 것이다. 로마의 베르길리우스는 바로 이 점에 착안하여 아이네이아스가 로마의 시조라고 주장하고 있는 것이다.

아이네이아스는 트로이가 멸망하기 직전에 아버지 앙키세스를 업고 트로이 유민들을 데리고 떠나는 것으로 나온다. 그리스 도기 화가들은 아이네이아스가 앙키세스를 업고 트로이를 빠져나가는 모습을 즐겨 그렸다. 아이네이아스는 특히 아버지에 대해 효심이 지극했던 것으로 보인다. 아이네이아스는 트로이를 떠나 어디로 갈 수 있었는가? 그는 동쪽을 향해 떠났다. 수많은 모험이 그를 기다리고 있었다. 결국 그는 사모트라케, 트라케, 마케도니아, 크레테, 퀴테라, 라코니아, 아르카디아를 거쳐 마침내 방랑을 끝내고 남부 이탈리아에 도착하여 정착할 수 있었다. 아이네이아스와 트로이 유민들이 바로 로마의 건국 시조가 되었다. 트로이 전쟁이 끝난 후 얼마 지나지 않아 뮈케네를 비롯한 그리스의 여러 국가는 갑작스럽게 멸망하였다. 그렇지만 오랜 세월이 지난 후 트로이인들은 로마를 통해 그리스를 정복할 수 있었다.

1. Hesiodos, *Erga kai Hemerai*, 165.

2. Herodotos, *Istoriai*, II. 113-120.

3. Thucydides, *Peloponnesian War*, 1.10.

4. Michael Wood, *In Search of the Trojan War*, 『트로이, 잊혀진 신화』, 남경태 옮김, 2002. 48면.

5. 같은 책, 50-51면.

6. 같은 책, 64면.

7. 송문현, "호머시와 그리스 암흑기의 역사", 『부산신학』, 부산 경남사학회, 1989, p.147.

8. Pindaros, *Isthmia*, 1.8.39.

9. Homeros, *Ilias*, 18.433.

10. Hesiodos, fr.76; 케레니, 『그리스 신화: I. 신들의 시대』, 궁리, 371면.

11. Hesiodos, fr.82.

12. Hygianus, 92.

13. *scholia Ilias*, 3.325.

14. Apollodoros 3. 12. 5.

15. Euripides, *Troades*, 925.

16. Kerenyi, *The Heroes of The Greeks*, p.313.

17. Plutarchos, *Theseus*, 14a.

18. Apollodoros, 3.10.7.

19. Pausanias, 1.41.7.

20. Apollorodos, ep., 1.23.

21. Apollodoros, 3. 10. 9.

22. *ibid.*, 3. 10. 8.

23. *ibid.*, 3. 10. 9.

24. Homeros, *Odysseia*. 19. 403.

25. Homeros, *Ilias*, 3.232.

26. Apollodoros, ep., 3.3

27. Kerenyi, *ibid.*, p.319.

28. Homeros, *Ilias*, 11.777.

29. cf. Kerenyi, *The Heroes of the Greeks*, p.329.

30. Homeros, *Odysseia*, 11.508.

31. *ibid.*, 24. 115.

32. Apollodoros, ep., 3.18.

33. Homeros, *Ilias*, 11.832.

34. cf. Kerenyi, *ibid.*, p.340.

35. Homeros, *Ilias*, 2.303.

36. Euripides, *Iphigeneia he en Taurois*, 17ff.

37. Sophokles, *Elektra*, 568; Apollodoros, *epitome*, 3.21.

38. Aeschylos, *Agamemnon*, 225.

39. *ibid.*, 242.

40. *ibid.*, 231.

41. Euripides, *Iphigeneia he en Taurois*, 26.

42. 장영란, 『신화 속의 여성, 여성 속의 신화』, 문예, 100면 이하.

43. Homeros, *Ilias*, 2.484ff.

44. *Homeri Hymnus in Venerem*, 1.1.

45. Apollodoros, 3.12.3.

46. *ibid.*, 2.6.4.

47. Homeros, *Ilias*, 1.34.

48. *ibid.*, 1.122.

49. *ibid.*, 2.1-4.

50. *ibid.*, 9.115.

51. *ibid.*, 9.644.

52. *ibid.*, 11.803.

53. *ibid.*, 11.655.

54. *ibid.*, 16.87-100.

55. *ibid.*, 16.786.

56. *ibid.*, 19.40.

57. *ibid.*, 20.23.

58. *ibid.*, 21.394.

59. *ibid.*, 21.436.

60. *ibid.*, 21.472.

61. *ibid.*, 18.22.

62. *ibid.*, 24.486.

63. *ibid.*, 2.674; 1.352.

64. Kerenyi, *The Heroes of the Greeks*, p.351.

65. Apollonios, ep.,5.4; cf. Kerenyi, *ibid.*, p.353.

66. Apollodoros, ep., 5.10.

67. Homeros, *Odysseia*, 11.509.

68. Sophokles, *Philoktetes*, 802.

69. cf. Sophokles, *Philoktetes*.

70. Apollodos, 3.12.3.

71. Homeros, *Odysseia*, 8.493.

72. cf. Apollodoros, ep., 5.14.

73. Apollodoros, ep., 5.15.

74. Hygianus, 135.

75. Apollodoros, ep., 5.21.

76. Pausanias, 4.17.4.

77. cf. Euripides, *Hekabe*.

78. Homeros, *Odysseia*, 8.517.

79. *ibid.*, 3.141.

80. Homeros, *Ilias*, 5.330.

81. *ibid.*, 406-15.

82. Apollodoros, *Epitome*, 6.10.

83. Homeros, *Odysseia*, 4.82.

84. *ibid.*, 11. 1ff.

85. Homeros, *Ilias*, 5.297.

86. *Homeric Hymn to Aphrodite*, 196-197.

도 판 목 록

I _ 불멸의 존재를 불러내다

16 헨드리크 반 발렌과 얀 브뢰겔, 「신들의 연회」, 29.5×41.3cm, 1608년, 개인 소장.

18 코레조, 「사냥을 떠나는 아르테미스」, 파르마 산 파올로 수도원의 벽난로 장식 벽화, 1519년.

21 피디아스, 「아테나 렘니아」, 높이 207cm, 기원전 450년경 피디아스의 청동 원작을 로마 제정 초기에 모각, 알베르티눔, 드레스덴.

22 「아르테미스 신상」, 실물대의 2배 크기, 1956년에 에페소스의 프리타네이온에서 발굴.

23 마르시아스 화가, 「바다의 여신 테티스를 뒤쫓는 펠레우스」, 높이 42.5cm, 기원전 350년경, 브리티시박물관, 아테네.

26 「올림포스」.

29 레오 폰 클렌체, 「아테네 아크로폴리스 복원도」, 1846년, 근대 회화관, 뮌헨.

30 에드워드 번 존스, 「퓌그말리온의 조각에 생명을 불어넣는 아프로디테」, 97.5×74.9cm, 1868-1878년, 버밍햄 미술관, 버밍햄.

31 프란체스코 살비아티, 「큰 용 퓌톤을 제압하는 아폴론」, 44.3×25.7cm, 1530년, 알베르티나 동판화 수집실, 빈.

33 「델포이 아폴론 신전」.

34 「수니온 곶의 포세이돈 신전」.

Ⅱ_상징의 세계에 들어서다

시대의 모각, 알베르티눔, 드레스덴.

87 「아프로디테와 주사위 놀이를 하는 판」, 직경 18.5cm, 청동 거울의 뒷면 인그레이빙, 기원전 350년경, 브리티시박물관.

90 「데메테르」, 높이 1.51m, 기원전 460년경, 페르가몬박물관, 베를린.

92 라파엘로, 「삼미신」, 17×17cm. 1505-1506년, 콩데미술관, 샹티이.

97 「아기 플루토를 안고 있는 에이레네」, 높이 2.06m, 케피소도토스의 청동 원작을 기원후 2세기에 대리석으로 모각, 뮌헨 고전조각관.

100 리시포스, 「활을 구부려서 활시위를 풀어내는 에로스」, 높이 62cm, 기원전 350년경의 그리스 원작을 로마 후기 공화정 초기 제정 사이에 모각, 브리티시박물관, 런던.

103 「잠든 헤르마프로디토스」, 길이 1.47m, 기원전 120년경, 루브르박물관, 파리.

106 피알레, 「저승사자 헤르메스」, 높이 36cm, 백색 바탕의 레키토스, 기원전 440-430년, 뮌헨.

107 벤베누토 첼리니, 「헤르메스」, 높이 96cm, 1550년경, 바르젤로 국립미술관, 피렌체.

110 「아폴론의 삼족의자를 훔치는 헤라클레스」, 적색상 암포라의 바깥 그림, 기원전 420년경, 국립박물관, 베를린.

113 페터 파울 루벤스, 「가뉘메데스를 납치하는 제우스」, 181×87cm, 1600년경, 프라도박물관, 마드리드.

114 「메두사 론다니니」, 높이 40cm, 피디아스의 원작을 모각, 기원전 440년.

115 에드워드 번 존스, 「메두사의 머리를 우물에 비추는 페르세우스」, 156×128cm, 국립미술관, 슈투트가르트.

116 「헤라」, 직경 20cm, 아티카의 접시술잔, 기원전 470-460년, 고대 도기 수집실, 뮌헨.

117 헨드리크 반 발렌, 「아프로디테와 에로스」, 190×148cm, 1600년, 에르미타주미술관, 상트 페테르부르크.

118 「아프로디테의 탄생」, 기원후 1세기, 폼페이 베누스의 조개껍데기의 집 벽화.

119 「아테나 여신의 올빼미」, 직경 2.5cm, 무게 17.19g, 아테네의 테트라 드라크마 은화, 기원전 510년경, 브리티시박물관, 런던.

120 「아테나 여신의 두상」, 직경 2.5cm, 무게 17.19g, 아테네의 테트라 드라크마 은화, 기원전 510년경, 브리티시박물관, 런던.

122 「키타라 연주자」, 아테네에서 제작된 암포라 그림, 기원전 480년경, 뉴욕 허스트 컬렉션.

123 「아폴론의 삼족의자를 훔치는 헤라클레스」, 적색상 도기의 바깥 그림, 마르틴 바그너박물관, 뷔르츠부르크.

125 페터 파울 루벤스와 프란스 스니더스, 「아르테미스」, 165.5×187cm, 1637-1638년, 상수시 성미술관, 포츠담.

126 클레오폰, 「헤파이스토스를 올륌포스로 다시 데려오는 디오뉘소스」, 펠리케, 기원전 435-430년, 뮌헨 고대도기 수집실.

128 「알케스티스와 헤르메스」, 높이 1.8m, 기원전 356년 화재 이후 재건축된 에페소스의 아르테미스 신전의 기둥 받침부 부조, 브리티시박물관, 런던.

129 「디오뉘소스와 그의 추종자들」, 높이 63cm, 기원전 525-500년, 불치에서 출토, 브리티시박물관.

III_호메로스에게 그리스 정신을 듣다

IV_올림포스에서 신들을 내려다보다

190 프란체스코 프랑켄 2세, 「포세이돈과 암피트리테」, 51×70cm, 1610-1616년, 피티미술관, 피렌체.

192 아브라함 얀센스, 「풍요의 뿔 코르누코피아의 탄생」, 108.6×172.7cm, 1615-1620년, 시애틀미술관, 시애틀.

195 귀스타브 모로, 「유랑하는 오르페우스」, 180×146cm, 1880년경, 귀스타브 모로미술관, 파리.

197 「뉙스와 에리뉘에스」, 부조 높이 2.3m, 페르가몬 제우스 제단의 오름부조, 기원전 180년경, 페르가몬박물관, 베를린.

199 「제주를 붓는 아폴론」, 흰색 접시술잔의 안쪽 그림, 기원전 470년경, 델피에서 출토, 국립고고학박물관, 델피.

205 귀도 레니, 「제압당한 거인족」, 207×188cm, 1638-1639년, 시립미술관, 페사로.

206 고야, 「크로노스」, 146×83cm, 1820-1823년, 마드리드 프라도박물관.

208 「아테나 여신과 거인족 알키오네우스의 싸움」, 높이 2.3m, 페르가몬 제우스 제단의 오름계단 부조, 베를린 페르가몬박물관.

211 「튀폰과 싸우는 제우스」, 기원전 540-530년, 칼키스에서 출토된 히드리아, 뮌헨 고대 도기 수집실.

213 「아마존의 여전사와 싸우는 그리스 병사」, 높이 63cm, 바사이의 아폴론 신전의 감실 내부 띠부조, 기원전 400-390년, 런던 영국 박물관.

214 「트리톤과 맞서 싸우는 헤라클레스」, 기원전 550년경. 타르퀴니아. 국립고고학박물관.

214 「네메아의 사자와 싸우는 헤라클레스」, 아티카의 흑색상 암포라의 바깥 그림, 기원전 520년경, 시립박물관, 브레시아.

216 「켄타우로스와 페이리토오스의 싸움」, 파르테논 남쪽 판부조 27번, 브리티시박물관, 런던.

219 폼페오 지롤라모 바토니, 「아킬레우스를 가르치는 켄타우로스 케이론」, 158.5×126.5cm, 1746년, 우피치미술관, 피렌체.

220 펠라조 팔라지, 「에로스와 프시케의 결혼을 주재하는 제우스」, 254×188.5cm, 1808년, 디트로이트 미술연구소, 디트로이트.

222 「테네아의 쿠로스」, 높이 153cm, 기원전 550-540년, 고전조각관, 뮌헨.

224 외스타슈 르 쉬외르, 「뮤즈 멜포메네, 에라토, 폴림니아」, 130×130cm, 연대 미확인, 루브르박물관, 파리.

227 페이티노스, 「테티스와 일전을 벌이는 펠레우스」, 접시술잔 그림, 기원전 500년 직전에 제작, 베를린 국립고고학박물관.

230 베로네세, 「올림포스」, 1560-1561년, 빌라 바르바로, 마제르.

233 「제우스와 튀폰」, 높이 2.3m, 페르가몬 제우스 제단의 오름부조, 기원전 180년경, 페르가몬박물관, 베를린.

233 「아르테미시온 곶의 제우스」, 높이 2.09m, 기원전 460-450년, 아테네 국립고고학박물관.

235 베로네세, 「패덕의 괴물들을 벼락을 던져서 몰아내는 제우스」, 560×340cm, 1554-1555년. 파리 루브르박물관.

V_신들에게 인간의 도덕을 묻다

VI_신들의 희극적 가면을 벗기다

벽화, 국립고고학박물관, 나폴리.

407 「아킬레우스의 무구를 두고 다투다」, 아티카 적색상 도기의 바깥 그림, 두리스의 원작 그림을 모사, 기원전 490년경, 미술사박물관, 빈.

410 에크세키아스의 「아킬레우스와 펜테실레이아」, 아티카의 흑색상 암포라 그림, 기원전 540-530년, 불치에서 출토, 바티칸 피오클레멘티노박물관, 로마.

412 「트로이 목마와 그리스 특공대」, 키클라데스의 부조 암포라, 기원전 670년경, 미코노스 고고학박물관, 미코노스.

416 「필록테테스가 파리스를 활로 쏘아 죽이다」, 알라바스터의 유골함 부조, 기원전 2세기 후반, 구아르나치박물관, 볼테라.

417 「트로이에서 팔라디온을 훔치다」, 니케라토스의 부조, 기원후 140-150년. 소아시아에서 출토. 국립고고학박물관, 아테네.

419 「트로이박물관과 트로이 목마 모형」.

421 「라오콘 군상」, 기원전 140년경의 청동 원작을 티베리우스 황제 재위기에 스페를롱가 조각공방에서 대리석으로 모각.

424 「오뒷세우스의 발을 씻어주는 유모 에우리클레이아와 베틀 앞에 서 있는 페넬로페」, 테살리아의 봉헌 부조, 기원전 4세기, 국립고고학박물관, 아테네.

426 「네오프톨레모스가 프리아모스를 살해하다」.

429 클레오프라데스 화가의 「카산드라를 살해하는 아이아스」, 480-475년, 나폴리 국립고고학박물관.

430 「디오메데스」, 클라우디우스 황제 시대의 복제 조각, 기원전 450-440년, 쿠마이에서 출토, 국립고고학박물관, 나폴리.

431 「집으로 귀환한 오뒷세우스」, 보이오티아의 스키포스, 기원전 5세기 말, 브리티시박물관, 런던.

433 익시온 화가, 「구혼자들을 쏘아 죽이는 오뒷세우스」, 캄파니아의 종형 크라테르 그림, 기원전 4세기 말, 루브르박물관, 파리.

참 고 문 헌

장영란, 『아테네: 영원한 신들의 도시』, 살림, 2004.

_____, "고대 그리스의 죽음과 영혼 제의의 철학적 의미", 『동서철학연구』 31집, 2004.

_____, "고대 그리스 철학 이전의 영혼 개념: 그리스 서사시와 서정시 및 비극을 중심으로", 『철학연구』 64집, 2004.

_____, "신의 수난과 죽음, 『결박된 프로메테우스』를 읽다", 『문학과 경계』, 2004년 여름.

_____, "전쟁의 미학, 꿈의 미학 『일리아스』를 노래하다", 『문학과 경계』, 2004년 봄.

_____, "그리스 신화와 철학에 나타난 죽음과 여성의 이미지", 『한국여성철학』 2집, 2003.

_____, 『위대한 어머니 여신: 사라진 여신들의 역사』, 살림, 2003.

_____, "우리 신화학은 어디에 서 있는가", 『문학과 경계』, 2002년 봄.

_____, "그리스인들은 신들을 믿었는가", 『미네르바』, 2002년 봄.

_____, 『신화 속의 여성, 여성 속의 신화』, 문예출판사, 2001.

_____, "고대 그리스의 위대한 어머니 신화에 나타난 철학적 세계관", 『철학연구』 55집, 2001.

_____, 『아리스토텔레스의 인식론』, 서광사, 2000.

_____, "그리스 신화와 철학에 나타난 네 요소에 관한 철학적 상상력의 원천(1)", 『서양고전학연구』 제14집, 한국서양고전학회, 2000.

_____, "그리스 비극과 철학에 나타난 자연법 사상", 『인문학연구』, 한국외국어대학, 2000.

_____, 『성과 사랑, 그리고 욕망에 관한 철학적 성찰』, 서광사, 1999.

_____, "원시 신화에 나타난 철학적 사유의 기원과 모델", 『서양고전학연구』 12집, 한국서양고전학회, 1998.

_____, "원시 신화에 나타난 여성의 상징미학과 자연관", 『인문학연구』, 한국외국어대학, 1998.

Aeschylos, *Suppliant Maidens, Persians, Prometheus, Seven against Thebes,* trans. Herbert Weir Smyth, Harvard University Press, 1922.

_____, *Agamemnon, Libation-Bearers, Eumenides, Fragments,* trans. Herbert Weir Smyth, Harvard University Press, 1926.

_____, *Agamemnon,* ed. with a Commentary by Eduad Fraenkel in 3 vols., Oxford, 1950.

_____, *Coephoroi,* ed. with Introduction and Notes by Sidgwick, Oxford, 1952.

_____, *Eumenides,* ed. by A. H. Sommerstein, Cambridge University Press, 1989.

_____, *Prometheus Bound,* ed by M. Griffith, Cambridge University Press, 1983.

_____, 『아이스퀼로스 비극』, 천병희 옮김, 단국대학교 출판부, 1998.

Albin Lesky, *Greek Tragedy,* Ernest Benn Limited, 1967.

Allen, R.E. and Furly, D.J(ed), *Studies in Presocratic Philosophy,* vol. 2, 1975.

Apollodoros, *Bibliotheca,* trans. J.G. Frazer, *The Library,* 2 vols., Loeb Classical Library, Harvard University Press, 1921.

_____, *The Library of Greek Mythology,* trans. K. Aldrich, Lawrence, Kan., 1975.

_____, *The Library of Greek Mythology,* trans. Robin Hard, Oxford University Press, 1997.

Apostolos N. Athanassakis, *The Orphic Hymns; text, translation,* and notes, Scholars Press, 1977.

Aristophanes, *Comoediae,* ed. by F. W. Hall and W. M. Geldart, 2 vols., Oxford, 1907.

_____, *Lysistrata, ed. with Introduction and Commentary,* by J. Henderson, Oxford, 1987.

_____, *Clouds, Wasps, Peace,* trans. Jeffrey Henderson, Harvard University Press, 1998.

_____, *Birds, Lysistrata, Women at the Thesmophoria,* trans. Jeffrey Henderson, Harvard University Press, 2000.

_____, *Frogs, Assemblywomen, Wealth,* trans. Jeffrey Henderson, Harvard University Press, 2002.

_____, 『아리스토파네스의 희극』, 천병희 옮김, 단국대학교 출판부, 2000.

Aristotle, *Aristotle's Categories and De Interpretatione,* Oxford, 1962.

_____, *Aristotle De Anima,* by R.D. Hicks, Cambridge University Press, 1907.

_____, *Aristotle's De Anima,* ed. D.W. Ross, Clarendon Press, Oxford, 1961.

_____, *Aristotle's De Anima,* trans D.W. Hamlyn, Clarendon Press, 1968.

_____, *Aristotle's Metaphysics,* 2 vols, ed. D.W. Ross, Oxford.

_____, *Aristotle's Physics,* ed. D.W. Ross, Oxford, 1936.

_____, *The Ethics of Aristotle,* ed. John Burnet, Methen & Co, 1900.

_____, *Aristotle: The Nicomachean Ethics,* trans. Rackham, H. The Loeb Classical Library, Harvard University Press,

_____, *Aristotle: The Nicomachean Ethics,* trans. Ross, W. D., Oxford University Press, 1980.

_____, *Aristotle's Eudemian Ethics Books Ⅰ, Ⅱ, Ⅷ,* trans. Michael Woods, Clarendon Press, 1982.

_____, *Aristotle: Nicomachean Ethics,* trans. Terence Irwin, Hakett Publishing Company, 1985.

_____, *Poetica,* 『시학』, 천병희 옮김, 문예출판사.

Barry B. Powell, *Classical Myth,* Prentice Hall, 2000.

Barnes, J., *The Presocratic Philosophers,* 2 vols, Routledge and Kegan Paul, 1979.

Bemmer, J.N., *Greek Religion,* Oxford University Press, 1994.

Blake Tyrrell, WM. & Frieda S. Brown, *Athenian Myths and Institutions,* Oxford University Press, 1991.

Boardman, *Athenian Red Figure Vases,* Classical, Lodon, 1989.

_____, *Greek Art,* London, 1985.

_____, *Greek Sculpture: The Classical Period,* London, 1985.

_____, *Athenian Red Figure Vases,* Archaic, Lodon, 1975.

_____, *Athenian Black Figure Vases,* Lodon, 1974.

Brian Vickers, *Towards Greek Tragedy: Drama, Myth, Society,* Longman, 1973.

Bruno Snell, *Die Entdeckung des Geistes, The Discovery of the Mind,* Trans. T. G. Rosenmeyer, Cambridge University Press, 『정신의 발견: 서구적 사유의 그리스적 기원』, 김재홍 옮김, 까치, 1994.

Burkert, W., *Greek Religion,* Basil Blackwell, 1985.

_____, *Homo Necans,* University of California Press, 1983.

Carpenter, T.H., *Art and Myth in Ancient Greece,* 『고대 그리스의 미술과 신화』, 김숙 옮김, 시공사, 1998.

Chrisiane Sourvinou-Inwood, *'Reading' Greek Death,* Clarendon, 1995.

Christopher Gill, *Personality in Greek Epic, Tragedy, and Philosophy,* Clarendon Press, 1996.

Conford, F.M. *From Religion to Philosophy,* 『종교에서 철학으로』, 남경희 옮김, 이화여대출판부, 1995.

_____, *Principium Sapientiae: The Origins of Greek Philosophical Thought,* W.K.C. Guthrie(ed), Peter Smith, 1971.

Dietrich, B.C., *The Origins of Greek Religion,* Berlin, 1974.

Dodds, E.R., *The Greeks and the Irrational,* 『그리스인들과 비이성적인 것』, 주은영, 양호영 옮김, 까치, 2002.

Dover, K.J., *Greek Popular Morality: in the time of Plato and Aristotle,* Hackett Publishing Company, 1994.

_____, *Greek and the Greeks,* Basil Black, 1987.

Dowden, K., *The Uses of Greek Mythology,* Routledge, 1992.

Dumezil, G., *Archaic Roman Religion I II,* trans. Philip Krapp, The University of Chicago Press, 1970.

Easterling, P.E., *"Greek Poetry and Greek Religion",* from *Greek Religion and Society,* ed. P.E. Easterling & J.V. Muir, Cambridge University Press, 1985.

Edmunds, L.(ed.), *Approaches to Greek Myth,* The Johns Hopkins U.P., 1990.

Emily Vermeule, *Aspects of Death in Early Greek Art and Poetry,* University of California Press, 1979.

Erich Segal(ed.), *Oxford Readings in Greek Tragedy,* Oxford University Press, 1983.

Euripides, *Cyclops, Alcestis, Medea,* trans. David Kovacs, Harvard University Press, 1994.

_____, *Children of Heracles, Hippolytus, Andromache, Hecuba,* trans. David Kovacs, Harvard University Press, 1995.

_____, *Suppliant Women, Electra, Heracles,* trans. David Kovacs, Harvard University Press, 1998.

_____, *Trojan Women, Iphigenia among the Taurians, Ion,* trans. David Kovacs, Harvard University Press, 1999.

_____, *Bacchae, Iphigenia at Aulis, Rhesus,* trans. David Kovacs, Harvard University Press, 2002.

_____, *Medea, ed. with Introduction and Commentary,* by D.C. Page, Oxford, 1955.

_____, 『에우리피데스 비극』, 천병희 옮김, 단국대학교 출판부, 1998.

Finley, J.H., *Homer's Odyssey,* Harvard University Press, 1979.

Frankel, Hermann, *Early Greek Poetry and Philosophy,* trans. by Moses Hadas and James Willis, Harcourt Brace Jovanovich, 1975.

Frankfort, Henri, et al. *Before Philosophy: the Intellectual Adventure of Ancient Man,* Penguin Books Ltd, 1949.

Furly, D.J., *The Greek Cosmologists,* Cambridge University Press, 1987.

_____, *Two Studies in the Greek Atomists,* Princeton University Press, 1967.

Gerson, L.P., *God and Greek Philosophy,* Routledge, 1994.

Green, W.C., *Moira: Fate, Good, Evil in Greek Thought,* Harvard University Press, 1963.

Griffin, Jasper, *Homer on Life and Death,* Clarendon Press, 1980.

Guthrie, W.K.C., *A History of Greek Philosophy,* Cambridge, 1965.

_____, *The Greeks and Their Gods,* Methuen & Co. LTD., 1950.

_____(1952), *Orpheus and Greek Religion,* Princeton University Press, 1993.

Havelock, E. A., *The Greek Concept of Justice,* Harvard University Press, 1984.

Harold Bloom(ed.), *Aeschylos's The Oresteia,* Chelsea House Publishers, 1988.

_____, *Sophocles' Oedipus Rex*, Chelsea House Publishers, 1988.

Harrison, Jane Ellen, *Prolegomena to the Study of Greek Religion*, London, Merlin Press, 1980.

James C. Hogan, *A Commentary on The Complete Greek Tragedies: Aeschylos*, The University of Chicago Press, 1984.

Joseph P. Strelka(ed), *Literary Criticism and Myth*, The Pennsylvania State University Press, 1980.

Karl Kerenyi, *The Heroes of The Greeks*, Thames and Hudson, 1959.

_____, *The Gods of the Greeks*, Thames and Hudson, 1951.

Karl Reinhardt, *Sophocles*, Basil Blackwell, 1979.

Kirk, G.S., *The Iliad: A Commentary* I: Books 1-4, Cambridge, 1985.

_____, *The Iliad: A Commentary* II: Books 5-8, Cambridge, 1990.

_____, *The Nature of Greek Myths*, Penguin Books, 1974.

Kitto, H.D.F., *Greek Tragedy*, Methuen & Co LTD, 1970.

_____. *The Greeks*, 『그리스 문화사』, 탐구당, 1994.

Knox, B., *The Heroic Temper*, University of Califonia Press, 1966.

Herodotos, *Historiai I -IX*, 4vols., trans. Jeffrey Henderson, Harvard University Press, 1925.

Hesiod, *Theogony, edited with Prolegomena and Commentary*, by M.L. West, Clarendon Press, 1966.

_____, *Works and Days, edited with Prolegomena and Commentary*, by M.L. West, Clarendon Press, 1978.

_____, *The Homeric Hymns and Homerica*, trans. Hugh g. Evelyn-White, Harvard University Press, 1914.

Homeros, *Homeri Opera*, rec. T. W. Allen, III-IV, Oxford, 1917-1919.

_____, 『오뒤세이아』, 천병희 옮김, 단국대학교 출판부, 1996.

_____, *The Odyssey*, 2vols., trans. A.T. Murray, Harvard University Press, 1919.

_____, *The Odyssey*, trans. & ed.. by Albert Cook, Norton & Company, 1974.

_____, *Homeri Opera*, rec. T. W. Allen, I -II, Oxford, 1956.

_____, 『일리아스』, 천병희 옮김, 단국대학교 출판부, 1996.

_____, *The Iliad*, 2vols., trans. A.T. Murray, Harvard University Press, 1924.

Hussey, E.l. *The Presocratics*, Duckworth, 1972.

Kirk, G.S., Raven, J.E. and Schofield, M., *The Presocratic Philosophers*, Cambridge University Press, 1984.

Knox, B., *The Heroic Temper*, University of Califonia Press, 1966.

Lord Raglan, "The Hero", from *In Quest of the Hero*, Otto Rank(etc), Princeton University Press, 1983.

Michelini, A.N., *Euripides and the Tragic Tradition*, The University of Wisconsin Press, 1987.

Michael Wood, M., *In Search of the Trojan War*, 『트로이, 잊혀진 신화』, 남경태 옮김, 2002.

Mourelatos, A.P.D. (ed) *The Pre-Socratics; a Collection of Critical Essays,* Anchor Press, 1974.

Neumann, Erich, *The Great Mother,* Bollingen Series, trans. Ralph Mannheim, Princeton, N.J., Princeton U.P., 1955.

_____, *The Origins and History of Consciousness,* Bollingen Series, trs. R.F.C. Hull, Princeton, N.J. Princeton U.P., 1970.

Nilsson, M.P., *The Mycenaean Origin and Greek Mythology,* California U.P., 1972.

Nussbaum, M.C., *The Fragility of Goodess: Luck and Ethics in Greek Tragedy and Philosophy,* Cambridge, 1986.

Onians, R.B., *The Origins of European Thought,* Cambridge University Press, 1954.

Otto, W.F., *The Homeric Gods,* Ayer Company Publishers, Inc., 1979.

Otto Rank(etc), *In Quest of the Hero,* Princeton University Press, 1983.

Pausanias, *Discription of Greece,* trans. W.H.S. Jones, Harvard University Press, 1918.

Peter Burian(ed), *Directions in Euripidean Criticism,* Duck University Press, 1985.

Plato, *Plato's Meno,* trans. Bluck, R. S., Cambridge University Press, 1961.

_____, *The Symposium of Plato,* ed. Bury, Robert Gregg, Cambridge University Press, 1932.

_____, *Plato's Symposium,* ed. Stanley Rosen, Yale University, 1987.

_____, *Plato's Statesman,* trans. Skemp, J.B., Routledge & Kegan Paul, 1952.

_____, *Plato's Phaedo,* trans. Hackforth, R, Cambridge University Press, 1955.

_____, *The Republic of Plato,* ed. James Adam, Cambridge University Press, 1902.

_____, *Politeia,* 『국가』, 박종현 옮김, 서광사, 1997.

_____, *Plato's Phaedrus,* Cambridge University Press,1952.

_____, *Plato's Phaedrus,* trans. Hackforth, R, Cambridge University Press, 1972.

_____, *Plato's Cosmology: The Timaeus of Plato,* F. M. Cornford (trans), Routledge & Kegan Paul, 1937.

_____, *A Commentary on Plato's Timaeus,* Taylor, A.E.A.(ed), Clarendon Press, 1928.

_____, *Timaeos,* 『플라톤의 티마이오스』, 박종현, 김영균 옮김, 서광사. 2000.

Richardson, N.J, "Early Greek Views about Life after Death", from *Greek Religion and Society,* ed. Easterling and Muir, Cambridge University Press, 1985.

Robert Graves, *The Greek Myths,* Penguin Books, 1992.

Robert A. Segal(ed), *Philosophy, Religious Studies, and Myth,* Garland Publishing, INC., 1996.

Rohde, E., *Psyche: The Cult of Souls and Belief in Immortality among the Greeks,* trans. W. B. Hillis 8th ed. New York, Harper Torchbooks, 1966.

Setlman C., *The Twelve Olympians,* Crowell, 1960.

Simon Goldhill, *Reading Greek Tragedy,* Cambridge University Press, 1986.

Solmsen F., *Hesiod and Aeschylos,* Cornell University Press, 1995.

Sophocles, *Antigone, ed. with a Commentary,* trans. R. Jebb, Cambridge University Press, 1959.

_____, *Oedipus Tyrannus, ed. with Introduction and Notes,* trans. R. Jebb, Cambridge University Press, 1958.

_____, *Oedipus Colonus, ed. with Introduction and Notes,* trans. R. Jebb, Cambridge University Press, 1955.

_____, *Electra, ed. with a Commentary,* trans. R. Jebb, Cambridge University Press, 1952.

_____, *Ajax, Electra, Oedipous Tyrannus,* trans. Hugh Lloyd-Jones, Harvard University Press, 1994.

_____, *Antigone, The Women of Trachis, Philoctetes, Oedipous at Colonus,* trans. Hugh Lloyd-Jones, Harvard University Press, 1994.

_____, *Fragments,* trans. Hugh Lloyd-Jones, Harvard University Press, 1996.

_____, 『소포클레스 비극』, 천병희 옮김, 단국대학교 출판부, 1998.

Timothy Gantz, *Early Greek Myth,* Johns Hopkins University Press, 1993.

Thomson, G., *The Study of Ancient Greek Society: The First Philosopers,* 『고대 사회와 최초의 철학자들』, 조대호 옮김, 고려원, 1992.

Vernant, J. P., *Mortals and Immortals,* ed. Froma I. Zeitlin, Princeton University Press, 1991.

_____, *Myth and Thought among the Greeks,* Routledge & Kegan Paul, 1983.

_____, *Les origines de la pensee grecque,* 『그리스 사유의 기원』, 김재홍 옮김, 자유사상사, 1993.

_____,& Vidal-Naquet, P., *Tragedy and Myth in Ancient Greece,* trans. J.L. Lloyd, Brighton, 1981.

West, M.L., *The Orphic Poems,* Clarendoon Press, 1983.

Winnington-Ingram, R.P., *Sophocles: An interpretation,* Cambridge University Press, 1980.

Whitney J. Oates & Eugene O' Neill, JR., *The Complete Greek Drama* Ⅰ Ⅱ, Random House, 1938.

찾 아 보 기

장영란의 그리스 신화

펴낸날	초판 1쇄 2005년 1월 18일
	초판 11쇄 2020년 11월 10일

지은이	장영란
펴낸이	심만수
펴낸곳	(주)살림출판사
출판등록	1989년 11월 1일 제9-210호

주소	경기도 파주시 광인사길 30
전화	031-955-1350 팩스 031-624-1356
홈페이지	http://www.sallimbooks.com
이메일	book@sallimbooks.com

ISBN   978-89-522-0377-9   04210